国家出版基金项目
NATIONAL PUBLICATION FOUNDATION

“十三五”国家重点图书
出版规划项目

中国濒危语言志
汉语方言系列

总主编 曹志耘
主编 张振兴 邢向东

湖南道县梅花土话

沈明 周建芳 著

创于1897
商务印书馆
The Commercial Press

图书在版编目（CIP）数据

湖南道县梅花土话/沈明，周建芳著.—北京：商务印书馆，2019
（中国濒危语言志）
ISBN 978-7-100-17971-3

Ⅰ.①湖… Ⅱ.①沈…②周… Ⅲ.①湘语—介绍—道县 Ⅳ.①H174

中国版本图书馆CIP数据核字（2019）第277438号

湖南道县梅花土话

沈明　周建芳　著

出版发行：商务印书馆
地　　址：北京王府井大街36号
邮政编码：100710

印　　刷：北京雅昌艺术印刷有限公司

开　　本：787×1092　1/16　　　印　　张：20 3/4
版　　次：2019年6月第1版　　　印　　次：2019年6月北京第1次印刷
书　　号：ISBN 978-7-100-17971-3

定　　价：120.00元

梅花镇江南村风景　湖南道县梅花镇江南村 /2018.5.28/ 周明安 摄

江南村村民树下乘凉　湖南道县梅花镇江南村 /2018.5.25/ 周明安 摄

江南村村民洗衣　湖南道县梅花镇江南村 /2018.5.25/ 周明安 摄

第三次调查记录场景　湖南道县和一宾馆 /2017.5.24/ 王婧 摄

序

我的老家在浙江金华。我在老家生活的年代是20世纪六七十年代。那时候人们白天黑夜地干，酷暑寒冬地干，但就是吃不饱饭。山上光秃秃的，地上光秃秃的，简直成了不毛之地。如今40年过去了，回到家乡，只见茂林修竹，清流激湍，芳草鲜美，落英缤纷，俨然人间仙境。进山的小路早已被草木掩没，没有刀斧开路，则寸步难行。

在我家附近的塔石乡，有一个叫“大坑”的畲族村子，坐落在一条山沟里，有50多人。畲族相传发源于广东潮州凤凰山，明代以来逐渐北迁，从广东到福建，从福建到浙江、江西、安徽等地。数百年来，畲族尽管不断迁徙，散落中国东南各地，然而始终保持着他们共同的语言——畲话。1981年，我在山东大学上学期间，曾经一个人跑到大坑去，拿着日本人编制的调查表记录他们的畲话。当时村里男女老少，基本上人人会讲畲话。但时至今日，很多人已不会讲或讲不好畲话了，25岁以下无一人会讲。照此发展下去，估计几十年后，大坑人沿袭千年之久的母语将彻底消亡。

自然环境的破坏可以修复，但语言的消亡无法挽回，不可再生。

根据联合国教科文组织的《世界濒危语言地图》（2018），在世界现存的约6700种语言中，有40%的语言濒临灭绝，平均每两个星期就有一种语言消亡。中国有130多种语言，其中有68种使用人口在万人以下，有48种使用人口在5000人以下，有25种使用人口不足1000人，有的语言只剩下十几个人甚至几个人会说了。汉语方言尽管使用人数众多，但许多小方言、方言岛也在迅速衰亡。即使是那些还在使用的大方言，其语言结构和表达功能也已大大萎缩，或多或少都变成“残缺”的语言了。

冥冥之中，我们成了见证历史的人。

然而，作为语言学工作者，绝不应该坐观潮起潮落。事实上，联合国教科文组织早在1993年就确定当年为“抢救濒危语言年”，同时启动“世界濒危语言计划”，连续发布“世界濒危语言地图”（联合国已确定2019年为“国际本土语言年”）。二十多年来，国际上先后成立了上百个抢救濒危语言的机构和基金会，各种规模和形式的濒危语言抢救保护项目在世界各地以及网络上展开。我国学者在20世纪90年代已开始关注濒危语言问题，自21世纪初以来，开展了多项濒危语言、方言调查研究课题，出版了一系列重要成果，例如孙宏开先生主持的“中国新发现语言研究丛书”、张振兴先生等主持的“中国濒危语言方言研究丛书”、鲍厚星先生主持的“濒危汉语方言研究丛书”（湖南卷）等。为了全面、及时抢救保存中国语言方言资源，教育部、国家语委于2015年启动了规模宏大的“中国语言资源保护工程”。在语保工程里，专门设立了濒危语言方言调查项目，迄今已调查76个濒危语言点和60个濒危汉语方言点。对于濒危语言方言点，除了一般调查点的基本调查内容以外，还要求对该语言或方言进行全面系统的调查，并编写濒危语言志书稿。随着工程的实施，语保工作者奔赴全国各地，帕米尔高原、喜马拉雅山区、藏彝走廊、滇缅边境、黑龙江畔、海南丛林都留下了他们的足迹和身影。一批批鲜活的田野调查语料、音视频数据和口头文化资源汇聚到中国语言资源库，一些从未被记录过的语言、方言在即将消亡前留下了它们的声音。

为了更好地利用这些珍贵的语言文化遗产，在教育部语言文字信息管理司的领导下，商务印书馆和中国语言资源保护研究中心组织申报了国家出版基金项目“中国濒危语言志”，并有幸获得批准。该项目计划在两年内按统一规格、以EP同步方式编写出版30卷志书，其中少数民族语言20卷，汉语方言10卷。自项目启动以来，语信司领导高度重视，亲自指导志书的编写出版工作，各位主编、执行编委以及北京语言大学、中国传媒大学的工作人员认真负责，严格把关，付出了大量心血，商务印书馆则配备了精兵强将以确保出版水准。这套丛书可以说是政府、学术界和出版社三方紧密合作的结果。在投入这么多资源、付出这么大努力之后，我们有理由期待一套传世精品的出现。

当然，艰辛和困难一言难尽，不足和遗憾也在所难免。让我们感到欣慰的是，在这些语言、方言即将隐入历史深处的时候，我们赶到了它们身边，倾听它们的声音，记录它们的风采。尽管我们无力回天，但已经尽了最大的努力，让时间去检验吧。

曹志耘

2018年10月

于浙江师范大学

目录

第一章 导论

第一节

调查点概况

一 地理位置

道县位于湖南南部，在东经111°17′—111°56′、北纬25°09′—25°50′之间。东邻宁远县，南界江永县和江华瑶族自治县，西接广西全州县、灌阳县，北连双牌县。南北长77公里，东西宽62.6公里，面积2448平方公里。

道县属南岭地区，四周高山环绕，中部冈峦起伏，平川交错。东南有九嶷山，南有铜山岭，西有都庞岭，北有紫金山。海拔千米以上的山峰150多个，且多与邻近山脉连成整体，最高峰韭菜岭，海拔2009米。整个地势从四周向中间倾斜，呈盆状结构。山地占总面积的44.7%，丘陵占11.4%，岗地占24.6%，平原占14.9%。河流有潇水、濂溪、洑水、泡水（又名蚣坝河）、淹水（又名永明河）、九嶷河（又名宁远河）。

二 历史沿革

道县古称道州。历史上与衡州（今衡阳）、郴州、永州并称“湘南四州”。

远在新石器时代，境内就有人类活动。2015年10月15日，中国科学院古脊椎动物与古人类研究所多位研究员在英国《自然》杂志发表论文，宣布在道县乐福堂乡福岩洞古人类遗址发现47枚具有完全现代人特征的人类牙齿化石。表明8万至12万年前，现代人在该地区已经出现，是目前已知的最早的具有完全现代形态的人类。

秦始皇二十六年（前221年），置营浦县，隶长沙郡，为道县建县之始，因县治位于营水之滨而得名。

汉元鼎六年（前111年）隶零陵郡。三国时吴宝鼎元年（266年）置营阳郡，郡治在营浦。

梁天监十四年（515年），改营阳郡为永阳郡，营浦郡为郡治。

隋开皇九年（589年），改零陵郡为永州，废永阳郡，并营浦、谢沐二县为永阳县，隶永州。大业三年（607年），复改永州为零陵郡，永阳隶之。

唐武德四年（621年），以零陵郡之营道、永阳二县置营州，改永阳县为营道县（原营道县改唐兴县）。次年，改州为南营州。贞观八年（633年），改名道州。贞观十七年（642年），废道州，营道改属永州。上元二年（675年），复置道州，统五县，营道属之。天宝元年（742年），改州为道州江华郡，改县为宏道。乾元元年（758年），废郡名，复称道州。

五代十国时期，道州仍辖五县，宏道为州治。

宋建隆三年（962年），改宏道县为营道县。两宋时期，道州辖四县：营道、江华、永明、宁远。

元至元十三年（1276年），道州置安抚司，次年改为道州路，置总管府。营道县属湖广行省湖南道州路。

明洪武元年（1368年），改道州路为道州府，营道为府治。九年（1376年），复改为道州，以州治营道县省入，辖宁远、江华、永明三县。崇祯十二年（1639年），析宁远县新田堡置新田县，并隶道州。

清康熙三年（1664年），道州降为县级散州。

民国二年（1913年），改为道县。

1949年，道县属湖南省永州专区。2000年，属永州市。2015年起，辖7个街道办事处、11个镇、1个乡和3个民族乡。7个街道办事处分别是：濂溪、上关、东门、营江、富塘、西洲、万家庄；11个镇分别是：梅花、寿雁、仙子脚、清塘、祥霖铺、蚣坝、四马桥、白马渡、白芒铺、柑子园、桥头；1个乡是乐福堂；3个民族乡是审章塘瑶族乡、横岭瑶族乡、洪塘营瑶族乡，另有月岩林场、桥头林场、大坪铺农场。县政府驻地在濂溪街道办事处。

据2010年11月第六次全国人口普查，道县常住人口为605 799人。其中，5%的人口是少数民族，主要有瑶族、彝族、满族、土家族、壮族、蒙古族、苗族、水族、回族等。

三　民间文化①

（一）道州调子戏。是一种戏味浓厚，音乐性强的传统戏剧，有“北有二人转，南有调子戏”之称。

据记载，道州调子戏产生于明崇祯年间，至今有三百余年历史。其间经历了小调、对

① 摘自 http://www.huaxia.com

子调、地花鼓、调子戏的发展演变阶段。在鼎盛时期，道州全县拥有30余个调子戏班，现仅存6个戏班，分布于4镇2乡。

道州调子戏的剧目达200余个，曲牌324种。民国年间衍生出广西彩调剧；20世纪50年代初，道州调子戏艺人又与祁阳花鼓灯艺人在零陵共组剧团，形成了零陵花鼓戏这一地方剧种。

调子戏的内容多反映下层民众生活，表演上拟生活化。舞台语言采用当地使用的西南官话，犀利诙谐。音乐上采用民歌、山歌、渔歌、情歌、号子、小调、丝弦等音乐元素，婉转优美。年节寿庆、婚丧嫁娶，都有调子戏班开台唱戏，村民则观之达旦。

近年来，社会生活方式发生显著变化，人民群众娱乐方式逐步多元化，调子戏班急剧减少，难以为继。相关人士在政府的支持下正在采取措施加以保护和传承，2012年入选湖南省非物质文化遗产名录。

（二）道州说唱。传统曲艺形式，相传源于宋代。以说唱为主，语言是当地人说的西南官话，内容贴近生活。2017年，《醉嫂骂夫》获得湖南省文联曲艺大赛银奖。

四　梅花镇江南村①

本书调查地点是道县梅花镇江南村。

梅花镇在道县县城北部，位于东经111°32′37″—111°39′52″、北纬25°34′50″—25°41′48″之间。镇驻地距县城约9.6公里，因其镇政府驻地位于“梅花圩”而得名。梅花镇东接双牌县理家坪乡、白马渡镇，南连东门乡、富塘乡，西靠寿雁镇，北与双牌县打鼓坪乡、乐福堂乡、理家坪乡接壤。其辖区最大距离东西约12.8公里，南北约12.1公里，面积85.45平方公里。镇人民政府驻梅花圩。

梅花镇清代为道州宜阳乡。民国三十六年（1947年）为道县宜山乡。1950年9月为道县第二区梅花乡，1958年10月属车头人民公社（驻车头），1961年5月改为梅花人民公社。1984年4月改梅花人民公社为梅花区梅花乡。1995年6月撤区并乡，梅花乡与原车头乡合并为梅花镇。2011年末，梅花镇辖30个村民委员会，分别是梅花、虎头牌、江南、斜皮渡、蒋莫、赤源、大路边、沙路源、修宜、盘家、西田、正鹄、黄土洞、车头、贵头、石下渡、井头、上仙田、下仙田、直洲、玉岗、斯屋、司空岩、廊洞、老母宅、社湾、洞中、新屋、周家、棠下。下设254个村民小组。辖区总人口38 000余人。

江南村位于梅花镇南部，因其处在宜水之南而得名，又名中莫村。辖4个村民组，总面积1.6平方公里，耕地37.3公顷，197户，791人。

---

① 摘自道县政府门户网 http://www.dx.gov.cn/dxgk.htm；中国统计信息网 http://www.tjcn.org

第二节

道县的语言和方言

一　道县语言和方言的分布

据《中国语言地图集》(中国社会科学院、澳大利亚人文科学院1987)和《中国语言地图集》(第2版)(中国社会科学院语言研究所、中国社会科学院民族学与人类学研究所、香港城市大学语言资讯科学研究中心2012),道县分布着瑶语和汉语。

(一)瑶语是道县境内的少数民族语言,主要分布于横岭、洪塘营瑶族乡各村。

(二)汉语通行于道县全境,有官话和土话两种汉语方言。官话属于西南官话桂柳片湘南小片,当地人称道县话;土话属于湘南土话,当地人称土话。

1. 西南官话。分布于东南部县城,四马桥、白马渡等乡镇和蚣坝镇部分地区,也是全县的交际语言。

2. 土话。主要分布于西、北、西北、西南部,梅花镇、仙子脚镇、寿雁镇、清塘镇、祥霖铺镇各乡镇及小甲、兴桥等地。内部可分成5片(张晓勤1996;王淑一2007):

①梅花片(又叫北乡土话)。分布在北部的梅花、红岩现属仙子脚镇、车头现属嘉禾县等乡镇。

②平话(又叫西乡土话)。分布在寿雁、清塘两镇,内部略有不同。

③仙子脚片(又叫西北乡土话)。分布在西北端的仙子脚、沙田现属仙子脚镇、桥头、会潭现属桥头镇等乡镇。

④祥霖铺片(又叫南乡土话)。分布在西南部的祥霖铺、下蒋现属祥林铺镇、新车现已分别划归祥霖铺镇、营江街道、万家庄街道3乡镇、营江、审章塘、万家庄等乡镇的部分地区,其中下蒋土话较接近江永土话。

⑤小甲片(又叫“小话”)。分布在东部的兴桥属蚣坝镇、小甲属白芒铺镇等村镇和蚣坝乡现

为蚣坝镇的部分地区。

其中，西乡土话和西北乡土话较为接近，南乡土话的差别稍大，但仍可通话。北乡土话的土味较浓，“小话”最为特殊。

二　道县梅花土话和官话

道县是土话和西南官话并行的双方言区。境内有五种土话，梅花镇各村全说土话，其他乡镇都有官话村。

五种土话内部差异不小。就交际层面来说，村民都可以自由使用双方言：对内说土话，对外说西南官话。由于两个系统各司其职，土话的存在与使用也相对稳定。

（一）梅花土话的生存状态

梅花镇双方言或多方言的使用现状是：老派说梅花土话和西南官话；新派说梅花土话、西南官话和普通话。新老派语音系统上有一些不同，详见第二章第四节之“新老异读”。

女性对土话的认可和使用更为完整。不仅是当地女性，就连一些外地嫁到梅花镇的女性，甚至是从河南一带来的北方人，为融入当地的生活并获得认可，也逐渐学会并能熟练使用梅花土话，并以会说双方言或多方言为荣。

（二）梅花土话和官话并存于同一语言系统

当地村民的语言系统里，旧有的生活内容可以用土话表达的都用土话；新的、外来的生活内容比如上学读书、诉讼、新式电器等，土话系统无法表达，则直接借用当地的西南官话。也就是说，现在梅花土话的语言系统里，土话和借用的官话，在语音、词汇或句式上存在比较明显的不同，但都已成为当地方言不可或缺的内容。

从音类分合关系和演变方式来看，土话和官话的区别很大。借用官话，大多按土话已有的音值折合，少数韵母直接借用官话。也就是说，借用的官话音大多是土话音系里已有的，少数是官话里有而土话没有的。比如单字调系统，官话完全按土话折合。单字调土话有6个：阴平51（来源于古清平、浊去和浊入），阳平21（来源于浊平），阴上55（来源于清上），阳上33（来源于浊上），去声44（来源于清去），入声35（来源于清入）。官话则有4个：阴平44（来源于清平），调值同土话的去声；阳平51（来源于浊平、入声），调值同土话的阴平；上声55（来源于清上、次浊上），调值同土话的阴上；去声35（来源于古去声），调值同土话的入声。也就是说，未出现新的调值，导致土话和官话可以共用一套声调系统。声母、韵母也大多如此。

本书收录的词语条目和语法例句中，有四个韵母直接借用官话，也就是说增加了新的韵母。这四个韵母是“[uai]崴拐外帅、[an]斩丹站、[yan]癣远、[yn]裙训倾”。详见下文第二章第一节之“韵母”和其他章节。

土话在借用官话的时候，有的字会出现声韵调杂配的情况。比如老派：棒[paŋ^{44}]、森[sen^{51}]韵母、声母是土话和官话共有的，声调则是土话的；格[kɤ^{35}]声调是北京话的，声母、韵母则是土话和官话共有的。少数字只有普通话语音，比如“国[kuo^{35}]、责[tsɤ^{35}]”等。再如新派：岩[ŋeĩ^{51}]声母、韵母是土话的，声调是官话折合过来的；折[tɕiɤ^{35}]声母是官话折合过来的，韵母、声调则是土话的；限[xaŋ^{51}]声母是土话的，韵母是官话的，声调则是普通话的。

第三节

湘南土话调查研究综述

据《中国语言地图集》(中国社会科学院、澳大利亚人文科学院1987)和《中国语言地图集》(第2版)(中国社会科学院语言研究所、中国社会科学院民族学与人类学研究所、香港城市大学语言资讯科学研究中心2012),土话分布在湘南、粤北和桂北的交界地带,湘南土话则集中分布在湘南的永州地区和郴州地区。本书记录的道县梅花土话属于湘南土话。本节简要介绍湘南土话的调查研究情况。

早在20世纪30年代,湘南土话的特殊性便引起了学者的关注。1935年秋,赵元任、杨时逢、丁声树、吴宗济、董同龢等组成调查小组,对湖南75个市县的方言做了大规模的调查研究,其成果便是由杨时逢整理而成的《湖南方言调查报告》(1974)。其中的"分地报告第57道县"记录了道县官话的语音,指出"道县……乡间白话或词皆是土语,跟嘉禾、宜章、新田等处土话大致相同,与城内方言完全不同……"。

1956年到1960年的全国汉语方言普查,湖南省调查记录了全省81个县市的语音。其成果是《湖南省汉语方言普查总结报告》(湖南师范学院中文系汉语方言普查组1960),其中特别提到了道县、宁远等地的土话。

《中国语言地图集》(中国社会科学院、澳大利亚人文科学院1987)中,考虑到湘南、粤北及桂北、桂南一带的土话和平话的复杂性,将湖南南部十六个县市的土话划为未分区的非官话方言区,留待以后进一步调查。由此极大地推动了对湘南土话的调查研究。

总的来看,关于湘南土话的调查研究成果,涉及语音系统的较多,涉及词汇、语法的则较少。时至今日,关于湘南土话,乃至整个土话、平话的分区与归属问题,学界尚未取得一致意见。下面从道县土话调查研究、单点调查研究、整体调查研究和语言接触等方面的研究四个角度,介绍关于湘南土话的调查研究成果。

一 道县土话调查研究

道县土话是湘南土话调查研究的重点之一。境内五种土话的音系均已发表。先后有周先义《湖南道县（小甲）土话同音字汇》(1994)，贺凯林《湖南道县寿雁平话音系》(2003)，王淑一《湖南道县仙子脚土话语音研究》(2007)，谢奇勇《湖南道县祥霖铺土话研究》(2016)，沈明、周建芳《湖南道县（梅花）土话音系》(2017)。

关于道县土话词汇研究的有鲍厚星《湘南江永、道县等地土话中的"床"》(2010)和郭艳辉《湖南道县仙子脚土话词汇研究》(2017)。鲍文考察了江永桃川土话"床"的两个读音，并与周围土话以及广西龙胜伶话、湖南城步青衣苗人话进行比较，认为其中的[tau]类读音应该不是"床"字的读音，而是来源于效摄开口一等豪韵的某个古字，是一个古老的关于"床"的说法。郭文分析了仙子脚土话词汇的音节数量、语素组合、构词词缀、形容词特殊形式、意义和用法以及造词理据，并与寿雁土话及其他湘南土话词汇进行比较，以反映湘南土话词汇的共性。

二 单点调查研究

湘南其他土话的语音系统或同音字汇集中发表在《方言》上。比如：黄雪贞《湖南江永方言音系》(1988)、范峻军《湖南桂阳县敖泉土话同音字汇》(2000)、唐湘辉《湖南桂阳县燕塘土话语音特点》(2000)、李星辉《湖南永州岚角山土话音系》(2003)、彭泽润《湖南宜章大地岭土话的语音特点》(2002)、陈晖《湖南临武（麦市）土话语音分析》(2004)、谢奇勇《湖南新田南乡土话同音字汇》(2004)、尹凯《湖南临武楚江土话同音字汇》(2014)。此外，还有邓海峰《湖南新田沙田土话的语音特点》(2002)、李永明《双方言区宁远官话与平话的音韵》(1988)。

近十多年来，湖南师范大学多篇硕士学位论文描写湘南土话（或平话）的语音系统，归纳其演变规律和结构特点。比如：谢元春《双牌江村镇土话音韵研究》(2003)、凌云国《江华粟米塘七都话音韵研究》(2003)、李永新《湖南宁远县中和平话的语音研究》(2004)、邓胜芳《湖南宁远县南路平话的语音研究》(2006)、曾芳《湖南东安高峰土话语音研究》(2007)、唐亚琴《湖南省临武县土地乡土话语音研究》(2007)、乐虹《新田北乡青龙土话语音研究》(2007)、宋艳旭《湖南冷水滩杉木桥土话语音研究》(2008)。

关于湘南土话词汇、语法研究的成果，主要有黄雪贞《湖南江永方言词汇》(1991)、蒋军凤《湘南东安土话的语气词》(2002)、卢小群、鲍厚星《湖南东安花桥土话的代词》(2003)、范峻军《湖南桂阳敖泉土话方言词汇》(2004)等，还有罗昕如《湘南土话特色词例析》(2003)、罗昕如《湘南土话中的通用型量词》(2003)和罗昕如《湘南土话词汇研究》

（2004）。罗昕如《湘南土话词汇研究》（2004）梳理了19个湘南土话点的部分词汇，特别是有特色的词汇，并与周围的湘语、客家话、赣语、粤北土话和西南官话进行比较，探究特色词汇的来源及发展。卢小群《湘南土话代词研究》（2003）考察了28个土话点的代词系统，归纳其类型、语法功能和特点，并与其他方言进行了比较，推测其历史演变轨迹。卢小群《江永桃川土话的体系统初探》（2010）记录了桃川土话的九种体系统和体标记。文智芳《湖南永州方言语气词研究》（2014）归纳永州土话语气词的分类和功能。此外还有邓永红《湘南土话的被动标记和处置标记》（2005）、邓永红《湘南桂阳六合土话的否定词》（2006）、谢奇勇《湘南新田南乡土话本字考》（2006）等。

关于湘南土话的单点调查研究报告，主要有黄雪贞《江永方言研究》（1993）、李志藩《资兴方言》（1996）、鲍厚星《东安土话研究》（1998）、沈若云《宜章土话研究》（1999）、鲍厚星《湖南江永桃川土话研究》（2016）、李星辉《湖南永州岚角山土话研究》（2016）、曾春蓉《湖南双牌理家坪土话研究》（2016）、邓永红《湖南桂阳六合土话研究》（2016）。这些调查研究报告都记录整理了语音系统（包括声韵调、连读变调等）、3000多条基本词汇、100个左右的语法例句和若干长篇标音语料，反映了单点土话的基本面貌。

三　整体调查研究

上述单点土话的调查研究成果为土话的整体研究积累了大量资料。进入21世纪以来，学界开始关注对湘南土话的整体研究，即把湘南土话纳入一个更大的框架里进行考察，以期对湘南土话做整体把握，明确其方言归属。相关研究大致可以分为以下三类：

（一）湘南土话总的语音特点

《中国语言地图集》（中国社会科学院、澳大利亚人文科学院1987）A2图文字说明：“湖南省南部十六县市的交际语是西南官话，命名为湘南片。各县市内还有土话。湘南土话与韶关土话的关系有待调查研究。”B11图文字说明：“西南官话湘南片十六县市对外讲西南官话，对内讲土话。各县的土话不一致，彼此不易通话。”此后，关于湘南土话总的语音特点，集中在以下6个方面：

1. 古全浊入声多数归今阳去。

2. 古入声字丢失塞音尾，今读开尾韵或元音尾韵。

3. 古阳声韵不同程度地丢失鼻韵尾，今读开尾韵、元音尾韵或鼻化韵。

4. 古全浊声母清化。逢塞音、塞擦音，平仄送气与否，各点不尽相同。

5. 有残存的知组读如端组，非组读如帮组。

6. 溪母字今多读擦音[x]或[h]。

（二）综述性介绍

1. 分区及其特点综述。主要有张晓勤《永州市各县、区“双方言”分布状况概述》（1996）和卢小群《湘南地区土话的分布及其研究概述》（2003）。张文简要介绍了永州各市县湘南土话的分布情况。卢文的前半部分详细介绍了湘南土话的分布，把湘南土话分为郴州地区和永州地区，并具体分析了各县土话的分片及各片分布范围；后半部分分单点研究和专题研究，归纳20世纪以来关于湘南土话的研究成果。

2. 研究成果综述。主要有谢奇勇《湘南土话研究概述》（2005）。该文把关于湘南土话的调查研究分为三个时期：一是最早的研究期，指旧籍上的零星记载；二是单点研究期，指20世纪30年代以来用现代语言学方法对湘南土话进行的研究；三是深入探讨期，指21世纪以来所做的综合性研究。文章还梳理了各个时期的研究成果，归纳其特点。其中关于旧籍中湘南土话的研究成果，为后来的研究者提供了参考，也为研究湘南土话的演变提供了旁证。

（三）方言分区和系属问题讨论

《中国语言地图集》（中国社会科学院、澳大利亚人文科学院1987）提出“湘南土话”，极大地促进了湘南土话的调查研究，加深了学界对湘南土话的认识。

关于湘南土话的分区和归属问题，主要有两种意见：

一是暂时搁置划区问题，比如王福堂（2001）、覃远雄（2007）；二是划归相邻方言区，比如鲍厚星（2004）、范峻军（2000）。

1. 暂时搁置划区问题

王福堂《平话、湘南土话和粤北土话的归属》（2001）通过比较桂南平话、桂北平话、湘南土话以及粤北土话的语音特点，认为桂北平话、湘南土话和粤北土话属于同一种方言，都是来源于“古平话”，其中广西平话是古平话的基本分布区域，湘南土话和粤北土话是古平话后来扩展所及的地区。目前桂北平话、湘南土话和粤北土话之间各地的语音差异可以用相邻方言之间的影响来解释。文章还指出，目前桂北平话、湘南土话和粤北土话已经成为一个弱势语言，面临着融入其他方言或者消亡的命运，所以可暂时搁置划区问题。

覃远雄《平话和土话》（2007）是《中国语言地图集》（第2版）（中国社会科学院语言研究所、中国社会科学院民族学与人类学研究所、香港城市大学语言资讯科学研究中心2012）“平话和土话”图的文字说明。他指出：“为便于进一步比较研究，深入认识湘粤桂地区的平话和土话的关系，本图集将湘粤桂平话、土话合起来独出一图，总称为‘平话和土话’图”，但并不是要给平话土话的分区做出结论。该文把平话和土话作为一个整体进行研究，说明其分区及各区的主要特点，其中湘南片分布在湖南省南部的11个县，较之前的范围小一些。文章还认为桂北、湘南、粤北三片有比较多的共同的语音特点，但三片语言混合程度很高，各地语言特点相互交叉，情况十分复杂，很难根据语言特点的一致性进一步分片。

2. 划归相邻方言区

鲍厚星《湘南土话系属问题》（2004）分析了湘南土话的形成原因，归纳湘南土话内部各土话的特点并进行分类，通过与桂北土话、平话、粤北土话的比较，认为湘南土话之永州土话可以划归湘语，郴州土话可以划入客家话或者赣语。

范俊军《从词汇看粤北土话与湘南土话的异同及系属》（2000）比较粤北乐昌北乡话和湘南桂阳敖泉话的词汇并进行定量统计，认为乐昌北乡话接近赣语，桂阳敖泉话更接近湘语。

四　语言接触等方面的研究

湘南土话内部的复杂性，可以从演变和层次两个角度来解释。层次与语言接触有关。相关研究集中在三个方面：

1. 古全浊声母今读音。古全浊声母今读清音，逢塞音、塞擦音送气与否，土话表现得比较复杂。相关研究的结论比较一致，认为其原因一是演变方式与时间不同，二是与周边方言的接触所致。比如曾献飞《湘南、粤北土话古全浊声母送气/不送气成因初探》（2005）、刘祥友《湘南土话古全浊声母音变现象探微》（2009）、庄初升《湘南桂北三种土话平话中古全浊声母今读送气与否的性质》（2010）、李冬香《粤北土话、湘南土话和桂北平话古全浊声母的演变》（2013）。

2. 历史层次研究。谢奇勇《湘南永州土话音韵比较研究》（2003）描写永州9个市县17个方言点土话的语音系统，归纳其特点，并讨论了这些土话的方言归属问题。唐伶《永州南部土话语音研究》（2005）描写永州南部75个土话点的语音系统，归纳其演变类型和分布情况，推测其演变过程，并讨论了土话与周边方言的关系。刘祥友《湘南土话语音的历史层次》（2008）分析湘南20个土话点的语音系统及历史层次。

个案研究有卢小群《论湘南土话中的文白异读》（2011）。该文归纳了湘南土话文白异读的类型和土话白读系统的结构特点，指出湘南土话是一种混合型方言。刘祥友《湘南土话鱼、虞韵的语音层次》（2009）根据少数特字，把湘南土话的鱼、虞分成两个层次：一是鱼、虞有别，保留了中古音；二是鱼、虞相混，是晚起的。罗昕如《湘南土话中的底层语言现象》（2004）以壮侗语族与苗瑶语为参照，分别从语音、词汇、语法三个方面，举例分析了湘南土话中底层的语言现象。

3. 其他个案研究。张进军《中古入声字在湖南方言中的演变研究》（2008）讨论湘南土话古入声调、入声韵的演变类型及规律，并通过分析桂阳流峰土话和临武麦市土话的古入声字今读情况，认为古次浊入的分化方式与客家话完全相同。

胡斯可《湖南郴州地区的汉语方言接触研究》（2009）详细描写了4个方言点的语音系统，归纳其演变特点，并从地缘接触引发的方言接触、双方言区内的方言接触以及综合性的方言接触三个方面，归纳郴州地区方言接触的特点。

唐玉萍《从语言接触看岚角山土话的衰变》（2008）认为岚角山土话在与零陵话的长期接触中受到零陵话的严重侵蚀，出现语言转用现象。

李永新《方言接触中的调值问题——以湘南双方言为例》（2010）认为在双方言区，不同方言之间声调的接触首先造成调值相近，而后造成调类合并。

李星辉《湘南土话与湘南瑶语的接触和影响——江华县个案调查研究》（2004）比较江华县境内的梧州土话和平地瑶话、过山瑶话，找出共同性和差异性，归纳江华湘南土话和瑶语之间接触影响的特点，并指出接触引起的结果。

李如龙《论混合型方言——兼谈湘粤桂土语群的性质》（2012）通过比较几种典型的过渡型方言，提取出16条语音特征和60条常用词，通过与9个土话点的比较，认为该片方言符合混合型方言的类型特征。

李星辉《湘南岚角山土话声调演变中的例外现象》（2016）认为岚角山土话的声调例外现象，并不是被动地接受强势的官话影响时而形成的叠置，而是主动发挥了自身的调节功能。

胡乘玲《从语言接触看东安新圩江土话的否定范畴》（2017）讨论新圩江土话的否定范畴，认为否定词“不[pu^{53}]”是随着西南官话的“V不C”和“V不V”结构而借入的；否定词“[a^{213}]”与苗瑶语相近，很可能是在苗瑶语的影响下产生的。

另外，也有从地理语言学角度所做的尝试。主要有彭泽润、崔安慧《湖南江永土话声调的地理语言学研究》（2017）。该文指出：江永土话有4个至7个声调，可以分成4种类型，声调数量从县城向周围呈现波浪性减少，靠近城区则相对保守。广东韶关附近的土话声调分布也说明，越是靠近市区越保守，声调数量越多，塞音韵尾保留得越好。可见，官话在渗透土话的时候，市区和边远区域快，靠近市区的郊区最慢。

第四节

调查说明

一　调查时间和调查人

本书作者以及有关人员先后三次实地调查了道县梅花土话。具体情况是：

（一）调查人沈明、周建芳。时间是2014年11月1日至19日。调查、记录《方言调查字表》、方言词语条目近4000条，语法例句100句。

（二）调查人沈明、周建芳和孙宇炜。时间是2015年10月24日至11月18日。补充调查、核对并摄录《中国语言资源保护调查手册·汉语方言》中的1000个字音、1200条词语条目、50个语法例句和话语材料数十项。

（三）调查人沈明。时间是2017年5月15日至28日。调查记录《汉语方言语法调查例句》中的248个例句和226个补充语法例句，核对前两次调查的语料，并调查了语言使用情况和语言态度等内容。

二　发音人情况介绍

（一）老派男性发音人。莫衡生，男性，1945年9月出生，高中一年级肄业。居住在道县梅花镇江南村，先后做过小学代课老师、生产队队长、屠夫，现主要在家种田。祖籍梅花镇江南村，常年居住在江南村。会说道县话（西南官话）和当地土话。

（二）新派男性发音人。莫冰，男性，1988年7月出生，高职毕业。道县梅花镇江南村4组村民，曾去广东打工几年，回来后一直在当地以开挖掘机为业。会说道县话（西南官话）、当地土话和普通话。

（三）老派女性发音人。莫兰姣，女性，1953年8月出生，小学毕业。道县梅花镇江南村4组村民，家庭妇女，做过赤脚医生。会说道县话（西南官话）和当地土话。

（四）新派女性发音人。何秀金，女性，1980年2月出生，初中毕业。道县梅花镇江南村4组村民，家庭妇女，有时在当地打工。会说道县话（西南官话）、当地土话和普通话。

本文以老派男性的发音为主。除了特殊说明，下文提到的都是老派男性发音人莫衡生的语音。

第二章 语音

第一节

声韵调

梅花土话里，涉及新的生活内容的词语，基本上借用当地西南官话的说法（参看第五章“分类词表”之文化教育、诉讼等义类）。语音上，声母、声调折合成土话；韵母有些折合成土话，形成土话和官话共用；有些则直接借用官话，出现新的韵母。为了体现土话在语音、词汇和语法上的系统性，以及土话与官话音系的对应性，本节把土话和官话共用的韵母和声调用双竖线“‖”隔开，土话在前，官话在后。

一　声母

18个，包括零声母。

p 包婆份放	p^h 铺抛纺飞	m 门毛麻问		
t 刀桃袋在	t^h 梯天套罪	n 男二泥银		l 老路来利
ts 迟狞棋装	ts^h 槽柱气袖		s 丝酥沙西	
tɕ 猪直斤顿	tɕ^h 愁吹绝村		ɕ 蛇树鞋孙	
k 高瓜关夹	k^h 烤搭筷柜	ŋ 烟盐鹅染	x 黑开风号罚	
ø 安鸭云禾闰				

说明：

①[tɕ tɕ^h ɕ]发音部位略前，带有较明显的舌叶色彩，实际音值介于[tʃ tʃ^h ʃ]和[tɕ tɕ^h ɕ]之间。

②[n]拼洪音，[ȵ]拼细音，按音位归纳成[n]。

③[n]、[ȵ]、[ŋ]有同部位的浊塞成分，实际音值是[n^d]、[ȵ^{ȡ}]、[ŋ^g]。

④“罚”字的声母更接近[ɸ]，但和[x]不区别意义，按音位归入[x]。

二　韵母

43个。其中30个韵母是土话和当地的西南官话共用的，8个只用于土话（含自成音节的[m]、[n]），4个只用于官话。

下面的例字土话例在前，官话例在后，中间用双竖线“‖”隔开（只有官话例的前加双竖线“‖”）。有的土话例很少（且多是有音无字），官话例较多，当作土话和官话共用的韵母。请看表2–1。

三　单字调

土话6个：阴平51、阳平21、阴上55、阳上33、去声44、入声35。

阴平51　天猪路树日白　　阳平21　人泥楼锄田桃

阴上55　手口草短碾也　　阳上33　有五亩下坐舅

去声44　菜送放过

入声35　北角七出

说明：

①土话阳平21的起始略高于2，但未到3，本书记为21。

②土话阳上33收尾时略降。

当地的西南官话有4个声调：

阴平44　空心冰青（同土话的去声）　　阳平　51龙平刷白（同土话的阴平）

上声55　打鸟藕马（同土话的阴上）

去声35　县课胃犯（同土话的入声）

表2-1 梅花土话韵母表

ɿ 字纸鸡失急竹 ‖ 瓷指寄	i 买米真针蒸斤种瞎 ‖ 义～气季吉	u 何火家瓜步衫鸭冷白 ‖ 图诸～葛亮素	y □剔除[tɕ^{h}y^{44}] ‖ 旅区矩语～文
a 地飞刺刀好七 ‖ 芭～蕉杂～粮	ia 保宝草高合十～一升 ‖ 甲～乙嘉～禾	ua 柜费味豁骨橘 ‖ 法夸	ya 追吹水出刷
	ie 分梦根灯东重熊力 ‖ 业作～灭～火	ue 滚婚粉稳风封 ‖ 帆～皮树：桅杆	ye 嫩顿村寸孙 ‖ 决乐音～月～经
ɤ 杯害二北墨脉 ‖ 备刘～革～命	iɤ 耳试眼直织食 ‖ 设		
		uo 土推租锄鱼灰活毒 ‖ 课和～气玻莴～笋	yo 女猪嘴举绿玉 ‖ 岳～飞
	iu 车轻整声尺石夜		
ai 大～碎：大小 ‖ 贷债介亥～时		uai ‖ 帅拐崴脚～了外～行	
		uei 怪挂筷滑缺月 ‖ 内～枕匪委	yei 踞岁春剩云雪 ‖ 局～长戌～时役
au 多锣坐炒落凿 ‖ 闹赶～子卯		iau □坏[tɕ^{h}iau^{44}] □富裕[ɕiau^{35}] □扔[k^{h}iau^{55}] ‖ 秒赵蕉	
ɤɯ 头豆后牛有 ‖ 投藕	iɤɯ 谢饱表酒饼剥席 ‖ 优秀人名		
eĩ 办变单垫烟 ‖ 怜可～	ieĩ 揿碱见牵嫌 ‖ 贤～惠	ueĩ 关劝饭远卷完	yeĩ 砖穿赚全权选
an ‖ 斩丹站	ian □～□[sɿ^{35}]：小气 [kian^{35}] ‖ 店铅县件		yan ‖ 宣～传员党～
en 生铛 ‖ 邓能镇争存～钱	in □帐～：帐檐[tsin^{55}] ‖ 贫民丁京英	uen 横□古～：谜语 [uen^{55}] ‖ 芬人名	yn ‖ 军裙训倾
aŋ 棒□～米酒：稻米酒[ts^{h}aŋ^{44}] ‖ 案项	iaŋ 粮酱丧上香种 ‖ 祥章将江常	uaŋ □～□[ɕiaŋ^{44}]：告诉 [kuaŋ^{44}] ‖ 专闯光	
oŋ 搬帮枫焊欢黄 ‖ 农宋共冯			yŋ 翁亲公～：姻亲 ‖ 荣雄容勇
m 母			
n 安人入五木尔			
ŋ □～□[ŋə°]：什么			

说明：

①[u]与鼻声母[m]、[n]相拼时，有明显的鼻化色彩，实际音值是[ũ]。

②[yọ]与[ts ts^{h} s]相拼时，实际音值是[io]。常见的有“削[꜀sio]、粟[sio꜅]、絮[sio꜄]、足[tsio꜅]”四个字，不单列[io]韵母。

第二节

单字音表

梅花土话单字音表见表2–2。表端是韵母和声调，表左是声母，表中是例字。韵母、声调和声母的顺序同本章第一节。

自成音节的[m]、[n]、[ŋ]收字很少。[m]只有两个字：□～□[mai^{0}]；布[m^{51}]、母[m^{33}]；[n]有10个字：入安鞍日～子二木[n^{51}]、人[n^{21}]、五[n^{33}]、尔午[n^{33}]；[ŋ]只有一个字：□～□[ŋɤ^{55}/ŋə^{0}][ŋ^{55}]大的；什么。这三个音节不再列入表内。

表中黑体字表示是借用的官话音。也就是说，该音节只能用当地的西南官话，土话没有这个音。这些官话音已出现在本章第一节声韵调里，在第五章分类词表里也将出现。

表中一字多音或可能影响理解的字音，在表下加注释。

有音无字或一时找不到合适的字用圆圈码表示，在表下注音并加注释。

表2-2　梅花土话单字音表之一

	ɿ	i	u	y	a
	阴阳阴阳去入 平平上上声声 51 21 55 33 44 35	阴阳阴阳去入 平平上上声声 51 21 55 33 44 35	阴阳阴阳去入 平平上上声声 51 21 55 33 44 35	阴阳阴阳去入 平平上上声声 51 21 55 33 44 35	阴阳阴阳去入 平平上上声声 51 21 55 33 44 35
p pʰ m		稗牌摆髀拜八 **皮**　①屄**批** 卖埋②米　③	步爬把父糯百 铺　谱　破仆 麦麻**母**马		鼻皮比被⑯笔 飞　　　屁 蜜糜⑰尾　没
t tʰ n l		袋抬底在带④ 梯　**体**隶替铁 认泥奶⑤　**义** 辣犁**礼**弟　⑥	大　胆淡担答 **图**　毯 　男⑪ 腊蓝⑫冷　**六**	 　　**女** 　　**旅**	地桃打道到⑱ 　　讨　套 ⑲　脑恼　肭 笠来　老拉栗
ts tsʰ s	鸡迟走徛记竹 欺　齿　气**次** 失时起是戏息	**集**　挤　⑦接 猜财　　菜切 心　洗　晒杀	渣　**组**　榨摘 叉茶　　差坼 沙　洒　⑬撒		胙　姊　**折**⑳ 踩餈　雉刺七 师　死　四虱
tɕ tɕʰ ɕ		针陈紧近**鸡**⑧ 寨　**起**　秤**气** 深鞋恐⑨⑩瞎		**矩** 　　**取**　⑮ 　　　　**戍**	
k kʰ ŋ x		街　解菌戒夹 　　　　　**汽**	瓜　寡　架鸽 桠　　⑭货恰 　牙　瓦 花咸火下吓客		㉑㉒　　结 　　　　　揢 轭㉓　　　轧 薅毫好㉔㉕**下**
Ø		叶姨椅引印腌	雾禾哑雨　鸭	**语**　　**玉**	衣　　　㉖

大 tu^{51} ～门

差 tsʰu^{44} ～唔多

被 pa^{33} ～子

没 ma^{35} ～罢咧：淹没

粒 la^{35} 量词：一～西瓜｜一～日头

胙～肉：当地一种猪肉做的食品

结 ka^{35} 打～

还 xa^{21} ～有

① pʰi^{55} 一～：一庹

② mi^{55} 清～：清明

③ mi^{35} ～谷：秕谷

④ ti^{35} 打一～：打一下

⑤ ni^{44} ～□pa^{0}□kuo^{0}：肉不烂

⑥ li^{35}□koŋ^{55} ～：另外

⑦ tsi^{44} ～牛鬼□ma^{35}子：牛虻

⑧ tɕi^{35} ～□yo^{51}□sɿ^{0}：蝉

⑨ ɕi^{33} 湿

⑩ ɕi^{44} ～股：屁股

⑪ nu^{55} ～□ki^{44}：玩耍

⑫ lu^{55} ～街：逛街

⑬ su^{44} ～□li^{33}婆：孑孓

⑭ kʰu^{33} 一～车：一辆车

⑮ tɕʰy^{44} 剔除

⑯ pa^{44} 油炸

⑰ ma^{55} ～～：祖母

⑱ ta^{35} ～□pə^{0}□ie^{0}：雇工

⑲ na^{51} ～得^{0}：知道、会

⑳ tsa^{35} 捏

㉑ ka^{21} ～起脑牯：昂头

㉒ ka^{55} 屎（对小孩说的）

㉓ ŋa^{21} 咬

㉔ xa^{33} ～子：嗦子

㉕ xa^{44} 痱子

㉖ a^{35} ～埠：家里

表2-2 梅花土话单字音表之二

	ia						ua						ya						ie						ue					
	阴平51	阳平21	阴上55	阳上33	去声44	入声35	阴平51	阳平21	阴上55	阳上33	去声44	入声35	阴平51	阳平21	阴上55	阳上33	去声44	入声35	阴平51	阳平21	阴上55	阳上33	去声44	入声35	阴平51	阳平21	阴上55	阳上33	去声44	入声35
p	暴	袍	保		报														份	盆	本		迸	擘						
pʰ	①				②	拍													⑭	盆	捧									
m	帽	毛																	问	门		⑮								
t																			灯	铜	等	动	凳	**跌**						
tʰ	③																		**铁**		桶									
n	燋	④																	孽		⑯			**业**						
l								⑧				⑨							力	聋				⑰						
ts	糟		早		灶	⑤													棕		⑱		甑							
tsʰ		槽	草		糙														葱	层		重	⑲							
s	骚		嫂		扫		**刷**												⑳				送							
tɕ	**甲**				**嘉**								锥		抓		醉	⑫	**杰**		㉑									
tɕʰ	**插**												吹	锤			⑬			沉			车	㉒						
ɕ	⑥					**夏**									水			出	空	红	肯			**谢**						
k	高		稿		告	合	归		鬼		贵	骨							公			㉓			裈		滚		棍	
kʰ	敲		烤		靠		亏			跪	溃	⑩							㉔											
ŋ																														
x							**法**	肥	毁		费	豁													昏	魂	粉		困	
Ø	⑦				压		味	围				⑪							㉕		㉖			㉗	温	文	稳		㉘	

厦 ɕia^{35} ～门

合 kia^{35} 十～一升

盆 pie^{21} 洗浴～子：澡盆

擘 pie^{35} ～断

盆 p‘ie^{21} 面～：洗脸盆

重 tɕʰie^{33} 轻～

文 ue^{21} 姓

① pʰia^{51} ～架：扫磨盘的扫帚

② pʰia^{44} ～罢咧：萝卜糠了

③ tʰia^{51} ～ pa^{0} 鞋：拖鞋

④ nia^{21} 扛

⑤ tsia^{35} 捉

⑥ ɕia^{51} ～水：用水管喷水

⑦ ia^{51} □ ŋau^{44} ～：伤心；发怒

⑧ lua^{21} ～病：痨病

⑨ lua^{35} 岭～牯：岭谷

⑩ kʰua^{35} ～话：说话

⑪ ua^{35} ～断：折断

⑫ tɕya^{35} ～斧：镐

⑬ tɕʰya^{44} □ pu^{21} □ ta^{0} ～：狐臭

⑭ pʰie^{51} 一撇一～：一撇一捺

⑮ mie^{33} 闻

⑯ nie^{55} ～～：乳汁；乳房

⑰ lie^{35} ～□ lə^{0}：到处

⑱ tsie^{55} ～豁：墓

⑲ tsʰie^{44} 鸡～子：鸡罩

⑳ sie^{51} 灰～：灰尘

㉑ tɕie^{55} ～板：砧板

㉒ tɕʰie^{35} □ toŋ^{51} □ toŋ^{0} ～～：糊里糊涂

㉓ kie^{44} 寒；冷

㉔ kʰie^{51} 量词。一～（一段）

㉕ ie^{51} 揞；捂：～紧：捂住

㉖ ie^{55} 伯～：伯父

㉗ ie^{35} ～□ ie^{55}：叔父

㉘ ue^{44} ～起来：囚禁起来

表2-2　梅花土话单字音表之三

	ye						ɤ						iɤ						uo						yo					
	阴平	阳平	阴上	阳上	去声	入声	阴平	阳平	阴上	阳上	去声	入声	阴平	阳平	阴上	阳上	去声	入声	阴平	阳平	阴上	阳上	去声	入声	阴平	阳平	阴上	阳上	去声	入声
	51	21	55	33	44	35	51	21	55	33	44	35	51	21	55	33	44	35	51	21	55	33	44	35	51	21	55	33	44	35
p							杯	赔	②	倍	背	北							⑭			⑮	⑯							
pʰ							坯				配	泼												**破**						
m							妹	梅	③	母									**馍**											
t							④		⑤			⑥							渡	屠	堵	肚	对							
tʰ	嫩											脱							推		土	罪	兔							
n							二		⑦		蚁	**二**		燃		眼		⑪					**莴**		玉			女		
l							肋		⑧			勒							路	雷	鲁		⑰		绿					
ts							**泽**		崽		做	**责**							租		祖			**坐**						足
tsʰ																			粗	锄		柱	醋							
s							思				⑨	塞							梳		数		数	缩	**削**				絮	粟
tɕ	墩				顿								直				占	织							猪		煮		锯	烛
tɕʰ	村				寸													⑫							蛆	朝	肘	⑳		
ɕ	孙		省										食			⑬	试	识							树		鼠		碎	
k							**革**		改		盖	割							姑		鼓		顾	谷						
kʰ	①											**咳**							⑱		苦			**课**						
ŋ							艾		⑩										误	鱼			⑲							
x							开		海			黑							灰	壶	虎		去	哭						
Ǿ	**乐**			啰		**月**			**耳**		爱	**耳**	食						外					屋	浴					

食 ɕiɤ51 名词。嘴子～：零食

食 iɤ51 动词。～饭

数 suo55 动词

数 suo44 名词

肚 tuo55 牛～：牛肚

肚 tuo33 ～子：肚子

苦 kʰuo55 ～楝树

外 uo51 ～家：娘家

玉 nyo51 ～米

处 tɕʰyo44 ～暑

① kʰye51 ～得台子高头：放在桌子上

② pɤ55 ～～：伯母

③ mɤ55 量词。一～头发｜一～香

④ tɤ55 他；她

⑤ tɤ55 □kuei55 ～：这里

⑥ tɤ35 ～婆：外婆

⑦ nɤ55 拿；掏

⑧ lɤ55 ～门：边门

⑨ sɤ44 ～□pə0 娘：新娘

⑩ ŋɤ55 □ŋ55 ～：什么

⑪ niɤ35 看；瞭；望

⑫ tɕʰiɤ35 ～□kʰuen55：翅膀

⑬ ɕiɤ33 河岸

⑭ puo51 量词。一～戏（一场戏）

⑮ puo33 ～丝网：蜘蛛网

⑯ puo44 花～～：花苞

⑰ luo44 □puo44 ～：疙瘩

⑱ kʰuo51 打火～：拔火罐

⑲ ŋuo44 量词。一～橘子（一瓣橘子）

⑳ tɕʰyo33 偷；窃

表2-2　梅花土话单字音表之四

	iu						ai						uai						uei						yei					
	阴平51	阳平21	阴上55	阳上33	去声44	入声35	阴平51	阳平21	阴上55	阳上33	去声44	入声35	阴平51	阳平21	阴上55	阳上33	去声44	入声35	阴平51	阳平21	阴上55	阳上33	去声44	入声35	阴平51	阳平21	阴上55	阳上33	去声44	入声35
p												败																		
p^h							排																							
m									买																					
t												贷												对						
t^h							台			大		态																		
n	①	羸	影																					内						
l							来					癞							雷					滤						
ts												债												最						
ts^h												菜												翠						
s												赛						帅	碎		水									
tɕ	遮		整		镜	炙																			踞		准		圳	⑧
$tɕ^h$	车		扯	②	差	尺																			春	随	取		⑨	
ɕ	兄	蛇	舍	社		腋																			顺		笋		岁	雪
k												介	④		拐				乖	⑥	蜗		怪	刮						
k^h									凯		开						块	⑤	⑦				筷	缺						
ŋ								捱																						
x							③		海			亥						坏	罚	怀	匪		肺	血						
Ø	夜	爷		野											崴			外	月		委		威	挖	运	云				⑩

舍 ɕiu^{55} ～得

社 ɕiu^{33} 春～

发 xuei^{35} ～财

踞 tɕyei^{51} 蹲

① niu^{51} 沾；粘

② $tɕ^h$iu^{33} 馋：～嘴

③ xai^{51} 打～扯：打喷嚏

④ kuai^{51} 左□pu^{0} ～：左撇子

⑤ k^huai^{35} ～子□moŋ^{21} □moŋ^{0}：萤火虫

⑥ kuei^{21} ～眼睛：睁眼

⑦ k^huei^{51} ～门：敲门

⑧ tɕyei^{35} ～眼皮：打盹

⑨ $tɕ^h$yei^{44} ～墙：砌墙

⑩ yei^{35} ～□tɕi^{55}：平时

表2-2　梅花土话单字音表之五

	au	iau	ɤɯ	iɤɯ	eĩ
	阴阳阴阳去入 平平上上声声 51 21 55 33 44 35	阴阳阴阳去入 平平上上声声 51 21 55 33 44 35	阴阳阴阳去入 平平上上声声 51 21 55 33 44 35	阴阳阴阳去入 平平上上声声 51 21 55 33 44 35	阴阳阴阳去入 平平上上声声 51 21 55 33 44 35
p	包　簸　簸①	标		包平表　豹壁	班　板　办
pʰ	炮	票		抛　漂　票撇	偏　　　片
m	磨磨卯	苗　秒	谋　牡	庙明	慢忙
t	多驼躲舵剁②	鸟	豆头陡窦斗	钉条鸟　钓	单田点簟踮
tʰ	拖　讨　　托	调　挑　挑跳	偷　敨	听　　　跳踢	天　⑳　炭㉑
n	糯锣③④⑤闹	⑪　　尿	弄	尿揉纽	念年碾㉒
l	落螺老　　⑥	⑫　　　　料	漏楼搂	六流　柳	烂栏　懒
ts	朝　左　⑦着		走	精　酒　借倔	煎　剪　箭
tsʰ	凿　炒坐锉错			秋晴请　笪	千钱铲
s	蓑　锁　潲索			修　醒　绣锡	先　伞　线
tɕ		饺　蕉教		旧桥九舅照脚	
tɕʰ		桥　　　⑬		丘绸丑　臭畜	
ɕ		小　销⑭		烧仇手受孝叔	
k	⑧　糕告	⑮　　⑯	勾　狗　够	浇　绞　窖角	间　减　间
kʰ	⑨　拷		抠　口　扣扣	⑲	
ŋ	饿鹅　　⑩坳		弄牛藕　怄		烟盐　　燕
x	好　　号		⑰喉口有候⑱		苋闲　旱
Ø		摇　　　腰		腰摇　友优柚	

簸 pau^{55} 动词

簸 pau^{44} 名词

磨 mau^{51} 名词

磨 mau^{21} 动词

朝 $tsau^{51}$ 食～：吃早饭

着 $tsau^{35}$ ～衣：穿衣服

漂 $p^hiɤɯ^{55}$ ～白

间 $keĩ^{51}$ 房～

间 $keĩ^{44}$ ～开

① pau^{35} 交换

② tau^{35} 戳

③ nau^{55} 打□ ni^{44} ～：荡秋千

④ nau^{33} 揉；搓

⑤ nau^{44} ～子：抹子

⑥ lau^{35} ～绞子：捞鱼的抄子

⑦ $tsau^{44}$ ～□ ma^{55}：蝗虫

⑧ kau^{55} 米～□ pa^{51}□ pa^{0}：米糊

⑨ k^hau^{51} 放；搁

⑩ $ŋau^{44}$ ～□ ia^{51}：伤心；发怒

⑪ $niau^{55}$□ mi^{55} ～：猫

⑫ $liau^{51}$ ～头□ $mə$ 子：芦苇

⑬ $tɕ^hiau^{44}$（东西）坏了

⑭ $ɕiau^{35}$ 富裕

⑮ $kiau^{55}$ 扔；掷

⑯ $kiau^{35}$ 蘸

⑰ $xɤɯ^{51}$ ～胚子：揉面

⑱ $xɤɯ^{35}$ ～雷公：打雷

⑲ $k^hiɤɯ^{44}$ 量词。一碎～：一小撮

⑳ $t^heĩ^{55}$ ～～：台阶

㉑ $t^heĩ^{35}$ ～命：拼命

㉒ $neĩ^{44}$ 好

表2-2 梅花土话单字音表之六

	ieĩ						ueĩ						yeĩ						an						ian					
	阴平51	阳平21	阴上55	阳上33	去声44	入声35	阴平51	阳平21	阴上55	阳上33	去声44	入声35	阴平51	阳平21	阴上55	阳上33	去声44	入声35	阴平51	阳平21	阴上55	阳上33	去声44	入声35	阴平51	阳平21	阴上55	阳上33	去声44	入声35
p																													鞭	变
pʰ																								判	偏					骗
m																					满			馒						面
t																							丹	蛋			典			店
tʰ																								碳	天					
n																			难											
l																			兰						连		脸			练
ts																					斩			站						
tsʰ																														
s																						三								
tɕ	撳	①	笕		见								砖		转		转	③									简		间	建
tɕʰ	牵				②								穿	全		赚									前				铅	
ɕ	掀	嫌	险										闩		选										嫌				仙	县
k							关		卷		桊												柑						奸	④
kʰ							圈		圈		劝																			
ŋ																			岩				安							欠
x							饭		反		贩																			
Ø							弯	丸	挽	远	怨														炎		演			艳

卷 kueĩ^{55} ～起来

圈 kʰueĩ^{51} 眼～子

转 tɕyeĩ^{55} ～身

转 tɕyeĩ^{44} ～头

逸 ian^{35} 安～

①tɕieĩ^{21} 打～：打仗

②tɕʰieĩ^{44} 难看；坏

③tɕyeĩ^{35} 鸟啄

④kian^{35} ～□ sɿ^{35}：小气

表2-2 梅花土话单字音表之七

	yan						en						in						uen						yn					
	阴平 51	阳平 21	阴上 55	阳上 33	去声 44	入声 35	阴平 51	阳平 21	阴上 55	阳上 33	去声 44	入声 35	阴平 51	阳平 21	阴上 55	阳上 33	去声 44	入声 35	阴平 51	阳平 21	阴上 55	阳上 33	去声 44	入声 35	阴平 51	阳平 21	阴上 55	阳上 33	去声 44	入声 35
p									榜		奔				丙		冰	病												
pʰ													瓶																	
m													民		抿			命												
t												邓					丁													
tʰ													停																	
n			软				能																							
l							轮		冷				铃		岭			令												
ts									枕		珍	镇					津	晋												
tsʰ							铛				撑	蹭	秦		④															
s							生		省		申	甚					星													
tɕ			卷												警		京	近											军	
tɕʰ	船												情					亲							裙				倾	
ɕ					宣								刑				辛	幸											勋	训
k									①		更	更									滚			棍						
kʰ							②		③				勤								⑤		⑥							
ŋ							硬				恩																			
x							衡	行				恨							横		粉		芬	⑦						
Ø	员		远		冤								仁		影		英	认	文	横	⑧						尹			熨

亲 ts^hin^{35} ～家

横 xen^{51} ～梁树：梁

横 uen^{21} ～竖

① ken^{55} 整：～～一年

② k^hen^{51} 量词。一～戏：一出戏｜一～雨：一阵雨

③ k^hen^{55} ～脚帕子：裹脚布

④ ts^hin^{55} 帐～：帐檐儿

⑤ k^huen^{55} □ $tɕ^hiɤ^{35}$ ～：翅膀

⑥ k^huen^{44} 头～：枕头

⑦ $xuen^{35}$ ～泥：麻刀

⑧ uen^{55} 古～：谜语；故事

表2-2 梅花土话单字音表之八

	aŋ						iaŋ						uaŋ						oŋ						yŋ					
	阴平51	阳平21	阴上55	阳上33	去声44	入声35	阴平51	阳平21	阴上55	阳上33	去声44	入声35	阴平51	阳平21	阴上55	阳上33	去声44	入声35	阴平51	阳平21	阴上55	阳上33	去声44	入声35	阴平51	阳平21	阴上55	阳上33	去声44	入声35
p	板	①	②		棒														搬	盘	⑩	伴	半	⑪						
pʰ	螃					判													彭	潘	纺		⑫							
m	氓		满																⑬	瞒	猛	网	⑭	孟						
t			掸		单	旦													当	糖	短	断	担	洞						
tʰ	弹				摊	烫							团						汤		统		通							
n							让	娘				酿							齉			暖					㉑			
l	廊						亮	凉		两								乱	乱	⑮		卵								
ts			长		赃		浆		蒋		酱	将					专		桩		⑯		葬	众						
tsʰ	蚕		产		③		匠	墙	抢				传		闯			创	仓	长		丈	舂	铳						
s					三	④	箱		想		相	像					双		酸		爽	仗	蒜	宋						
tɕ							姜	强	涨	犟	帐	杖																		
tɕʰ							撑		厂		唱														冲					
ɕ							伤	尝	响	上	向	象													雄					
k			感		钢		江					⑥			广		⑦	罐	肝	⑰	管		灌	⑱						
kʰ															款		况	矿					空	空						
ŋ						案																								
x	韩					⑤							防		⑧		芳	范	汗	黄	谎	⑲	丰	凤						
Ø							秧	羊		养	央		⑨		网		弯	旺			碗		望	⑳	翁		勇			

将 $tsiaŋ^{35}$ 大～

担 $toŋ^{44}$ 扁子～子：扁担

长 $ts^hoŋ^{21}$ ～短

① $paŋ^{21}$ ～□ $ŋeĩ^{0}$：便宜

② $paŋ^{55}$ 打□ $pɤ^{51}$ ～：扔石子的游戏

③ $ts^haŋ^{44}$ ～米酒：用稻米酿的酒

④ $saŋ^{35}$ ～□ $kə^{0}$ 脑：膝盖

⑤ $xaŋ^{35}$ ～手：指用能使人迷糊的药诱拐小孩儿的人

⑥ $kiaŋ^{35}$［个样］的合音

⑦ $kuaŋ^{44}$ ～□ $ɕiaŋ^{44}$：告诉

⑧ $xuaŋ^{55}$ ～□ $laŋ^{0}$：篮子

⑨ $uaŋ^{51}$ ～□ ki^{0}：东西

⑩ $poŋ^{55}$ □ $tɕiaŋ^{51}$ ～：菖蒲

⑪ $poŋ^{35}$ ～□ $tɕi^{0}$：里面

⑫ $p^hoŋ^{44}$ 量词。一～人（一群人）

⑬ $moŋ^{51}$ 摸

⑭ $moŋ^{44}$ ～子骨：鹅卵石

⑮ $loŋ^{21}$ 裈～子：裤裆

⑯ $tsoŋ^{55}$ ～～：从来

⑰ $koŋ^{21}$ 圆

⑱ $koŋ^{35}$ ～过～个；各过各的

⑲ $xoŋ^{33}$ ～晡：后天

⑳ $oŋ^{35}$ ～臭～臭：很臭很臭

㉑ $nyŋ^{33}$ ～家：妻

第三节

连读变调

一　非叠字两字组连读变调

（一）变调组合和例子。梅花土话单字调6个：阴平51，阳平21，阴上55，阳上33，去声44，入声35。

非叠字两字组有36种组合。所有组合可前后字都不变调；其中的15种组合也可以变调。前字变调的都变成44调（同去声调），后字变调的都变成55调（同阴上调），未出现新调值。

有一种例外。阳上33–55＋阴平51/阳上33/去声44，如：弟哥弟弟li$^{33-55}$kɤɯ^{51}、没会不会mɤ$^{33-55}$uo^{51}、母马mɤ$^{33-55}$mu^{33}、没在不在ma$^{33-55}$ti^{33}、早菜xeĩ$^{33-55}$ts^{h}i^{44}。下面举例不再涉及。

6个单字调分别用数字1、2、3、4、5和6代表。组合11表示阴平51＋阴平51，12表示阴平51＋阳平21，依此类推。15种组合变调举例如下：

前一字阴平51变调

11	a. 51–44 51–55	西瓜si ku	冬瓜tie ku	中心中间tɕiaŋ si	溪面河岸 ɕi meĩ
	b. 51–44 51	风车xue tɕ^{h}iu	秋分ts^{h}iɤɯ xue	锹地ts^{h}iɤɯ ta	生病 sen piɤɯ
12	51–44 21–55	猪槽tɕyo ts^{h}ia	高粱kia liaŋ	高头上面kia tɤɯ	
13	51–44 55	失火sɿ xu	吹火tɕ^{h}ya xu		
15	51–44 44	霜降soŋ koŋ	冬至tie tsɿ	钩棍kɤɯ kue	

前一字阳平21变调

21 21-44 51 围筛ua si 犁地li ta 盛饭çiu xueĩ 量衣liaŋ a

22 21-44 21 蒲团p^hu t^hoŋ 耙田pu teĩ 犁田li teĩ

24 21-44 33 淘米ta mi

25 21-44 44 传票$tç^h$yeĩ p^hiɤɯ

前一字阴上55变调

31 55 51-55 剪刀tseĩ ta 土坯t^huo pa 苦瓜xuo ku 火烟烟xu ŋeĩ

32 55 21-55 早时上午tsia sɿ 锁匙sau tsɿ 早禾早稻tsia u 草鱼ts^hia ŋuo

36 55 35-55 颈骨颈tçiu kua 火夹火钳xu ki

前一字去声44变调

51 44 51-55 碓空碓臼tuo çie 细麦si mu

52 44 21-55 嫁妆ku neĩ

前一字入声35变调

61 35 51-55 黑夜xɤ iu 畜牲$tç^h$iɤɯ sen 答话答应tu xu

62 35 21-55 刮耙钉耙kuei pu 虱婆虱子sa pu 骨头kua tɤɯ 鲫鱼tsi ŋuo

（二）非叠字两字组连调调式。15种组合变调后，加上不变调的组合，调式合流成8种。请看表2–3。

表2–3 梅花土话非叠字两字组连读变调调式合流表

	组合	变调调式	例子	
1	11	44 55	西瓜si^{51-44} ku^{51-55}	
	12		猪槽$tçyo^{51-44}$ ts^hia^{21-55}	高头上面kia^{51-44} $tɤɯ^{21-55}$
	13		失火$sɿ^{51-44}$ xu^{55}	吹火$tç^hya^{51-44}$ xu^{55}
	51		碓空碓臼tuo^{44} $çie^{51-55}$	细麦si^{44} mu^{51-55}
	52		嫁妆ku^{44} $neĩ^{21-55}$	
	53		挂扫扫墓$kuei^{44}$ sia^{55}	放手$poŋ^{44}$ $çiɤɯ^{55}$

续 表

	组合	变调调式	例子	
2	15	44 44	霜降 soŋ$^{51-44}$ koŋ^{44}	冬至 tie$^{51-44}$ tsɿ^{44}
	25		传票 tɕ^{h}yeĩ$^{21-44}$ p^{h}iɤɯ^{44}	
	55		靠背 k^{h}ia^{44} pɤ^{44}	
3	11	44 51	风车 xue$^{51-44}$ tɕ^{h}iu^{51}	读书 tuo$^{51-44}$ ɕyo^{51}
	21		围筛 ua$^{21-44}$ si^{51}	犁地 li$^{21-44}$ ta^{51}
	51		菜地 ts^{h}i^{44} ta^{51}	种树 tɕiaŋ^{44} ɕyo^{51}
4	22	44 21	蒲团 p^{h}u$^{21-44}$ t^{h}oŋ^{21}	耙田 pu$^{21-44}$ teĩ^{21}
	52		菜园 ts^{h}i^{44} ueĩ^{21}	种禾 tɕiaŋ^{44} u^{21}
5	24	44 33	淘米 ta$^{21-44}$ mi^{33}	
	54		贵重 kua^{44} ts^{h}ie^{33}	线瓦 seĩ^{44} ŋu^{33}
6	34	55 33	躲雨 tau^{55} u^{33}	笕瓦 tɕieĩ^{55} ŋu^{33}
	44		母马 mɤ$^{33-55}$ mu^{33}	没在 ma$^{33-55}$ti^{33}
7	32	55 55	早时上午 tsia^{55} sɿ$^{21-55}$	草鱼 ts^{h}ia^{55} ŋuo$^{21-55}$
	33		稿纸 kia^{55} tsɿ^{55}	扯草 tɕ^{h}iu^{55} ts^{h}ia^{55}
	36		颈骨颈 tɕiu^{55} kua$^{35-55}$	火夹火钳 xu^{55} ki$^{35-55}$
8	61	35 55	黑夜 xɤ^{35} iu$^{51-55}$	畜牲 tɕ^{h}iɤɯ^{35} sen$^{51-55}$
	62		刮耙钉耙 kuei^{35} pu$^{21-55}$	骨头 kua^{35} tɤɯ$^{21-55}$
	63		泼水 p^{h}ɤ^{35} ɕya^{55}	

二　叠字两字组连读变调

除了亲属称谓（请参看下节“语义变调”），梅花土话能说的叠字两字组不多，目前收录到的名词性叠字组有“螺螺螺蛳 lau^{21} lau^{0}、背背脊背 pɤ^{44} pɤ$^{44-55}$、鸟鸟①鸡巴（男阴）②鸡鸡（小男孩儿阴部）tiɤɯ^{55} tiɤɯ^{55}”；表示周遍性的量词叠字组如“□□个个：每一个 ta^{55} ta^{0}、年年每一年 neĩ^{21} neĩ^{0}”等。

叠字两字组的连读调有两种：一是前后字都不变调，如：鸟鸟①鸡巴（男阴）②鸡鸡（小男孩儿阴部）tiɤɯ^{55} tiɤɯ^{55}”；二是前字不变调，后字轻声，如：螺螺螺蛳 lau^{21} lau^{0}、年年第一年 neĩ^{21} neĩ^{0}。

三　语义变调

（一）亲属称谓多为叠字两字组。前后字都变为55（同阴上调），基本上属于语义变调。例如：爹爹父亲tie$^{51-55}$ tie$^{51-55}$、公公爷爷kie$^{51-55}$ kie$^{51-55}$、娘娘姑母niaŋ$^{21-55}$ niaŋ$^{21-55}$。

也有例外。比如“舅舅”前后字都不变调；“妹妹”前字不变调、后字轻声；“娘娘”表示“叔母“义时前后字都变调，表示“皇妃”义时前后字都不变调。例如：舅舅tɕiɤɯ^{33} tɕiɤɯ^{33}、妹妹mɤ^{51}mə^{0}、娘娘叔母niaŋ$^{21-35}$ niaŋ$^{21-55}$、娘娘皇后或皇妃niaŋ^{21} niaŋ^{21}。

（二）其他语义变调。有些词，“公、婆”做后字，也都读55（同阴上调）。这类词多见于亲属称谓、动物或身体部位。比如（写不出本字的用方框“□”表示）：

□公tɤ^{35} kie$^{51-55}$外祖父　　□婆tɤ^{35} pu$^{21-55}$外祖母

姑公kuo$^{51-44}$ kie$^{51-55}$父之姑父　　姑婆kuo$^{51-44}$ pu$^{21-55}$父之姑母

父公pu^{33} kie$^{51-55}$曾祖父　　老姑婆la^{33} kuo^{0} pu$^{21-55}$老姑

村公tɕ^{h}ye$^{51-44}$ kie$^{51-55}$乡村　　猪婆tɕyo$^{51-44}$ pu$^{21-55}$已生育的母猪

嘴公tɕyo^{55} kie$^{51-55}$嘴巴　　鸡婆tsɿ$^{51-44}$ pu$^{21-55}$下过蛋的母鸡

雉公ts^{h}a^{33} kie$^{51-55}$野鸡　　鸭婆u^{35} pu$^{21-55}$已生育的母鸭

虾公xu$^{51-44}$ kie$^{51-55}$公　　蛆婆ts^{h}yo$^{51-44}$ pu$^{21-55}$蛆

尾公ma^{33} kie$^{51-55}$尾巴　　虱婆sa^{35} pu$^{21-55}$虱子

（三）有些地名或表示某个地方的后置成分“……埠[pu$^{0/55}$]”，后字也常常读55（同阴上调）。比如：潘家地名p^{h}oŋ^{51} ku$^{51-55}$、井头地名tsiɤɯ^{55}tɤɯ$^{21-55}$、岭脚地名liɤɯ^{33}tɕiɤɯ$^{35-55}$、竹园地名tsɿ^{35}ueĩ$^{21-55}$、站埠车埠tsan^{35} pu^{-55}、医院埠医院i-yan^{35} pu^{-55}。

四　轻声

梅花土话的轻声，基本上属于南方方言重轻式连调的类型。即两个音节前重后轻，不区别意义。

轻声的调值又轻又短，多随前字收尾的调高走。也就是说，前字是阴平51的，后字轻声的调值便是1；前字是阴上55的，后字轻声的调值是5。本文一律标作0。

绝大部分“子”尾词是轻声。其他读轻声的例词如下：

11	51 0	杉树su ɕyo	梦话mie xu	番薯xueĩ ɕyo	衣袖a ts^{h}iɤɯ
12		日头nɤ tɤɯ	篾皮mi p^{h}a		
13		笠斗la tɤɯ	右手iɤɯ ɕiɤɯ	茭笋kiɤɯ ɕyei	袋牯ti kuo
14		饭米xueĩ mi	籼米seĩ mi	糯米nau mi	天上t^{h}eĩ ɕiaŋ
15		白菜pu ts^{h}i	香菜芥菜ɕiaŋ ts^{h}i	夏至xu tsɿ	青菜ts^{h}iɤɯ ts^{h}i
16		蜡烛lu tɕyo	规尺曲尺kua tɕ^{h}iu	腰骨iɤɯ kua	

续 表

21	21 0	茶叶 tsʰu i	桑叶 soŋ i	梁树梁 liaŋ çyo
22		黄牛 xoŋ ŋɤɯ	鸬鹚 luo sɿ	鲢鱼 leĩ ŋuo
23		甜草 teĩ tsʰia	钱纸 tsʰeĩ tsɿ	牙齿 ŋu tsʰu
24		门后 mie xɤɯ	姨丈 i tsʰoŋ	
25		油菜 iɤɯ tsʰi	咸菜 xu tsʰi	茅厕 mia sɿ
26		头发 tɤɯ xue	毛笔 mia pa	萝卜 lau pu
31	55 0	炒面 tsʰau meĩ		
32		本钱 pie tsʰeĩ		
35		煮菜 tçyo tsʰi	手帕 çiɤɯ pʰu	
36		水笔 çya pa	卷尺 kueĩ tçʰiu	
41	33 0	马灯 mu tie	眼睛 niɤ tçiɤɯ	垛仓 tau tsʰoŋ
42		坐台串门儿 tsʰau ti	座牙大牙 tsʰau ŋu	
51	44 0	菜瓜 tsʰi ku	簸箕 pau tsɿ	
52		算盘 soŋ poŋ		
53		左手 tsau çiɤɯ		
61	35 0	北瓜南瓜 pɤ ku	黑豆 xɤ tɤɯ	
62		出来 çya la	押钱押金 u tsʰeĩ	

第四节

异读

一 新老异读

梅花土话的异读主要体现在新老差异上。

老派发音人以莫衡生为准，新派发音人以莫冰为准，二人相差43岁。新老派语音方面的差别主要表现在声母和韵母上，各有两项。

（一）声母

（1）老派分尖团，新派不分。老派的精组和见晓组在今齐齿呼前分尖团（撮口呼前不分），新派不分。新派把老派的“尖音”一律说成“团音”。例如：

	就	旧	酒	九	清	丘	箱	香	全权
老派	꜀tsiɤɯ	꜀tɕiɤɯ	꜂tsiɤɯ	꜂tɕiɤɯ	꜀tsʰiɤɯ	꜀tɕʰiɤɯ	꜀siaŋ	꜀ɕiaŋ	꜁tɕʰyeĩ
新派	꜀tɕiɤɯ		꜂tɕiɤɯ		꜀tɕʰiɤɯ		꜀ɕiaŋ		꜁tɕʰyeĩ

（2）老派[x]声母拼今合口呼的字，新派说成了[ɸ]。例如：

	昏	魂	粉	困	肺	发	罚	饭	反	贩
老派	꜀xue	꜁xue	꜂xue	xue꜄	xuei꜄	xuei꜆	꜀xuei	꜀xueĩ	꜂xueĩ	xueĩ꜄
新派	꜀ɸue	꜁ɸue	꜂ɸue	ɸue꜄	ɸuei꜄	ɸuei꜆	꜀ɸuei	꜀ɸueĩ	꜂ɸueĩ	ɸueĩ꜄

（二）韵母

（1）效摄开口一等端组、泥组字，老派读[a]，新派说[ia]。例如：

	刀	桃	讨	脑	老
老派	꜀ta	꜁ta	꜂ta	꜂na	꜃la
新派	꜀tia	꜁tia	꜂tia	꜂nia	꜃lia

（2）蟹止三等知章组的字，老派读[ya]，新派说[ua]。例如：

<table>
<tr><td></td><td>追锥</td><td>锤</td><td>水</td><td>刷</td><td>龟归</td><td>贵鳜</td><td>亏</td><td>毁</td><td>围</td></tr>
<tr><td>老派</td><td>꜀tçya</td><td>꜁tçʰya</td><td>꜂çya</td><td>çya꜆</td><td rowspan="2">꜀kua</td><td rowspan="2">kua꜄</td><td rowspan="2">꜀kʰua</td><td rowspan="2">꜂xua</td><td rowspan="2">꜁ua</td></tr>
<tr><td>新派</td><td>꜀tsua</td><td>꜁tsʰua</td><td>꜂sua</td><td>sua꜆</td></tr>
</table>

二　其他异读

有些字有异读。异读的性质不完全一样。有异读的字音之间用斜线/隔开。比如：“头[tɤɯ^{0}/tɤɯ$^{21-55}$]”既可以说[tɤɯ^{0}]，也可以说[tɤɯ$^{21-55}$]；再如：“牯[kuo^{55}/kuo^{0}]”可以说[kuo^{55}]，也可以说[kuo^{0}]。

第五节

其他音变

一　弱化

（一）声母弱化

梅花土话的塞音声母[p t k]在轻声音节中，有时候会弱化成同部位的鼻音或边音声母。比如（＞左边表示原来的声母，右边表示弱化后的声母）：[p＞m]、[t＞l]、[k＞ŋ]。例如：

个两样色□一样吧这两种颜色一样吧？ kɤ^{44}liaŋ^{33}iaŋ^{51}sɤ^{44}ta^{51}i$^{35-44}$iaŋ^{51}（p＞m）a^{0}？

尔□□食橘子吧你喜欢吃橘子吗？ n^{33}suo^{44}ɕi^{51}iɤ^{51}kua^{35}lɤ$^{-55}$（p＞m）a^{0}？

□□昨夜没落雨就□罢咧要是昨天没下雨就好了。uei^{44} ɕiu^{55}tsʰa$^{51-44}$iu^{0} mɤ^{33}lau^{51}u^{33}tɕiɤɯ$^{51-44}$neĩ^{44}（p＞m）a^{0}lie^{0}.

我□唔出□□高□□矮我看不出哪个高哪个矮。iu^{33}niɤ^{35}m^{0} ɕya^{35}iɤ^{51}（t＞l）ə^{0} kia^{51} iɤ^{51}（t＞l）ə^{0}i^{55}.

□是出罢去接碎□□去咧她出去接小孩儿去了。tɤ^{51}sɿ^{33}ɕya^{35}pa^{0}xuo^{44}tsi^{35}ɕyo^{44}（k＞ŋ）ə^{0} tə^{0}xuo^{44}lie^{0}.

（二）韵母弱化

有两种情形：

1. 轻声音节，调值轻短（参看上文），韵母是单元音[ɤ]的，一律弱化成央元音[ə]。比如：台子[ɕie^{21}lə^{0}]、红个[ɕie^{21}kə^{0}]、讲得快[ki^{55}lə^{0}kʰuei^{44}]。下文一律按实际音值标音。

2. 韵母是[iɤɯ]的，在语流中会弱化成[iu]。由于[iɤɯ]和[iu]音位对立，所以仍记作[iɤɯ]。

二　合音

少数音节是由两个音节合音而来的。合音的两个汉字放在方括号[ ]里，注音有的合成一个音节，有的在两个音节之间加连字符-。常见的有：皮[子衣]皮衣pa^{21}la^{35} ｜蓑[雨衣]蓑衣sau$^{51-44}$ua$^{51-44}$ ｜[个样]个这样kiaŋ^{51}kə^{0} ｜尔没去[医院]埠里□看老张要唔得n^{33}mɤ^{33}xuo^{44} i-yan^{35}pu^{0}niɤ^{35}la^{33}tɕiaŋ^{51}i^{51}m^{0} tə^{0} ｜一[□个人]i$^{35-44}$ ta-n^{21}。

三　省略

词语和句子里，有些成分可以省略。省略的成分放在圆括号（　）里，表示该成分可有可无。例如：大石□（□）大石块t^{h}ai^{44}ɕiu^{51}kuaŋ^{44}（tɕi^{51}）。再如：

A：尔□□食橘子吧你喜欢吃橘子吗？ n^{33}suo^{44}ɕi^{51}iɤ^{51}kua^{35}lɤ^{55}（p > m）a^{0}？

B：□□（个）喜欢。suo^{44}ɕi^{51}（kə^{0}）.

第六节

古今语音比较

古今语音比较指梅花土话语音与《广韵》语音比较。分声母、韵母和声调三个方面进行。

一　梅花土话声母与《广韵》声母比较

请看表2–4。

表2-4 梅花土话声母与《广韵》声母比较表

	清		全浊	
			平	仄
帮 组	帮 饱 ᶜpiɤɯ	滂 帕 pʰu꜄	並 婆 ꜁pu	鼻 ꜀pa
非 组	非 枋 ꜀poŋ 飞 ꜀pʰa 反 ᶜxueĩ	敷 纺 ᶜpʰoŋ 翻 ꜀xueĩ	奉 房 ꜁xoŋ	份 ꜀pie 饭 ꜀xueĩ
端泥组	端 多 ꜀tau 墩 ꜀tɕye	透 土 ᶜtʰuo	定 糖 ꜁toŋ	淡 ꜂tu 大 tʰai꜄
精 组	精 早 ᶜtsia 嘴 ᶜtɕyo 焦 ꜀kiɤɯ	清 清 ꜀tsʰiɤɯ 寸 tɕʰye꜄	从 晴 ꜁tsʰiɤɯ 全 ꜁tɕʰyeĩ	嚼 ꜀tsʰiɤɯ 绝 ꜀tɕʰyei 字 ꜀tsɿ 在 ꜂ti 罪 ꜂tʰuo
知 组	知 竹 tsɿ꜆ 猪 ꜀tɕyo	彻 拆 tsʰu꜆ 丑 ᶜtɕʰiɤɯ	澄 迟 ꜁tsɿ 陈 ꜁tɕi 长 ꜁tsʰoŋ 锤 ꜁tɕʰya	蛰 ꜀tsɿ 直 ꜀tɕiɤ 撞 ꜀tsʰoŋ
庄 组	庄 装 ꜀tsoŋ	初 疮 ꜀tsʰoŋ 窗 ꜀soŋ	崇 锄 ꜁tsʰuo 愁 ꜁tɕʰiɤɯ	状 ꜀tsʰoŋ 事 ꜀sɿ
章 组	章 煮 ᶜtɕyo 纸 ᶜtsɿ	昌 臭 tɕʰiɤɯ꜄ 出 ɕya꜆	船 蛇 ꜁ɕiu 船 ꜁tɕʰyeĩ	射 ꜀ɕiu 舌 ꜀i
日 母				
见晓组	见 架 ku꜄ 鸡 ꜀tsɿ 九 ᶜtɕiɤɯ	溪 苦 ᶜxuo 气 tsʰɿ꜄ 丘 ꜀tɕʰiɤɯ 起 ᶜsɿ	群 棋 ꜁tsɿ 桥 ꜁tɕiɤɯ	柜 ꜀kʰua 徛 ꜂tsɿ 旧 ꜀tɕiɤɯ
影 组	影 烟 ꜀ŋeĩ 影 ᶜniu 屋 uo꜆ 桠 ꜀kʰu			

续表

次浊		清	全浊		
			平	仄	
明 毛 ꜁mia					帮 组
微 尾 ꜃ma 味 ꜀ua					非 组
泥 暖 ꜃noŋ	来 老 ꜁la 锣 ꜁nau				端泥组
		心 心 ꜀si 雪 çyei꜆ 鳃 ꜀tsʰi	邪 旋 ꜁çyeĩ	席 ꜀tsʰiɤɯ 巳 tsɿ꜄	精 组
					知 组
		生 虱 sa꜆ 闩 ꜀çyeĩ			庄 组
		书 疏 ꜀suo 水 ꜂çya	禅 盛 ꜀çiu 时 ꜁sɿ	树 ꜀çyo 是 ꜃sɿ	章 组
日 二 ꜀nɤ 燃 ꜁niɤ 闰 ꜀yei 日 ꜀n					日 母
疑 鱼 ꜁ŋuo 眼 ꜃niɤ 月 ꜀uei 五 ꜃n		晓 火 ꜂xu 掀 ꜀çieĩ 楦 kʰuen꜄	匣 壶 ꜁xuo 鞋 ꜁çi 禾 ꜁u	话 ꜀xu 狭 ꜀çi 滑 ꜀uei 降 koŋ꜄	见晓组
云 有 ꜃xɤɯ 围 ꜁ua 熊 ꜁çie					影 组
以 盐 ꜁ŋeĩ 姨 ꜁i 腋 çiu꜆					

二　梅花土话韵母与《广韵》韵母比较

请看表2–5。

表2–5　梅花土话韵母与《广韵》韵母比较表

	一等			二等			
	帮系	端系	见系	帮系	泥组	知庄组	见系
果　开		多꜀tau 大꜀tu	鹅꜁ŋau 歌꜀ku 我꜃iu				
果　合	磨꜁mau 婆꜁pu	躲꜂tau	火꜂xu				
假　开				帕pʰu꜄		沙꜀su	嫁ku꜄
假　合							瓜꜀ku
遇　合	补꜂pu	赌꜂tuo	鼓꜂kuo 胡꜁u 五꜃n				
蟹　开		台꜁ti 来꜁la	改꜂kɤ	摆꜂pi 派pʰɤ꜄	奶꜃ni	晒si꜄	鞋꜁ɕi
蟹　合	配pʰɤ꜄	对tuo꜄ 碎ɕyo꜄	灰꜀xuo 桅꜀ua				怪kuei꜄ 话꜀xu
止　开							
止　合							
效　开	毛꜁mia 抱꜃pu	早꜂tsia 刀꜀ta	高꜀kia 薅꜀xa	茅꜁mia 饱꜂piɤɯ		吵꜂tsʰia	敲꜀kʰia 胶꜀kiɤɯ
流　开	亩꜃ma 母꜃m	豆꜀tɤɯ 走꜂tsɿ	狗꜂kɤɯ				
咸舒开		三꜀su 担toŋ꜄	含꜁xoŋ 坎tsʰeĩ			衫꜀su 欃꜀tseĩ	咸꜁xu 馅꜀xeĩ
咸入开		答tu꜆	鸽ku꜆ 合kia꜆			插tsʰu꜆	鸭u꜆ 夹ki꜆
咸舒合							
深舒开							
深入开							
山舒开		单꜀teĩ	旱꜃xeĩ 肝꜀koŋ 安꜀n	班꜀peĩ		铲꜂tsʰeĩ	苋꜃xeĩ
山入开		辣꜀li	割kɤ꜆	八pi꜆ 抹꜀mu		杀si꜆	瞎ɕi꜆

续表

三四等								
帮系	端组	泥组	精组	庄组	知章组	日母	见系	
							茄꜁tɕiɤɯ	果开
								果合
			借tsiɤɯ꜄		蛇꜁ɕiu 蔗꜂tɕyo	惹꜃ni	夜꜀iu 也꜃i	假开
								假合
斧꜂pu		女꜃nyo	蛆꜀tɕʰyo	初꜀tsʰuo	住꜀tsʰuo 树꜀ɕyo		去xuo꜄ 锯tɕyo꜄ 雨꜃u	遇合
米꜃mi 鐾꜀pɤ 批꜀pʰa	剃tʰi꜄	泥꜁ni	洗꜂si		世sɿ꜄		鸡꜀tsɿ	蟹开
肺xuei꜄			岁ɕyei꜄		税ɕyei꜄		桂kuei꜄ 鳜kua꜄	蟹合
皮꜁pa 霉꜁mɤ	地꜀ta	李꜃la 尔꜃n	死꜂sa 思꜀sɤ 字꜀tsɿ	师꜀sa 事꜀sɿ	雉꜃tsʰa 试ɕiɤ꜄ 是꜃sɿ	二꜀nɤ 耳꜃niɤ	衣꜀a 蚁꜃nɤ 徛꜃tsɿ	止开
飞꜀pʰa 味꜀ua			醉tɕya꜄ 嘴꜂tɕyo		水꜂ɕya		鬼꜂kua	止合
表꜂piɤɯ	雕꜀tiɤɯ	尿꜀niɤɯ	笑siɤɯ꜄		少꜂ɕiɤɯ		桥꜁tɕiɤɯ	效开
		流꜁liɤɯ	秋tsʰiɤɯ	愁꜁tɕʰiɤɯ	手꜂ɕiɤɯ 肘꜂tɕʰyo	揉꜁niɤɯ	舅꜃tɕiɤɯ 牛꜁ŋɤɯ	流开
贬꜂peĩ	点꜂teĩ	殓꜀leĩ 鲇꜁ni	尖꜀tseĩ		占tɕiɤ꜄	染꜀ŋeĩ	盐꜁ŋeĩ 嫌꜁ɕieĩ	咸舒开
	帖tʰi꜆		接tsi꜆		折tsɿ꜆		叶꜀i	咸入开
帆xue꜄								咸舒合
			心꜀si	渗seĩ꜄	深꜀ɕi		阴꜀i 揿꜀tɕieĩ 今꜀tsɿ	深舒开
		笠꜀la			蛰꜀tsɿ 十꜀ɕiɤ/꜀sɿ	入꜀n	急tsɿ꜆	深入开
变peĩ꜄	天꜀tʰeĩ	年꜁neĩ	煎꜀tseĩ		扇seĩ꜄	燃ŋeĩ/ ꜁niɤ	烟꜀ŋeĩ 见tɕieĩ꜄	山舒开
鳖pi꜆	铁tʰi꜆		节tsi꜆		舌꜀i 撤tsʰu꜆		结tsɿ꜆/ka꜆	山入开

续表

	一等			二等			
	帮系	端系	见系	帮系	泥组	知庄组	见系
山舒合	半 poŋ꜄ 绊 ꜂pʰeĩ	短 ꜂toŋ	官 ꜀koŋ 完 ꜁ueĩ			闩 ꜀ɕyeĩ	关 ꜀kueĩ 还 ꜁xa
山入合	泼 pʰɤ꜆	脱 tʰɤ꜆	阔 xuo꜆ 豁 xua꜆			刷 ɕya꜆	滑 ꜀uei
臻舒开			跟 ꜀kie				
臻入开							
臻舒合	本 ꜂pie	村 ꜀tɕʰye	困 xue꜄				
臻入合	没 ma꜆		骨 kua꜆				
宕舒开	帮 ꜁poŋ	糖 ꜁toŋ 党 ꜂tu	糠 ꜀xoŋ				
宕入开	莫 ꜀mau	落 ꜀lau	恶 u꜆				
宕舒合			黄 ꜁xoŋ				
宕入合							
江舒开						窗 ꜀soŋ	虹 koŋ꜄ 讲 ꜂ki
江入开				剥 piɤɯ꜆			角 kiɤɯ꜆
曾舒开	朋 ꜁pie	等 ꜂tie	肯 ꜂ɕie				
曾入开	北 pɤ꜆	肋 ꜀lɤ	黑 xɤ꜆				
曾舒合							
曾入合							
梗舒开				棚 ꜁pie 猛 ꜃moŋ	冷 ꜃lu	生 ꜀sen	硬 ꜀ŋen
梗入开				百 pu꜆ 脉 ꜀mɤ		择 ꜀tsʰu	客 xu꜆ 格 kɤ꜆ 轭 ꜀ŋa
梗舒合							横 ꜁uen 横 ꜁xen
梗入合							
通舒合	篷 ꜁pie 蒙 ꜁moŋ	冬 ꜀tie 齉 noŋ꜄ 弄 ꜀nɤɯ	公 ꜀kie 翁 ꜀yŋ				
通入合	扑 pʰu꜆ 木 ꜀n	读 ꜀tuo	哭 xuo꜆				

续表

三四等								
帮系	端组	泥组	精组	庄组	知章组	日母	见系	
反꜂xueĩ			选꜂ɕyeĩ		船꜁tɕʰyeĩ		全꜁tɕʰyeĩ 远꜃ueĩ	山舒合
袜꜀uei			雪ɕyei꜆				月꜀uei	山入合
		鳞꜁li	新꜀si		真꜀tɕi	认꜀ni 人꜁n̩	斤꜀tɕi	臻舒开
笔pa꜆			七tsʰa꜆	虱sa꜆	失꜀sɿ	日꜀n/ ꜀nɤ	一i꜆	臻入开
分꜀pie 粉꜂xue			榫꜂ɕyei		顺꜀ɕyei	闰꜀yei	运꜀yei 荤꜀xue	臻舒合
					出ɕya꜆		橘kua꜆	臻入合
		凉꜁liaŋ	箱꜀siaŋ	疮꜀tsʰoŋ	伤꜀ɕiaŋ 丈꜃tsʰoŋ	让꜀niaŋ	香꜀ɕiaŋ	宕舒开
			嚼꜀tsʰiɤɯ		勺꜀ɕiɤɯ 着tsau꜆		脚tɕiɤɯ꜆	宕入开
枋꜀poŋ							往꜂oŋ 王꜁ueĩ	宕舒合
								宕入合
								江舒开
								江入开
冰꜀pi		菱꜁li			蒸꜀tɕi 证tɕiu꜄ 剩꜀ɕyei			曾舒开
		力꜀lie	鲫tsi꜆ 熄siɤɯ꜆	色sɤ꜆	织tɕiɤ꜆			曾入开
								曾舒合
								曾入合
平꜁piɤɯ	顶꜂tiɤɯ	岭꜃liɤɯ	清꜀tsʰiɤɯ		正tɕiu꜄		轻꜀tɕʰiu	梗舒开
壁piɤɯ꜆	笛꜀tiɤɯ	历꜀liɤɯ	席꜀tsʰiɤɯ		射꜀ɕiu		腋ɕiu꜆	梗入开
							兄꜀ɕiu	梗舒合
								梗入合
梦꜀mie 风꜀xue 枫꜀poŋ			从꜁tsʰoŋ		种꜂tɕi 重꜁tɕʰie 种tɕiaŋ꜄		恐꜂ɕi 弓꜀kie	通舒合
服꜀xu		绿꜀lyo 六꜀liɤɯ	足tsyo꜆	缩suo꜆	赎꜀ɕyo 熟꜀ɕiɤɯ 竹tsɿ꜆	肉꜂u	浴꜀yo 育꜀iɤɯ	通入合

三　梅花土话声调与《广韵》声调比较

请看表2–6。

表2–6　梅花土话声调与《广韵》声调比较表

		阴平51	阳平21	阴上55	阳上33	去声44	入声35
平	清	高天猪安					
	次浊		人梅泥楼				
	全浊		锄田婆桃				
上	清			手口草短			
	次浊	染		碾撚搂篓	有五卵亩		
	全浊	拌像辫			下坐舅淡		
去	清					四醉凳救	
	次浊	路慢二妹					
	全浊	大饭树汗					
入	清						北角七出
	次浊	袜月日辣					没腋
	全浊	白直舌凿					

第七节

语音演变特点

一　声母演变特点

（一）古全浊声母

今读全部清化，大致分为三类：

①古並、定今读不送气清塞音。例如：排[꜁pi]｜盘[꜁poŋ]｜盆[꜁pie]｜鼻[꜀pa]‖铜[꜁tie]｜电[꜀teĩ]｜淡[꜃tu]｜笛[꜀tiɤɯ]。

②古从、邪、澄、崇今读送气清塞擦音。例如：坐[꜃tsʰau]｜槽[꜁tsʰia]｜嚼[꜀tsʰiɤɯ]｜全[꜁tɕʰyeĩ]｜谢[꜀tsʰiɤɯ]｜袖[꜀tsʰiɤɯ]｜茶[꜁tsʰu]｜住[꜀tsʰuo]｜柱[꜃tsʰuo]｜锤[꜁tɕʰya]｜锄[꜁tsʰuo]｜状[꜀tsʰoŋ]｜愁[꜁tɕʰiɤɯ]。和[ʅ]、[i]相拼时读不送气清塞擦音。例如：牸[꜀tsʅ]｜迟[꜁tsʅ]｜陈[꜁tɕi]｜事[꜀sʅ]。

群母和洪音相拼时，今读送气清塞音。例如：柜[꜀kʰua]｜跪[꜀kʰua]。和细音及[ʅ]韵母相拼时，今读不送气清塞擦音。例如：棋[꜁tsʅ]｜徛[꜀tsʅ]｜桥[꜁tɕiɤɯ]｜轿[꜀tɕiɤɯ]｜舅[꜀tɕiɤɯ]。[ʅ]韵母是[i]（来源于蟹摄）元音高化的结果，群母拼[ʅ]今读不送气塞擦音其实是和拼细音[i]是一样的。

上面两类从今音音值来看，古全浊声母今读塞音（来源于並、定）多不送气；今读塞擦音的（来源于从、邪、澄、崇）多送气。群母例外。

③古奉、匣、船、禅母，今读清擦音。例如：肥[꜁xua]｜饭[꜀xueĩ]｜伏[꜀xu]‖咸[꜁xu]｜害[꜀xɤ]｜下底~[꜀xu]｜合[꜀xu]｜鞋[꜁ɕi]｜狭[꜀ɕi]‖蛇[꜁ɕiu]｜顺[꜀ɕyei]｜射[꜀ɕiu]‖树[꜀ɕyo]｜社[꜃ɕiu]｜城[꜁ɕiu]｜石[꜀ɕiu]｜时[꜁sʅ]｜是[꜃sʅ]。

（二）声类分合关系

①非组今多读[p pʰ m]，与帮组字相同。例如：放＝半[poŋ꜄]｜枫枋＝帮搬[꜀poŋ]｜飞＝批[꜀pʰa]｜父＝部[꜃pu]｜斧＝把补[꜂pu]｜问＝闷[꜀mie]｜捧[꜂pʰie]：本畚[꜂pie]｜分＝崩[꜀pie]｜尾＝亩[꜃ma]。

少数非组字今读[x]，和晓匣母合流。例如：发~财＝血[xuei꜆]｜封＝婚[꜀xue]｜府＝火[꜂xu]｜房＝黄[꜁xoŋ]。

②古端组、泥组今读[t tʰ n l]。例如：多[꜀tau]｜土[꜂tʰuo]｜糖[꜁toŋ]｜淡[꜃tu]‖女[꜃nyo]｜泥[꜁ni]｜齉[noŋ꜄]‖犁[꜁li]｜李[꜂la]。泥母个别字读[n]，与来母相混，例如：锣[꜁nau]、林＝银[꜁ni]、奁＝年[꜁neĩ]。端组在今撮口呼前读[tɕ tɕʰ]，与知庄章组和精、见晓组合流（例见下文④）。

③尖团分混。古精组和见晓组在今齐齿呼前读音不同（在撮口呼前读音相同。举例略），精组读[ts tsʰ s]，见晓组读[tɕ tɕʰ ɕ]。例如：酒[꜂tsiɤɯ]≠九[꜂tɕiɤɯ]｜秋[꜀tsʰiɤɯ]≠丘[꜀tɕʰiɤɯ]｜洗[꜂si]≠喜[꜂ɕi]｜修[꜀siɤɯ]≠休[꜀ɕiɤɯ]｜箱[꜀siaŋ]≠香[꜀ɕiaŋ]。

精组少数字今读[t tʰ]，和端组字同音。例如：在＝待[꜃ti]｜罪[꜃tʰuo]：土[꜂tʰuo]。

④知庄章组今分别读[ts tsʰ s]和[tɕ tɕʰ ɕ]。在洪音前读[ts tsʰ s]，与精组（及见组拼[ɿ]韵母时）合流。例如：初住＝粗[꜀tsʰuo]｜铲＝浅[꜂tsʰeĩ]｜撞状疮＝仓[꜀tsʰoŋ]｜数名词＝诉[suo꜄]｜沙衫＝三[꜀su]｜扇＝散线[seĩ꜄]｜窗霜＝酸[꜀soŋ]｜爪鸡~子＝左[꜂tsau]｜柱[꜃tsʰuo]：醋[tsʰuo꜄]‖纸＝子几[꜀tsɿ]｜支＝字鸡及[꜀tsɿ]｜置＝记[tsɿ꜄]｜事＝丝[꜀sɿ]｜世＝戏[sɿ꜄]｜竹折＝急[tsɿ꜆]。

在细音前读[tɕ tɕʰ ɕ]。在齐齿呼前与见晓组合流。例如：照＝救[tɕiɤɯ꜄]｜真针蒸钟＝金斤经[꜀tɕi]｜车＝轻[꜀tɕʰiu]｜愁绸[꜁tɕʰiɤɯ]：茄桥[꜁tɕiɤɯ]｜周招＝轿旧[꜀tɕiɤɯ]｜烧收寿熟＝休[꜀ɕiɤɯ]｜伤＝香[꜀ɕiaŋ]｜赊声石＝兄[꜀ɕiu]｜深身＝狭[꜀ɕi]｜神＝鞋[꜁ɕi]。在撮口呼前不仅与见晓组合流，还与精组、见晓组、端组部分合流。例如：顿[tɕye꜄]：寸[tɕʰye꜄]｜墩[꜀tɕye]：村[꜀tɕʰye]｜煮主＝嘴[꜀tɕyo]：句[tɕyo꜄]｜春＝绝[꜀tɕʰyei]｜处~暑[tɕʰyo꜄]：蛆[꜀tɕʰyo]｜鼠＝举许[꜂ɕyo]｜剩顺＝熏[꜀ɕyei]。

⑤日母今读[ŋ]、[n]和[Ø]。开口呼前读[ŋ]，与疑、影、以母字合流，例如：染＝烟[꜀ŋeĩ]｜燃＝岩盐阎[꜁ŋeĩ]。齐齿呼前读[n]，与泥、疑部分合流，例如：忍~气＝奶[꜃ni]｜认[꜀ni]：银[꜁ni]。撮口呼前读零声母[Ø]，与影、以母合流，例如：闰＝熨运[꜀yei]。还有个别字自成音节[n]，与疑、影、明母部分合流，例如：入日＝木安鞍[꜀n]：五午[꜃n]。

⑥见晓组今分别读[k kʰ x]和[tɕ tɕʰ ɕ]。在洪音和齐齿呼前读[k kʰ x]。例如：家[꜀ku]｜结打~[ka꜆]｜姑[꜀kuo]｜裈裤子[꜀kue]｜快筷[kʰuei꜄]｜缺[kʰuei꜆]‖街[꜀ki]｜解讲[꜂ki]｜高[꜀kia]｜敲[꜀kʰia]｜根公工[꜀kie]｜胶茭教[꜀kiɤɯ]｜窖[kiɤɯ꜄]｜觉困~：睡觉[kiɤɯ꜆]｜角[kiɤɯ꜆]。在撮

口呼前读[tɕ tɕʰ ɕ]，与知庄章和精组、端组（限于撮口呼）合流。（参看上文④）

溪母字在今洪音前多读[x]，与晓匣母（及非组少数）合流。例如：开 = 害[꜀xɤ] | 困[xue꜄]：昏风[꜀xue] | 哭[xuo꜆]：活[꜀xuo]。在细音前读[ɕ]，与心邪、船书禅和晓匣母合流，例如：掐 = 瞎[ɕi꜆] | 空[꜀ɕie]：红[꜁ɕie] | 食[꜁ɕiɤ] | 许 = 鼠薯[꜂ɕyo]。

匣母字多读零声母[Ø]，与微、疑、云母字合流。例如：下~卵：下蛋 = 雾芋[꜀u] | 滑 = 袜月越[꜀uei]。部分今读[x]，与非组今读合流（例见上文①）。

二 韵母演变特点

（一）韵母的等。把古16摄分成甲乙两类：甲类包括果假（合起来看作有一二三等）、蟹、效、咸、山、宕江（合起来看作有一二三等）、梗9摄；乙类包括遇、流、臻、曾、通5摄（止、深两摄只有三等，这里不讨论）。大体上甲类有一二三（四）等，乙类有一三等。

①甲类韵母的等请看表2-7。

表2-7 梅花土话甲类韵母的等（开口韵）

	一等			二等				三四等	
	帮系	端系	见系	帮系	泥组	知庄	见系	知章组	非知章组
果假		多 au	鹅 au 歌 u	把 u		茶 u	家 u	扯 iu 谢 iɤɯ	夜 iu 茄 iɤɯ
蟹		台 i	开 ɤ	排 i	奶 i	筛 i	街 i	世 ʅ	米 i 鸡 ʅ
效	宝 ia	刀 a	高 ia	饱 iɤɯ			胶 iɤɯ	烧 iɤɯ	表 iɤɯ
咸舒		男 u	含 oŋ			衫 u	咸 u 馅 eĩ	占 iɤ	尖 eĩ 嫌 ieĩ
咸入		蜡 u	合 u			插 u	鸭 u 狭 i	折 ʅ	接 i
山舒		栏 eĩ	寒 oŋ	班 eĩ		铲 eĩ	苋 eĩ 眼 iɤ	扇 eĩ	线 eĩ 牵 ieĩ
山入		辣 i	割 ɤ	八 i		杀 i	瞎 i	舌 i 撤 u	憋 i 结~婚 ʅ
宕江舒	帮 oŋ	汤 oŋ	钢 oŋ			窗 oŋ	虹 oŋ 讲 i	张 oŋ 伤 iaŋ	羊 iaŋ
宕江入	莫 au	托 au	恶 u	剥 iɤɯ			角 iɤɯ	勺 iɤɯ 着 au	脚 iɤɯ

续 表

	一等			二等				三四等	
	帮系	端系	见系	帮系	泥组	知庄	见系	知章组	非知章组
梗舒				棚 ie	冷 u	生 en	硬 en	正 iu	镜 iu 病 iɤɯ
梗入				百 u 脉 ɤ		摘 u	客 u	尺 iu	壁 iɤɯ

表2-7　梅花土话甲类韵母的等（合口韵）

	一等			二等				三四等	
	帮系	端系	见系	帮系	泥组	知庄	见系	知章组	非知章组
果假	磨 au	锁 au	过 u				瓜 u		
蟹	背 ɤ	堆 uo	灰 uo				怀 uei 画 u	税 yei	岁 yei 桂 uei
山舒	盘 oŋ	端 oŋ	碗 oŋ 丸 ueĩ			闩 yeĩ	弯 ueĩ 还 a	船 yeĩ	选 yeĩ 园 ueĩ
山入		脱 ɤ	活 uo 豁 ua			刷 ya	刮 uei		月 uei
宕江舒			广 oŋ						往 oŋ 王 ueĩ
宕江入			郭 u						
梗舒							横 uen		兄营 iu

开口韵里，蟹见系、效、山见系、宕江入声一等≠二等，三四等多同二等。例如：

蟹摄见系：盖[꜀kɤ]：街[꜀ki]：鸡[꜀tsɿ] | 海[꜂xɤ]：鞋[꜁ɕi] | 艾[꜀ŋɤ]：矮[꜂i]；

效摄：宝[꜂pia]：饱表[꜂piɤɯ] | 高[꜀kia]：胶娇浇[꜀kiɤɯ]；

山见系：含[꜁xoŋ]：咸[꜁xu]：嫌[꜁ɕieĩ] | 寒[꜁xoŋ]：闲[꜁xeĩ]：线[seĩ꜅] | 鸽[ku꜇]：夹[ki꜇]：结[tsɿ꜇]；

宕江入声：恶[u꜇]：角[kiɤɯ꜇]：脚[tɕiɤɯ꜇]。

可见，开口韵里，见系后面的韵母分一二等的，其他声母后面的未必分；其他声母后面的韵母分一二等的，见系后面的大多分。果假见系例外，一二等相同，例如：歌 = 家瓜[꜀ku]。

合口韵里，蟹、山摄一等≠二等，三四等多同二等。例如：

蟹摄：灰会开～[꜀xuo]：怪挂[kuei꜄]；

山摄：官[꜀koŋ]：关[꜀kueĩ]：卷[꜂kueĩ]｜碗[꜂oŋ]：弯[꜀ueĩ]：怨[ueĩ꜄]｜活[꜀xuo]：滑月[꜀uei]。也就是说，合口韵跟着开口韵走。开口韵分一二等的，合口韵大多分；开口韵不分一二等的，合口韵也分。

咸、梗单说。咸摄一二等相同，和三四等不同。例如：三衫[꜀su]：签[꜀tsʰeĩ]｜蜡[꜀lu]：插[tsʰu꜆]：接[tsi꜆]。梗摄二等不同于三四等，例如：棚[꜁pie]：平[꜁piɤɯ]｜百[pu꜆]：壁[piɤɯ꜆]｜摘[tsu꜆]：席[꜀tsʰiɤɯ]｜坼[tsʰu꜆]：石[꜀ɕiu]。

②乙类韵母等的分别。乙类韵母包括遇、流、臻、曾、通5个摄，有一三等。

乙类开、合口韵母的等合在一起说，请看表2–8。

表2–8　梅花土话乙类韵母的等

	帮系	端系	见系	帮系	端系	庄组	知章组	日母	见系
遇	铺u	土uo	姑uo 胡u	父u	女yo	梳uo	猪yo		许yo 雨u
流	母ɤ 亩a	头ɤɯ 走ʅ	狗ɤɯ		流iɤɯ	愁iɤɯ	手iɤɯ		九iɤɯ
臻开舒			跟ie		心i		真i	人n	斤i
臻开入				笔a	七a	虱a	失ʅ	日～子n 日～头ɤ	一i
臻合舒	本ie	孙ye	困ue	粉ue	笋yei		春yei	闰yei	匀yei
臻合入	没a		骨ua				出ya		橘ua
曾开舒	朋ie	灯ie	肯ie	冰i	菱i		蒸i		
曾开入	北ɤ	塞ɤ	黑ɤ		鲫i 力ie 熄iɤɯ	色ɤ	织iɤ		
通合舒	篷ie	东ie	公ie	梦ie 风ue 枫oŋ			重ie 种～子i 中iaŋ		弓ie 穷i
通合入	仆u 木n	读uo	哭uo	服u	绿yo 六iɤɯ	缩uo	烛yo 竹ʅ 叔iɤɯ		浴yo 育iɤɯ

乙类韵母中，臻舒声、曾舒声、端系入声一三等不同。例如：

臻摄舒声：跟[꜀kie]：斤[꜀tɕi]｜温[꜀ue]：匀[꜁yei]；

曾摄舒声、端系入声：朋[꜁pie]：冰[꜀pi]｜藤[꜁tie]：菱[꜁li]｜层[꜁tsʰie]：蒸[꜀tɕi]｜肋[꜀lɤ]：力[꜀lie]｜塞[sɤ꜆]：息[siɤɯ꜆]。其他一三等相同。

（二）古开合口今读音。总的来看，梅花土话古开合口今读有别，但果一等、假二等、山舒声一等见系和宕舒声开口一等见系今读同音。例如，果一等：罗＝螺膶[꜁lau]‖假二等：家＝瓜[꜀ku]‖山舒声一等见系：肝＝官[꜀koŋ]｜汗＝欢[꜀xoŋ]‖宕舒声开口一等见系：缸＝广[꜂koŋ]｜糠＝荒慌[꜀xoŋ]。

（三）韵类分合关系。梅花土话的韵母今读比较复杂，分合关系也比较乱。先说合，总的来看，宕江合流，深臻曾通合流（举例略）。古阳声韵和入声韵今多读元音韵，与古阴声韵今读合流。具体有15项，下面按今韵母的顺序举例：

①深臻曾通舒声、咸山开口入声与蟹一等见系除外合流，今读[i]。例如：冰＝别＝败[꜀pi]｜银＝泥[꜀ni]｜亲＝猜[꜀tsʰi]：齐[꜁tsʰi]：切[tsʰi꜆]｜心新＝西[꜀si]：杀[si꜆]｜金针斤真蒸钟[꜀tɕi]｜深身升＝狭[꜀ɕi]：恐[꜂ɕi]。

②咸开口一二等、梗开口二等入声、通入声、果、假二等与遇端系和知系除外合流，今读[u]。例如：白＝薄～荷＝疤＝步[꜀pu]｜马码[꜂mu]：模[꜁mu]｜胆＝打[꜂tu]：答[tu꜆]｜衫＝俗＝沙[꜀su]｜咸[꜁xu]：合＝服伏＝虾花[꜀xu]。

③深入声、臻开口三等入声、蟹开口一等来母、效一等端泥晓组和止开口帮组和端系合流，今读[a]。例如：来＝梨＝牢[꜁la]：李[꜂la]｜笔[pa꜆]：皮[꜁pa]｜七[tsʰa꜆]：刺[tsʰa꜄]｜虱[sa꜆]：师[꜀sa]｜地＝刀[꜀ta]｜好[꜂xa]。

④臻合口入声见系与止合口合流，今读[ua]。例如：归规[꜀kua]：鬼[꜂kua]：骨橘[kua꜆]。

⑤山合口入声、臻合口入声三等与止合口合流，今读[ya]。例如：刷＝出[ɕya꜆]：水[꜂ɕya]。

⑥臻曾梗通舒声合流，今读[ie]。例如：盆＝朋＝棚＝篷[꜁pie]｜根＝工公[꜀kie]｜灯＝东冬[꜀tie]｜沉＝重[꜁tɕʰie]。

⑦山曾梗入声与蟹一等合流，今读[ɤ]。例如：北[pɤ꜆]：杯[꜀pɤ]：泼[pʰɤ꜆]｜黑[xɤ꜆]：开害[꜀xɤ]：割格[kɤ꜆]｜墨脉＝妹[꜀mɤ]。

⑧蟹合口一等、山一等入声、通一等入声与遇端系和知系合流，今读[uo]。例如：堆＝毒独＝渡[꜀tuo]｜退＝兔[tʰuo꜄]｜缩[suo꜆]：梳[꜀suo]｜谷[kuo꜆]：姑[꜀kuo]｜灰＝枯活[꜀xuo]：阔哭[xuo꜆]。

⑨通三等入声与遇三等合流，今读[yo]。例如：赎＝书[꜀ɕyo]：许[꜂ɕyo]｜玉[꜀nyo]：女[꜂nyo]｜族＝蛆[꜀tɕʰyo]。

⑩梗三等与假三等（精组除外）合流，今读[iu]。例如：正＝遮[꜀tɕiu]｜轻＝车[꜀tɕʰiu]｜声石兄＝赊[꜀ɕiu]。

⑪宕江入声、梗三四等、通入声、假三等精组、效一等除外与流三等合流，今读[iɤɯ]。例如：嚼＝青＝席＝谢＝樵＝秋[꜀tsʰiɤɯ]｜柄＝饱表[꜀piɤɯ]｜六＝料＝溜[꜀liɤɯ]｜星＝消＝修

[꜀siɤɯ]｜学＝熟＝烧＝收[꜀ɕiɤɯ]｜角[kiɤɯ꜆]：茭焦[꜀kiɤɯ]｜药＝育＝腰＝右[꜀iɤɯ]。

⑫宕开口一等入声、效与果一等合流，今读[au]。例如：萝[꜁lau]：落乐[꜀lau]｜鹅[꜁ŋau]｜坐[꜃tsʰau]：抄凿[꜀tsʰau]｜索[sau꜆]：潲[sau꜄]：锁[꜂sau]。

⑬山合口入声见系与蟹合口二等见系合流，今读[uei]。例如：缺[kʰuei꜆]：快[kʰuei꜄]｜发血[xuei꜆]：怀[꜁xuei]｜滑袜月[꜀uei]。

⑭咸山开口（见组除外）合流，今读[eĩ]。例如：添＝天[꜀tʰeĩ]｜尖＝煎[꜀tseĩ]｜阉＝烟[꜀ŋeĩ]。

⑮咸山与宕江舒声合流，今读[oŋ]。例如：敢管＝广[꜂koŋ]｜含＝寒＝黄[꜁xoŋ]｜搬＝帮枋[꜀poŋ]｜团＝糖[꜁toŋ]｜酸＝桑霜窗[꜀soŋ]｜汗＝欢＝糠慌[꜀xoŋ]。

归纳起来看，有两个特点：

第一，同摄韵母今读音值不同，比如通摄舒声韵，就有[i]、[ie]、[ue]、[iaŋ]、[oŋ]几种读音。例如：种～子[꜂tɕi]｜恐[꜂ɕi]‖梦[꜀mie]｜重[꜁tɕʰie]｜弓[꜀kie]｜风[꜀xue]‖种[tɕiaŋ꜄]‖枫[꜀poŋ]，应当属于不同层次。

有的摄韵母今音不同，但能找到分化条件。比如，假、梗开口三（四）等今音合流，分别读[iu]和[iɤɯ]。读[iu]的和[tɕ]组声母（来源于知庄章组与见系）相拼，读[iɤɯ]的和[ts]组声母（来源于精组）。例如：遮正～月[꜀tɕiu]≠精[꜀tsiɤɯ]｜整颈[꜂tɕiu]≠井[꜂tsiɤɯ]｜正～好镜[tɕiu꜄]≠借[tsiɤɯ꜄]｜车轻[꜀tɕʰiu]≠青清[꜀tsʰiɤɯ]｜赊声[꜀ɕiu]≠星[꜀siɤɯ]｜舍～得[꜂ɕiu]≠写醒[꜂siɤɯ]｜社春～[꜃ɕiu]≠泻姓[siɤɯ꜄]。又如，宕摄开口三等今分别读[oŋ]和[iaŋ]，读[oŋ]的和[ts]组声母（来源于知庄章组）相拼，读[iaŋ]的和其他声母相拼。例如：张一～纸装[꜀tsoŋ]｜疮[꜀tsʰoŋ]｜霜[꜀soŋ]‖量[꜀liaŋ]｜匠[꜀tsʰiaŋ]｜香[꜀ɕiaŋ]｜秧样[꜀iaŋ]。

第二，同摄的古舒声韵和入声韵，主要元音今读不同。例如咸山开口，班[꜀peĩ]≠八[pi꜆]｜添天[꜀tʰeĩ]≠贴铁[tʰi꜆]｜尖煎[꜀tseĩ]≠接节[tsi꜆]｜阉烟[꜀ŋeĩ]≠腌[i꜆]。又如臻摄开口三等，亲[꜀tsʰi]≠七[tsʰa꜆]｜珍真[꜀tɕi]≠虱[sa꜆]。

三　声调演变特点

古平声、古上声今读分阴阳；古清去今读去声，古浊去今读阴平；古清入今读入声，古浊入今读阴平。也就是说，古浊去、浊入和古清平今读合流。

倒过来看，阴平51来源于古清平、古浊去、浊入和少数次浊上、全浊上。例如：腰＝右＝药[꜀iɤɯ]｜钉＝定＝笛[꜀tiɤɯ]｜堆＝渡＝读[꜀tuo]｜书＝树＝赎[꜀ɕyo]｜染＝烟[꜀ŋeĩ]｜秧＝样[꜀iaŋ]｜班＝辫[꜀peĩ]｜搬＝拌[꜀poŋ]。阴上55来源于清上和少数次浊上（例如：碾[꜂neĩ]｜腕＝挽[꜂ueĩ]｜搂篓[꜂lɤɯ]｜脑[꜂na]）。阳上33来源于浊上。阳平21来源于浊平，去声44来源于古清去，入声35来源于古清入。

具体来看，古清平字今读阴平[51]，古浊平字今读阳平[21]。如：刀[꜀ta] ≠ 桃[꜁ta] | 千[꜀tsʰeĩ] ≠ 钱[꜁tsʰeĩ] | 帮[꜀poŋ] ≠ 盘[꜁poŋ] | 端[꜀toŋ] ≠ 糖[꜁toŋ] | 鸡[꜀tsɿ] ≠ 迟[꜁tsɿ]。

古清上字今读阴上[55]，古浊上绝大多数字今读阳上[33]。如：底[꜂ti] ≠ 在[꜃ti] | 胆[꜂tu] ≠ 淡[꜃tu] | 火[꜂xu] ≠ 下[꜃xu] | 等[꜂tie] ≠ 动[꜃tie] | 口[꜂xɤɯ] ≠ 有[꜃xɤɯ] | 响[꜂ɕiaŋ] ≠ 上[꜃ɕiaŋ] | 短[꜂toŋ] ≠ 断[꜃toŋ] | 打[꜂tu]：冷[꜃lu]。

少数次浊上、全浊上今读阴平[51]，例如：染[꜀ŋeĩ] | 拌[꜀peĩ] | 像[꜀tsʰiaŋ] | 辫[꜀peĩ]。还有少数次浊上今读阴上[55]，例如：碾[꜂neĩ] | 挽[꜂ueĩ] | 搂篓[꜂lɤɯ] | 脑[꜂na]，和周围官话、湘语的清上、古次浊上今读合流相一致，应当是后起的变化。

古清去今读去声[44]，古浊去归阴平[51]。如：信[si꜄] | 戏[sɿ꜄] | 架[ku꜄] | 泡[pʰiɤɯ꜄] | 送[sie꜄] ‖ 万 = 弯[꜀ueĩ] | 样 = 秧[꜀iaŋ] ‖ 败 = 冰[꜀pi] | 电 = 单[꜀teĩ] | 号 = 薅[꜀xa] | 顺 = 熏[꜀ɕyei] | 旧 = 周[꜀tɕiɤɯ] | 寿 = 收[꜀ɕiɤɯ]。

有少数例外。比如古全浊去的“队”今读去声，其原因有待进一步探究。

古清入今读入声[35]，古浊入归阴平[51]。例如：竹[tsɿ꜆] | 八[pi꜆] | 百[pu꜆] ‖ 药 = 腰[꜀iɤɯ] | 叶 = 舌 = 阴[꜀i] | 石 = 兄[꜀ɕiu] | 白 = 巴[꜀pu] | 笛 = 钉[꜀tiɤɯ] | 读 = 堆[꜀tuo]。与多数湘南土话的入声演变特点一致：丢失喉塞尾[ʔ]，清入独立成调，即只有入声调而无入声韵。古浊入今读阴平[51]的演变过程是：古浊入归古浊去，符合湘南土话“古全浊入声多数归今阳去”的规律，之后“当时”的阳去（浊入、浊去）再合流到阴平[51]，例如：药 = 右 = 腰[꜀iɤɯ] | 笛 = 定 = 钉[꜀tiɤɯ] | 读 = 渡 = 堆[꜀tuo] | 赎 = 树 = 书[꜀ɕyo]等。

古次浊入的“肭没腋”三字今读入声[35]，与古清入合流，可能是受周围西南官话、湘语相似演变规律的影响。古清入“劈”今读阴平、古次浊入的“肉”今读阴上，其原因有待进一步研究。

第三章 同音字汇

说明：

1. 本同音字汇所收的字，都是道县梅花土话口语里常用的字。有的只有土话音，有的只有官话音，也收入在内。包括以下几个来源：

①《方言调查字表（修订本）》（中国社会科学院语言研究所编，1981年12月新一版）收的、梅花土话口语用到的字。

②梅花土话口语常用，但《方言调查字表》未收的、见于《广韵》或《集韵》的字。

③也包括一些写不出字形的音节，一律用方框“□”表示并加以注释。

2. 一字有两读或几读的，一般按多用还是少用，在字的右下角用数码1、2、3表示。区别意义的异读只加注例词，不标数码。谚语、俗语前加△表示。例子中的浪线“～”代表本字。每个韵先列土话，后列官话，中间用双竖线“‖”隔开。少数必要的新词只有普通话语音，也在“‖”后注明“普通话”。

3. 本字表先按韵母分类，同韵的字按声母顺序排列，声、韵母相同的按声调顺序排列。

ʅ

ts [51]字牸～牛：未生育过的母牛鸡箕筲～蛰惊～及来唔～：来不及支之读书～人：读书人今～年□～娘婆：迎亲的中年妇女，扶着新娘下轿‖执质自～从 [21]迟祁～东，县名棋旗匙锁～：钥匙慈～菇 [55]子紫纸几好～粒走己戊～庚辛‖指戒～ [33]徛站；立痔～疮 [44]至冬～蛭～婆公：水蛭置记继～爷：继父皱皮～：皮皱了‖知通～支一～笔 [35]结～痂折～叠褶急激竹□□koŋ⁴⁴～：化脓‖制势技剂一～药巳辰～午未寄自～来火：火柴几～粒：几个

tsʰ [51]欺抽搊□～出头：探出头来‖瓷～碗 [55]起～春：雌畜发情齿锯～ [44]契地～汽开～：蒸汽气凑 [35]‖次磁～铁

s [51]失丝师老～狮私事馊十数字，～；几～拾数字，大写的“十”‖实～际 [21]时 [55]始屎起□声～：声音 [33]是 [44]嗽咳～戏世视电～‖诗司～机师律～饲～料 [35]息～□ti²¹：歇一会儿□～娇：娇惯□□kia⁵¹～：努力□□kian³⁵～：小气‖适示士象棋“士”市柿西红～势事刑～释保～四

i

p [51]稗败跰～子公：瘸子别冰□～水：洒水‖笔铅～毕～业‖普通话：毙枪～ [21]排牌箄 [55]摆□～□tɤ⁵⁵：那里 [33]髀鸡～：鸡腿 [44]拜闭 [35]八鳖憋逼□～～公蛇：壁虎‖必

pʰ [51]‖皮桂～：一种调料 [55]□一～：一庹 [33]屄 [44]‖批一～货

m [51]卖迈篾□～子公：乞丐□～□tsʰa⁰：前面 [21]埋 [55]□～□niau⁵⁵：猫□清～：清明□囟～：囟门□□pʰɤ³⁵～：丢脸 [33]买米眯～～眼□泼～：丢人 [35]□～谷：秕谷□喷：～把一面水（再喷一遍水）

t [51]代袋低□找□～价：值钱‖敌 [21]抬台提堤题苔□息～：歇一歇 [55]底抵 [33]待～客在弟徒～ [44]戴带 [35]□打一～：打一下□□xa³³～：现在□挽‖地～图第弟堂～逮～捕□最

tʰ [51]胎梯‖提～手旁 [55]‖体 [33]隶奴～ [44]替剃 [35]帖铁贴

n [51]认～账浓□手提‖尼 [21]泥宜修宜，地名鲇黏茶～：茶浓；粥～：粥稠银林～山岭，地名 [33]忍～气奶～猪：吃奶的小猪惹 [44]□～子：鹞□～□pa⁰ □kuo⁰：肉不烂□打～□nau⁵⁵：荡秋千 [35]‖义～气二

l [51]赖癞～皮狗辣□～菢鸡婆：抱窝鸡厉历～史礼送～□讲～：婚礼时新郎新娘边敬酒边认亲‖律～师立～早章 [21]犁（另一读la²¹）鳞菱离□虫子 [55]□□kue⁵¹～：闪电‖礼～簿理管～ [33]弟～子：弟弟‖理□～时彼年：那几年 [35]□□koŋ⁵⁵～：另外；重新□～起□koŋ⁴⁴：冰锥‖例痢～疾丽

ts [51]‖集～体 [55]仔挤 [44]□～牛鬼□ma³⁵子：牛虻 [35]接节鲫‖尽～心剂

tsʰ [51]猜鳃腮亲 [21]材财裁齐 [44]菜浸□捡；拣 [35]切缉～花：绣花插

s [51]西筛心新 [55]洗 [44]晒细婿信 [35]杀煞割～气：冲煞气。新娘下轿时有人把未杀死的公鸡从新娘头上扔过去，新娘要撑着伞躲开，不让鸡血溅到身上屑

tɕ [51]金针真斤筋蒸甑钟经念～极□蹲‖积～肥 [21]陈穷 [55]紧肿种～子□□yei³⁵～：平时□厚。有人写作“胗”，《广韵》：

目有所恨而止，又厚重也‖己 [33]近 [44]‖鸡～健：未开始下蛋的母鸡‖叽叫～～：蟋蟀 [35]□～□yo⁵¹□sɿ⁰：蝉‖普通话：季四～际实～

tɕʰ [51]寨称‖其～实吃七 [55]‖起三～三落 [44]秤□拣；拾：～秽（拾粪）‖吃 [35]‖气天～

ɕ [51]深身一～水狭匣升□□suo⁴⁴～：喜欢；爱惜□河□kue⁴⁴～子：棉袄‖席闯～：在人家吃饭的时候去串门 [21]鞋神□梦～：打盹 [55]恐喜～事‖洗～衣粉 [33]□湿 [44]□～股：屁股‖西～装习学～ [35]瞎掐‖系联～

k [51]街 [55]解讲□～牯：泔水；小水沟□～子棒棒：连枷 [33]菌 [44]界～限疥届戒～指计会～□鸡～：鸡肫□□nu⁵⁵～：玩耍‖机 [35]夹挟～菜□只；光：～食饭没咧食菜（光吃饭不吃菜）‖季二～稻米

kʰ [35]‖汽～车

ø [51]依～尔讲要叶阴曳～风：煽风舌用～筷子□再；又：～来一份（再来一碗）[21]姨移□～头：田埂 [55]矮也椅以已‖乙甲～丙丁以～前 [33]引～路 [44]意印～章‖医一单念 [35]腌一□～□luo⁰：原先‖益易容～

u

p [51]巴～唔得：巴不得疤薄步白晡 [21]耙爬婆脯葡～萄蒲～～扇菩～萨□～子瓜：葫芦□～手：瓢 [55]把量词：一～灯（一盏灯）褙褡～补斧靶打～：枪毙埠表示具体位置：a³⁵～（家里）；站～（火车站）；书园～（学校）□～□ta⁰□tɕʰya⁴⁴：狐臭□～船：划船 □～子賫：纯糯米做的糍粑 [33]簿部一～书父～公：曾祖父□～淘：故意 [44]欛刀～公：刀把儿 [35]百柏□～筋豁：肚脐眼□～开：张开□要～：包圆儿‖斧～头簿礼～布帐～部～分

pʰ [51]铺～开 [55]普谱～书：家谱‖捕逮～ [44]帕～子：旧式毛巾破～鱼：剖鱼铺～子 [35]扑仆～起困：趴着睡铺桥头～，地名

m [51]麦抹～布□～起眼睛：闭眼‖模～范木～耳母亲家～ [21]麻 [55]‖母酵～ [33]马码□～□mai⁰：布

t [51]大 2～门（另一音说tʰai⁴⁴） [55]胆党入～打～工□～没牯：潜水 [33]淡 [44]担～子；一～米‖都成～ [35]答搭～伙□～□ma⁰好：幸亏□～早：趁早‖度一～电杜姓

tʰ [51]‖图～纸涂～胶：橡皮 [55]毯‖土～匪

n [21]男南□～年：明年 [55]□～□ki⁴⁴：玩耍

l [51]腊蜡漏～脱字：掉字六～指笔：六指儿□～□tʰu⁰：脏□～□tsʰu²¹：肠子‖鹿奴～隶庐～山录～音机氯 [21]蓝篮 [55]□～街：逛街‖鲁～迅 [33]冷～饭 [35]六～号

ts [51]渣轴眨～眼皮：眨眼睛铡～刀择～菜‖卒～子竹～字头足～球‖砸塘～磙子：用来轧平场地的石磙子 [55]‖组村民小～ [44]榨炸濽溅：～罢一身水‖诸～葛亮 [35]扎用针扎摘‖注～意

tsʰ [51]叉杈择族斥捱～：捱骂‖除～法锄～草剂坼打～ [21]茶查馋□□lu⁵¹～：肠子□淹没：～罢咧（涝了）[44]差岔□牙～屎：牙垢‖初月～ [35]撤坼拆～字：测字插～话‖处

s [51]沙痧纱三衫～衣：衬衫杉～树俗风～□平～：二楼的楼板伸出来，遮挡一楼走廊的雨‖锄普通话：速迅～ [55]洒‖暑大～薯马铃～ [44]□～□li²¹婆：孑孓‖苏～联 [35]

撒~种谷：撒秧 ‖ 素~菜塑~料竖笔画诉上~

k [51]歌加家瓜 ‖ 骨胯~格 [55]假真~寡 [44]个大~子过架嫁价 ‖ 姑尼~茹香~孤 [35]鸽隔~壁甲郭 ‖ 雇故~犯

k^{h} [51]桠开~ [33]□量词：一~车（一辆车）；一~飞机（一架飞机）、一~火车（一辆火车）、一~桥（一座桥） [44]货进~□正~：（口味）地道 [35]恰~时：恰好 ‖ 库

ŋ [21]牙 [33]瓦

x [51]虾夏立~花画话合八字~唔到（八字不合）□没~：忘记 ‖ 服伏~子天：伏天复~合肥幅一~画胡~椒芙~蓉花糊浆~划~破手 [21]何胡姓湖~南咸~淡 [55]火伙~房府□答~：答应□闹罢一~：闹了一场斧 ‖ 虎~头牌，地名符画~ [33]下~来 [44]吓 [35]客福享~ ‖ 负~责付~钱互~助组副一~眼镜富妇瓠~子瓜：瓠子腐~竹户

ø [51]丫雾芋~薯：芋头下~卵：下蛋□~树□k^{h}uei^{44}□k^{h}uei^{44}：喜鹊□~□t^{h}ie^{0}婆：麻雀 ‖ 物诬 [21]禾和~尚公：和尚胡~子糊~罢咧：糊了无~慌：没关系 [55]哑肉供食用 ‖ 午辰巳~未武~松舞秧歌~五~家窑，地名 [33]雨 [35]压~岁钱鸭押恶~人 ‖ 务~农戊误~犯

y

n [55] ‖ 女

l [55] ‖ 旅~店铝

tɕ [55] ‖ 矩规~

tɕ^{h} [55] ‖ 取~保 [44]□剔除 ‖ 区

ɕ [44]戌

ø [55] ‖ 羽~毛球语~文 [35] ‖ 玉~石预~报

a

p [51]碑避鼻篦椑~子：柿子密沸~水：开水□圆形的□米~□kau^{55} kau^{55}：米糊 ‖ 八~角：一种调料 ‖ 普通话：坝鲤鱼~，地名 [21]皮枇蜱牛~：蜱虫，咬牛、狗等。《广韵》：符支切；《集韵》：频弥切，音陴□匹：一~ m^{51}□mai^{0}（一匹布）□扁状的 [55]比 ‖ 把~戏 [33]被~子 [44]□炸□~鳊鱼：鳊鱼 ‖ 芭~蕉 [35]笔□热：~水（热水）□~起嘴公：抿嘴；噘嘴 ‖ 罢~工坝蚣~，地名

p^{h} [51]飞批坯土~ [44]屁□（通过加热）贴、补：~镬子（补锅）；一~药（一帖膏药） ‖ 怕~丑：害羞

m [51]蜜眯~起眼 ‖ 麻~将 [21]糜~饭：稀饭 [55]妈~~：祖母□□tsau^{44}~：蝗虫 ‖ 马~铃薯 [33]尾~公：尾巴亩没~得了：没有了 [35]没~罢咧：淹没□~子：苍蝇；蚊子

t [51]地刀沓□~紧：跌倒□~子：瘊子；痦子 ‖ 大水~ [21]桃淘絛~牛：拴牛□量词，团状物：一~（泥、线） [55]打~人；~□tɕ^{h}ya^{51}子（打架）□~□ni^{44}□nau^{55}：荡秋千 [33]道~州：道县 [44]倒~跟风：逆风到□量词，相当于普通话的“个”：一~人：一个人□色~：颜色 [35]□~□pə^{0}□ie^{0}：雇工 ‖ 大~后年

t^{h} [55]讨 [44]套

n [51]闹~丧歌：做道场的时候唱的歌□~tə^{0}：知道□长久：蛮~蛮~以前 ‖ 拿 [55]脑 [33]恼 [35]肭（动物）肥：鸡很~；（人）胖。《广韵》：内骨切。《集韵》：奴骨切，音讷。腽肭，肥也 ‖ 那

l [51]利~钱：利息笠立~冬离栗板~□半夜~：半夜 [21]来梨犁（另一读li^{21}）厘牢坐~ [33]里被~子鲤老李俐伶~：聪明 [35]里一~路粒通用量词，相当于普通话的“个”：一~西瓜、一~日

头栗毛板～

ts [51]胙～肉：当地一种猪肉做的食品 ‖ 闸～门铡～刀杂～房：堆放杂物的房间扎～针 [55]姊 [44] ‖ 折波波～～：命运不顺 [35]□捏

ts^h [51]钗金～踩□涝；浸疾疼痛 ‖ 杂～粮察警～擦黑板～布 [21]餈□pu^{55}子～：纯米做的糍粑昨～夜：昨天 [33]雉～公：野鸡 [44]刺 [35]七漆

s [51]师～公：风水先生、男巫；～生：老师、医生司～公岩，地名斯～屋，地名 [55]死 [44]四肆数字“四”的大写 [35]虱～婆：虱子

k [21]□～起脑牯：昂头 [55]□屎（对小孩儿说的）□黑煤～：锅底黑□耳～：耳朵 [35]结打～□～粒姜：姜末

k^h [35]搭用两手掐

ŋ [51]轭牛～ [21]□咬 [35]轧压

x [51]蒿薅号 [21]毫～子：硬币壕～□kie^{44} 圳：壕沟渠还～有 [55]好～多钱：多少钱□一公～口：一拃 [33]□～□ti^{35}：现在□～子：嗉子□硬婆～：腿肚子 [44]□～子：痱子 [35] ‖ 下一～

Ø [51]衣 [35]□～埠：家里

ia

p [51]暴葩一～蜂：一窝蜂抱 [21]袍浮 [55]保宝 [44]报□□uei^{35}～□$çi^{0}$：游泳□浸；泡

p^h [51]□～架：扫磨盘的扫帚□聒噪 [44]□～罢咧：（萝卜）糠了 [35]拍

m [51]帽 [21]毛茅

t^h [51]□～□pa^{0}鞋：拖鞋

n [51]燶～药：煎药 [21]□扛

ts [51]糟酒～皮：酒糟 [55]早枣蚤狗～：跳蚤 [44]灶 [35]□捉□传、递：～分他（递给他）

ts^h [21]曹槽 [55]草吵□～裆裤：开裆裤 [44]糙饭～

s [51]骚臊 [55]嫂 [44]扫～地；～帚

tç [51] ‖ 甲～乙丙丁钾家～具 [44] ‖ 家～务事嘉～禾：县名，属湖南郴州

$tç^h$ [51] ‖ 插～禾

ç [51]□～水：用水管喷水 ‖ 杀 [35] ‖ 夏～天厦～门下之～

k [51]高膏篙□～□$sɿ^{35}$：努力跤 ‖ 家～处：家乡假放～ [55]稿搞 [44]告～状靠～得沙发高头（靠在沙发上面）□①和：我～□$tɤ^{51}$去（我和他去）；②尔～我吃罢这份碗饭！（你给我吃完这碗饭！“给我”虚用，加重语气）‖ 家败～子 [35]合十～一升

k^h [51]敲 [55]考烤烧～ [44]靠～背铐

Ø [51]□□$ŋau^{44}$～：伤心；发怒 ‖ 牙刷～芽催～ [44] ‖ 压交合

ua

l [21]□～病：痨病 [35]□岭～牯：岭之间低凹的地方

s [51] ‖ 刷浆～：刷浆糊的刷子

k [51]龟归规～尺：曲尺□～子：当地一种植物 [55]鬼 [44]贵鳜 [35]骨橘

k^h [51]亏柜□坍；塌□～罢咧：（刀）钝了 [33]跪□磕 [44]襀扣子 ‖ 夸胯～骨 [35]□～话：说话□～起手：两手交叉抱在胸前

x [51] ‖ 法无～无天划计～发～面 [21]肥下～：施肥 [55]毁 [44]鹄正～山，地名费～力 ‖ 华中～花～生 [35]豁 ‖ 化～肥画笔～

Ø [51]危秽粪便：牛栏～；猪屎～；大～：大粪为～□n^{55}□$ŋɤ^{55}$：为什么桅～棍：桅杆位卫～生味未～时：以后 ‖ 挖～土机 [21]围 [35]□～断：

折断□新规头～，地名（地图上写作“新规”）

ya

tɕ　[51]追锥　[55]抓量词：一～葡萄爪禾～子：稻穗　[44]醉□传；递　[35]□～斧：镐

tɕ^{h}　[51]吹　[21]槌锤捶□焦～焦～：东西烧得很焦　[44]□□pu^{21}□ta^{0}～：狐臭□打～子：两人打架

ɕ　[55]水□□noŋ^{51}～：啰唆‖耍～把戏　[35]刷～婆：刷子出

ie

p　[51]分～开；表示给予、处置，相当于普通话的“把、给、被”份崩掰□～□loŋ^{21}：白天□～椅子凳：椅背[21]盆洗浴～子：澡盆棚篷朋　[55]本畚　[44]迸粪　[35]擘2～断

p^{h}　[51]□笔画“捺”：一撇一～　[21]盆面～：洗脸　[55]捧

m　[51]闷问梦虻□tsi^{55}牛鬼～子：牛虻□～□tɕ^{h}iaŋ^{0}公：傻子‖灭～火　[21]门□量词：一～铜钱　[33]□闻

t　[51]灯东冬洞～埠：洞凼～牯：坑□沓：一～纸　[21]藤铜桐筒茼～蒿□搀、扶　[55]等‖□～□m^{0}根：巴茅草　[33]动～手　[44]凳冻邓～家洞，地名□四十八～蛇，当地一种无毒的蛇。黑底白色花纹，吃青蛙‖爹～～：父亲（面称、背称皆可）　[35]‖跌

t^{h}　[51]‖铁～轨　[55]桶

n　[51]□脚～牯：大腿根儿孽～子：宁要～没要蠢子□～水根：精液‖业作～捏　[55]□～～：乳汁；乳房　[35]‖业副～

l　[51]力□～狮子：舞狮子□腋□kə^{0}～：胳肢窝‖猎打～　[21]聋笼　[35]□～□lə^{0}：到处

ts　[51]曾姓棕　[55]□～豁：墓　[44]甑蒸米饭用的锅

ts^{h}　[51]葱　[21]层　[44]□鸡～子：鸡罩□挣（钱）

s　[51]□灰～：灰尘　[44]送

tɕ　[51]‖杰人名姐《刘三～》[55]□～板：砧板

tɕ^{h}　[21]沉重买～咧　[33]重轻～　[44]‖车汽～　[35]□□toŋ^{51}□toŋ^{0}～～：糊里糊涂

ɕ　[51]空～盒子；～跑一趟□～茶：倒茶‖设2　[21]红熊姓□疼爱　[55]肯～去恐也许：～落雨‖写　[35]‖谢感～

k　[51]跟根哽吞；咽；噎蚣公工功弓‖结～实　[44]□寒、冷

k^{h}　[51]□量词，一～（一段、一截儿）

Ø　[51]□揞；捂　[55]□伯～：伯父　[35]□～～：叔父‖夜消～

ue

k　[51]裈裤子　[55]滚磙□量词，相当于北京音的“捆”：一～（行李）[44]棍□～□ɕi^{51}子：棉袄

x　[51]昏婚荤风封仙～子脚，地名□～药水：用艾草、菖蒲等熬成的水，用来洗浴可祛痱分秋～，节气‖浑～水洪～水　[21]魂　[55]粉　[44]困～觉：睡觉‖帆～皮树：桅杆

Ø　[51]温瘟～病鬼：得瘟疫的人镬锅　[21]文姓　[55]稳　[44]□～起来：囚禁起来

ye

n　[51]嫩

tɕ　[51]墩～子‖决诀　[44]顿一～饭

tɕ^{h}　[51]村敦～起：竖起　[44]寸

ɕ　[51]孙孙～：孙子；侄子　[55]省～埠：省里

k^{h}　[51]□放；搁：～得台子高头

Ø [51]‖乐音～月～初 [55]唠打～：干唠 [35]‖月～经

ɤ

p [51]鐾～刀杯背～书斑～鸠□～笔：掭笔□打～□paŋ[55]：一种游戏，扔石子‖白～云子：白云百～货店 [21]陪赔 [55]□～～：伯母□细□sɤ[44]～：童养媳□～愿：还愿 [33]倍 [44]辈背～底：背后□～□tɤ[55]：棉花□～□ta[44]：那个 [35]北拨～价：还价□～□kə[0]□nɤɯ[0]：肩膀□一～工夫：一下子‖备刘～被～告

pʰ [51]坯～子：砖坯 [44]配派 [35]泼～□mi[55]：丢脸‖配～料

m [51]妹墨脉号～麦～糊：小麦面粉做的糊，小孩儿吃的□～糊：浆糊□～水鱼：鱼苗□量词，一～香‖霉～烂：腐烂 [21]梅媒煤霉谜猜～：划拳□菜梗 [55]□量词，相当于普通话的"根""枝"：一～头发；一～香；一～墨 [33]母□m[55]～：母亲，面称背称皆可没否定副词：～服（不服）

t [51]□第三人称代词单数：他‖德 [55]□□kuei[44]～：这里；□pi[44]～：那里□□pɤ[44]～：棉花 [35]□～婆：外婆□麻～：芝麻‖得巴唔～：巴不得；要～

tʰ [35]脱‖特程度副词：～大

n [51]二贰日～头：太阳□第二人称复数，即你们 [55]□掏；拿 [33]蚁～子：蚂蚁眼～子毛：眉毛 [35]‖二～季稻

l [51]肋 [55]□～门：边门 [35]勒～紧□□iɤ[51]～：哪里

ts [51]‖泽名字折打～ [55]崽□都；全部 [44]做 [35]‖普通话：责

s [51]思～一～：想一想□～□ti[0]；想：了结（～这样事再讲） [44]□□pə[0]娘：新娘 [35]色塞□□kɤ[44]～：这些

k [51]‖革～命割收～机 [55]改 [44]盖个这：～□sɤ[35]：这些 [35]割格袼～褙

kʰ [35]‖普通话：咳

ŋ [51]艾□没～：不理睬 [55]□□ŋ[55]～：什么

x [51]开害‖黑～板禾～字程合复～肥 [55]海 [35]黑

Ø [55]‖耳～朵陈 [44]爱 [35]‖耳木～二～胡

iɤ

n [33]眼～睛耳 [21]燃～火樵：引火柴 [35]□看、瞭、望

tɕ [51]直 [44]占□痣 [35]织

tɕʰ [35]□～□kʰuen[55]：翅膀

ɕ [51]食莳～田：插秧十～一石～灰‖设1 [33]□河岸 [44]试 [35]识

Ø [51]□谁；哪□～□lɤ[35]：哪里食动词：～饭□薄的□～石：一种游戏，抓子儿

uo

p [51]啵打～：亲吻□量词：一～戏；洗一～；一场雨；一～麻将□戳 [33]□～丝网：蜘蛛 [44]□花～～：花蕾□～子手：手部残缺的人□～□luo[44]：疙瘩‖波菠玻

pʰ [35]‖破

m [51]‖魔变～术馍膜模～范

t [51]渡～船堆读毒独□～凳：长方形凳子□～牯：地方：□tɤ[51]是□n[55]□ŋɤ[55]～牯人（他是什么地方的人？）‖夺 [21]徒屠～人工：屠夫□床‖砣秤～ [55]赌堵一～墙 [33]肚牛～子；～子 [44]队兑对碓

tʰ [51]崔～家，地名推催～生：孕妇产前一周左右

的时间，娘家人带一只公鸡来探望，意思是快点儿生

□～阔：堂屋 [55]土 [33]罪有～ [44]吐兔退蜕 ‖ 托～儿所

n [44] ‖ 莴～笋

l [51]路露鹭辘～子：砻□捞□埋□～一□ti⁰：焯一下（水）‖ 落三起三～ [21]炉大炼钢铁用的高炉鸬雷□黄水～：黄鼠狼 ‖ 罗～湾井，地名 [33]鲁～风井，地名□□puo⁴⁴～：疙瘩

ts [51]租左～□pu⁰□kuai⁵¹：左撇子□～家：自己 ‖ 桌作～文本子 [55]祖 ‖ 左～右 [35] ‖ 坐连～做

tsʰ [51]粗初住□量词：一～房子（一处房子） [21]锄厨橱 [33]柱苎储积；累 [44]醋 ‖ 搓

s [51]梳疏稀疏 [55]所数动词 [44]数名词诉□～□ɕi⁵¹：爱惜 ‖ 梭织布用的～子 [35]缩

k [51]姑箍孤～□tʰiɤɯ⁰眼：一只眼 [55]鼓股古～□uen⁵⁵：谜语估～□ti⁰：估量牯～子：公牛 ‖ 果水～锞～子：死人口里含的钱角八～，一种调料 [44]顾□垮；倒□～药膏：搽药膏 ‖ 哥堂～；表～锅铝～ [35]□打～：打倒谷～子；～雨□～起：躺下 ‖ 过 ‖ 普通话：国

kʰ [51]□打火～：拔火罐 ‖ 壳红～□li²¹：瓢虫 [55]苦～楝树 ‖ 可 [35] ‖ 课

ŋ [51]误 ‖ 握～手 [21]吴鱼 [44]□量词，一～橘子（一瓣橘子）

x [51]枯人瘦会开～灰活 ‖ 禾～字程和～气荷～花霍～乱症或～者 [21]壶葫～芦井，地名 [55]虎苦～瓜；味道～ ‖ 火自来～：火柴 [44]去□打～□ɕi⁰：打哈欠 [35]阔哭 ‖ 货～车

∅ [51]乌皮肤淤血后青紫污～屎：垃圾；形容脏煨会～唔～：会不会外～家：娘家□～水：挑水 [35]屋

yo

n [51]玉～米 [33]女

l [51]绿

ts [35]足味道没～

s [51] ‖ 削 [44]絮 [35]粟

tɕ [51]猪株～州朱珠车～马炮蔗□量词：～鞋子（一双鞋） [55]煮主嘴 [44]锯句 [35]烛

tɕʰ [51]蛆族大～：同族□拄 [21]朝～天辣子：朝天椒 [55]肘暑处～处～暑□～罢出来：凸了出来 [33]□偷；窃

ɕ [51]书输树赎□～膐：端午节常吃的一种糍粑。糯米粉或米粉或米粉做成，花生或者绿豆做馅儿，用桐叶包起来 ‖ 学逃～□～子：坛子 [55]鼠薯芋～：芋头举许～愿 [44]碎□野～□uaŋ⁵¹□ki⁰：野兽□～手：作揖

∅ [51]浴□□tɕi³⁵～□sɿ⁰：蝉□第一人称代词复数：我们 ‖ 岳～飞药农～

iu

n [51]□沾；粘□我～尔：我和你□交合 [21]赢 [55]影～子

tɕ [51]遮惊～蛰正～月郑姓□讲～：玩儿 [55]整颈□～意：主意 [44]镜正～□xua⁰：正在证～明 [35]炙～火：烤火只一～手

tɕʰ [51]车轻□宝～：宝塔 [55]扯 [33]□馋～：馋嘴 [44]差～唔多：差不多 [35]尺赤～源，地名□～菜：芥菜

ɕ [51]赊射兄声石□～来：刚来 [21]蛇成盛～饭城 [55]舍～得□～□uei⁵⁵：如果 [33]社头～：春社；～湾，地名□牙～：午睡起来吃的剩饭、红薯等 [35]腋

∅ [51]夜食～：吃晚饭 [21]爷继～：继父营 [33]

我野也

ai

p　[35] ‖ 败~家子拜礼~

p^h　[51] ‖ 牌虎头~，地名排~球

m　[55] ‖ 买

t　[35] ‖ 带海~代~表贷

t^h　[51] ‖ 台讲~ [44]大$_1$~碎：大小（另一音说tu^{51}）[35] ‖ 态泰

l　[51] ‖ 来~往 [35] ‖ 赖发~：发烧癞

ts　[35] ‖ 债

ts^h　[35] ‖ 菜菠~

s　[35] ‖ 赛晒~谷坪

k　[35] ‖ 介盖宝~头

k^h　[55] ‖ 凯人名楷大~ [44] ‖ 开~业

ŋ　[21] ‖ 捱~打

x　[51]□打~扯：打喷嚏 [55] ‖ 蟹螃~（有些动物称谓在后字时总是55，不单说）海~带 [35] ‖ 亥~时

uai

s　[35] ‖ 帅象棋“帅”

k　[51]□左□pu^0~：左撇子 [55] ‖ 拐~杖：中式拐杖蜗癞皮□ma^0~：癞蛤蟆

k^h　[44] ‖ 块 [35]□~子□$moŋ^{21}$□$moŋ^0$：萤火虫

x　[35] ‖ 坏~人

Ø　[55]□~子公：手不灵便的人 ‖ 崴脚~了 [35] ‖ 外~行；~国人

uei

t　[35] ‖ 对~刀队~长

n　[35] ‖ 内~行

l　[51] ‖ 雷~阵雨 [35] ‖ 内~枕：枕头芯儿滤过~

ts　[35] ‖ 最罪犯~

ts^h　[35] ‖ 翠女性名

s　[51] ‖ 普通话：穗生~碎杂~：可食用的家畜的内脏 [55] ‖ 水~果

k　[51]乖□~□li^{55}：闪电 ‖ 刮~胡子 [21]□~眼睛：睁眼 [55]蜗~子：青蛙 ‖ 轨癸鬼铁匠~子：铁匠 [44]怪挂桂~~花：桂花□~□$tɤ^{44}$：这里 ‖ 规圆~奎人名 [35] ‖ 桂~皮柜~台

k^h　[51]□~门：敲门□~牙齿：剔牙□刀钝□撬 [44]块快筷□□u^{51}树~~：喜鹊 [35]缺□跑；逃

x　[51]罚 ‖ 飞~蛾蛾：蛾子；蝴蝶肥~皂非 [21]怀 [55] ‖ 匪悔后~ [44]肺 ‖ 灰~白非 [35]发~财血 ‖ 费书~：学费肺~炎贿受~慧名字

Ø　[51]滑~婆脑牯：秃头；秃顶猾~□pa0公：滑头袜月越□~：叫；喊；吼 ‖ 为围 [55]□□$çiu^{55}$~：如果 ‖ 委村~会 [44] ‖ 威 [35]挖□~□pia^{44}□$çi^0$：游泳 ‖ 卫魏胃未辰巳午~畏敌敌~月满~

yei

tç　[51]踞蹲。《广韵》：居御切。音据。《说文》：蹲也 ‖ 菊~花局~长 [55]准準□~罢咧：算了 [44]圳水~沟：水渠 [35]□~眼皮：打盹儿□帽子~~：帽檐儿 ‖ 具家~

$tç^h$　[51]春椿绝□让；劝 ‖ 缺~德 [21]随~尔去：随你去□~树：松树 [55]□~罢咧：算了□让 ‖ 取 [44]脆□~墙：砌墙□~雨：淋雨□~起嘴公：歪嘴□劝

ç　[51]顺熏剩~饭 ‖ 徐 [55]笋 [44]税岁擤~鼻 ‖ 戌~时 [35]雪□吸（鼻涕）；喝（茶）

ø [51]润闰运熨‖乳～豆腐：酱豆腐疫～苗役兵～ [21]匀云 [35]□～□tɕi55：平时‖芋冰糖～：一种芋头豫犹～

au

p [51]‖包 [55]簸动词□头～：上次‖保～释宝～盖头 [44]簸名词[35]□换□茶～：当地一种野果‖报预～

pʰ [35]‖炮花～

m [51]磨名词莫姓摸蒙～子：捉迷藏‖毛羽～球摩～子车：摩托车 [21]磨动词 [55]‖卯帽军～

t [51]多垛摞 [21]驼～子公：驼子砣挂～：挂锤（砌墙时系在细线上取直的铁砣）[55]朵躲‖岛捣导 [33]舵垛樵～：柴禾垛 [44]剁‖刀铡～倒 [35]□戳‖道通～稻二季～

tʰ [51]拖‖逃～学 [55]‖讨～嫌 [35]托

n [51]糯～米闹～□neĩ0：热闹痨～鱼：把茶枯放在水里把鱼毒死 [21]锣 [55]□打□ni44～：荡秋千 [33]□揉；搓；涂□公子～：父母；外家～：岳母 [44]□～子：抹子 [35]‖闹～□tɕʰya44子：吵架

l [51]落烙～铁乐～福洞，地名拉～鱼：用渔网捕鱼□埋；藏□～皮：锅巴□～萝卜：萝卜干□～亲：亲家翁‖劳 [21]罗萝螺腡手～～：圆形的指纹。北方多说"斗" [55]‖老～生 [35]□～绞tɕiɤɯ55子：捞鱼的抄子‖闹赶～子：赶集

ts [51]朝食iɤ51～：吃早饭 [55]左爪鸡～子抓～痒‖早立～章 [44]□～□ma55：蝗虫‖招～认 [35]着～衣：穿衣服‖皂肥～

tsʰ [51]抄凿 [55]炒‖草～盖头：草字头 [33]坐座 [44]锉‖操～场 [35]错‖造～□uaŋ51□ki0：做东西

s [51]蓑搜筲～箕 [55]莎～草锁 [44]潲～水‖烧～田稍～微 [35]索‖少～年邵～阳，地名。普通话：韶～山

k [55]□米～□pa51□pa0：米糊‖搞 [44]‖糕蛋～高跳～ [35]‖告～示

kʰ [51]□搁；放 [55]‖拷～打

x [35]‖号五～

ŋ [51]饿 [21]鹅蛾飞～～：灯蛾子峨～□men0豆：扁豆 [44]□～□ia51：伤心；发怒 [35]‖坳岭～～：岭坳

x [55]‖好～像

iau

p [44]‖标彪 [55]‖表～扬

pʰ [35]‖票发～

m [51]‖苗 [55]‖秒

t [55]‖鸟～～：男阴

tʰ [51]‖调～羹条油～ [55]‖挑一～，笔画 [44]‖挑～夫 [35]‖跳～房：一种游戏

n [55]□□mi55～：猫 [35]‖尿～桶

l [51]□～头□mə0子：芦苇 [35]‖料～酒

tɕ [55]‖饺绞1～丝旁 [44]‖蕉交～待胶涂～：橡皮‖招～手 [35]‖教～室赵姓叫～叽叽：灶蟋蟀照执～

tɕʰ [51]‖桥四马～，地名 [44]□（东西）坏了‖超

ɕ [55]‖小～满 [44]‖销供～社烧发～消～夜 [35]□富裕‖孝～子酵发～校～长

k [55]□扔‖绞 [44]‖跷～脚：跷二郎腿 [35]□蘸

ø [51]‖摇～手要 [44]‖腰～鼓

ɤɯ

m [51]‖谋同～ [55]‖牡

t [51]兜蔸禾公～子：稻茬豆痘逗□翘 [21]头 [55]斗墨～；两～抖陡 [33]窦狗～：狗窝 [44]斗～嘴

t^h [51]偷～□li^{21}婆：蟑螂 ‖ 投 [55]敨～气

n [51]弄□贼□$kə^0$～：贼；强盗□□$saŋ^{35}$□$kə^0$～：膝盖

l [51]漏 [21]楼 [55]搂篓

ts [55] ‖ 走～廊

k [51]勾钩沟阄扯～：抓阄 [55]狗□弟～：弟弟 [44]够构起～：结冰

k^h [51]抠眍 [55] ‖ 口～供 [44]扣反～：合叶 [35] ‖ 扣纽～

ŋ [51]□提 [21]牛 [55]藕 [44]沤怄～气

x [51]□～坯子：揉面 [21]喉猴 [55]口吼□哄；骗 [33]有后～年 [44]候时～ [35]□～雷公：打雷 ‖ 后以～

iɤɯ

p [51]包胞衣～：胎盘兵病雹 [21]平坪 [55]饱表婊饼柄火～：火把屏埋；藏。《广韵》：必郢切 [44]豹迸$_1$ [35]剥壁擘$_1$～开□拨开

p^h [51]抛飘劈箅甑～子：箅子□犁～：犁铧 [55]漂～白 [44]炮泡票漂～亮鳔鱼～牯：鱼鳔 [35]撇一～一□p^hie^{51}：一撇一捺（笔画）

m [51]庙命 [21]苗明名

t [51]雕钉～子疔丁～子肉：肉丁儿叮定笛□～事：挑事 [21]条调～皮 [55]鸟顶 [44]钓吊掉～头调～动；唱～钉～住

t^h [51]听～话 [44]跳 [35]踢 ‖ 跳～秧歌舞

n [51]尿 [21]揉 [55]扭 ‖ 纽～扣

l [51]料廖～家，在立阜，原属梅花镇，现属富塘镇溜六立～埠，地名历～本书：历书绺一～头发 ‖ 流～氓 [21]流刘留榴硫琉灵零伶～俐：聪明 [33]柳岭领□舔

ts [51]鬏～子：中老年妇女盘在脑后的发髻精 [55]酒井 [44]借 [35]倔脊～瓦□绞；拧

ts^h [51]谢秋揪袖嚼清青悄锹鯯席亲～公爷：姻伯（弟兄的岳父、姐妹的公公）□～□$tɕ^hyei^0$油：松树划开皮取过松脂后留下的疤节 [21]樵柴晴 [55]请 [44]笪歪；斜

s [51]消硝修星腥 [55]写醒□～菜：素菜；小菜 [44]泻笑锈绣性姓囟～□mi^{55}：囟门 [35]息多～一夜：多住一晚（主人留客人时说的客气话）熄锡 ‖ 秀人名

tɕ [51]招轿周州道～：道县旧着睡～就 [21]桥荞～麦球打～茄鞠打～：踢毽子 [55]九久绞$_2$□lau^{35}～：捞鱼的抄子 [33]舅 [44]照救 [35]脚□藏（东西）□拧 ‖ 究角一～钱韭

$tɕ^h$ [51]丘一～田 ‖ 囚～车球篮～ [21]绸愁求 [55]丑地支丑人～ [44]臭 [35]畜～牲

ɕ [51]烧收寿休～妻学～生勺量词，一～子（酱油；汤）熟 [21]仇 [55]少多～手首守朽 [33]受 [44]孝戴～ [35]叔 ‖ 受～贿寿～雁，地名

k [51]浇娇胶交～杯酒茭～笋教～书焦 [55]缴绞～棍：辘轳□～面：贴边（缝在衣服里子边上的窄条）‖ 九十拿～稳 [44]窖 [35]觉困～：睡觉角～公篸：用糯米粉或米粉做的，用花生或者绿豆做馅儿，用箬叶包起来的食品，像粽子，端午节吃

k^h [44]□量词，一碎～：一小撮；一小抓□～起锤子：攥起拳头

∅ [51]腰右药育幺～妹婿：妹夫□脚～$ɕyo^0$：脚印□嘚没～：嘚不动 ‖ 酉犹～豫 [21]摇油游～街；～水釉窑五家～，地名 [33]友 [44] ‖ 优 [35] ‖ 柚幼～儿园右左～肉

eĩ

p [51]班扳斑草鱼～：当地一种无毒的蛇，黑白花纹相间辫～头：辫子 [55]板扁鳊□pa^{44}～鱼：鳊鱼 [44]办变便方～磅～秤 ‖ 斑汗～

p^h [51]篇偏 [44]片

m [51]慢幔面麵 [21]蛮忙

t [51]单电垫～被：褥子癫羊～风□～脚：跺脚□～□$nə^0$鬼：倒映在水中的人影 [21]甜田填弹～弓：弹棉花弓子 [55]点 [33]簟竹～ [44]踮～脚：踮脚；抖腿

t^h [51]添天□～螺螺：蜗牛 [55]□～～：台阶 [44]炭叹□脚～跟：脚跟 [35]□～命：拼命

n [51]念难 ‖ 怜可～ [21]年奁嫁～：嫁妆 [55]撚碾～槽：研船（铁制研药材用具，船形） [44]□好：运气～；长得～

l [51]烂炼～铁殓入～ [21]栏鲢镰连 [33]懒楝苦～树

ts [51]煎櫼尖脚～～：脚尖儿 [55]剪 [44]箭

ts^h [51]迁千签 [21]钱前 [55]铲浅

s [51]先籼仙 [55]伞鲜 [44]散线扇

k [51]间房～岗站～ [55]减 [44]间～开：隔开

ŋ [51]染阉烟 ‖ 盐～老鼠：蝙蝠 [21]盐碎～：精盐颜姓阎～子王：阎王燃岩司公～，地名檐～柱子：正柱以外的两根柱子 [44]燕～子鸟：燕子

x [51]馅～心：馅儿苋～菜□～餈：用糯米粉或米粉做的食品，用花生或者芝麻做馅儿，用餈叶树的叶子包起来 [21]闲管～事 [33]限旱～土：干泥

ieĩ

tɕ [51]揿□个～：这边；□$pɤ^{44}$～：那边□～丧：奔丧 [21]□打～：打仗 [55]笕～瓦：滴水瓦碱□～架草：稻秆 [44]见

$tɕ^h$ [51]牵伸～手□摩～：摩挲 [44]□坏；难看 ‖ 牵挂～：挂念

ɕ [51]掀 ‖ 贤～惠 [21]嫌 [55]险 ‖ 审沈

ueĩ

k [51]关～门 [55]卷动词 [44]券

k^h [51]圈眼～子：眼眶 [55]圈门手～：门上用于挂锁的两个铁环 [44]劝楦鞋子～子

x [51]翻番饭 ‖ 凡 [55]反 [44]贩～子手：贩子犯□量词，一～被子（一床被子）□打旁旁～：拉偏架

Ø [51]弯湾万冤愿许～ ‖ 源沙～路，地名 [21]完丸园元～时节：元宵节员技～：技术员王 [55]挽腕□～汤：舀汤 [33]远 [44]怨

yeĩ

tɕ [51]砖 [55]转～身 [44]转～箍子：转圈卷 ‖ 捐 [35]□鸟啄

$tɕ^h$ [51]圈螺螺～：头发旋儿串穿～针 ‖ 旋螺螺～：头发旋儿 [21]权全船传～达椽～皮：椽子 [33]赚～钱

ɕ [51]闩旋螺～骨：踝子骨 [55]选癣

an

p^h [35] ‖ 判宣～

m [55] ‖ 满小～□～公：爷爷的弟弟 [35] ‖ 普通话：馒～头

t [44] ‖ 丹牡～单～人旁 [35] ‖ 蛋～糕

t^h [35] ‖ 碳～胺

n [51] ‖ 难

l [51] ‖ 兰女人名蓝～水：蓝墨水

ts [55]‖斩 [35]‖站~埠：车站；~岗蘸

s [44]‖三

k [44]‖肝~炎柑~子园，地名

ŋ [51]‖岩神~，地名 [44]‖安~逸氨碳~

ian

p [44]‖鞭 [35]‖变~魔术

p^h [51]‖偏~旁 [35]‖骗

m [35]‖面~积

t [55]‖典点~心 [35]‖店

t^h [44]‖天~气

l [51]‖濂~溪，地名连~坐健鸡~：未开始下蛋的母鸡 [55]‖脸满~胡子：络腮胡 [35]‖练链项~

tɕ [55]‖简~单 [44]‖间之~ [35]‖建键

$tɕ^h$ [51]‖前以~ [44]‖铅~笔

ɕ [51]‖嫌讨~闲 [44]‖仙~人掌 [35]‖宪县羡~慕

k [44]‖奸~臣 [35]□~□sɿ^{35}：小气‖件条~

k^h [35]‖欠~钱芡~粉

Ø [51]‖严姓炎肝~；肺~眼近视~烟~花 [55]‖演~戏 [35]‖艳人名逸安~

yan

n [55]‖软

tɕ [55]‖卷花~

$tɕ^h$ [51]‖船轮~全~面圈

ɕ [44]‖宣~传

Ø [51]‖员党~元~旦园幼儿~芫~荽原~告圆团~ [55]‖远~视眼 [44]‖冤~枉

en

p [55]‖榜公~：发榜本课~ [44]‖奔

t [35]‖盾矛~邓姓

n [51]‖能~干

l [51]‖论轮~船 [55]‖冷

ts [55]‖枕内~：枕芯 [44]‖针扎~珍人名贞人名争睁遵~守 [35]‖阵雷~雨政证~人镇甑~子：蒸包子、糍粑用的

ts^h [51]铛炒菜锅‖程承存~钱橙陈耳朵~塍 [44]‖撑~腰 [35]‖蹭~伤罢咧：蹭伤了

s [51]生森树林‖辰乘~除神留~ [55]‖省~长审沈笋莴~ [44]‖僧唐~申~请参人~生花~身~体孙孝~ [35]‖甚~至

k [55]□整：~~一年‖梗鼻~：鼻梁 [44]‖庚更三~羹调~耕 [35]更

k^h [51]□量词：一~戏（一出戏）；一~雨（一阵雨） [55]□~脚帕子：裹脚布

ŋ [51]硬 [44]‖恩

x [51]‖横~梁树：大梁上面的两根木头衡~阳，地名 [21]行 [35]‖恨

in

p [55]‖丙甲乙~丁饼烫~：烧饼 [44]‖冰~糖 [35]‖病~字旁

p^h [51]‖凭瓶贫~农平~房苹~果坪晒谷~ [44]‖乒

m [51]‖鸣大~大放民明名字 [55]‖抿 [35]‖命~令

t [44]‖丁

t^h [51]‖停

l [51]‖铃霖祥~铺，地名零~分 [55]‖岭横~，地名 [35]‖令口~

ts [44]‖津天~ [35]‖晋~升

ts^h [51]‖清~塘，地名秦姓 [55]□帐~：帐檐儿

s [44]‖星～期天心点～性记～

tɕ [55]‖锦～旗警～察 [44]‖金～钗京北～镜眼～惊～风症霍乱～精～神经～常 [35]‖近～视眼镜眼～

tɕʰ [51]‖情～况 [35]‖亲～家

ɕ [51]‖刑 [44]‖辛天干地支心竖～旁 [35]‖幸

kʰ [51]‖勤芹～菜

∅ [51]‖壬寅仁人犯～ [55]‖影电～ [44]‖英 [35]‖认招～

uen

k [55]‖滚～铁环 [35]‖棍拐～：西式拐杖

kʰ [55]□□tɕʰiɤ^{35}～：翅膀 [44]□头～：枕头

x [51]‖横～岭，地名 [55]‖粉洗衣～ [44]‖芬人名 [35]□～泥：麻刀（抹墙用的碎麻，放在泥灰中增加凝聚力）□打旁面～：敲边鼓；拉偏架

∅ [51]‖温～子水：温水文～市，地名 [21]横～竖 [55]□古～：谜语‖稳

yn

tɕ [44]‖君军

tɕʰ [51]‖裙 [44]‖倾

ɕ [44]‖勋 [35]‖训

∅ [55]‖尹 [35]‖熨～衣

aŋ

p [51]‖板黑～ [21]□～□ŋeĩ^{0}：便宜 [55]□打□pɤ^{51}～：一种游戏，扔石子儿 [44]棒□ki^{55}子～～：连枷‖搬～运工般一～

pʰ [51]‖房跳～螃旁偏～膀～蹄肉：用作食品的猪肘子 [35]‖判叛

m [51]□老～：老幺（最小的孩子）‖氓流～芒白～铺 [55]‖满

t [55]‖掸鸡毛～子疸 [44]‖当相～单～耳朵旁 [35]‖旦老～

tʰ [51]‖弹～弓：弹棉花弓子塘富～，地名堂～妹瘫糖冰～ [44]‖摊～贩 [35]烫～饼：烧饼

l [51]‖廊走～篮～球

ts [55]‖长校～ [44]‖赃～官

tsʰ [51]‖蚕～豆 [55]‖产生～队 [44]□～米酒：用稻米酿的酒‖参～加

s [44]‖三～角板 [35]□～□kə^{0}□nɤɯ^{51}：膝盖‖上～诉

k [55]‖感～谢 [44]‖甘～蓝白菜：紫甘蓝干～果钢～笔

ŋ [35]‖案

x [51]‖韩杭行～业寒～假 [35]□～手：指用能使人迷糊的药诱拐小孩儿的人‖汉～族陷车～进去项～链

iaŋ

n [51]让‖娘王母～～ [21]娘□sɤ^{44}□pə^{0}～：新娘 [35]‖酿～豆腐

l [51]亮□砸～□m̩^{0}水：送葬时要找个外人摔坛子，这个坛子叫～ [21]凉量～衣粮梁粱 [33]两斤～；～□ta^{0}：两个

ts [51]浆将～军中～心 [55]蒋奖桨 [44]酱辣子～：辣椒酱 [35]‖将麻～浆～糊

tsʰ [51]枪像匠‖祥 [21]墙 [55]抢□～起□uei^{35}：侧着游

s [51]箱□～子骨：红眼病（急性结膜炎患者）[55]想 [44]相□niɤ^{35}～：看相‖湘 [35]‖像好～

tɕ [51]中～心樟张姓姜□～□poŋ^{55}：菖蒲□～月：腊月江～村，地名 [21]强 [55]长～大涨～价

掌仙人～ ‖ 讲～台 [33] ‖ 犟～嘴 [44]帐账种～树 ‖ 章将～军 [35] ‖ 杖帐～布酱～油

tɕ^{h} [51]撑支～：犁把儿（手抓的部分）□～嘴：馋嘴□～水：掺水 [55]厂场菜～□量词，相当于北京音的“些”：这～（这些）；一～（一些） [44]唱冲～走□～手：作揖 ‖ 疆新～枪

ɕ [51]伤香上～个月□～菜：荠菜 ‖ 常经～降投～丧报～ [21]尝 [55]响赏奖～ 敞～锹：弧形铁锹 [33]上～天 [44]向绱～鞋子□□kuaŋ^{44}～：告诉 ‖ 商～贩镶相～当 [35] ‖ 象～棋相象棋棋子上之～

k [51]□～个：怎样；怎么 ‖ 江营～，地名 [35]□“个样” kɤ^{44} iaŋ^{51}的合音，这样：～做

ø [51]秧样烊□～□kə^{0}：怎样 ‖ 阳～历洋出～相杨～树扬表～ [21]瓤羊洋～葱杨□～公婆：蜻蜓 [33]养痒 [44] ‖ 央

uaŋ

t^{h} [51] ‖ 团～圆

l [35] ‖ 乱霍～症

ts [44] ‖ 专装笔～子：笔帽庄万家～，地名

ts^{h} [51] ‖ 传～统 [55] ‖ 闯～席：在主人家吃饭时去串门，蹭吃蹭喝 [35] ‖ 创

s [44] ‖ 双～人旁

k [55] ‖ 广～告管总～ [44]□～□ɕiaŋ^{44}：告诉□石～□tɕi^{55}：石头 ‖ 官赃～光 [35] ‖ 罐酒～子

k^{h} [55] ‖ 款存～ [44] ‖ 况情～ [35] ‖ 矿

x [51] ‖ 防房洞～黄～疸 [55]□～□laŋ^{0}：篮子访私～ [44] ‖ 芳人名反～文旁 [35] ‖ 范模～贩摊～犯～人放～花炮

ø [51]□～□ki^{0}：东西 ‖ 王玩～具 [55] ‖ 网□puo^{33}丝～：蜘蛛往来～ [44] ‖ 弯～弓张 [35] ‖ 旺万～家庄，地名望～远镜

oŋ

p [51]搬拌帮梆枋方北～枫 [21]盘旁～边 [55]□□tɕiaŋ^{51}～：菖蒲 [33]伴 [44]半扮放 [35]□～紧：里面

p^{h} [51] ‖ 彭姓 [21]潘～家，地名 [55]纺 [44]□量词，相当于普通话的“群、伙”：一～人

m [51]□摸□爬□抹 ‖ 满老～：最小的孩子芒白～铺，地名 [21]瞒芒～种蒙开～读书：开始上小学□□k^{h}uai^{35}子～～：萤火虫 [55]猛 [33]满网渔～ [44]□～子骨：鹅卵石 [35] ‖ 孟姓

t [51]当～黑：傍晚端～午节段缎耽□～～□tɕ^{h}ie^{35}□tɕ^{h}ie^{0}：糊里糊涂 ‖ 冬～天 [21]团蒲～唐糖塘堂神～棠～下，地名 [55]短挡 [33]断～气 [44]担扁子～皮：扁担 [35] ‖ 洞～房动～力

t^{h} [51]汤捅□～□koŋ^{35}：明天 ‖ 同～学 [55] ‖ 统 [44] ‖ 通～道：过道

n [51]侬～家：夫齉～鼻头：齉鼻子□～□ɕya^{55}：啰唆 ‖ 农弄 [33]暖

l [51]乱缆～子：缆绳浪□～□ts^{h}a^{0}：丝瓜 ‖ 龙 [21]廊～洞，地名笼马～：马笼头□侬个～：爷儿们□裈～子：裤裆□□pie^{51}～：白天 [33]卵

ts [51]张一～纸装桩□～工：今天 [55]□～～：从来 ‖ 总种良～ [44]葬胀 ‖ 中～装 [35] ‖ 众中～风

ts^{h} [51]仓疮状告～撞～着：遇见闯～出祸□拽；拉 ‖ 重～复 [21]长～短床一～被 [33]丈姑～；一～ [44]舂～锤 ‖ 充冲～天炮：二踢脚 [35] ‖ 铳

s [51]酸桑丧赶丧：奔丧窗双霜□道～：道场 [55]爽～利：干净 [33]仗炮～：鞭炮 [44]算

蒜[35]‖宋

k [51]甘～蔗肝官竿岗玉～，地名钢缸冠鸡公～子□□loŋ⁵¹□tsʰa⁰～：丝瓜瓤，可用来刷碗[21]□圆□过～夜：熬夜 [55]敢杆管馆擀赶～闹子：赶集杠广～州□～嘴：漱口‖拱～卒[44]灌虹降霜～□～li³⁵：另外；重新□～□tsɿ³⁵：化脓□涮‖攻躬宫供～给公～榜弓弹～：弹棉花的弓子工～作蚣～坝，地名 [35]□～过～个：各过各的□□tʰoŋ⁵¹～：明天‖共供口～

kʰ [44]‖空～心菜 [35]‖空～～：空儿

x [51]汗旱～烟焊欢糠方四～凳荒～地慌晃凳子～□～口水：涎水□～土：松土□～蚣生：蜈蚣‖风～筝缝～纫机冯封一～信红大～洪～塘营，地名[21]含寒～露黄皇房～间 [55]谎扯～：撒谎‖哄 [33]□～晡：后天 [44]‖丰轰烘～干风伤～ [35]‖凤

∅ [55]碗往 [44]望 [35]‖蕹～菜□～臭～臭：臭烘烘的

yŋ

n [33]□～家：妻子。有人写作"婼"或"媚"，有人认为是"女儿"的合音

tɕʰ [51]‖冲

ɕ [51]‖雄熊

∅ [51]翁亲家～：姻亲‖容荣绒营洪塘～，地名[55]‖勇蛹佣～人

m

∅ [51]□～□mai⁰：布 [55]母～□mɤ⁵⁵：面称母亲

n

∅ [51]入～殓安鞍日～子木～头二～十□凹陷[21]人 [55]五～家窑，地名[33]尔五伍数字"五"的大写午端～节

ŋ

∅ [55]□～□ŋɤ⁵⁵：什么

第四章 词汇特点

第一节

方言特别词

本节所说的方言特别词，指道县土话（不限于梅花土话）里说，但与当地西南官话和湘语的说法不同的词语。

1. 铛 ts^hen^{51} 炒菜锅。《广韵》：楚庚切。《集韵》：楚耕切，音铃。釜属。

2. 恐 $ɕi^{55}$ 怕。《广韵》：丘陇切。《集韵》：丘勇切，音慈。《说文》：惧也。从心巩声。又 $ɕie^{55}$：也许：～是落雨了。

3. 思 $sɤ^{51}$ ①想。如：～一～：想一想。～罢起来：想了起来。②情态副词，想；希望。如：思□□明天 [$t^hoŋ^{51}koŋ^{35}$] 没要再落雨咧。

4. 埠 pu^0/pu^{-55} 停泊之所。《正字通》：同步。舶船埠头。《通雅》：埠头，水濒也。又笼货物积贩商泊之所。梅花土话引申为位置所在。如：心埠心里 $si^{51}pu^0$、村子埠 $tɕ^hye^{51}lə^0pu^0$、县埠 $ɕian^{35}pu^{-55}$、省埠 $ɕye^{51}pu^0$、站埠 $tsan^{35}pu^{-55}$、书园埠 $ɕyo^{51}ueĩ^{21}pu^0$、医院埠 $i\text{-}yan^{35}pu^{-55}$。

5. 竖 $ɕyo^{44}$ 举。如：～起手来。

6. 骨 kua^{35} ①果核。如：～头 $kua^{35}tiɤɯ^{21-55}$。②（瓜）子。如：瓜～瓜子 $ku^{51}kua^{35}$。

7. 疾 ts^ha^{51} 疼痛。如：肚子～。

8. 斥 ts^hu^{51} 责骂。如：捱～ $ŋai^{21-44}ts^hu^{51}$：挨骂。

9. 疏 suo^{51} 稀疏。

10. 旱 $xeĩ^{33}$ ①（粥）稠。②口渴。

11. 狭 $ɕi^{51}$ 狭窄。

12. 阔 xuo^{35} 宽。

13. 乖 $kuei^{51}$（小孩儿）漂亮、可爱。

14. □ li^{21} 虫子。

15. 岭 liɤɯ^{33}。当地只有“岭”。

16. □ ɕi^{51}。河。

17. 细麦 si^{44}mu$^{51-55}$。小麦。

18. 碎 ɕyo^{44} 小。如：大～ t^{h}ai^{44}ɕyo^{44}：大小；～风 ɕyo^{44}xue^{51}：小风；～雨 ɕyo^{44}u^{33}：小雨；～□□ ŋɤ^{55}tə^{0}：小孩儿。

19. □得 na$^{51-44}$tə^{0} 知道。如：个这样事□他肯定□得知道 kɤ^{44}iaŋ$^{51-44}$sɿ^{51}tɤ^{51}k^{h}en^{55}tin^{35}na$^{51-44}$tə^{0}。

20. □子 ma^{35}tɤ$^{-55}$ ①苍蝇。②蚊子。

21. □ tuo^{21} 床。如：□头圈板床头板 tuo^{21}tiɤɯ^{21}k^{h}ueĩ$^{51-55}$peĩ^{55}、□顶板 tuo^{21}tiɤɯ^{55}peĩ^{55}、□棚板床两边的木板 tuo^{21}pie^{21}peĩ^{55}、□凳上下床踩的凳子 tuo^{21}tie^{44}、□架子支撑床板的架子 tuo^{21}ku^{44}lə$^{-55}$。

22. □ k^{h}uei^{35} 跑。如：□罢咧跑了 k^{h}uei^{35}pa^{0}lie^{0}。

第二节

方言古语词

本节所说的古语词，指有文献记载，但普通话或北方方言的口语已经不说，梅花土话的口语里常说的词。

下文所引《广韵》是《宋本广韵》(北京中国书店，1982)，其他引自《康熙字典》影印本(中华书局，1958年版1981年4印)

1. 正晡□ $tɕiu^{44}pu^{51}la^{0}$ 中午；晡□ $pu^{51}la^{0}$ 下午。

晡[pu^{51}],《广韵》：博孤切。《集韵》：奔模切，音逋。《玉篇》：申时也。《汉书·五行志》：日中时食从东北，过半，晡时复。《淮南子·天文训》：日至于悲谷，是谓晡时。

“晡”在古汉语中既可以指申时，也可以指傍晚。例如：

其日中，贺发，**晡**时至定陶，行百三十五里，侍从者马死相望于道。(《汉书·昌邑哀王刘髆传》)

汉悉兵迎战，自旦至**晡**，遂大破之，斩谢丰、袁吉，获甲首五千余级。(《后汉书·吴盖陈臧列传》)

令冤民仰希申诉，而令长以神自畜，百姓废农桑而趋府廷者，相相道路，非朝**铺**不得通，非意气不得见。《说文》曰：“铺谓日加申时也。”今为“晡”字也。(《后汉书·王充王符仲长统列传》)

尚往候之，晨到其门，翼不即相见，主簿曰：“还。”不听，停车待之。翼**晡**乃见尚，尚宗其道德，极谈乃退。(《后汉书·孝桓皇帝纪》)

晡时坚坐到黄昏，手倦目劳方一起。(唐·韩愈《赠侯喜》)

2. 雉公 $ts^{h}a^{33}kie^{51-55}$ 野鸡。

雉[$ts^{h}a^{33}$],《广韵》：直几切。《说文》：**雉**有十四种。《尔雅·释鸟》鹞**雉**、鷮**雉**、鳪**雉**、

鷩**雉**、秩秩海**雉**、鸐山**雉**、鶾**雉**、鷂**雉**。**雉**，绝有力，奋。伊、洛而南，素质、五彩皆备成章曰翚。江淮而南，青质五彩皆备成章曰鹞。南方曰𠹌，东方曰鶅，北方曰鵗，西方曰鷷。疏：别诸**雉**之名也。《易·说卦》：离为雉。《周礼·春官·大宗伯》：六挚，士执**雉**。《公羊传·襄二十七年》：昧**雉**彼视。又《尔雅·释鸟》：鵽鸠，寇**雉**。注：寇**雉**，一名鵽鸠。又《晏子·问篇》：邹滕**雉**犇而出其地，犹称公侯。又《晋语》：**雉**经于新城之庙。注：**雉**经，头抢而悬也。又《汉书·高后纪》注：荀悦曰：讳**雉**之字，曰野鸡。师古曰：吕后名**雉**，故臣下讳**雉**。《韵会》：汉人讳之，谓**雉**为野鸡。

钜宝迁兮砏磤，**雉**咸雊兮相求。（《楚辞·九怀·危俊》）

男子之贽，羔鴈**雉**腒；妇人之贽，枣栗腶脩。（《春秋谷梁传·庄公二十四年》）

凡听羽如鸣马在野，凡听宫如牛鸣窌中，凡听商如离群羊，凡听角如**雉**登木以鸣，音疾以清。（《管子·地员》）

凡祭宗庙之礼，牛曰一元大武，豕曰刚鬣，豚曰腯肥，羊曰柔毛，鸡曰翰音，犬曰羹献，**雉**曰疏趾。（《礼记·曲礼下》）

雄**雉**于飞。泄泄其羽。我之怀矣。自诒伊阻。（《诗·国风·雄雉》）

越裳重九译，献白**雉**，周公荐陈祖庙，曰：“先人之德。”（《风俗通义·十反》）

刘向以为**雉**雊鸣者雄也，以赤色为主。（《汉书·五行志》中之下）

周时天下太平，越裳献白**雉**，倭人贡鬯草。（《论衡·儒增》）

帝武丁祭成汤，明日，有飞**雉**登鼎耳而呴，武丁惧。（《史记·殷本纪》）

尝从帝射**雉**，帝曰：“射**雉**乐哉！”毗曰：“于陛下其乐，而于群下甚苦。”（《三国志·魏书·辛毗传》）

秋冬猎**雉**兔，春夏捕鱼蟹，鹰犬常数百头。（《北史·魏咸阳王坦传》）

是岁星坠如雷，野**雉**皆雊，咎征若此，不闻巨源有言。（《旧唐书·韦巨源传》）

生于水际，沙石与泉水相杂，惘惘而出，土人以**雉**尾挹之，用采入缶中。（《梦溪笔谈》）

白袍将四缝盔倒展双缨，摩利支三叉冠斜飘**雉**尾。（《全元杂剧·无名氏·摩利支飞刀对箭》）

翟六十有四，木柄，端刻龙首，饰以**雉**羽，缀以流苏，舞人所执。（《元史·礼乐志》）

说这些被害众生，如牛马驴骡猪羊獐鹿**雉**兔以至刺蝟飞鸟之类，不可悉数，凡数万头，共作人言道：“召我何为？”（《初刻拍案惊奇》卷三十七）

一对对龙旌凤翣，**雉**羽夔头，又有销金提炉焚著御香。（《红楼梦》第十八回）

3. 大樵 $t^{h}ai^{44}ts^{h}i\text{ɤɯ}^{21}$ 松木大柴；片子樵 $p^{h}\tilde{e}\tilde{\imath}^{44}\text{lə}^{0}ts^{h}i\text{ɤɯ}^{21}$ 松木片柴；燃火樵 $ni\text{ɤ}^{21-44}$ $xu^{55}ts^{h}i\text{ɤɯ}^{21}$ 引火用的杂木。

樵[tsʰiɤɯ^{21}],《广韵》：昨焦切。《集韵》：慈焦切。《正韵》：慈消切，音谯。《说文》：散木也。《左传·桓十二年》：请无扞采**樵**者以诱之。又采薪曰**樵**。《诗·小雅》：**樵**彼桑薪，卬烘于煁。故采薪者谓之**樵**夫。

禁刍牧采**樵**，不入田，不**樵**树，不采蓺，不抽屋，不强匄。(《左传·昭公六年》)孔颖达疏："不**樵**树，不伐树以为**樵**。"

昔者秦攻齐，令曰："有敢去柳下季垄五十步而**樵**采者，死不赦。"(《战国策·齐策四》)

今朝廷纯仁，遵道显义，并包书林，圣风云靡；英华沉浮，洋溢八区，普天所覆，莫不沾濡；士有不谈王道者，则**樵**夫笑之。师古曰："**樵**夫，采**樵**之人。"(《汉书·扬雄传》)

此乘胜而去国远斗，其锋不可当。臣闻千里馈粮，士有饥色；**樵**苏后爨，《汉书音义》曰："**樵**，取薪也，苏取草也。"师不宿饱。(《史记·淮阴侯列传》)

饥穷稍甚，尚书郎以下，自出**樵**采，或饥死墙壁间。(《三国志·魏书·董卓传》)

苏门山中，忽有真人，**樵**伐者咸共传说。(《世说新语·栖逸》)

今义师数万，并在京师，**樵**薪贵而布帛贱。(《旧唐书·刘世龙传》)

故人小驻平戎帐，白羽腰间气何壮。我老渔**樵**君将相。小槽红酒，晚香丹荔，记取蛮江上。(南宋·陆游《青玉案·与朱景参会北岭》)

项羽争雄霸，刘邦起战伐，白夺成四百年汉朝天下。世衰也汉家属了晋家，则落的渔**樵**人一场闲话。(《全元散曲·李爱山》)

似这般大雪呵，街上黎民也懊恼；似这般大雪呵，山上**樵**夫也怎熬。(《全元杂剧·金仁杰·萧何月夜追韩信》)

既出来了，不见了洞穴，依旧是块大石；连**樵**采家火，多不见了。(《初刻拍案惊奇》卷三十一)

若花道：闺臣阿妹原名小山，后来因在小蓬莱遇见**樵**夫，接著家信，才遵严命改名闺臣。(《镜花缘》第八十九回)

4. 椑子 pa^{51}lə^{0} 柿子；椑子糖 pa^{51}lə^{0}toŋ^{21} 柿饼。

椑[pa^{51}],《广韵》：府移切。木名，似柹。

梁侯园有八稜乌**椑**。(《汉书·地理志》)

宜都山大**椑**。(《荆州记》)

椑三：青**椑**、赤叶**椑**、乌**椑**。(《西京杂记》卷一)

张公大穀之梨，梁侯乌**椑**之柿，周文弱枝之枣，房陵朱仲之李，靡不毕植。(晋·潘岳《闲居赋》)

前庭树沙棠，后园植乌**椑**。灵囿繁若榴，茂林列芳梨。(《文选》卷二十)

土贡：方纹绫、赀布、柑、橙、橘、**椑**、白鱼、糖蟹、栀子、贝母、覆盆、乌梅、石龙芮。(《新唐书·地理志四》)

大**椑**朱柿兮骈发，樗枣安榴兮间析。(宋·晏殊《中园赋》)

椑子性尤冷，与蟹同食，腹疼大泻。(《医方类聚卷之二百五·养性门七》)

5. 牛蜱 ŋɤɯ^{21}pa^{21} 蜱虫，咬牛、狗等。

蜱 [pa^{21}],《广韵》：符支切。《集韵》：频弥切，音陴。《尔雅》云：蛸蠰，其子**蜱**蛸。注：一名蟳蟭，蛸蠰卵也。又《集韵》：宾弥切，音卑。

东方之馔：四豆，脾析，**蜱**醢，葵菹，蠃醢……(《仪礼·既夕礼》)

一曰：以方苴（咀）时，取蒿、牡、卑（**蜱**）稍（蛸）三，冶，饮之，必产男。(《马王堆汉墓帛书·胎产书》)

取**蜱**麻叶切捣蒸薄裹之，日二三易即消。**蜱**麻子似牛蜱虫。故名蜱麻也。(《备急千金要方卷第七·风毒脚气》)

6. 大镬子 tʰai^{44}ue^{51}lə^{0} 大锅；碎镬子 ɕyo^{44}ue^{51}lə^{0} 小锅；镬子盖子 ue$^{51-44}$lɤ$^{-55}$kɤ^{44} lɤ$^{-55}$ 锅盖。

镬 [ue^{51}],《广韵》：胡郭切。《集韵》：黄郭切，音获。《说文》：从金蒦声。《广韵》：鼎**镬**。《增韵》：釜属。《周礼·天官冢宰第一》：掌共鼎**镬**。注：**镬**，所以煮肉及鱼腊之器。

钜**镬**汤，以小鼎芗铺于其中，使其汤毋减鼎，三日三夜毋绝火，而后调之以醯醢。(《礼记·内则》)

见瓶水之冰，而知天下之寒、鱼鳖之藏也；尝一脟肉，而知一**镬**之味、一鼎之调。(《吕氏春秋·察今》)

与去共支解，置大**镬**中，取桃灰毒药并煮之，召诸姬皆临观，连日夜靡尽。(《汉书·景十三王传》)

臣知欺大王之罪当诛，臣请就汤**镬**，唯大王与群臣熟计议之。(《史记·廉颇蔺相如列传》)

尝至郿行坞，公卿已下祖道于横门外，卓豫施帐幔饮，诱降北地反者数百人，于坐中先断其舌，或斩手足，或凿眼，或**镬**煮之，未死，偃转杯案间，会者皆战栗亡失匕箸，而卓饮食自若。(《三国志·魏书·董卓传》)

王伟是其心膂，周石珍负背恩义，今并烹诸鼎**镬**，肆之市朝。(《梁书·元帝本纪》)

用小麦不虫者，于大**镬**釜中炒之。(《齐民要术》卷七)

秦王转无道，谏者鼎**镬**亲。茅焦脱衣谏，先生无一言。(唐·元稹《四皓庙》)

邻房僧闻曰："好一**镬**羹，被两颗鼠粪污却。"(《景德传灯录》卷二十七)

常于宽宅中，置大锅**镬**，日夜铿斫煎煮，给之不暇。(《太平广记》卷二百一十九)

贾有死罪，请入鼎**镬**之中，请置狐貉之地，唯相君命之。(《全元杂剧·高文秀·须贾大夫谇范叔》)

若见此奸贼，必手刃其头，刳其心肝而食之。虽赴鼎**镬**刀锯，亦无恨矣！(《警世通言》卷四)

芝晓其意，并无惧色，昂然而行。至殿前，又见鼎**镬**内热油正沸。(《三国演义》第八十六回)

墀中置火铛油**镬**，数人炽薪其下。(《聊斋志异》卷七)

7. 甑 tsie^{44} 蒸米饭用的炊具；甑子 tsen^{35}tsɿ^{55} 蒸笼（蒸包子、糍粑用的炊具）；甑箅子 tsie^{44} p^{h}iɤɯ^{51}lə^{0} 箅子。

甑 [tsie^{44}],《广韵》《集韵》：子孕切，增去声。《说文》：甗也。《广韵》：古史考曰：黄帝始作**甑**。《韵会》：鬵属也。甗无底曰䰝。《周礼·冬官考工记·陶人》**甑**实二鬴，厚半寸。注：量六斗四升曰鬴。《史记·项羽纪》：皆沉船，破釜**甑**，烧庐舍。又《集韵》：慈陵切，音缯。炊器。

颜回对曰："不可。向者煤室入**甑**中，弃食不祥，回攫而饭之。"(《吕氏春秋·任数》)

惠子闻之曰："不然。使三军饥而居鼎旁，适为之**甑**，则莫宜之此鼎矣。"白圭闻之曰："无所可用者，意者徒加其**甑**邪？"(《吕氏春秋·应言》)

项羽乃悉引兵渡河，皆沉船，破釜**甑**，烧庐舍，持三日粮，以示士卒必死，无一还心。(《史记·项羽本纪》)

魏司马太傅懿平公孙渊，斩渊父子。先时，渊家数有怪：一犬著冠帻，绛衣，上屋。欻有一儿，蒸死**甑**中。(《搜神记》卷九)

用春种乌豆，于大**甑**中燥蒸之。气馏半日许，复贮出更装之，回在上者居下，气馏周遍，以灰覆之，经宿无令火绝。(《齐民要术》卷八)

侯门有仁义，灵台多苦辛。不学腰如磬，徒使**甑**生尘。(唐·刘禹锡《学阮公体三首》)

但闻畦陇间，蚱蜢如风雨。新春便入**甑**，玉粒照筐筥。(宋·苏轼《东坡八首》)

俺家里**甑**有范丹尘，厨无原宪米，量这些藜羹黍饭不成席，则是个理、理。(《全元杂剧·秦简夫·晋陶母剪发待宾》)

热气蒸人，嚣尘扑面。万里乾坤如**甑**，一轮火伞当天。(《水浒传》第十六回)

8. 单裈 teĩ^{51}kue^{51} 单裤；短短裈 toŋ^{55}toŋ^{0}kue^{51} ①裤衩儿（贴身穿的）；②短裤（穿在外面的）；踩脚裈 ts^{h}a^{51}tɕiɤɯ^{0}kue^{51} 连脚裤；□裆裈 ts^{h}ia^{55}toŋ^{0}kue^{51} 开裆裤；裈腰 kue^{51}iɤɯ^{51} 裤腰；裈带子 kue^{51}ti^{44}lə^{0} 裤带；裈脚 kue^{51}tɕiɤɯ^{0} 裤腿儿。

裈 [kue^{51}],《广韵》：古浑切。㡓，亵衣也。《说文》：幒也。裈，同上。《集韵》《韵会》：公浑切，音昆。《急就篇注》：合裆谓之**裈**。《释名》：**裈**，贯也。贯两脚上，系腰中也。

相如身自著犊鼻裈，与庸保杂作，涤器于市中。（《史记·司马相如列传》）

临卒，敕其子曰："勿设殡棺衣衾之备也，但著裈衫疏布，单衣幅巾，槺尸于板床之上，五百墼为藏。"（《风俗通义·愆礼》）

家贫窭，伯年数岁，至大寒，母方为作襦，令伯捉熨斗，而谓之曰："且著襦，寻当作复裈。"（《晋书·韩伯传》）

群虱之处裈中，逃乎深缝，匿乎坏絮，自以为吉兆也。（《晋书·阮籍传》）

此人知神，不敢拒逆。便敕：备办会就郎中婚。承白：已办。遂以丝布单衣，及纱袷绢裙，纱衫裈履屐，皆精好。（《搜神记》卷四）

刑部侍郎辛亶尝衣绯裈，俗云利官，上以为厌蛊，将斩之。（《北史·赵绰传》）

王显与文武皇帝有严子陵之旧，每掣裈为戏，将帽为欢。（《朝野佥载》卷六）

南泉示众云："法身具四大否。有人道得与他一腰裈。"师云："性地非空，空非性地。此是地大，四大亦然。"南泉不违前言："乃与师裈。"（《景德传灯录》卷第十四）

老妻甘贫能养姑，宁剪髻鬟不典书。大儿得餐不索鱼，小儿得裈不索襦。（宋·黄庭坚《戏赠彦深》）

生儿根采采色色血晶髭，披一带吉吉料料朱砂发，著一领斑斑烂烂虎豹皮裈，披一副廓廓验验龙鳞甲。（《全相平话五种·秦并六国平话卷下》）

男子尚有单裈，妇人皆无寸丝掩羞，至婴孩若齑粉矣。（《玉镜新谭》卷六）

9. 手脶脶 $ɕiɤɯ^{55}lau^{21-44}lau^{0}$ 圆形的指纹。

脶 $[lau^{21}]$，《广韵》：落戈切，手指文也。《集韵》：庐戈切，手指文。《玉篇》：手理也。《龙龛手鉴》：又音螺，亦手中文也。

手足指纹曰脶（音罗）（明·焦竑撰《俗书刊误》）

金中虚而外朗，起脶纹，皆马肝石所孕也。（清·闲斋氏著《夜谭随录》卷二）

又一少年男子曰："我道莫教渠来，三妹执不听，今何如？转坏我一新绫袜，污印十个脶文！"（清·闲斋氏著《夜谭随录》卷一）

吴谚云：脶多辛苦粪箕闲。（清·胡文英《吴下方言考》第六卷）

10. 畚 pie^{55} 簸箕形的指纹。当是"畚箕"的引申义。

《广韵》：布忖切。《正韵》布衮切，音本。《广韵》：草器。《左传·宣十一年》：称畚筑。注：畚，盛土器。以草索为之，筥属。《周礼·夏官·挈壶氏》挈畚以令粮。注：畚，所以盛粮之器。

宰夫胹熊蹯不熟，杀之，寘诸畚，使妇人载以过朝。（《春秋左氏传·宣公二年》）

鲍焦衣弊肤见，挈畚持蔬，遇子贡于道。（《韩诗外传》卷一）

滂乃仰天曰："古之修善，自求多福。今之修善，乃陷大戮。死之日，愿赐一畚，薄埋

滂于首阳山侧，上不负于皇天，下不愧于伯夷、叔齐。”（《后汉书·孝桓皇帝纪》）

于是，穷骄极侈，劳役繁兴，**畚**锸相寻，干戈不息，刑政严酷，动见诛夷，慄慄遗黎，求哀无地，戎狄残犷，斯为甚乎！（《晋书·石季龙载记》）

时景于城外起东西二土山，城内亦作以应之，太宗亲自负土，哀太子以下躬执**畚**锸。（《梁书·韦叡传》）

赋形苦不同，无路寻根本。可能堙其源，惟有土一**畚**。（唐·韩愈《嘲鼾睡》）

庶人百人，并青衣，耕牛二百。每两牛用随牛一人，耒耜百具**畚**五十具，锸二十五具，以木为刃。（《宋史·礼乐志》）

畚灰刮镬，担柴挑水，门前招接，店中货卖。（《全元南戏·施惠·幽闺记》）

就归向邻家借了锄櫌**畚**锸之类，又没个人帮助，亲自动手，瘞埋停当。（《二刻拍案惊奇》卷三十）

王以夜缒而下，从一魁至京师，求诸象房，有知者导至厄尔库家，殿机荷**畚**拾马通自厩出。（《清史稿·列传第二九六》）

11. 食饭 iɤ$^{51-44}$xueĩ^{51} 吃饭；食朝 iɤ$^{51-44}$tsau^{51} 吃早饭；食晡 iɤ$^{51-44}$pu^{51} 吃午饭；食夜 iɤ$^{51-44}$ iu^{51} 吃晚饭。

食[iɤ^{51}]，《广韵》：羊吏切，音异。梅花土话动词用此反切。下面的例子限于动词。

赵盾已**食**，灵公谓盾曰：吾闻子之剑，盖利剑也。子以示我，吾将观焉。（《春秋公羊传·宣公六年》）

扬雄字子云，蜀郡成都人也。其先出自有周伯侨者，以支庶初**食**采于晋之扬，因氏焉，不知伯侨周何别也。（《汉书·扬雄传》）

昔文王有赤乌之符，而犹日昃不暇**食**；武王白鱼入舟，君臣变色。（《三国志·魏书·杨阜传》）

今当寒者衣之，饥者**食**之，奈何将充仆隶乎？（《北齐书·魏兰根传》）

太宗尝至隐太子所，**食**，中毒而归，府中震骇，计无所出。（《旧唐书·房玄龄传》）

时山东、河朔已为金师所取，京西、京南盗贼大起，四方路阻，米㪷二百千，人民相**食**，聂渊乘而破之。（《大金国志》卷六）

带野花，携村酒，烦恼如何到心头。谁能跃马常**食**肉？二顷田，一具牛，饱后休。（元·马致远《四块玉·叹世》）

自是行忘止，**食**忘飧，却象掉下了一件甚么东西，无时无刻不在心上。（《初刻拍案惊奇》卷六）

玉甫遂也轻轻走开，与漱芳对坐共**食**。阿招伺侯添饭。（《海上花列传》第三十五回）

12. 嘴子食 tɕyo^{55}lə^{0}ɕiɤ^{51} 零食。

食[$ɕiɤ^{51}$],《广韵》：乘力切。《集韵》：实职切，音蚀。梅花土话名词用此反切。下面的例子限于名词。

小人有母，皆尝小人之**食**矣，未尝君之羹，请以遗之。(《春秋左氏传·隐公元年》)

孝惠垂拱，高后女主，不出房闼，而天下晏然，民务稼穑，衣**食**滋殖。(《汉书·循吏传序》)

方今二袁不务远略而内相图，可谓乱矣；居者无**食**，行者无粮，可谓亡矣。(《三国志·魏书·辛毗传》)

纂所历任，好行小惠，蔬**食**弊衣，多涉诬矫。而轻财洁己，终无受纳，为百姓所思，号为良守。(《北史·杜纂传》)

君泣语其徒曰："吾所为止于是，不能以有加矣！"遂以疾辞去，卧东都之城东，酒**食**伎乐之燕不与。(唐·韩愈《唐朝散大夫赠司勋员外郎孔君墓志铭》)

照用同时，驱耕夫之牛，夺饥人之**食**，敲骨取髓痛下针锥。(《古尊宿语录》卷五)

梅香，这官人是我的兄弟。你去安排些**食**物，一就与我关了外门，待我和官人吃几杯酒。(《全元南戏·萧德祥·小孙屠》)

刘氏自进房里，教家僮们陪客人吃了晚**食**，自在厅上歇宿。(《初刻拍案惊奇》卷十一)

早有褚一官带人送了许多吃**食**，外面收拾好了端进来。(《儿女英雄传》第二十一回)

13. 糜饭 $ma^{21}xueĩ^{51}$ 粥；糜□浆 $ma^{21}i^{0}tsiaŋ^{51}$ 煮饭滗出来的米汤。

糜[ma^{21}],《广韵》：靡为切。《集韵》：忙皮切，音靡。《说文》：黄帝初教作**糜**。《释名》：**糜**，煮米使糜烂也。《博雅》：**糜**，糏也，饘也。《礼·月令》：行**糜**粥饮食。《史记·封禅书》：施**糜**之属。注：施**糜**粥之神。《风土记》：俗尚以赤豆为**糜**，所以象色也。又烂也。

水浆不入口，三日不举火，故邻里为之**糜**粥以饮食之。(《礼记·问丧》)

一子胥之身，煮汤镬之中，骨肉**糜**烂，成为羹菹，何能有害也。(《论衡·书虚》)

担囊行取薪，斧冰持作**糜**。(曹操《苦寒行》)

齐桓伯寝之器，周穆轩宫之宝，乳**糜**香饭，素榛糗浆，五杏七桃，灵瓜仙枣。(《全梁文》卷六十一)

四年冬，庞师古败于清口，败军逃归者甚众，路出于颍时，雨雪连旬，军士冻馁，敬荛自淮燎薪，相属于道，郡中设**糜**糗饼饵以待之，全活者甚众，由是表知武宁军节度、徐宿观察留后。(《旧五代史·梁书·庞师古传》)

于是二女，以乳烹**糜**，其釜上现种种端相，乃用钵盛奉献。(《景德传灯录》卷三十)

潭州万户移剌琼子李家奴，九岁，母病，医言不可治，李家奴刲股肉，煮**糜**以进，病乃痊。(《元史·孝友传》)

譬如人染沉屙，当先用**糜**粥以饮之，和药以服之；待其腑脏调和，形体渐安，然后用

肉食以补之，猛药以治之：则病根尽去，人得全生也。（《三国演义》第四十三回）

再说老奶奶当下撮了三合光景米，放入瓦罐之中，配好了水，放在炭炉上煨，自己坐在旁边看定，以防沸溢。约有半个时辰，已经成为粥**糜**，香气扑鼻。（《观音菩萨传奇》卷二十一）

14. 炒鸡卵 $\text{ts}^{\text{h}}\text{au}^{55}\text{tsʅ}^{51}\text{loŋ}^{33}$ 炒鸡蛋；白汤卵 $\text{pu}^{51}\text{t}^{\text{h}}\text{oŋ}^{0}\text{loŋ}^{33}$ 水煮的不带壳的鸡蛋；爊卵 nia^{51} loŋ^{33} 水煮的带壳鸡蛋；煎卵 $\text{tseĩ}^{51}\text{loŋ}^{33}$ 煎鸡蛋；蒸卵 $\text{tɕi}^{51}\text{loŋ}^{33}$ 蛋羹；咸卵 xu^{21} loŋ^{33} 松花蛋。

卵 [loŋ^{33}]，《广韵》：卢管切。《集韵》：鲁管切，从鸾上声。《说文》：凡物无乳者**卵**生。鸟卵中黄为阴，外白为阳，魂魄相待也。《礼·曲礼》：士不取麛**卵**。《汉书·货殖传》：蝝鱼麛**卵**。注：师古曰：**卵**，鸟**卵**也。又《左传·哀十六年》：子西曰：白公胜如**卵**，子翼而长之。注：今抚育人曰**卵**翼，言如鸟孚**卵**也。

如鸟之覆**卵**，无形无声，而唯见其成。（《管子·禁藏》）

而大宛诸国发使随汉使来，观汉广大，以大鸟**卵**及黎轩眩人献于汉，天子大说。（《汉书·张骞传》）

邪臣在位，贤哲隐藏，百姓业业，天下苦之。是以，遂有覆巢破**卵**之忧。（《三国志·吴书·陆凯传》）

蚖珍三月既绩，出蛾取**卵**，七八日便剖**卵**蚕生，多养之，是为蚖蚕。（《齐民要术》卷五）

梨花结成实，燕**卵**化为雏。时物又若此，道情复何如。（唐·白居易《暮春寄元九》）

团团鹄**卵**中自明，窗前月出夜更清。醉吟自作溪上语，不学拥鼻雒阳生。（宋·苏辙《郭祥正国博醉吟庵》）

癞头婆娘请我，时时到他家里，正值肚饥，便吃蒸饼、烂煮猪蹄、油煎鸡**卵**、热炒鸭儿、盐拌白菜、酱煮乌龟、糟鏖豆腐、及攒盐齑。（《全元南戏·柯丹邱·荆钗记》）

说着，便起身至那屋里取了一瓶花露油并些鸡**卵**、香皂、头绳之类，叫一个婆子来送给芳官去，叫他另要水自洗，不要吵闹了。（《红楼梦》第五十八回）

15. 嫁奁 $\text{ku}^{44}\text{neĩ}^{21-55}$ 嫁妆。

奁 [neĩ^{21}]，《广韵》：力盐切。《集韵》：离盐切，音帘。藏香之器。一曰镜匣。

帝视太后镜**奁**中物。今俗以嫁女之具曰妆**奁**。（《后汉书·皇后纪》）

淳于髡对曰："臣不敢以王国为戏也，臣笑臣邻之祠田也，以**奁**饭与一鲋鱼。其祝曰：下田洿邪，得谷百车，蟹堁者宜禾。臣笑其所以祠者少而所求者多。"（《说苑》卷六）

勿作前堂、布几筵、置书箱镜**奁**之具，棺前但可施床榻而已。（《晋书·王祥传》）

弹棋始自魏宫内，用妆**奁**戏。文帝于此戏特妙，用手巾角拂之，无不中。（《世说新

语·巧蓺》）

永平元年，乃率诸侯王、公卿，正月朝于原陵，亲奉先后阴氏妆奁箧笥悲恸，左右侍臣，莫不呜咽。（《旧唐书·礼仪志》）

宝奁开，美鉴静，一掬清蟾。新妆脸，旋学花添。（宋·欧阳修《于飞乐》）

宝剑卖与烈士，红粉赠与佳人。夫人，妆奁衣服在此。（《琵琶记》第三十五出）

刘元普微微笑道："内侄继娶之事，少不得在老夫身上。今日自有主意，你只管打点妆奁便了。"（《初刻拍案惊奇》卷二十）

芳官接了这个，自去收好，便从奁中去寻自己常使的。启奁看时，盒内已空，心中疑惑，早间还剩了些，如何没了？（《红楼梦》第六十回）

16. 归罢去咧 $kua^{51}pa^{0}xuo^{44}lie^{0}$ 回去了；归寿 $kua^{51-44}ɕiɤɯ^{51}$ 老人去世；你归有事 $n^{33}kua^{51}xɤɯ^{33}sɿ^{51}$ 你回去忙吧。送客时客人说的客气话，让主人别送了。

归[kua^{51}]，《广韵》：举韦切。还也。《集韵》：居韦切，音䰎。还也，入也。《诗·小雅》：薄言旋归。又还所取之物亦曰归。《春秋·定十年》：齐人来归郓、讙、龟阴田。又《礼·祭义》：父母全而生之，子全而归之。《孟子》：久假而不归。皆还复之义。《春秋·隐元年》：归惠公仲子之赗。杜注：归者，不反之辞。《桓七年》：突归于郑。《谷梁传》：归，易辞也。又依归也。《诗·曹风》：于我归处。毛传：归，依归也。

子贡曰："纣之不善，不如是之甚也。是以君子恶居下流，天下之恶皆归焉。"（《论语·子张》）

文子曰："吾闻之也，国有道则贤人兴焉，中人用焉，百姓归焉。若吾子之语审茂，则一诸侯之相也，亦未逢明君也。"（《大戴礼记·卫将军文子》）

积数年，而长房来归。又相识人见李意期将两弟子皆在郫县。（《抱朴子·内篇》）

郗公亡，翼为剡县，解职归，席苫于公灵床头，心丧终三年。（《世说新语·德行》）

日暮归来独惆怅，有卖直欲倾家资。（唐·韩愈《郑群赠簟》）

我为灵芝仙草，不为朱唇丹脸，长啸亦何为。醉舞下山去，明月逐人归。（宋·黄庭坚《水调歌头·游览》）

怕他知我要归去，将人厮禁，要说又将口噤。我待解朝簪，再图乡任。（《琵琶记》第三十出）

正要举步归寓，忽听得墙边小门呀的一响，轧然开了，一个女子闪将出来。（《初刻拍案惊奇》卷十二）

国政归吾掌握中，三台八座极尊崇。退朝日晏归私第，无数官僚拜下风。（《长生殿》第三出）

17. 入去 $n^{51}xuo^{0}$ 进去；入来 $n^{51}la^{0}$ 进来；入殓 $n^{51-44}le\tilde{i}^{51}$。

入[n^{51}]，《广韵》：人执切。得也；内也；纳也。《集韵》：日汁切。《正韵》：日执切，任入声。《说文》：内也。《玉篇》：进也。《礼·少仪》：事君，量而后**入**。《檀弓》：孟献子禫比御而不**入**。注：虽比次妇人之当御者，犹不**入**寝也。

故民**入**川泽山林，不逢不若；螭魅罔两，莫能逢之。（《左传·宣公三年》）

鸟鱼皆生于阴而属于阳；故鸟鱼皆卵；鱼游于水，鸟飞于云。故冬燕雀**入**于海，化而为蚧。（《大戴礼记·易本命》）

魏齐王嘉平初，东郡有讹言，云白马河出妖马，夜过官牧边鸣呼，众马皆应，明日见其迹，大如斛，行数里，还**入**河。（《晋书·五行志》）

贼相谓曰："我辈无义之人，而**入**有义之国！"（《世说新语·德行》）

平旦**入**西园，梨花数株若矜夸。（唐·韩愈《李花二首》）

夜语翻千偈，书来又一言。此身真佛祖，何处不羲轩。船稳江吹坐，楼空月**入**樽。遥知思我处，醉墨在颓垣。（宋·苏轼《和蒋发运》）

寡人自从太真**入**宫，朝歌暮宴，无有虚日。（《全元杂剧·白朴·唐明皇秋夜梧桐雨》）

殿门上多有金锁锁着，进去不得。且转过凝晖殿。殿旁有路，转将**入**去，原来又是一个偏殿，牌上金书"睿思殿"三字。（《二刻拍案惊奇》卷40）

丁策看董忠**入**来，问曰："贤弟何来？"（《封神演义》第九十四回）

赶紧派人替他办后事，忙着**入**殓出殡，把他灵枢权寄在庙里，随后再扶回原籍。（《官场现形记》第五十九回）

18. 著衣 tsau^{35}a^{51} 穿衣服。

著[tsau^{35}]，《广韵》：著，服衣于身。直略切。《集韵》：直略切，音擆。《吴越春秋》：从阴收**著**，望阳出粜。注：著，置也。又《类篇》：附也。

（北郭骚）**著**衣冠，令其友操剑，奉笥而从，造于君庭。（《吕氏春秋·士节》）

谢公清晨卒来，不暇**著**衣，跣出屋外。（《世说新语·任诞》）

著我绣夹裙，事事四五通。（《孔雀东南飞》）

尝有论鬼神有无者，皆以人死者有鬼，修独以为无，曰："今见鬼者云**著**生时衣服，若人死有鬼，衣服有鬼邪？"（《晋书·阮修传》）

时鼓吏击鼓过，皆当脱其故服，易**著**新衣。（《三国志·魏书·荀彧传》）

先同稚子舞，更**著**老来衣。（唐·李白《赠历阳褚司马》）

穿一领布衣，**著**一对草履。（元·马彦良《一枝花·春雨》）

19. 炙火 tɕiu^{35}xu^{55} 烤火。

炙[tɕiu^{35}]，《广韵》《集韵》：之石切，音隻。《说文》：炮肉也。从肉，在火上。《诗·小雅·瓠叶传》：炕火曰**炙**。《书·泰誓》：焚**炙**忠良。疏：焚、**炙**，俱烧也。《孟子》：况于亲炙之者乎。注：亲近而熏炙之也。又《玉篇》：热也。

煎熬焚炙，调齐和之适，以穷荆、吴甘酸之变，焚林而猎。（《淮南子·本经训》）

饮醇酒，炙肥牛。（《乐府诗集·相和歌辞十二·西门行》）

欲望肃雍济济，后生有式，是犹炙冰使燥，积灰令炽矣。（《抱朴子·外篇》卷二十七）

世人见漆器暂在日中，恐其炙坏，合著阴润之地，虽欲爱慎，朽败更速矣。（《齐民要术》卷五）

一杯置掌上，三咽入腹内。煦若春贯肠，暄如日炙背。（唐·白居易《卯时酒》）

岂惟炎热可炙手，五月瞿唐谁敢触。人生易尽朝露曦，世事无常坏陂复。（宋·陆游《长安道》）

搜剔尽皮格也那翎毛，浑身遍体星星开剥，尽著他炙火专烹炮。（《全元杂剧·秦简夫·东堂老劝破家子弟》）

20. 打鞠 $ta^{55}tɕiɤɯ^{21}$ 踢毽儿。

鞠[$tɕiɤɯ^{21}$]，《广韵》：渠竹切。蹋鞠，以革为之，今通谓之毬子。《说文》：蹋鞠也。《战国策》：六博蹹鞠。注：《刘向·别录》：蹵鞠，黄帝作，盖因娱戏以练武士。《扬子·法言》：捖革为鞠。

草书只要有笔，霍去病所谓不至学古兵法者为过之，鲁直书去病穿城蹴鞠，此正不学古兵法之过也。学即不是，不学亦不可，子瞻书。（宋·苏轼《跋鲁直草书》）

落花半落东流水，蹴鞠屡过飞鸟上。（唐·王维《寒食城东即事》）

寒食节，上与诸将击鞠于内殿。（《旧唐书·德宗本纪》）

壬午，幸右军击鞠，遂畋于城西。《旧唐书·穆宗本纪》

男子好樗蒲，女子踏鞠，饮马酪取醉，歌呼相对。（《北史·突厥传》）

珣武力绝人，善骑射，尤长于击鞠。（元史·耶律留哥传）

近在都下见王驸马（昺）、张堤帅（懋忠）诸君，蹴鞠俱精绝。（《万历野获编》卷二十四）

谜法、习诗之流，萃而为斋。又有蹴鞠打球社、川弩射弓社。（《都城纪胜·四司六局》）

俗喜弈、投壶、蹴鞠。《新唐书·东夷传》

十月辛巳，护驾都指挥使朱友伦因击鞠堕马，卒于长安。（《旧五代史·梁书·太祖纪》）

三年春，车驾幸邺，时易定王都来朝，宴于行宫，将击鞠。（《旧五代史·唐书·张宪传》）

浣复表述契丹主幼弱多宠，好击鞠，大臣离贰，若出师讨伐，因与通好，乃其时也，

请速行之。(《宋史·李涛传》)

上与诸王分明击**鞠**。(《辽史·圣宗本纪》)

九月己未，常武殿击**鞠**，令百姓纵观。(《金史·海陵本纪》)

翥少时，负其才隽，豪放不羁，好蹴**鞠**，喜音乐，不以家业屑其意，其父以为忧。(《元史·张桢传》)

至于击**鞠**饮酒，皆号为能，雅为太守所知。(《太平广记》卷第一百二十五)

21. 仆起□ $p^hu^{35}s\textipa{1}^0uei^{35}$ 趴着游；仆起困 $p^hu^{35}s\textipa{1}^0xue^{44}$ 趴着睡。

仆 $[p^hu^{35}]$，《集韵》：普木切。

旧碑断折，其半**仆**地。(唐·韩愈《祭湘君夫人文》)

穰苴则**仆**表决漏，入，行军勒兵，申明约束。(《史记·司马穰苴列传》)

松柏**仆**，丛林摧；草木无余，禽兽殄夷。(班固《西都赋》)

22. 踞 tɕyei^{51} 蹲。

踞 [tɕyei^{51}]，《广韵》：居御切，音据。《说文》：蹲也。《大戴礼》：独处而**踞**。注：**踞**，蹲也。

跧兔蹲而狗**踞**，声历鹿而喔咿。(汉·王延寿《王孙赋》)

父子男女相对**踞**蹲，以髡头为轻便。《后汉书·乌桓传》

昔之虎**踞**龙盘，加以黄旗紫气，莫不随狐兔而窟穴，与风尘而殄瘁。(《北周·庾信《哀江南赋》)

亭长叹曰："居非命之世，天高不敢不**踞**，地厚不敢不蹐。耳目适宜视听，口不可以妄言也。"(《后汉书·李固传》)

纵之不逾，**踞**之不卑。乍若贤人，以重自持。(《宋史·夏侯嘉正传》)

23. 失罢咧 sʅ^{51}pa^{0}lie^0 丢了。

失 [sʅ^{51}]，《广韵》《集韵》：式质切，音室。得之反。《说文》：纵也。一曰错也，过也，遗也。《书·泰誓》：时哉弗可**失**。杜甫：虽乏谏诤资，恐君有遗**失**。

小国**失**恃而惩诸侯，使莫不憾者，距违君命，而有所壅塞不行是惧。(《左传·昭公元年》)

参曰："陛下言之是也。且高帝与萧何定天下，法令既明，今陛下垂拱，参等守职，遵而勿**失**，不亦可乎？"(《史记·曹相国世家》)

哥哥，您兄弟在家杀鸡炊黍等待哥哥相会。哥哥，你休**失**信也。(《全元杂剧·宫天挺·死生交范张鸡黍》)

王公凄凄惶惶，苦痛不已。自此**失**了夫人，也不再娶。(《初刻拍案惊奇》卷二十七)

24. 屏起 piɤɯ^{55}sʅ^{55} 把东西埋起来或藏起来。

屏 [piɤɯ^{55}],《广韵》：必郢切。蔽也。《集韵》：卑正切，音并。

尔不许我，我乃**屏**璧与圭。(《书·金縢》)

屏王之耳目，使不聪明。(《左传·昭公二十七年》)

25. 肭 na^{35} 动物肥；人胖。

肭 [na^{35}],《广韵》：内骨切。腽肭。《集韵》：奴骨切，音讷。腽肭，肥也。

“阳肉”欲上而高起。髀欲广厚。“汗沟”欲深明。“直肉”欲方，能久走。“输鼠”欲方。“**肭**肉”欲急。“间筋”欲急短而减，善细走。(《齐民要术》卷六)

猿眠但腽**肭**，凫食时唼喋。(唐·皮日休《二游诗·任诗》)

26. 枯罢咧 xuo^{51}pa^{0}lie^{0} 人或动物太瘦了。

枯 [xuo^{51}],《广韵》：苦胡切。《集韵》：空胡切，音刳。《说文》：槁木也。《史记·诸侯表》：摧**枯**朽者易为力。又《周礼·天官》郑注：童**枯**不税。疏：山林不茂为童，山泽无水为**枯**。

屈原至于江滨，被发行吟泽畔，颜色憔悴，形容**枯**槁。(《楚辞·渔夫》)

形容**枯**槁，面目黧黑，状有愧色。《战国策·秦策一》

安燕而血气不惰，劳倦而容貌不**枯**。(《荀子·修身》)

故蝎盛则木朽，欲胜则身**枯**。(三国·魏·嵇康《答向子期难养生论》)

采菱辛苦废犁锄，血指流丹鬼质**枯**。(宋·范成大《夏日田园杂兴》诗之十一)

27. 一丘田 i$^{35-44}$tɕ^{h}iɤɯ^{51}teĩ^{21}。

丘 [tɕ^{h}iɤɯ^{51}],《广韵》：去鸠切。《集韵》《韵会》：祛尤切。《正韵》：驱尤切，音蚯。阜也，高也。四方高，中央下曰**丘**。

未果三山期，遥欣一**丘**乐(唐·李白《金门答苏秀才》)

百世春秋传，一**丘**阳羡田。浮生如此了，何必更凌烟！(宋·范成大《提刑察院王丈挽词》)

沩一日指田问师：“这**丘**田那头高，这头低。”师曰：“却是这头高，那头低。”(《五灯会元》卷九)

园塘外三**丘**地，篷窗下几卷书，他每傲人间驷马高车。每日家相伴陶朱，吊问三闾。(元·沉和《赏花时北》)

三分天下二分亡，犹把山河寸寸量。纵使一**丘**添一亩，也应不似旧封疆。(明·冯梦龙《古今小说·木绵庵郑虎臣报冤》)

丘民，谓**丘**间之民。得乎**丘**田之民，便可为天子，犹‘有田一成，有众一旅’之意。(清·陆以《冷庐杂识》)

28. 筲箕 sau^{51}tsɿ$^{-55}$ 篾丝编的，淘米、洗菜或盛东西的器具，圆形，有提手。

筲[sau^{51}],《广韵》：所交切。《集韵》：师交切。斗筲，竹器。《类篇》：陈留谓饭帚曰筲，一曰饭器，容五升。一曰宋魏谓箸筩为筲，与籍同。《字汇》：所交切，音梢。竹器，一曰饭器。俗谓**筲**箕。又斗**筲**，斗容十升，筲容斗二升。《龙龛手鉴》：所交反，斗**筲**，竹器也。《汉书》颜师古注：**筲**，竹器也，容一斗。

醴者，稻醴也。瓮甒**筲**衡，实见间而后折入。（《礼记·杂记上》）

斗**筲**之人，何足算也。（《论语·子路》）

家贫无斗**筲**之储者，难责以交施矣。（《论衡·定贤》）

官人骑马到林池，斩竿筋竹织**筲**箕。**筲**箕载绿豆，绿豆喂相思。相思有翼飞开去，只剩空笼挂树枝。（清·李调元《南越笔记》）

29. 牛栏秽ŋɤɯ^{21}leĩ^{0}ua^{51} 牛粪；猪屎秽tɕyo^{51}sɿ^{0}ua^{51} 猪屎；猪栏秽tɕyo^{51}leĩ^{0}ua^{51} 猪粪；鸭屎秽u^{35}sɿ^{0}ua^{51} 鸭粪；鸡屎秽tsɿ^{51}sɿ^{0}ua^{51} 鸡粪；大秽tu^{51}ua^{51} 大粪。

秽[ua^{51}],《广韵》：於废切。《集韵》乌废切，音薉。《汉书·杨恽传》：芜**秽**不治。又恶也，污也。《书·盘庚》：无起**秽**以自臭。《左传·昭二十六年》：晏子曰：天之有彗也，以除**秽**也。又与薉同。《荀子·天论篇》：耘耨失薉。注：薉**秽**同。今梅花土话引申为粪便。

一自以为禽鸟，一自以为鱼鳖。山阜猥积而崎岖，泉流迸集而映咽。隰壤瀸漏而沮洳，林薮石留而芜**秽**。（晋·左思《魏都赋》）

主此盛德兮，牵于俗而芜**秽**。上无所考此盛德兮，长离殃而愁苦。（《楚辞·招魂》）

官本臭腐，故将得官而梦尸；钱本粪土，故将得钱而梦**秽**。（《晋书·殷浩传》）

犴狱之不知避兮，宫庭之不处。陷涂藉**秽**兮，荣若绣黼。（唐·柳宗元《吊屈原文》）

30. 敦起tɕye^{51}sɿ^{0} 竖起来。

敦[tɕye^{51}],《广韵》《集韵》：都困切。又《庄子·列御寇》：**敦**杖蹙之。《音义》：**敦**，音顿。司马云：竖也。

自埋怨，自失笑，自解叹，自**敦**捌。（金·董解元《西厢记诸宫调》卷四）

空教我哭啼啼自**敦**自摔，百般地唤不回来。（元·关汉卿《蝴蝶梦》）

素姐为不叫他往皇姑寺去，从此**敦**葫芦挣马勺发作。（《醒世姻缘传》第七十七回）

31. 烊iaŋ^{51} 融化，引申为融化后的粉末状物：雪烊罢咧ɕyei^{35}iaŋ^{51}pa^{0}lie^{0} 雪化了；烊子肉iaŋ^{51}lə^{0}u^{55} 肉末儿。

烊[iaŋ^{51}],《广韵》《集韵》：余章切，音阳。《玉篇》：炙也。《集韵》：本作炀。

（狱卒）以铁钳开口，灌以**烊**铜。（《法苑珠林》卷九十）

翠环把墨盒子捧到火盆上烘……半霎工夫，墨盒里冒白气，下半边已**烊**了。（《老残游记》第十六回）

32. 洲子tɕiɤɯ^{51}lə^{0} 水中陆地；浅洲子tsʰeĩ^{55}tɕiɤɯ^{51}lə^{0} 浅的河滩。

洲 [tɕiɤɯ^{51}],《广韵》：职流切。《集韵》：之由切，音周。《说文》：水渚也。《尔雅 · 释水》：水中可居曰洲。《诗 · 周南》：在河之洲。《说文》本作州，后人加水以别州县字。

朝搴阰之木兰兮，夕揽**洲**之宿莽。（《楚辞 · 离骚》）

洲沙厌晚坐，岭壁穷晨升。（唐 · 韩愈《送侯参谋赴河中幕》）

33. 笕 tɕieĩ^{55} 水车上的水槽；笕瓦 tɕieĩ^{55}ŋu^{33} 滴水瓦。

笕 [tɕieĩ^{55}],《广韵》：古典切。《集韵》：吉典切，以竹通水也。《正字通》：九辇切……以竹空其中通水也。又作“枧”。《字汇》：吉典切，音蹇，以竹通水，又木枧。《正字通》：枧，同**笕**，或以竹或合木为之，皆以通水也。

钱塘湖一名上湖，周回三十里，北有石函，南有**笕**，凡放水溉田，每减一寸，可溉十五余顷。（唐 · 白居易《钱塘湖石记》）

溪面只消横一**枧**，水从空里过如飞。（宋 · 杨万里《桑茶坑道》）

挽水入筒，一一倾于**枧**内。（明 · 宋应星《天工开物 · 水利》）

34. 头社 tɤɯ^{21}ɕiu^{33} 春社；二社 nɤ^{51}ɕiu^{33} 秋社。

社 [ɕiu^{33}],《广韵》：常者切，阇上声。土地神主也。《礼 · 祭义》：建国之神位，右**社**稷而左宗庙。《诗 · 小雅》：以**社**以方。疏：**社**，五土之神，能生万物者，以古之有大功者配之。共工氏有子句龙为后土，能平九州，故祀以为社。后土，土官之名，故世人谓**社**为后土。杜预曰：在家则主中霤，在野则为**社**。

人非土不立，封土立**社**，示有土也。（《白虎通》）

王为群姓立**社**曰大**社**，王自为立**社**曰王**社**，诸侯为百姓立**社**曰国**社**，诸侯自为立**社**曰侯**社**，大夫以下成群立**社**曰置**社**。（《礼 · 祭法》）

共工氏之伯九有也，其子曰后土，能平九土，故祀以为**社**。（《国语 · 鲁语上》）

35. 耙 pu^{21} 犁田的工具；耙田 pu$^{21-44}$teĩ^{21} 用耙耙田；耙地 pu$^{21-44}$ta^{51} 用耙耙地。

耙 [pu^{21}],《广韵》：杷，普巴切。《说文》：收麦器也。

耙制有方**耙**，有八字**耙**。如犁，亦用牛驾，但横阔多齿，犁后用之。盖犁以起土，惟深为功，**耙**以破块，惟细为功。**耙**之后又用耖、用耮。俗作**耙**。（《农政全书》）

耕田**耙**地，不用牛具；收割田禾，不用刀杖。（《西游记》第十八回）

36. 莳田 ɕiɤ^{51}teĩ^{21} 插秧。

莳 [ɕiɤ^{51}],《集韵》：时吏切，音侍。《博雅》：立也。扬子《方言》：更也。注：为更种也。

播时百谷。（《书 · 尧典》）汉 · 郑玄注：“种**莳**五谷以救活之。”

水澍粳稌，陆**莳**稷黍。（晋 · 左思《魏都赋》）

苌命其将于一栅孔中**莳**树一根，以旌战功。（《晋书 · 姚苌载纪》）

其莳也若子，其置也若弃，则其天者全而其性得矣。（唐·柳宗元《种树郭橐驼传》）

37. 早禾tsia^{55}u$^{21-55}$早稻；迟禾tsɿ^{21}u^{21}晚稻；禾公蔸子u^{21}kie^{0}tɤɯ^{51}lə^{0}稻茬；禾爪子u^{21}tɕya^{55}lɤ$^{-55}$稻穗。

禾[u^{21}]，《广韵》：户戈切。粟苗。《集韵》：胡戈切，音和。《说文》：嘉谷也。二月始生，八月而孰，得时之中，故谓之**禾**。**禾**，木也。木王而生，从木从𠂹省，𠂹象其穗。《春秋·庄二十八年》：大无麦**禾**。疏：麦熟于夏，**禾**成在秋。又凡谷皆曰**禾**。《诗·豳风》：十月纳**禾**稼，黍稷重穋，**禾**麻菽麦。疏：苗生既秀，谓之**禾**。**禾**是大名，非徒黍稷重穋四种，其余稻秫苽粱皆名**禾**，惟麻与菽麦无**禾**称，故再言**禾**以总之。《山海经》：玉山，王母所居。昆仑之墟，其上有木**禾**，长五寻，大五围，二月生，八月熟。注：木**禾**，谷类，可食。

远食玉山**禾**。（南朝·宋·鲍照《代空城雀》）

六月**禾**未秀，官家已修仓。（唐·聂夷中《田家》）

田荒溪溜入，**禾**熟雀声喧。（宋·欧阳修《陪府中诸官游城南》）

38. 簟子teĩ^{33}lə^{0}竹篾编的席子；篷簟pie^{21}teĩ^{33}竹制席子，用来晒稻谷。

簟[teĩ^{33}]，《广韵》：徒玷切，竹席。《说文·竹部》：竹席也。《释名·释床帐》：**簟**，覃也。布之覃覃然平正也。

会稽岁时献竹**簟**供御，世号为流黄**簟**。（汉·刘歆《西京杂记》卷二）

王恭从会稽还，王大看之。见其坐六尺**簟**，因语恭："卿东来，故应有此物，可以一领及我。"恭无言。大去后，即举所坐者送之。既无余席，便坐荐上。（《世说新语·德行》）

风磴吹阴雪，云门吼瀑泉。酒醒思卧**簟**，衣冷欲装绵。（唐·杜甫《陪郑广文游何将军山林》）

小榼二升酒，新**簟**六尺床。能来夜话否，池畔欲秋凉。（唐·白居易《招东邻》）

帝与太上自此日唯一饮一食而已。夜宿竹**簟**之上，时天气风寒，侍卫人取草茅及黍穰作焰火，与二帝同坐向火。（宋·辛弃疾《南渡录》）

掼稻**簟**……各举稻把掼之，子粒随落，积于**簟**上。（元·王祯《农书》卷十五）

王宫壮丽，民楼居。其楼密联槟榔片，藤系之，甚固。籍以藤席，竹**簟**，寝处于中。（明·严从简《殊域周咨录》卷八）

俗以晒谷竹**簟**曰廪皮……村人晒谷燥后，以圆竹器为底**簟**，四周之上，加以盖，如高廪也。（清·梁同书《直语补证》）

39. 絛牛ta^{21}ŋɤɯ^{21}栓牛。又写作"绦牛""绹牛"。

絛[ta^{21}]，《广韵》：土刀切，编丝绳也。《说文》：扁绪也。《正字通》：组纵之通名。《玉篇》：缨饰也。颜师古《急就篇注》：**絛**，一名偏诸，织丝缕为之，所以悬系承尘户嗛，因为饰也。梅花土话读阳平。

春葱指甲轻拢捻，五彩垂**绦**双袖卷。（宋·欧阳修《玉楼春》）

裹白云纸袄，挂翠竹麻**绦**，一壶村酒话渔樵。（元·张可久《醉太平·山中小隐》）

昼尔于茅，宵尔索**绹**。（《诗·豳风·七月》）

抟饭引来，犹掉续貂之尾；索**绹**牵去，难回顾兔之头。（宋·沉作喆《寓简》卷十）

床悬二**绹**，夫人间以麦粥进……公乃缘绹以起食，复缘之就枕。（清·王应奎《柳南随笔》卷三）

40. 索子 $sau^{35}lə^{0}$ 绳子；牛索子 $ŋɤɯ^{21}sau^{35-44}lə^{0}$ 牵牛的绳子。

索 $[sau^{35}]$，《广韵》：苏各切。《集韵》：昔各切，音𧛧。《说文》：草有茎叶可作绳**索**。《韵会》：隶作**索**。《小尔雅》：大者谓之**索**，小者谓之绳。《急就篇》注：**索**，总谓切捻之令紧者也。

追讨南度河，使军吏田晏、夏育慕先登，悬**索**相引。（《后汉书·段颎传》）

伤诚是之不察兮，并纫茅丝以为**索**。（《楚辞·惜誓》）

何必修于山林，尽废生民之事，然后乃成乎？亦有心安静默，性恶喧哗，以纵逸为欢，以荣任为戚者，带**索**蓝缕，茹草操耜，玩其三乐，守常待终，不营苟生，不惮速死，辞千金之聘，忽卿相之贵者。（《抱朴子·内篇》）

阿钩羌国，在莎车西南，去代一万三千里。国西有县度山，其间四百里，中往往有栈道，下临不测之深，人行以绳**索**相持而度，因以名之。（《北史》九十七）

那男子又取了一把红箸，用**索**子扣了两头，就如梯子一样。（《梼杌闲评》第二回）

于是，曹操遂令曹洪留守营寨，自率步骑兵五千人，全部换上袁军旗号，士卒人口衔枚、马匹嘴勒绳**索**，乘着夜暗从小道进发，每人身背一束柴草。（《百战奇法》卷三）

居敬独立空房中，只有一**索**悬于梁上，一凳与他垫脚自缢，并一把小刀，一包砒霜，余无一物在旁。屋宇又高，四面皆墙壁。居敬四面详察，思计在心。近晚来，以凳子打开近墙壁孔，取一直枋用**索**系住，又用刀削壁经为钉，脚衬凳子登其钉，手抱柱以村其脚，**索**系于腰，扳援而上，至于三川枋上，以**索**吊上直枋，将枋从下撞上，果打开一桷子，见有穴而出。（《包龙图判百家公案》卷九）

既济江，议首取瓜步。时敌于金、焦间以铁**索**横江，夹岸置西洋大炮数百位，欲遏我舟师。（《北征纪略》）

仁卿拖幼谦到外边学屋，把条**索**子捆住，夫好在书房里。（《初刻拍案惊奇》卷二十九）

旨意已下：“杜元铣妖言惑众，拿下枭首，以正国法。”奉御官宣读驾帖毕，不由分说，将杜元铣摘去衣服，绳缠**索**绑，拿出午门。（《封神演义》第六回）

41. 枋子poŋ^{51}lə^{0}棺材。

枋[poŋ^{51}],《广韵》：府良切。木名，可以作车。《集韵》：分房切。《正韵》：敷房切，音方。《说文》：木可作车。

煌煌礼乐，肃肃宗**枋**，选众而举，乃作元卿。(《汉魏南北朝墓志汇编·北魏》)

臣亡兄文献太子从冀将从内禅，已决宿心，而世宗敦劝既深，议言因息，及陛下显膺帝箓，弥笃睿情，方誓子孙，仰酬临照，则臣向于脱屣，亦匪邀名，既嗣宗**枋**，敢忘负荷，唯圣臣节，上奉天朝。(《宋史》卷四百七十八)

后谒选为南阳推官，以卓异召入，仅得工曹，抽税荆州，不持一文归，但市一沙**枋**棺以奉老母，终以贫困死。(《万历野获编》卷二十七)

淡水番亡，用**枋**为棺，瘗于屋边，以常时杂物悬墓前。(《淡水厅志》第三部分)

42. 牯子kuo^{55}lɤ$^{-55}$公牛；水牯子ɕya^{55}kuo^{55}lɤ$^{-55}$公水牛；黄牯子xoŋ^{21}kuo^{55}lɤ$^{-55}$公黄牛；熟牯子ɕiɤɯ^{51}kuo^{55}lɤ$^{-55}$犍牛（阉过的公牛）；阉牯子ŋeĩ^{51}kuo^{55}lɤ$^{-55}$阉公牛。

牯[kuo^{55}],《广韵》：公户切。《集韵》：果五切，音古。《集韵》：牛名。《玉篇》：牝牛。笔者注:《玉篇》释义是错的。

四牸三**牯**，中一去乳；天霜降寒，纳此室处。(唐·陆龟蒙《祝牛宫辞》)

老水**牯**牛近日亦自多病多恼，不甘水草。遇著暖日和风，当下和身便倒。(南宋·《五灯会元》)

我所置黄**牯**牛一头，所积秋种一石。(明·《夏商野史》)

43. 牸牛tsɿ^{51}ŋɤɯ^{21}未生育的母牛；水牸牛ɕya^{55}tsɿ^{51}ŋɤɯ^{21}未生育的母水牛；黄牸牛xoŋ^{21}tsɿ^{51}ŋɤɯ^{21}未生育的母黄牛。

牸[tsɿ^{51}],《广韵》：疾置切，音字。《广韵》：牝牛。《孔丛子·陈士义》：子欲速富，当畜五**牸**。《说苑》：愚公畜**牸**牛，生子而大，卖之而买驹。又牝马亦曰**牸**。《广雅》：**牸**，雌也。

乘**牸**牝者，摈而不得会聚。(《汉书·食货志》)

以差出牝马天下亭，亭有畜**牸**马，岁课息。(《史记·封禅书》)

朱公告之曰：子欲速富，当**畜**五**牸**。于是乃适西河，大畜牛羊于猗氏之南。十年之间，其滋息不可计，赀拟王公，驰名天下。以兴富于猗氏，故曰猗顿。(《法言义疏》二)

桓公懔然作色，顾谓四坐曰："诸君颇闻刘景升不？有大牛重千斤。啖刍豆十倍于常牛，负重致远，曾不若一羸**牸**。魏武入荆州，烹以飨士卒，于时莫不称快。"意以况袁，四坐既骇，袁亦失色。(《后汉纪校注·袁宏传及其轶事》卷三十)

道武谓尚书崔宏曰："蠕蠕之人，昔来号为顽嚣，每来抄掠，驾**牸**牛奔遁，驱犍牛随之，**牸**牛伏不能前。异部人有教其以犍牛易之者，蠕蠕曰：'其母尚不能行，而况其子！'

终于不易，遂为敌所虏……”（《北史·蠕蠕传》）

渐课民畜牸牛、草马，下逮鸡、豚、犬、豕，皆有章程。（《三国志·魏书·任苏杜郑仓传》）

曾为人择葬地曰：“后三日，有牛乘人逐牛过者，既启土。”至期，果一人负乳犊，引牸牛而过。（《辽史》卷一百零八）

乌牸将新犊，青桑长嫩枝。（南宋·陆游《邻曲》）

贾胡不得以子为母，如牸生牸牛，十年千头之法，破称贷之家，广储蓄复常平，以待凶荒。（《国朝文类》卷六十）

十一年二月，铜仁黄牸产犊，满身有纹，即死。（《明史》卷三十）

牛之牡者曰牸曰特。（明·李时珍《本草纲目·兽一·牛》）

魏志杜畿传，为河东太守，课民畜牸牛草马。（《日知录》卷三十二）

44. 鸡健 tɕi⁴⁴lian⁵¹ 未开始下蛋的母鸡。

健[lian⁵¹]，《类篇》力健切，音䗖。《尔雅·释畜》：未成鸡，健。郭注：今江东呼鸡少者曰健。又《集韵》陵延切，音连。义同。

饥鹘窥人诉，健鸡上屋鸣。（谢无量《己酉岁未尽七日还蜀入春淹泊峡中辄露鄙音》诗）

45. 鸡髀 tsɿ⁵¹pi³³ 鸡腿；鹅髀 ŋau²¹pi³³ 鹅腿。

髀[pi³³]，《广韵》：傍礼切。髀股。《说文》：股也。

苟取成章，贵在悦目，龙首豕足，随时之义；牛头马髀，强相附会。（《金楼子》卷四）

马：头为王，欲得方；目为丞相，欲得光；脊为将军，欲得强；腹胁为城郭，欲得张；四下为令，欲得长。凡相马之法，先除“三羸”“五驽”，乃相其余。大头小颈，一羸；弱脊大腹，二羸；小胫大蹄，三羸。大头缓耳，一驽；长颈不折，二驽；短上长下，三驽；大骼短胁，四驽；浅髋薄髀……（《齐民要术》卷六）

是时秦之诸军皆溃散，惟慕容垂所将三万人独全。却说秦王坚奔走淮北，淮北饥甚，又无粮草，百姓进壶飧豚髀供给。（《东西晋演义》第二六一回）

于是每将出征，必令公预卜吉凶，上亦烧羊髀骨以符之。（《国朝文类》卷五十七）

46. 鸟子窦 tiɤɯ⁵⁵lə⁵⁵tɤɯ³³ 鸟窝；狗窦 kɤɯ⁵⁵tɤɯ³³ 狗窝；鸡窦 tsɿ⁵¹tɤɯ³³ 鸡窝。

窦[tɤɯ³³]，《广韵》：田候切。《集韵》：大透切，音豆。《说文》：空也。《礼·月合》：穿窦窖。注：入地隋曰窦。又凿垣为孔曰窦。《左传·襄十年》：王叔之宰曰：荜门圭窦之人。注：窦，穿壁为小户。又穴也。《礼·礼运》：礼义者，顺人情之大窦。注：窦，孔穴。又水道也。梅花土话读阳上。

寅闭郭门。踰而从公。公如死鸟。析朱鉏宵从窦出。徒行从公。（《春秋左氏传·昭公二十年》）

穴下齐小堂，上高二尺三寸，下广二尺五寸，上如猪**窦**状。(《睡虎地秦墓竹简·封诊式》)

嗟乎子羽，何异牢槛之熊、深阱之虎、石间饥蟹，**窦**中之鼠？（《全晋文》卷八十）

简王尊贵，壮丽有加，始筑两宫，开四门，穿北城，累石为**窦**，通池流于城中，造鱼池、钓台、戏马之观。(《水经注》卷十一)

其种人部有祭祀，号曰“虫落，”故因取名焉，吴时，将军朱桓，得一婢，每夜卧后，头辄飞去。或从狗**窦**，或从天窗中出入，以耳为翼，将晓，复还。(《搜神记》卷十二)

47. 襀子 $k^{h}ua^{44}lə^{0}$ 扣子；襀子豁牯 $k^{h}ua^{44}lə^{0}xua^{35}kuo^{0}$ 扣眼儿。

襀 $[k^{h}ua^{44}]$，《广韵》：丘愧切。纽也。

心坎儿里踢蹬，肚囊儿里款行，肠**襀**儿里穿芳径。(明·冯惟敏《朝天子·鞋杯》)

第三节

民俗文化词

一　婚嫁

男女到了婚配“年纪[neĩ^{21}tsɿ^{0}]”，家长要请“媒人公[mɤ^{21}n^{0}kie^{51}]”“做媒[tsɤ^{44}mɤ^{21}]”。旧时当地的媒人都是男性。男子娶亲叫“讨□[t^{h}a^{55}nyŋ^{33}]”，女子出嫁叫“嫁女[ku^{44}nyo^{33}]”。

男女见面之前要先“□看八字[niɤ^{35}pi^{35}tsɿ$^{51-55}$]”，看八字“合[xu^{51}]”还是“八字合唔到[pi^{35}tsɿ^{0}xu^{51}m^{0}ta^{44}]”。八字相合则男女约定见面“□看亲[niɤ^{35}ts^{h}i^{51}]”，双方中意，女方及其家人择日到男方家看家境“□看屋[niɤ^{35}uo^{35}]”，也说“□看家[niɤ^{35}ku^{51}]”，满意之后男方择日带着点心、水果、鸡、肉等“上门[ɕiaŋ^{33}mie^{21}]”商量“定亲[tiɤɯ$^{51-44}$ts^{h}i^{51}]”。举行定亲仪式的当天，男方挑着糍粑、猪腿、猪头、猪尾和猪嘴，以及给女方做衣服的布、鞋子和红包等，申请“准事商量举行婚礼的事项[tɕyei^{55}sɿ^{51}]”。

举行婚礼的当天叫作“正日子[tɕiu^{44}n^{51}tsɿ^{0}]”。头一天晚上，男方要到女方家“拜夜门[pi^{44}iu^{51}mie^{21}]”，即男方到女方家吃晚饭、喝酒。女方“哭嫁[xuo^{35}ku^{44}]”，母女边哭边唱，母亲嘱咐女儿到婆家的注意事项，并把大件的“嫁奁[ku^{44}neĩ$^{21-55}$]”送到男方家里。由八字好、儿女双全、长相周正的“全和人[tɕ^{h}yei^{21}xu^{0}n^{21}]”妇女在“洞房[toŋ^{35}xuaŋ^{51}]”坐一会儿，铺铺床，吃点东西，收拾收拾，叫作“暖房[noŋ^{33}xoŋ^{21}]”。

婚礼当天，男方抬着“轿子[tɕiɤɯ^{51}lə^{0}]”“接□□娘接新娘[tsi^{35}sɤ^{44}pə^{0}niaŋ^{21}]”。由两到三位“全和人”担任“□娘婆[tsɿ^{51}niaŋ^{0}pu^{0}]”，负责催着发亲，下轿时扶着新娘。“新郎公[si$^{51-44}$len^{0}kie^{51}]”一早要到女方家吃早饭、喝酒，叫作“拜朝门[pi^{44}tsau^{51}mie^{21}]”，时间到了便“发亲[xuei^{35}ts^{h}i^{51}]”。下轿的时候，旧俗要“割煞气[kɤ^{35}si^{35}ts^{h}ɿ^{44}]”，就是有人把

未杀死的“叫鸡公公鸡”从“□□娘新娘[sɤ^{44}pə^{0}niaŋ^{21}]”头上扔过去，新娘要撑着伞躲开，不让鸡血溅到身上。“拜神拜堂[pi^{44}ɕi$^{21-44}$]之后新郎、新娘边敬酒边认亲，叫作“讲历⁼[ki^{55}li^{51}]”。

“做酒[tsɤ^{44}tsiɤɯ^{55}]”时席位分“上位[ɕiaŋ^{33}ua^{51}]”和“下位[xu^{33}ua^{51}]”。“上位”指方桌对着大门的座位，左手位尊，右手次之；“下位”指与“上位”正对的位置。“上位”由重要客人坐，下位由陪客人的人坐。客人分三类：“祖公客[tsuo^{55}kie^{0}xu^{35}]”包括舅舅、家人和媒人等重要客人；“书子客[ɕyo^{51}tsɿ^{0}xu^{35}]”指平时走动比较勤的亲友，要提前二十天发请帖；“帖子客[tʰi^{35}lə^{0}xu^{35}]”指普通亲友，提前一周发请帖。婚礼结束后，新人“入洞房[n^{21}toŋ^{35}xuaŋ^{51}]”，年轻人“吵洞房闹洞房[tsʰau^{55}toŋ^{35}xuaŋ^{51}]”，喝“交杯酒[kiɤɯ$^{51-44}$pɤ^{51}tsiɤɯ^{55}]”什么的。第三天“归外家回门[kua$^{51-44}$uo^{51}ku^{0}]”。

二　丧葬

当地做“白事[pu^{51}sɿ^{0}]”一直沿用传统旧俗，烧纸钱、磕孝头等。

去世说“死罢咧[sa^{55}pa^{0}lie^{0}]”。小孩夭折说“失罢咧[sɿ^{51}pa^{0}lie^{0}]”。老人去世说“老死罢咧[la^{33}sa^{55}pa^{0}lie^{0}]。寿终正寝说“归寿[kua$^{51-44}$ɕiɤɯ^{51}]”，当地旧俗认为老人年纪太大了去世是喜丧，老人年纪太大还在世会影响后代，导致后代诸事不顺。

亲人去世家属要“赶亲[koŋ^{55}tsʰi^{51}]”，也叫“赶丧[koŋ^{55}soŋ^{51}]”或“报丧[pia^{44}ɕiaŋ^{51}]”。报完丧得“赶起归赶紧回家准备治丧[koŋ^{55}sɿ^{0}kua^{51}]”，在外地的亲人要回家“揿⁼丧奔丧[tɕieĩ^{51}soŋ^{51}]”。

逝者穿好“归寿衣寿衣。由女儿提前准备好，每年拿出来晒[kua$^{51-44}$ɕiɤɯ^{0}a^{51}]”，也叫“装老衣[tsoŋ^{51}la^{33}a^{51}]”、“死人衣[sa^{55}n^{21}a^{51}]”，右手持“桃子棍[ta^{21}lə^{0}kue^{44}]”，左手拿着“冷饭冷饭团[lu^{33}xueĩ^{51}]”，嘴里含着“锞子[kuo^{55}tsɿ^{55}]”，在竹簟上停放二三个小时，叫作“扯地气[tɕʰiu^{55}ta^{51}tsʰɿ^{0}]”。竹簟放在堂屋的地上，男左女右停放。之后“入殓[n$^{51-44}$leĩ^{51}]”，“枋子棺材[poŋ^{51}lə^{0}]”停放在“大族屋族人合盖的房子，集中议事之所，当作灵堂[tu^{51}tɕʰyo$^{51-44}$uo^{35}]”，屋内挂“帐布[tɕiaŋ^{35}pu^{35}]”，就是客人送的六尺长的帐布，过去是帐子，现在是被子、毯子。儿子要“守夜守灵[ɕiɤɯ^{55}iu^{51}]”。

“出门出殡[ɕya^{35}mie^{0}]”时先扣好“枋子扣子扣紧上盖与棺体的扣子[poŋ^{51}lə^{0}kʰɤɯ^{44}lə^{0}]”，再钉一颗“子孙钉子[tsɿ^{55}ɕye^{51}tiɤɯ^{51}lə^{0}]”。“送葬[sie^{44}tsoŋ^{44}]”请外人摔坛子，叫作“打量米□子[ta^{55}liaŋ^{21}mi^{0}ɕyo^{21}lə^{0}]”或“砸量米□[tsu^{51}liaŋ^{51}m^{0}ɕyo^{0}]”；一路点“引路火[i^{33}luo^{51}xu^{55}]”，过去是马灯，现在是手电筒；沿途撒“引路纸纸钱[i^{33}luo^{51}tsɿ^{55}]”，到“祖地坟地[tsuo^{55}ta^{51}]”和“□豁墓穴[tsie^{55}xua^{35}]”安葬。“孝子[ɕiau^{35}tsɿ^{55}]”“孝孙[ɕiau^{35}sen^{44}]”磕头、烧“钱纸纸钱[tsʰeĩ^{21}tsɿ^{55}]”和“灵屋纸扎的房子形的东西[liɤɯ^{21}uo^{35}]”。以后逢春节、清明、八月十五等年节，

子孙前来“挂扫扫墓[kuei^{44}sia^{55}]”。

旧俗“短命鬼不到六十岁去世的人[toŋ^{55}miɤɯ^{0}kua^{55}]”和“□家死罢咧自杀的人[tsuo^{51}ku^{0}sa^{55}pa^{0}lie^{0}]”去世后，遗体不得停放在“大族屋”。自杀者常见的有“水□鬼投水自尽的人[ɕya^{55}tsʰɿ^{0}kua^{55}]”“吊颈鬼上吊自尽的人[tiɤɯ^{44}tɕiu^{55}kua^{55}]”和“食药鬼[iɤ^{51}yo^{51}kua^{55}]”。在外地去世的人只能“路死路埋[luo^{51}sa^{55}luo^{51}mi^{21}]”，遗体不可进村。

三　房屋结构

“屋[uo^{35}]”包括“□阔堂屋[tʰuo^{51}xuo^{0}]”“倒□堂屋后面的房间，多为家里的老人居住[ta^{44}tsʰiɤɯ^{0}]”“杂房在堂屋的后面或旁边，跟厨房连在一起，堆放杂物[tsa^{51}xoŋ^{21}]”“□□间堂屋两侧的离门近的房间[mi^{51}tsʰa^{0}keĩ^{0}]”和“背底间堂屋两侧的离门远的房间[pɤ^{44}ti^{55}keĩ^{0}]”。过去多是“土墙屋墙是夯土做的房子[tʰuo^{55}tsʰiaŋ^{21}uo^{35}]”和“瓦块屋砖墙、瓦顶做的房子[ŋu^{33}kʰuei^{0}uo^{35}]”，现在多是“水泥板屋[ɕya^{55}ni^{0}peĩ^{55}uo^{35}]”。

“起屋[sɿ^{55}uo^{35}]”要先做好“屋脚地基[uo^{35}tɕiɤɯ^{35}]”。屋内支撑大梁的柱子叫“正柱子[tɕiu^{44}tsʰuo^{33}lə^{0}]”，平行的还有三根或五根“檐柱子[ŋeĩ^{21}tsʰuo^{33}lə^{0}]”，辅助正柱子承重，用“柱子墩子柱下石[tsʰuo^{33}lə^{0}tɕye^{51}lə^{0}]”（也叫“脚墩子[tɕiɤɯ^{35}tɕye^{51}lə^{0}]）”固定，再用“垫板柱下石下面垫的木板[teĩ^{51}peĩ^{55}]”嵌在“柱子墩子”上。上“梁树大梁[liaŋ^{21}ɕyo^{0}]”的时候，当地民俗要把铜钱绕着梁捆成一圈，还要杀鸡、放炮；梁树上面还有两根木头，叫作“横梁树[xen$^{51-44}$liaŋ^{21}ɕyo^{0}]”，用来辅助承担“椽皮椽子[tɕʰyeĩ^{21}pa^{21}]”的重量。与“梁树”平行的还有两根或三根横梁，叫作“扯横[tɕʰiu^{55}xen^{0}]”，两头砌在墙里面。

现在的“楼房[lɤɯ^{21}xoŋ^{51}]”一般是三层“楼子楼层[lɤɯ^{21}lə^{0}]”，支撑“楼板[lɤɯ^{21}peĩ^{55}]”的圆柱叫“楼□树[lɤɯ^{21}tɕi^{0}ɕyo^{0}]”。用杉木做“壁[piɤɯ^{35}]”，隔开房间。“楼道[lɤɯ^{51}tau^{35}]”连接几个房间，“通道[tʰoŋ^{44}tau^{35}]可以从前门穿过后门到稻田里。楼顶是“阳台[iaŋ^{51}tʰai^{0}]”，二楼楼板得伸出来，叫作“平沙$^{=}$[pʰiɤɯ$^{21-44}$su^{51}]”，可以遮挡一楼“走廊[tsɤɯ^{55}laŋ^{21}]”的雨；平房避雨只能在“瓦圈底下屋檐下避雨的地方[ŋu^{33}kʰueĩ^{51}ti^{55}xu^{33}]”。不管平房还是楼房，门口都有“□□台阶儿[tʰeĩ^{55}tʰeĩ^{55}]”。

“门[mie^{21}]”一般是“两朵门两扇门[liaŋ^{33}tau^{55}mie^{21}]”。有“正门[tɕiu^{44}mie^{21}]”“背底门后门[pɤ^{44}ti^{0}mie^{21}]”和“□门边门儿[lɤ^{55}mie^{21}]”。门上有“门钉[mie^{21}tiɤɯ^{51}]”“门闩子[mie^{21}ɕyeĩ^{51}lə^{0}]”和“门手圈门上用于挂锁的两个铁环[mie^{21}ɕiɤɯ^{55}kʰueĩ$^{51-55}$]”。

院子有“围墙[ua^{21}tsʰiaŋ^{21}]”，也有临时搭建的“草厂子[tsʰia^{55}tɕʰiaŋ^{55}lɤ$^{-55}$]”。

图 1　屋内结构　道县梅花镇江南村 /2018.5.25/ 周明安　摄

“梁树 [liaŋ^{21}çyo^{0}]” 指大梁，用来承重。“横梁树 [xen$^{51-44}$liaŋ^{21}çyo^{51}]” 在 “梁树” 的上面，用来辅助承 “椽皮椽子 [tɕ^{h}yeĩ^{21}pa^{21}]” 的重量。平行的还有两到三根 “扯横 [tɕ^{h}iu^{55}xen^{0}]”，两头砌在墙里面。

图 2　瓦块屋　道县梅花镇江南村 /2018.5.25/ 周明安　摄

图 3　楼房和石□（□）çiu^{51}kuaŋ^{44}（tɕi^{51}）牌子　道县梅花镇江南村 /2018.5.25/ 周明安　摄

石□（□）牌子 [çiu^{51}kuaŋ^{44}（tɕi^{51}）pi^{21}lə^{0}]：石头做的鸟、兽之类的饰物。

四　农业、生活

油榨[iɤɯ^{21}tsu^{44}]：榨油的器具。

把茶籽、油菜籽、桐籽、芝麻等原料，放在油榨内使压榨出油，剩下的油渣压成饼，称作“枯[xuo^{51}]”。其中，“茶枯[ts^{h}u^{21}xuo^{51}]”是茶籽榨完油之后压成的饼，旧时用来洗衣；也可用撒到田里做肥料、杀虫；放在水里可“痨鱼[nau^{51}ŋuo^{21}]”。

明徐光启《农政全书》卷二三：油榨，取油具也。用坚大四木，各围可五尺，长可丈余。迭作卧枋于地，其上作槽，其下用厚板嵌作底盘，盘上圆凿小沟，下通槽口，以备贮油于器。

图 4　油榨　道县梅花镇江南村 /2017.5.23/ 王婧 摄

风车[xue$^{51-44}$tɕ^{h}iu^{51}]：扇车。

图 5　风车　道县梅花镇江南村 /2017.5.23/ 沈明 摄

由车架、外壳、风扇、喂料斗及调节门等构成。用于清除谷物颗粒中的糠秕，工作时将粮食放进上边的喂料斗，手摇风扇，喂料斗下边就有风吹过，开启调节门，谷物在重力作用下会缓缓落下，密度小的谷壳及轻杂物被风力吹出机外，而密度大而饱满的谷物则直接流出在下边出料口。

宋应星《天工开物》中绘有闭合式的扇车，功能与此相同。这种闭合式的风车，可能产生于西汉晚期，一直沿用至今。

打谷机[tu^{55}kuo^{35}ki^{51}]：使稻穗和谷粒分离的工具。以单脚踩为动力，转动使谷粒从稻穗上脱下来。

图 6　打谷机　道县梅花镇江南村 /2017.5.23/ 沈明 摄

图 7　直钩刀　道县梅花镇江南村 /2017.5.23/ 沈明 摄

直钩刀 [tɕiɤ^{51}kɤɯ$^{51-44}$ta^{51}]：用来劈开或剁断木柴的砍刀。

图 8　钩刀　道县梅花镇江南村 /2017.5.23/ 沈明 摄

钩刀 [kɤɯ$^{51-44}$ta^{51}]：砍柴用的弯刀。

图 9　箩　道县梅花镇江南村 /2018.5.25/ 周明安 摄

箩 [lie^{21}]：用来盛放物品或圈养小动物。

图 10　篷簟　道县梅花镇江南村 /2018.5.25/ 周明安 摄

篷簟 [pie^{21}teĩ^{33}]：用来晒粮食的竹器。

图 11　畚箕　道县梅花镇江南村 /2018.5.25/ 周明安 摄

畚箕 [pie^{55}tɕi^{0}]：用来挑土或其他东西的农具，也可用来运垃圾、粮食等。

图 12　铛柜　道县梅花镇江南村 /2017.5.23/ 沈明 摄

铛柜 [ts^{h}en^{51}k^{h}ua^{51}]：放锅、碗的柜子。又叫“碗柜 [oŋ^{55}k^{h}ua^{51}]”。

图 13　机⁼子棒棒　道县梅花镇江南村 /2018.5.25/ 周明安 摄

机⁼子棒棒 [ki$^{51-44}$lə^{0}poŋ^{44}poŋ^{0}]：洗衣服用的棒槌。也叫"洗衣棒 [si^{55}a^{51}paŋ^{44}]"。

图 14　碓空　道县梅花镇江南村 /2018.5.25/ 周明安 摄

碓空 [tuo^{44}çie$^{51-55}$]：碓臼。用来打糍粑等。

图 15　北瓜花、北瓜藤　道县梅花镇江南村 /2017.5.23/ 沈明 摄

北瓜花 [pɤ^{35}ku$^{51-55}$xu^{51}]：南瓜花；北瓜藤 [pɤ^{35}ku$^{51-55}$tie^{21}]：南瓜藤（图片右下）。均可食。

图 17　排馓　道县梅花镇江南村 /2017.5.23/ 沈明 摄

排馓 [pi^{21}seĩ^{0}]：馓子。小麦面做的一种油炸食品，口感酥香。相传由北方传入多年。

图 16　刀豆　道县梅花镇江南村 /2017.5.23/ 沈明 摄

刀豆 [tia^{51}tɤɯ^{0}]：一种蔬菜。因豆荚的形状像刀，取名刀豆。三月下种，五六月开紫色的花，结豆荚，长约一尺。

图 18　胙肉　道县梅花镇江南村 /2018.5.25/ 周明安 摄

胙肉 [tsa$^{51-44}$u^{0}]：当地一种肉食。精选猪五花肉，加辣椒、八角等作料煮熟，再加陈皮、葱白、生姜、糯米酒腌制，后用茶油炸，吃的时候再蒸。口味咸香辣。

图 19　红瓜骨　道县梅花镇江南村 /2017.5.23/ 沈明 摄

红瓜骨 [ɕie^{21}ku^{51}kua^{35}]：当地一种专用来吃瓜子的瓜类的籽。籽粒饱满，颜色鲜红，晒干可食，味道香美。道州栽培红瓜子在清代《道州志》里已有记载。

第五章　分类词表

说明：

1. 本章第一节收录《中国语言资源调查手册·汉语方言》“调查表”中“叁 词汇”的词条（原表1200词）。第二节收录《汉语方言词语调查条目表》中的词语4000条左右。

2. 每条词目先写汉字，后标读音，估计一般读者较难理解的条目，在音标后加以注释。有些词本身有歧义，或者不止一个义项，注释时分别用圆圈码①②③表示。举例时用“～”复指条目。俗语、谚语等前加三角形△。有的词有新、旧两种读音，在音标后加以说明。

3. 同义词或近义词排在一起。第一条顶格排列，其他各条缩一格另行排列。

4. 条目里可有可无的字和音放在圆括弧里。

5. 有些条目本字不详，写的是同音字。同音字在字的右上角加小等号“＝”表示。写不出字形的用方框“□”代替。

6. 第四章里出现的条目，也收入本章第二节。这些条目在左上角加星号*表示。

第一节

《中国语言资源调查手册·汉语方言》

一　天文地理	六　服饰饮食	十一　动作行为
二　时间方位	七　身体医疗	十二　性质状态
三　植物	八　婚丧信仰	十三　数量
四　动物	九　人品称谓	十四　代副介连词
五　房舍器具	十　农工商文	

一　天文地理

日头 nɤ^{51}tɤɯ^{0} ①太阳；②阳光

月亮 uei^{51}liaŋ^{0}

星子 siɤɯ^{51}lə^{0} 星星

云子 yei$^{21-44}$lə^{0} 云

风 xue^{51}

□□ kuei$^{51-44}$li$^{51-55}$ 闪电

雷公 luo^{21}kie^{0} 雷

雨 u^{33}

落雨 lau^{51}u^{33} 下雨

□ tɕ^{h}yei^{44} 淋（雨）

晒 si^{44}

雪 ɕyei^{35}

冰 pi^{51}

雹 piɤɯ^{51}

霜 soŋ^{51}

雾子 u^{51}lə^{0} 雾

露水 luo^{51}ɕya^{55}

虹 koŋ^{44}

天狗食日头 t^{h}eĩ^{51}kɤɯ^{55}iɤ$^{51-44}$nɤ^{51}tɤɯ^{0} 日食

天狗食月亮 t^{h}eĩ^{51}kɤɯ^{55}iɤ$^{51-44}$uei^{51}liaŋ^{0} 月食

天时 t‘eĩ^{51}sɿ^{0} 天气

　天气 t^{h}ian^{44}tɕ^{h}i^{35}

晴 ts^{h}iɤɯ^{21}

阴 i^{51}

旱 xeĩ^{33}

没罢咧 ma^{35}pa^{0}lie^{-55} ①涝了；②淹

　□罢咧 ts^{h}a^{51}pa^{0}lie^{0}

天亮 tʰeĩ$^{55-44}$liaŋ^{51}

水田 ɕya^{55}teĩ^{21}

旱地 xeĩ$^{33-55}$ta^{51}

□头 i$^{21-44}$tɤɯ^{0} 田埂

路 luo^{51}

岭 liɤɯ^{33} 山

岭□牯 liɤɯ$^{33-55}$lua^{35}kuo^{0} 岭和岭之间低凹的地方；山谷

岭坳坳 liɤɯ^{33}ŋau^{35}ŋau^{0}

□ ɕi^{51} 河

□牯 ki^{55}kuo^{55} 溪；水沟

水圳牯 ɕya^{55}tɕyei^{0}kuo^{0} 水沟

塘 toŋ^{21} 池塘

水凼牯 ɕya^{55}tie$^{51-44}$kuo^{0} 水坑

大水 tʰai^{44}ɕya^{55}

洪水 xue^{51}ɕya^{55}

□面 ɕi$^{51-44}$meĩ$^{51-55}$ 河岸

□ ɕiɤ^{33}

坝 pa^{51} 河中拦水的建筑物

地震 ti^{35}tsen^{35}

豁牯 xua^{35}kuo^{55} 窟窿；孔

坼 tsʰu^{35} 缝儿

石□□ ɕiu^{51}kuaŋ^{44}tɕi^{51} 石头

土 tʰuo^{55}

湿泥巴巴 ɕi^{33}ni^{21}pa$^{51-44}$pa$^{51-55}$ 泥

水泥 ɕya^{55}ni^{21}

沙子 su^{51}lə^{0}

砖子 tɕyeĩ^{51}lə^{0} 砖

瓦块 ŋu^{33}kʰuei^{44} 瓦

煤 mɤ^{21}

煤油 mɤ$^{21-44}$iɤɯ^{21}

炭 tʰeĩ^{44}

灰 xuo^{51}

灰□ xuo$^{51-44}$sie^{51} 灰尘

火 xu^{55}

烟 ŋeĩ^{51}

失火 sɿ$^{51-44}$xu^{55}

水 ɕya^{55}

□水 kie^{44}ɕya^{55} 凉水

□水 pa^{35}ɕya^{55} 热水

沸水 pa^{35}ɕya^{55} 开水

磁铁 tsʰɿ^{35}tʰie^{0}

二　时间方位

时候 sɿ^{21}xɤɯ^{0}

□□时候 ŋ^{55}ŋɤ^{55}sɿ^{21}xɤɯ^{0} 什么时候：尔你～来？

□□ xa^{33}ti^{35} 现在

以前 i^{55}tɕʰian^{51}

以后 i^{55}xɤɯ^{35}

一世人 i$^{35-44}$sɿ^{44}n^{21} 一辈子

今年 tsɿ$^{51-44}$neĩ$^{21-55}$

□年 nu^{21}neĩ^{0} 明年

后年 xɤɯ^{33}neĩ$^{21-55}$

旧年 tɕiɤɯ^{51}neĩ^{21} ①去年；②往年

前年 tsʰeĩ^{21}neĩ^{0}

年初 nian^{51}tsʰu^{44}

年底 neĩ^{21}ti^{55}

□工 tsoŋ^{51}kie^{0} 今天

□□ tʰoŋ^{51}koŋ^{35} 明天

□晡 xoŋ^{33}pu$^{51-55}$ 后天

上□晡 ɕiaŋ^{51}m^{0}pu^{0} 大后天

昨夜 tsʰa^{21}iu^{0} 昨天

前□晡工 tsʰeĩ^{21}m^{0}pu^{0}kie^{51} 前天

上前□晡工 ɕiaŋ^{51}tsʰeĩ^{21}m^{0}pu^{0}kie^{51} 大前天

工工kie$^{51-44}$kie^{0}每天

清早时tsʰiɤɯ^{51}tsia^{55}sɿ$^{21-55}$早晨

早时tsia^{55}isɿ$^{21-55}$上午

*正晡□tɕiu^{44}pu$^{51-44}$la^{0}中午

*晡□pu^{51}la^{0}下午

□□pie^{51}lu^{0}白天

当黑toŋ$^{51-44}$xɤ^{35}傍晚

乌□□u$^{51-44}$ɕiu^{55}la^{0}

黑夜xɤ^{35}iu$^{51-55}$夜晚（从天黑到天亮的一段时间）

半夜□poŋ^{44}iu$^{51-44}$la^{51}半夜

正月tɕiu^{51}uei^{0}当地民俗正月里不可洗被子，过十五后才可理发

大年初一tu^{51}neĩ^{21}tsʰuo^{51}i^{35}当地民俗放大炮，吃糯米粑粑。这天不可扫地，也不生火做饭，午饭后才可以挑水

元时节ueĩ^{21}sɿ^{0}tsi^{0}元宵节。农历正月十五。当地民俗这天要吃糍粑，并把所有年货吃完。有“元宵元宵一起消”之说

清□tsʰiɤɯ$^{51-44}$mi$^{21-55}$清明。当地民俗这天要杀鹅或者杀鸡，拿着水果、点心、酒等前往墓地祭扫

端午节toŋ^{51}n^{33}tsi^{0}农历五月初五。当地民俗要吃“□ɕyo^{51}畚”，用自制的“浑药水”煮鸡蛋、洗澡，据说可以祛痱

七月十五tsʰa$^{35-44}$uei^{0}ɕiɤ^{51}n^{0}农历七月十五

八月半pi$^{35-44}$uei$^{51-55}$poŋ^{44}农历八月十五。当地民俗要在家里烧纸祭祀祖先，放鞭炮，吃糍粑，近年来也吃月饼

冬至tie$^{51-44}$tsɿ$^{44-55}$

□月晡=tɕiaŋ^{51}uei^{0}pu^{0}腊月

三十su^{51}sɿ^{0}除夕。当地民俗早上去扫墓，要烧纸、放鞭炮。回家后打扫屋子。中午在家吃便饭，晚饭很隆重，要有鸡、鱼、豆腐等。晚上十点左右接灶神。嫁出去的女儿这天不得在娘家过夜

过年ku^{44}neĩ^{21}

历本书liɤɯ$^{51-44}$pie^{55}ɕyo^{51}历书

农历noŋ^{51}li^{0}阴历

阳历iaŋ^{51}li^{0}公历

星期天ɕin^{44}kʰi^{0}tʰian^{44}

地牯ta^{51}kuo^{0}地方：尔你是□□什么[ŋ^{55}ŋɤ^{55}]～□个[ta^{0}]人？

□□□牯ŋ^{55}ŋɤ^{55}tuo^{51}kuo^{0}什么地方

□埠a^{35}pu^{-55}家

城埠ɕiu^{21}pu^{-55}城里

城市tsʰen^{51}sɿ^{0}

村公tɕʰye$^{51-44}$kie$^{51-55}$乡村

高头kia$^{51-44}$tɤɯ$^{21-55}$上面

底下ti^{55}xu$^{33-55}$下面

左半公tsau^{55}poŋ^{44}kie^{0}左边

右半公iɤɯ^{51}poŋ^{44}kie^{0}右边

中心tɕiaŋ$^{51-44}$si$^{51-55}$中间

□□mi^{51}tsʰa^{0}①前面；②跟前儿

背底pɤ^{44}ti^{55}①后面；②背后

尾工ma^{33}kie$^{51-55}$末尾

对门tuo^{44}mie$^{21-55}$对面

□□mi^{51}tsʰa^{0}面前

背底pɤ^{44}ti^{55}背后

□紧poŋ^{35}tɕi^{0}里面

门后mie^{21}xɤɯ^{0}①外面；②野外

旁边poŋ^{21}peĩ^{0}

高头kia$^{51-44}$tɤɯ$^{21-55}$

底下ti^{55}xu$^{33-55}$

面 meĩ^{51} 边儿

角子 kiɤɯ^{35}lɤ$^{-55}$ 角儿

上去 ɕiaŋ^{33}xuo^{44}

下去 xu^{33}xuo^{44}

入去 n^{51}xuo^{44} 进去

出来 ɕya^{35}la$^{21-55}$

出去 ɕya^{35}xuo^{44}

归来 kua^{51}la^{0} 回来

起来 sɿ^{55}la$^{21-55}$

三　植物

树子 ɕyo^{51}lə^{0} ①树；②树干

木头 n^{51}tɤɯ^{0}

□树 tɕ^{h}yei^{21}ɕyo^{0} 松树

柏树 pu^{35}ɕyo^{51}

杉树 su^{51}ɕyo^{0}

柳树 liɤɯ^{33}ɕyo^{51}

竹 tsɿ^{35}

笋 ɕyei^{55} 竹笋

叶子 i^{51}lə^{0}

花 xu^{51}

花□□ xu^{51}puo^{44}puo^{44} 花蕾

梅花 mɤ$^{21-44}$xu^{51}

牡丹 mɤɯ^{35}tan^{44}

荷花 xuo$^{21-44}$xu^{51}

草 ts^{h}ia^{55}

藤 tie^{21}

刺 ts^{h}a^{44}

苹果 p^{h}in^{51}kuo^{55}

桃子 ta^{21}lə^{0}

梨子 la^{21}lə^{0}

李子 la^{33}lɤ$^{-55}$

橘子 kua^{35}lɤ$^{-55}$

柚子 iɤɯ^{35}tsɿ^{55}

*椑子 pa^{51}lə^{0} 柿子

石榴 ɕiu^{51}liɤɯ^{0}

枣子 tsia^{55}lɤ$^{-55}$

板栗 peĩ^{55}la^{51}

甘蔗 koŋ$^{51-44}$tɕyo$^{51-55}$

菌子 ki^{33}lɤ$^{-55}$ ①蘑菇；②香菇

禾 u^{21} 稻（指植物）

米 mi^{33} ①稻米（指籽实）；②白米（经过舂碾的米）

禾架草 u^{21}ku^{0}ts^{h}ia^{55} 稻草

*细麦 si^{44}mu$^{51-55}$ 小麦

细麦稿 si^{44}mu$^{51-55}$kia^{55} 小麦秸秆

粟米 syo^{35}mi$^{33-55}$ 小米

高粱 kia$^{51-44}$liaŋ$^{21-55}$

玉米 nyo^{51}mi^{33}

□□ pɤ^{44}tɤ^{55} 棉花

油菜 iɤɯ^{21}ts^{h}i^{0}

麻□ mu^{21}tɤ^{44} 芝麻

日头花 nɤ^{51}tɤɯ^{0}xu^{51} 向日葵

蚕豆 ts^{h}aŋ^{51}tɤɯ^{0}

冬豆 tie^{51}tɤɯ^{0} 豌豆

花生 xua^{44}sen^{44}

黄豆 xoŋ^{21}tɤɯ^{0}

　豆子 tɤɯ^{51}lə^{0}

绿豆 lyo^{51}tɤɯ^{0}

长豆公 ts^{h}oŋ^{21}tɤɯ$^{51-44}$kie^{0} 豇豆

大白菜 t^{h}ai^{44}pu^{51}ts^{h}i^{0} 大白菜

四月白菜 sa^{44}uei^{0}pu^{51}ts^{h}i^{0} 卷心菜（叶子卷成球状的）

菠菜 puo^{44}ts^{h}ai^{35}

芹菜 kʰin^{51}tsʰai^{0}

莴笋 uo^{44}sen^{55}

韭菜 tɕiɤɯ^{35}tsʰi^{0}

芫荽 yan^{51}ɕy^{0}

葱 tsʰie^{51}

蒜 soŋ^{44}

姜 tɕiaŋ^{51}

洋葱 iaŋ^{21}tsʰie^{51}

辣子 li^{51}tə^{0} 辣椒

茄子 tɕiɤɯ^{21}lə^{0}

西红柿 si^{44}xoŋ^{0}sɿ^{35}

萝卜 lau$^{21-44}$pu^{0}

胡萝卜 xu$^{21-44}$lau$^{21-44}$pu^{0}

黄瓜 xoŋ^{21}ku^{0}

□□ loŋ^{51}tsa^{0} 丝瓜

北瓜 pɤ^{35}ku$^{51-55}$ 南瓜

荠菇 tsɿ$^{21-44}$kuo^{0} 荸荠

番薯 xueĩ^{51}ɕyo^{0} 白薯

马铃薯 ma^{55}lin^{0}su^{55}

芋薯 u^{51}ɕyo^{0} 芋头

藕 ŋɤɯ^{55}

四 动物

虎 xuo^{55}

猴子 xɤɯ$^{21-44}$lə^{0}

蛇 ɕiu^{21}

鼠公婆 ɕyo^{55}kie^{0}pu^{0} ①老鼠（也说“老鼠公 la^{33}ɕyo^{0}kie^{51}”）；②指结实的肱二头肌，动起来像老鼠跑来跑去

盐老鼠 ŋeĩ^{21}la^{33}ɕyo^{55} 蝙蝠

鸟子 tiɤɯ^{55}lɤ$^{-55}$ 鸟儿

□□婆 u$^{51-44}$tʰie^{0}pu^{0} 麻雀

□树□□ u^{51}ɕyo^{0}kʰuei^{44}kʰuei^{44} 喜鹊

鸽子 ku^{35}lɤ$^{-55}$

□□ tɕʰiɤ^{35}kʰueĩ^{55} 翅膀

爪子 tsau^{55}lɤ$^{-55}$

尾公 ma^{33}kie$^{51-55}$ 尾巴

窦 tɤɯ^{55}（声调特殊）

　*鸟子窦 tiɤɯ^{55}lə$^{-55}$tɤɯ^{55} 鸟窝

□□婆 li$^{21-44}$li^{0}pu$^{21-55}$ 虫子

飞蛾蛾 xuei^{44}ŋau^{21}ŋau^{0} ①灯蛾；②蝴蝶

□公婆 iaŋ$^{21-44}$kie^{0}pu^{0} 蜻蜓

糖蜜蜂 toŋ^{21}ma^{51}pie^{0} 蜜蜂

蜜蜂糖 ma^{51}pie^{0}toŋ^{21} 蜂蜜

□□□ tɕi^{35}yo^{51}sɿ^{51} 蝉

蚁子 nɤ^{33}lɤ$^{-55}$ 蚂蚁

粪婆公 xueĩ^{44}pu^{0}kie^{51} 蚯蚓

蚕□ tsʰaŋ^{51}sɿ^{0} 蚕

□□网 puo^{33}sɿ^{0}uaŋ^{55} 蜘蛛

*□子 ma^{35}tɤ^{55} ①苍蝇；②蚊子

狗蚤 kɤɯ^{55}tsia^{55} 跳蚤

虱婆 sa^{35}pu$^{21-55}$ 虱子

鱼 ŋuo^{21}

鲤鱼 la^{33}ŋuo^{21}

红鲢 ɕie^{21}leĩ^{21} 胖头鱼

鲫鱼 tsi^{35}ŋuo$^{21-55}$

鳖 pi^{35}

鱼鳞架皮 ŋuo^{21}li^{0}ku^{0}pa^{0} 鱼鳞

虾公 xu$^{51-44}$kie$^{51-55}$ 虾

螃蟹 pʰaŋ$^{51-44}$xai^{55}

蚂子 kuei^{55}lɤ$^{-55}$ 青蛙

癞皮□蚂 lai^{35}pʰi^{0}ma^{0}kuai^{55} 癞蛤蟆（蟾蜍）

马 mu^{33}

牛 ŋɤɯ^{21}

*牯子 kuo^{55}lɤ$^{-55}$ 公牛

婆子 pu^{21}lə^{0} 母牛

放牛 poŋ^{44}ŋɤɯ^{21}

羊 iaŋ^{21} 山羊（当地没有绵羊）

猪 tɕyo^{51}

猪郎公 tɕyo$^{51-44}$leĩ^{0}kie^{51} 种公猪

公猪 kie^{51}tɕyo^{51}

母猪 mɤ^{33}tɕyo^{51} 未生育的

奶猪 ni^{33}tɕyo^{51} 猪崽

猪围子 tɕyo^{51}ua^{21}lə^{0} 猪圈

养猪 iaŋ^{33}tɕyo^{51}

咪猫 mi^{55}niau^{55} 猫

公咪猫 kie^{51}mi^{0}niau^{55} 公猫

母咪猫 mɤ^{33}mi^{0}niau^{55} 母猫

狗 kɤɯ^{55}

公狗 kie^{51}kɤɯ^{55}

母狗 mɤ^{33}kɤɯ^{55}

吼 xɤɯ^{35} 叫

兔子 t^{h}uo^{44}lɤ$^{-55}$

鸡 tsɿ^{51}

鸡公 tsɿ$^{51-44}$kie$^{51-55}$ 公鸡

鸡婆 tsɿ$^{51-44}$pu$^{21-55}$ 下过蛋的母鸡

吼 xɤɯ^{35} 叫

下 u^{51} 下（蛋）

　下卵 u^{51}loŋ^{33} 下蛋

菢 pia^{51} 孵：～鸡崽子

鸭 u^{35}

鹅 ŋau^{21}

劁 ts^{h}iɤɯ^{51}

　阉 ŋeĩ^{51}

喂 ua^{44}

杀猪 si$^{35-44}$tɕyo^{51}

□ p^{h}u^{44} 杀

五　房舍器具

村子 tɕ^{h}yei^{51}lə^{0} 村庄

街路 ki^{51}luo^{0} 街道

起屋 sɿ^{55}uo^{35} 盖房子

　盖屋 kɤ^{44}uo^{35}

屋 uo^{35} ①住宅；②（整座）房子

房间 xoŋ^{21}keĩ^{51} 堂屋两侧的房间，用来做卧室

*□阔 t^{h}uo^{51}xuo^{0} 堂屋

茅屋 mia^{21}uo^{35}

伙房 xu^{55}xoŋ^{21} 厨房

灶 tsia^{44}

*镬子 ue^{51}lə^{0} 锅

饭镬子 xueĩ^{51}ue^{51}lə^{0} 饭锅

*铛 ts^{h}en^{51} 炒菜锅

茅厕 mia^{21}tsɿ^{0} 厕所

扯片 tɕ^{h}iu^{55}p^{h}eĩ^{44} 椽子

　椽皮 tɕ^{h}yeĩ^{21}pa^{21}

柱子 ts^{h}uo^{33}lɤ$^{-55}$

大门 t^{h}ai^{44}mie^{21}/tu^{51}mie^{21}

门□ mie$^{21-44}$ts^{h}eĩ^{0} 门槛儿

窗子 soŋ^{51}lə^{0} ①窗子；②窗台

梯 t^{h}i^{51} 可移动的

扫杆 sia^{55}koŋ$^{51-55}$ 扫帚

扫屋 sia^{55}uo^{35} 扫地

污屎 uo$^{51-44}$sɿ^{55} 垃圾

□□ uaŋ^{51}ki^{0} ①东西；②家具

*□ tuo^{21} 床

头□ tɤɯ^{21}k^{h}uen^{44} 枕头

被 pa^{33} 被子

被絮 pa^{33}syo^{44} 棉絮；棉被的胎

单被 teĩ^{51}pa^{33} 床单

垫被 teĩ^{51}pa^{33} 褥子

席 ts^{h}iɤɯ^{51} 草席

帐子 tɕiaŋ^{44}lɤ$^{-55}$

台子 ti^{21}lə^{0} ①桌子；②引申为酒席

柜 k^{h}ua^{51} 柜子

扯箱 tɕ^{h}iu^{55}siaŋ^{51} 抽屉

椅子凳 i^{55}lə$^{-55}$tie^{44} 椅子

凳 tie^{44} 凳子

马桶 mu^{33}t^{h}ie^{55}

菜刀 ts^{h}i^{44}ta^{51}

□手 pu^{21}ɕiɤɯ^{55} 瓢（舀水用的）

缸空 koŋ$^{51-44}$ɕie$^{51-55}$ 缸

□ ɕyo^{51}lə^{0} 坛子

瓶子 p^{h}in^{51}tsɿ^{0}

盖子 kɤ^{44}lɤ$^{-55}$

碗 oŋ^{55}

筷子 k^{h}uei^{44}lɤ$^{-55}$

调羹 t^{h}iau^{51}ken^{44} 汤匙（瓷的，小的）

*樵 ts^{h}iɤɯ^{21} 柴

自来火 tsɿ^{35}lə^{0}xuo^{0} 火柴

锁 sau^{55}

锁匙 sau^{55}tsɿ$^{21-55}$ 钥匙

沸水壶子 pa$^{51-44}$ɕya^{55}xuo^{21}lə^{0} 暖水瓶

面盆 meĩ^{51}pie^{21} 脸盆

洗面水 si^{55}meĩ^{51}ɕya^{55} 洗脸水

帕子 p^{h}u^{44}lɤ$^{-55}$ 毛巾

手帕 ɕiɤɯ^{55}p^{h}u^{44} 手绢

肥皂 xuei^{51}tsau^{44}

梳 suo^{51} 梳子

针 tɕi^{51}

剪刀 tseĩ^{55}ta$^{51-55}$ 剪子

蜡烛 lu^{51}tɕyo^{0}

电筒 tian^{35}t^{h}oŋ^{0} 手电筒

伞 seĩ^{55}

单车 teĩ^{51}tɕ^{h}iu^{0} 自行车

六 服饰饮食

衣 a^{51} 衣服

*着 tsau^{35} 穿（衣服）

脱 t^{h}ɤ^{35} 脱（衣服）

结 ka^{35} 系

衫衣 su^{51}a^{51} 衬衫

背心 pei^{35}ɕin^{0} ①坎肩；②针织圆领衫

毛衣 mia^{21}a^{51}

□□子 kue$^{51-44}$ɕi^{51}lə^{0} 棉衣

衣袖 a^{51}ts^{h}iɤɯ^{0} 袖子

袋牯 ti^{51}kuo^{0} 兜儿（衣服上的）

*裈 kue^{51} 裤子

*短短裈 toŋ^{55}toŋ^{0}kue^{51} 短裤

*裈脚 kue^{51}tɕiɤɯ^{0} 裤腿

帽子 mia^{51}lə^{0}

鞋子 ɕi^{21}lə^{0}

袜 uei^{51} 袜子

围颈帕子 ua$^{21-44}$tɕiu^{0}p^{h}u^{44}lə^{0} 围巾

围子 ua$^{21-44}$lə^{0} 围裙

垫屎帕子 teĩ^{51}sɿ^{0}p^{h}u^{44}lə^{0} 尿布

*襻子 k^{h}ua^{44}lɤ$^{-55}$ 扣子

扣 k^{h}ɤɯ^{44}

戒指 ki^{44}tsɿ^{55}

手圈 ɕiɤɯ^{55}k^{h}ueĩ$^{51-55}$ 镯子

剃脑牯 t^{h}i^{44}na^{55}kuo^{55} 理发

梳脑牯 suo^{51}na^{55}kuo^{55} 梳头

饭 xueĩ^{51} 米饭

*糜饭 ma$^{21-44}$xueĩ^{51} 粥；稀饭

面粉子 meĩ^{51}xue^{55}lɤ$^{-55}$ 面粉

面 meĩ^{51} ①面条儿；②挂面（线状的干面条儿）；③切面（机制的面条儿）

粉 xue^{55} 面儿

馒头 man^{35}t^{h}ɤɯ^{0}

包子 piɤɯ^{51}tsɿ^{0}

饺子 tɕiau^{55}tsɿ^{0} ①饺子；②馄饨

心 si^{51} 馅儿

油条 iɤɯ^{51}t^{h}iau^{51}

豆浆 tɤɯ^{51}tsiaŋ^{51}

豆腐脑子 tɤɯ^{51}xu^{0}na^{55}lə^{0} 豆腐脑儿

汤餈 t^{h}oŋ^{51}ts^{h}a^{21} 汤圆（湿粉团搓成的，有馅儿）

角公餈 kiɤɯ^{35}kie^{0}ts^{h}a^{21} 端午节吃的一种糍粑。糯米粉或米粉做的，花生或绿豆做馅儿，用“餈叶”包起来，像粽子

点心 tian^{55}sin^{0}

菜 ts^{h}i^{44}

旱菜 xeĩ$^{33-55}$ts^{h}i^{44} 干菜

豆腐 tɤɯ^{51}xu^{0}

猪血 tɕyo^{51}xuei^{35}

猪爪子 tɕyo^{51}tsau^{55}lɤ$^{-55}$ 猪蹄儿

猪舌头 tɕyo^{51}i$^{51-44}$tɤɯ^{0}

猪肝 tɕyo^{51}koŋ^{51}

杂碎 tsa$^{51-44}$suei$^{51-55}$ 下水（猪、牛、羊等的内脏）

*鸡卵 tsɿ^{51}loŋ^{33} 鸡蛋

猪油 tɕyo^{51}iɤɯ^{21}

香油 ɕiaŋ^{51}iɤɯ^{21}

酱油 tɕiaŋ^{35}iɤɯ^{51}

盐 ŋeĩ^{21}

醋 ts^{h}uo^{44}

烟 ŋeĩ^{51} 香烟

旱烟 xoŋ^{51}ŋeĩ^{51}

白酒 pu^{51}tsiɤɯ^{55}

酒糟皮 tsiɤɯ^{55}tsia$^{51-44}$pa^{21} 酒糟

茶 ts^{h}u^{21}

泡 p^{h}iɤɯ^{44} 沏（茶）

冰棒 pin^{44}paŋ^{44}

煮饭 tɕyo^{55}xueĩ^{51} 做饭

煮菜 tɕyo^{55}ts^{h}i^{44} 做菜

煮 tɕyo^{55}

煎 tseĩ^{51}

□pa^{35} 炸

蒸 tɕi^{51}

揉 niɤɯ^{21}

擀 koŋ^{55}

*食朝 iɤ$^{51-44}$tsau^{51} 吃早饭

*食晡 iɤ$^{51-44}$pu^{51} 吃午饭

*食夜 iɤ$^{51-44}$iu^{51} 吃晚饭

食 iɤ^{51} ①吃；②抽（烟）

□tɕ^{h}yei^{35} 喝；饮

盛 ɕiu^{21} ～饭

夹 ki^{35} ～菜

空⁼ɕie^{51} 倒；斟（酒）

*旱 xeĩ^{33} ①渴；②（粥）稠

饿 ŋau^{51}

哽 kie^{51} 噎

七 身体医疗

脑牯 na$^{55-44}$kuo^{55} 头

头发 tɤɯ^{21}xue^{0}

辮头 peĩ^{51}tɤɯ^{0} 辫子

旋 tɕ^{h}yeĩ^{51}

脑□心 na^{55}mə^{0}si^{51} 额头

样子 iaŋ^{51}（l>ŋ）ə^{0} 样貌

面 meĩ^{51} 脸

眼睛 niɤ^{33}tɕiɤɯ$^{51-55}$

眼睛珠子 niɤ^{33}tɕiɤɯ^{0}tɕyo^{51}lə^{0} 眼珠

眼子水 nɤ^{33}lə^{0}ɕya^{55} 眼泪

眼子毛 nɤ^{33}lə^{0}mia^{21} ①眉毛；②睫毛

耳□ niɤ^{33}ka^{55} 耳朵

鼻头 pa^{51}tɤɯ^{0} 鼻子

鼻头屎 pa^{51}tɤɯ^{0}sɿ^{55} 鼻涕

□ ɕyei^{55} ①擤（鼻涕）；②吸溜（鼻涕）

嘴公 tɕyo^{55}kie$^{51-55}$ 嘴巴

嘴公皮子 tɕyo^{55}kie^{0}pa^{21}lə^{0} 嘴唇

口水 xɤɯ^{55}ɕya^{55} 口水

舌头 i^{51}tɤɯ^{0}

牙齿 ŋu^{21}tsʰu^{0}

下嘴巴 xu^{33}tɕyo^{55}pa^{51} 下巴

胡子 u^{21}lə^{0}

颈骨 tɕiu^{55}kua$^{35-55}$ 脖子

喉子 xɤɯ$^{21-44}$lə^{0} 喉咙

□□□ pɤ^{35}kə^{0}nɤɯ^{51} 肩膀

手 ɕiɤɯ^{55} ①手；②胳膊

左手 tsau^{55}ɕiɤɯ^{55}

右手 iɤɯ^{51}ɕiɤɯ^{55}

锤子 tɕʰya^{21}lə^{0} 拳头

手粒粒 ɕiɤɯ^{55}la^{0}la$^{35-55}$ 手指

大手埠粒粒 tu^{51}ɕiɤɯ^{55}pu^{0}la^{0}la^{-55}/tʰai^{44}ɕiɤɯ^{55}pu^{0}la^{0}la^{0} 大拇指

二手埠粒粒 nɤ^{51}ɕiɤɯ^{55}pu^{0}la^{0}la^{-55} 食指

三手埠粒粒 su^{51}ɕiɤɯ^{55}pu^{0}la^{0}la^{0} 中指

四手埠粒粒 sa^{44}ɕiɤɯ^{55}pu^{0}la^{0}la^{0} 无名指

尾手埠粒粒 ma^{33}ɕiɤɯ^{55}pu^{0}la^{0}la^{-55} 小指

　五手埠粒粒 n^{33}ɕiɤɯ^{55}pu^{0}la^{0}la^{0}

　碎手埠粒粒 ɕyo^{44}ɕiɤɯ^{55}pu^{0}la^{0}la^{0}

甲子 ku^{35}lɤ$^{-55}$ 指甲

脚 tɕiɤɯ^{35} ①脚；②腿

□□□ saŋ^{35}kə^{0}nɤɯ^{51} 膝盖

背背 pɤ^{44}pɤ$^{44-55}$ 脊背

肚子 tuo^{33}lə^{0}

□筋豁 pu^{35}tɕi$^{51-44}$xua^{35} 肚脐眼儿

奶奶 nie^{55}nie^{55} ①乳房；②奶汁

□股 ɕi^{44}kuo^{55} ①屁股；②屁股蛋儿

□股豁 ɕi^{44}kuo^{0}xua^{35} 肛门

鸟子 tiɤɯ^{55}lɤ^{55} ①鸡巴（男阴）；②鸡鸡（小男孩儿的阴部）

　鸟鸟 tiau^{55}tiau^{55} ①鸡巴（男阴）；②鸡鸡（小男孩儿的阴部）

屄子 pʰi^{33}lɤ$^{-55}$ 女阴

压 ia^{44} 交合

　□ niu^{51}

水 ɕya^{55} 精液

来月经 la^{21}ye$^{51-44}$kin^{0}

下□ u^{51}ka^{55} 拉屎；解大便

下尿 u^{51}niau^{35} 撒尿；解小便

放屁 pʰoŋ^{44}pʰa^{44}

□□□□个 niu^{51}tiau^{51}lə^{0}mu$^{51-44}$kə^{0} 骂人话，他妈的

病紧咧 piɤɯ^{51}tɕi^{0}lie^{0} 病了

弄冷罢咧 ŋɤɯ^{51}lu^{33}pa^{0}lie^{55} 着凉了

咳嗽 kʰɤ^{35}sɿ^{44}

发烧 xua$^{51-44}$ɕiau^{44}

　发赖 xua$^{51-44}$lai^{35}

发抖 xua$^{51-44}$tɤɯ^{55}

肚子疾 tuo^{33}lə^{0}tsʰa^{51} 肚子疼

泻肚子 siɤɯ^{44}tuo^{33}lə^{0} 拉肚子

打摆子 ta^{55}pi^{55}lɤ$^{-55}$ 发疟子（患疟疾）

起痧 sɿ^{55}su^{51} 中暑

肿 tɕi^{55} 肿了

□□ koŋ^{44}tsɿ^{35} 化脓

疤子 pu^{51}lə^{0} 疤

癣 ɕyan^{55}

□ tɕiɤ^{44} 痣

□□ puo^{44}luo^{44} 疙瘩

□□□ pu^{55}ta^{0}tɕ^{h}ya^{44} 狐臭

□病 niɤ^{35}piɤɯ^{51} 看病

号脉 xa^{51}mɤ^{51}

扎针 tsa^{51}tsen^{44} 针灸

打针 ta^{55}tɕi^{51}

打吊针 ta^{55}tiɤɯ^{44}tɕi^{55}

食药 iɤ$^{51-44}$iɤɯ^{51} 吃药

汤药 t^{h}oŋ^{51}iɤɯ^{0}

病轻罢咧 piɤɯ$^{51-44}$tɕ^{h}iu^{51}pa^{0}lie^{0} 病轻了

病枯罢咧 piɤɯ^{51}xuo^{51}pa^{0}lie^{0}

八　婚丧信仰

*做媒 tsɤ^{44}mɤ^{21}

*媒人公 mɤ^{21}n^{0}kie^{51} 媒人。旧时当地的媒人为男性

*□亲 niɤ^{35}ts^{h}i^{51} 相亲

*订婚 tiɤɯ^{44}xue^{51}

*定亲 tiɤɯ$^{51-44}$ts^{h}i^{51}

*嫁奁 ku^{44}neĩ$^{21-55}$ 嫁妆

*结婚 tɕi^{35}xue^{51}

*讨□ t^{h}a^{55}nyŋ^{33} 娶妻

*嫁出去 ku^{44}ɕya$^{35-44}$xuo^{0} 出嫁

*拜神 $^{=}$pi^{44}ɕi^{21} 拜堂

*新郎公 si$^{51-44}$nə^{0}kie^{51} 新郎

*□□娘 sɤ^{44}pə^{0}niaŋ^{21} 新娘

大肚子 t^{h}ai^{44}tuo^{33}lə^{0} 孕妇

挂肚子 kuei^{44}tuo^{33}lə^{0} 怀孕

养 iaŋ^{33} 分娩

落 lau^{51} 流产

双母胎 soŋ$^{51-44}$m^{0}t^{h}i^{51} 双胞胎

坐月婆 ts^{h}au^{33}ye^{35}pu^{0} 坐月子

食奶 iɤ^{51}ni^{33} 吃奶

断奶 toŋ^{33}ni^{33}

满月 moŋ^{33}uei^{35}

生日 sen^{51}i^{0}

做生日 tsɤ^{44}sen^{51}i^{0} 过生日

过寿 ku^{44}ɕiɤɯ^{51} 祝寿

*死 sa^{55}

*死罢咧 sa^{55}pa^{0}lie^{0} 死（统称）

*归寿 kua$^{51-44}$ɕiɤɯ^{51} 老人寿终正寝

*□家死罢咧 tsuo^{51}ku^{0}sa^{55}pa^{0}lie^{-55} 自杀

断气 toŋ^{33}ts^{h}ɿ^{44}

*入殓 n$^{51-44}$neĩ^{51}

*枋子 poŋ^{51}lə^{0} 棺材

*出门 ɕya^{35}mie^{21} 出殡

灵牌 liɤɯ^{21}pi^{21} 牌位

*祖 tsuo^{55} 坟

*挂扫 kuei^{44}sia^{55} 扫墓

*钱纸 ts^{h}eĩ^{21}tsɿ^{55} 纸钱

天子公 t^{h}eĩ^{51}lə^{0}kie$^{51-55}$ 老天爷

菩萨 p^{h}u^{51}sa^{0}

观音娘娘 kuan^{44}in^{0}niaŋ^{51}niaŋ^{0}

灶公灶婆 tsia^{44}kie^{0}tsia^{44}pu^{35} 灶王。当地的灶王分男女（“婆”声调特殊）

灶公婆婆 tsia^{44}kie^{0}pu^{21}pu$^{21-55}$

庙 miɤɯ^{51}

神堂 ɕi$^{21-44}$toŋ^{21} 祠堂

和尚公 u^{21}ɕiaŋ^{0}kie^{51} 和尚

尼姑 ni$^{51-44}$ku^{44}

道士 ta^{33}sɿ^{44} ①出家的道教徒；②火居的道教徒

算命 soŋ^{44}miɤɯ^{51}

运气 yei^{51}ts^{h}ɿ^{0}

保 pia^{55} 保佑

九　人品称谓

人 n^{21}

男个 nu$^{21-44}$kə^{0} 男人

女个 nyo$^{33-55}$kɤ$^{-55}$ 女人

单手公 teĩ$^{51-44}$ɕiɤɯ^{0}kie^{51} 单身汉

老女个 la^{33}nyo^{33}kɤ$^{-55}$ 老姑娘

　老姑婆 la^{33}kuo^{0}pu$^{21-55}$ 老姑娘

毛毛弟子 mia^{21}mia^{0}li^{33}tə^{0} 婴儿

碎□□ ɕyo^{44}kə^{0}tə^{0} 小孩儿

男碎□□ nu^{21}ɕyo^{44}kə^{0}tə^{0} 小男孩儿

女碎□□ nyo$^{33-55}$ɕyo^{44}kə^{0}tə^{0} 小女孩儿

[illegible]家 la^{33}t^{h}en^{0}ku^{0} 老头儿

　亲戚 ts^{h}i^{51}tɕ^{h}iɤɯ^{0}

　亲□家 ts^{h}i^{51}nə^{0}ku^{0}

朋友 pie^{21}iɤɯ^{33}

隔壁 ku^{35}piɤɯ^{35} 邻居

客 xu^{35} 客人

百姓 pu$^{35-44}$siɤɯ$^{44-55}$

　百姓牯子 pu^{35}siɤɯ^{0}kuo^{55}lə^{0} 农民

（老）百姓（la^{33}）pu$^{35-44}$siɤɯ^{44} 农民

商人人 ɕiaŋ$^{51-44}$n^{0}ni^{21} 商人

　做生意个人 tsɤ^{44}sen$^{51-44}$i^{0}kə^{0}n^{21}

手艺人 ɕiɤɯ^{55}ni^{0}n^{21}

砌墙师傅 tɕ^{h}yei^{44}ts^{h}iaŋ^{21}sɿ^{0}xu^{0} 泥瓦匠

　瓦匠工 ŋu^{33}ts^{h}iaŋ^{0}kie^{51} 瓦匠（砌墙、抹墙的）

木匠 n^{51}ts^{h}iaŋ^{33} 木匠

衣匠工 a^{51}ts^{h}iaŋ^{0}kie^{51} 裁缝

剃脑牯师傅 t^{h}i^{44}na^{55}kuo^{0}sɿ^{0}xu^{0} 理发师

大师傅 tu^{51}sɿ^{0}xu^{0} 掌勺的主厨

　厨头师傅 ts^{h}uo^{21}tɤɯ^{0}sɿ^{51}xu^{0} 厨师

师傅 sɿ^{51}xu^{0}

徒弟 tuo^{21}ti^{33} 学徒

□子公 mi^{51}lə^{0}kie^{51} 乞丐

婊子婆 piɤɯ^{55}tsɿ^{0}pu^{0} 婊子（妓女）

流氓 liɤɯ^{51}maŋ^{51}

贼□□ ts^{h}ɤ$^{51-44}$kə^{0}nɤɯ^{51} ①强盗；②贼

瞎子 ɕi^{35}lɤ$^{-55}$ 盲人

聋子 lie^{21}lə^{0} 聋人

哑子 u^{55}lɤ$^{-55}$ 哑巴

驼子公 tau^{21}lə^{0}kie^{51} 驼子

□子 k^{h}uei^{35}lɤ$^{-55}$ 瘸子

　跰子公 pi^{51}lə^{0}kie^{51}

癫子 teĩ^{51}lə^{0} 疯子

梦⁼□公 mie^{51}tɕ^{h}iaŋ^{0}kie^{51} ①傻子；②笨蛋

公公 kie$^{51-55}$kie$^{51-55}$ 祖父

妈妈 ma^{55}ma^{55} 祖母

□公 tɤ^{35}kie$^{51-55}$ 外祖父

□婆 tɤ^{35}pu$^{21-55}$ 外祖母

公子□ kie^{51}lə^{0}nau^{33} 父母

公子 kie^{51}lə^{0} 父亲（背称）

　爹爹 tie$^{51-55}$tie$^{51-55}$ 父亲（背称）

母母 m$^{33-55}$mɤ$^{33-55}$ 母亲（背称）

爹爹 tie$^{51-55}$tie$^{51-55}$ 父亲（面称）

母母 m$^{33-55}$mɤ$^{33-55}$ 母亲（面称）

继爷 tsɿ^{44}iu$^{21-55}$ 继父

继□ tsɿ^{44}nau^{33} 继母

外家爷 uo^{51}ku^{0}iu^{21} 岳父

外家□ uo^{51}ku^{0}nau^{33} 岳母

男个公子 nu^{21}kə^{0}kie^{51}lə^{0} 公公（背称）

男个□ nu^{21}kə^{0}nau^{33} 婆婆（背称）

□□ pɤ^{55}ie^{55} 伯父

□□ pɤ^{55}pɤ^{55} 伯母

叔子 ɕiɤɯ^{35}lɤ$^{-55}$ 叔叔

　□□ ie^{35}ie$^{35-55}$ 叔父

满⁼□ maŋ^{51}ie^{35} 最小的叔父

叔母 ɕiɤɯ^{35}mɤ$^{33-55}$

娘娘 niaŋ$^{21-55}$niaŋ$^{21-55}$ 姑母

姑丈 kuo^{51}ts^{h}oŋ^{33} 姑父

舅舅 tɕiɤɯ^{33}tɕiɤɯ^{33}

舅母 tɕiɤɯ^{33}mɤ$^{33-55}$

姨娘 i^{21}niaŋ^{0} 姨妈

姨丈 i^{21}ts^{h}oŋ^{33} 姨父

兄弟 ɕiu^{51}li^{33}

　兄兄弟弟 ɕiu^{51}ɕiu^{0}li^{33}li^{0} 兄弟（合称）

姊妹 tsa^{55}mɤ^{51}

　姊姊妹妹 tsa^{55}tsa^{55}mɤ^{51}mə^{0} 姐妹（合称）

哥哥 kuo^{44}kuo^{44}

嫂嫂 sia^{55}sia^{55} 嫂子

弟□ li$^{33-55}$kɤɯ^{55} 弟弟

　弟子 li^{33}lə^{0}/ li^{33}lɤ$^{-55}$

弟□嫂 li^{33}pə^{0}sia^{55} 弟媳

姊姊 tsa^{55}tsa^{55} 姐姐

姊婿 tsa^{55}si^{44} 姐夫

妹妹 mɤ^{51}mə^{0}

幺妹婿 iɤɯ$^{51-44}$mɤ$^{51-44}$si^{0} 妹夫

兄嫂 ɕiu^{51}sia^{55} 妯娌

崽 tsɤ^{55} 儿子

□□ sɤ^{44}pɤ$^{-55}$ 儿媳

女 nyo$^{33-55}$ 女儿

女婿 nyo^{33}si^{44} 女婿

孙崽 ɕye^{51}tsɤ^{55} 孙子

重孙崽 ts^{h}ie^{21}ɕye^{51}tsɤ^{55} 重孙子

孙崽 ɕye^{51}tsɤ^{55} 侄子

外甥 uo^{51}sen^{0} 外甥（姐妹之子）

外甥 uo^{51}sen^{0} 外孙（女儿之子）

两公婆 liaŋ^{33}kie^{0}pu^{0} 夫妻（合称）

侬 noŋ^{21} 丈夫

□ nyŋ$^{33-55}$ 妻子

名字 miɤɯ^{51}tsɿ^{0}

外号 uai^{35}xau^{35}

做事 tsɤ^{44}sɿ^{51}

事 sɿ^{51}

十　农工商文

*莳田 ɕiɤ^{51}teĩ^{21} 插秧

割禾 kɤ^{35}u^{21} 割稻子

种菜 tɕiaŋ^{44}ts^{h}i^{44}

犁 li^{21}

锄头 ts^{h}uo^{21}tɤɯ^{0}

草镰刀 ts^{h}ia^{55}leĩ^{21}ta^{51} 镰刀

把子 pu^{55}lɤ^{55} 把儿

扁子担皮 peĩ^{55}lə^{0}toŋ^{44}pa^{0} 扁担

*笼 lie$^{21-55}$ 箩筐

筛子 si^{51}lə^{0}

簸箕 pau$^{51-44}$tsɿ^{0} 盛粮食用的，方形，开口

鸡公车子 tsɿ$^{51-44}$kie$^{51-55}$tɕ^{h}iu^{51}lə^{0} 独轮车

滚子 kue^{55}lɤ$^{-55}$ 轮子

碓 tuo^{44} 舂米用具，用来打糍粑等

*碓空 tuo^{44}ɕie$^{51-55}$ 臼

磨子 mau^{51}lə^{0} 石磨

收成 ɕiɤɯ^{51}ɕiu^{21}

斧头 pu^{35}tɤɯ$^{21-55}$

夹子 ki^{35}lɤ$^{-55}$ 钳子

螺螺刀 lau^{21}lau^{0}ta^{51} 螺丝刀

锤子 tɕ^{h}ya^{21}lə^{0} 钉锤

钉子 tiɤɯ^{51}lə^{0}

*索子 sau^{35}lə^{0} 绳子

棍子 kue^{44}lɤ$^{-55}$

做生意 tsɤ^{44}sen^{44}i^{-55}

商店 ɕiaŋ^{51}tian^{44}

饭馆 xueĩ^{51}koŋ^{55}

旅馆 ly^{55}koŋ^{55}

　旅店 ly^{55}tian^{35}

贵 kua^{44}

　贵重 kua^{44}ts^{h}ie^{33}

便□ paŋ^{21}ŋeĩ^{0}（价钱）便宜

合算 xu^{51}soŋ^{44}

打折 ta^{55}tsɤ^{51}

贴本 t^{h}i^{35}pie^{55} 亏本

钱 ts^{h}eĩ^{21}

零钱 liɤɯ^{21}ts^{h}eĩ^{0}

毫子 xa^{21}lə^{0} 硬币

本钱 pie^{55}ts^{h}eĩ^{0}

工钱 kie^{51}ts^{h}eĩ^{0}

路费钱 luo^{51}xua^{0}ts^{h}eĩ^{0}

花 xu^{51}

赚 tɕ^{h}yeĩ^{33}

□ ts^{h}ie^{44} 挣

差 tɕ^{h}iu^{44} 欠：～尔你三元钱；～五角十元（九元五角）

算盘 soŋ^{44}poŋ$^{21-55}$

秤 tɕ^{h}i^{44}

称 tɕ^{h}i^{51}

赶闹子 koŋ^{55}lau^{35}tsɿ^{0} 赶集

闹子 lau^{35}tsɿ^{0} 集市

书园埠 ɕyo$^{51-44}$ueĩ^{21}pu^{0} 学校

教室 tɕiau^{35}sɿ^{0}

去读书 xuo^{44}tuo^{51}ɕyo^{44} 上学

放学 poŋ^{44}ɕiɤɯ^{51}

考试 k^{h}ia^{55}sɿ^{0}

书袋牯 ɕyo$^{51-44}$ti^{51}kuo^{0} 书包

本子 pie^{55}lɤ$^{-55}$

铅笔 tɕ^{h}ian^{44}pi^{51}

水笔 ɕya^{55}pa^{0} 钢笔

　钢笔 kaŋ^{44}pi^{0}

圆子笔 yan^{51}tsɿ^{0}pi^{0} 圆珠笔

毛笔 mia^{21}pa^{35}

墨水 mɤ^{51}ɕya^{55} 墨汁（毛笔用的）

磨盘 mau^{51}poŋ^{21} 砚台

信 si^{44}

碎画书 ɕyo^{44}xu^{51}ɕyo^{51} 连环画

蒙模子 moŋ^{21}mau$^{51-44}$tsɿ^{0} 捉迷藏

　蒙瞎子 moŋ^{21}ɕi^{35}lə^{0} 捉迷藏

跳索子 t^{h}iɤɯ^{44}sau^{35}lɤ$^{-55}$ 跳绳

*鞠 tɕiɤɯ^{21} 毽子

风筝 xoŋ^{44}tsen^{44}

耍狮子 ɕya^{55}sɿ^{51}lə^{0} 舞狮子

炮仗 p^{h}iɤɯ^{44}soŋ$^{33-55}$ 鞭炮、二踢脚等的统称

唱歌 tɕ^{h}iaŋ^{44}ku^{51}

唱戏 tc^{h}iaŋ^{44}sɿ^{44}

锣 nau^{21}

二胡 ɤ^{35}xu^{0}

笛子 tiɤɯ^{51}lə^{0}

猜谜 tsʰi^{51}mɤ^{21} 划拳（喝酒时）

走棋 tsɿ^{55}tsɿ^{21} 下棋

打牌 ta^{55}pi^{21}

打麻将 ta^{55}ma^{51}tɕiaŋ^{35}

变魔术 pian^{35}muo^{51}su^{0}

讲故事 ki^{55}ku^{35}sɿ^{0}

讲古□ ki^{55}kuo^{55}uen^{55} 猜谜儿

　猜古□ tsʰi^{51}kuo^{55}uen^{55} 猜谜语

讲□ ki^{55}tɕiu^{51} 玩儿

坐台 tsʰau^{33}ti^{0} 串门儿

走亲戚 tsɿ^{55}tsʰi^{51}tɕʰiɤɯ^{0}

十一　动作行为

□ niɤ^{35} 看

听 tʰiɤɯ^{44}

□ mie^{33}（用鼻子）闻

□ ɕyei^{35} 吸

□ kuei^{44} 睁

眯 ma^{51} 闭

眨 tsu^{51}

□ pu^{35} 张（嘴）

眯 ma^{51} 闭（嘴）

□ ŋa^{21} 咬

嚼 tsʰiɤɯ^{51}

□ kie^{51} 咽

□ liɤɯ^{33} 舔

含 xoŋ^{21}

打啵 ta^{55}puo^{51} 亲吻

□ ɕyei^{35} 吮吸

吐 tʰuo^{44} 呕吐

打□扯 ta^{55}xai^{51}tɕʰiu^{0} 打喷嚏

□ nɤ^{55} 拿

分 pie^{51} 给

摸 moŋ^{51}

□ tɕʰieĩ^{51} 伸

抓 tsau^{55} 挠

掐 ɕi^{35}

□ tɕiɤɯ^{35} 拧

捻 neĩ^{55}

掰 pie^{51}

剥 piɤɯ^{35}

拉 la^{44} 撕

□ ua^{35} 折

扯 tɕʰiu^{55} 拔

摘 tsu^{35}

徛 tsɿ^{33} 站

笪 tsʰiu^{44} 倚

□ tɕi^{51} 蹲

坐 tsʰau^{33}

跳 tʰiɤɯ^{44}

迈 mi^{51}

□ tsʰa^{51} 踩

□ tɤɯ^{51} 翘

勾 kɤɯ^{51} 弯

直 tɕiɤ^{51} 挺

仆 pʰu^{35} 趴

□ moŋ^{51} 爬

走 tsɿ^{55}

*□ kʰuei^{35} 跑

逃 tʰau^{51}

追 tɕya^{51}

□ tsia^{35} 抓

抱 pu^{44}

背 pa^{51}

□tie^{21} 搀；扶

推 t^{h}uo^{51}

□ta^{51} 摔

撞 ts^{h}oŋ^{51}

挡 toŋ^{55}

躲 tau^{55}（人）藏（起来）

□tɕiɤɯ^{51} 藏（东西）

□k^{h}au^{51} 搁；放：～得台上高头

□tuo^{51} 摞

*屏 piɤɯ^{55} ①埋；②藏（东西）

　□lau^{51}

盖 kɤ^{44}

压 ŋa^{35}

□tɕieĩ^{51} 摁；按

捅 toŋ^{51}（声调特殊）

插 tɕ^{h}i^{35}

戳 tau^{35}

　□puo^{51}

剁 tau^{44} ①砍；②剁

削 sio^{51}

拆 ts^{h}u^{35} 裂

皱 tsɿ^{55}（声调特殊）

霉烂 mɤ^{51}leĩ^{0} 腐烂

抹 moŋ^{51} 擦

倒 ta^{44}

□kiau^{35} 扔

□ta^{51} 掉

落 lau^{51} 滴

*失 sɿ^{51} 丢

□ti^{51} 找

□ts^{h}i^{44} 拣

□ŋɤɯ^{51} 提

□uo^{35} 挑；担

□nia^{21} 扛

抬 ti^{21}

举 ɕyo^{44}

撑 ts^{h}en^{44}

□k^{h}uei^{51} 撬

选 ɕyeĩ^{55} 选择

收拾 ɕiɤɯ^{51}sɿ^{0}

□ti^{35} 挽

□koŋ^{44} 涮

洗 si^{44}

捞 lau^{51}

絛 ta^{21} 拴

结 ka^{35} 捆

解 ki^{55}

移 i^{21} 挪

捧 p^{h}ie^{55} 端

□tɕ^{h}iaŋ^{51} 掺：～水

烧 ɕiɤɯ^{51}

拆 ts^{h}u^{35}

转 tɕyeĩ^{55}

捶 tɕ^{h}ya^{21}

打 ta^{55}

打锤子 ta^{55}tɕ^{h}ya$^{21-44}$lə^{0} 打架

息□sɿ^{35}pɤ^{35} 休息；歇一会儿

打□□ta^{55}xuo^{44}ɕi^{0} 打哈欠

□眼皮 tɕyei^{35}nɤ^{33}pa$^{21-55}$ 眨眼；打瞌睡

困 xue^{44} 睡

扯鼻架 tɕ^{h}iu^{55}pa^{51}ku^{44} 打呼噜

得梦 tɤ^{35}mie^{51} 做梦

起□sɿ^{55}tuo^{21} 起床

漱口 su^{44}k^{h}ɤɯ^{55}

洗浴 si^{55}yo^{51} 洗澡

思 sɤ^{51} 想

思 sɤ^{51} 想；打算

记紧 tsɿ^{44}tɕi^{0} 记得

□□罢 mɤ^{51}xu^{0}pa^{0} 忘记

记唔起咧 tsɿ^{44}m^{0}sɿ^{55}lie^{0}

*恐 ɕi^{55} 害怕

信 si^{44} 相信

忧愁 iɤɯ^{35}ts^{h}ɤɯ^{44} 发愁

小心 ɕiau^{55}sin^{44}

欢喜 xoŋ^{51}sɿ^{0} ①喜欢；②高兴

讨嫌 t^{h}au^{55}ɕieĩ^{21} 讨厌

安逸 ŋan^{44}ian^{55} 舒服（“逸”韵母特殊）

难受 neĩ^{51}ɕiɤɯ^{33}

难过 neĩ$^{51-44}$ku$^{44-55}$

起气 sɿ^{55}ts^{h}ɿ^{44} 生气

怪 kuei^{44} 责怪

后悔 xɤɯ^{33}xuei^{55}

眼红 nɤ^{33}ɕie^{21} 忌妒

怕丑 p^{h}a^{44}tɕiɤɯ^{55} 害羞

□□ p^{h}ɤ^{35}mi^{55} 丢脸

欺负 ts^{h}ɿ^{51}xu^{0}

装 tsoŋ^{51}

疼 ɕie^{21} 疼爱

要 i^{51}

有 xɤɯ^{33}

没得 ma^{33}tɤ$^{-55}$ 没有

是 sɿ^{33}

没是 mɤ$^{33-55}$sɿ^{0} 不是

在 ti^{33}

没在 mɤ$^{33-55}$ti^{33} 不在

*□得 na^{51}tə^{0} 知道；晓得

唔□得 mɤ^{33}na^{51}tə^{0} 不知道

□ na^{51} 懂

唔□ m^{33}na^{51} 不懂

会 uo^{51} 会

没会 mɤ$^{33-55}$uo^{51} 不会

识得 ɕiɤ^{35}tə^{0} 认得；认识

识唔得 ɕiɤ^{35}m^{0}tə^{0} 不认得；不认识

要得 i^{51}tə^{0} ①行；②应该

要唔得 i^{51}mə^{0}tə^{0} 不行

肯 ɕie^{55}

可以 k^{h}uo^{55}i^{0}

□ k^{h}ua^{35} 说

讲 ki^{55}

话 xu^{51}

讲天话 ki^{55}t^{h}eĩ^{51}xu^{51} 聊天儿

□天话 k^{h}ua^{35}t^{h}eĩ^{51}xu^{51}

□ uei^{51} 喊；叫：～□他[tɤ^{51}]来

大声□ tu^{51}ɕiu$^{51-44}$□ uei^{51} 吆喝

哭 xuo^{35}

*斥 ts^{h}u^{51} 骂

闹锤子 nau^{35}tɕ^{h}ya$^{21-44}$lə^{0} 吵架

骗 p^{h}eĩ^{44}

哄 xoŋ^{55} 我～尔你个，没是真个

□ xɤɯ^{35} 骗

骗 p^{h}ian^{35}

谎扯 xoŋ$^{55-44}$tɕ^{h}iu^{55} 撒谎

吹牛皮 tɕ^{h}ya^{51}ŋɤɯ$^{21-44}$pa^{0} 吹牛

□□ kuaŋ^{44}ɕiaŋ^{44} 告诉

谢 ts^{h}iɤɯ^{51} 谢谢

对唔起 tuo^{44}m^{0}sɿ^{55} 对不起

再见 tsai$^{35-44}$tɕian^{35}

十二　性质状态

大 t^{h}ai^{44}

碎 ɕyo^{44} 小

粗 ts^{h}uo^{51}

细 si^{44}

长 ts^{h}oŋ^{21}

短 toŋ^{55}

阔 xuo^{35} ①宽；②宽敞

狭 ɕi^{51} 窄

高 kia^{51}

低 ti^{51}

矮 i^{55}

远 ueĩ^{55}

近 tɕi^{33}

深 ɕi^{51}

浅 ts^{h}eĩ^{55}

清 ts^{h}iɤɯ^{51}

浑 kue^{51}

□ koŋ^{21} 圆

□ pa^{21} 扁

四方 sa^{44}xoŋ^{51} 方

尖 tseĩ^{51}

平 piɤɯ^{21}

肥 xua^{51}

精 tsiɤɯ^{51}（肉）瘦

*肭 na^{35} ①（人）胖；②（肉）肥

*枯 xuo^{51} ①茶籽、花生、菜籽等榨油后剩下的渣，通常压成饼状；②（人）瘦

黑 xɤ^{35}

白 pu^{51}

红 ɕie^{21}

黄 xoŋ^{21}

蓝 lu^{21}

绿 lyo^{51}

紫 tsɿ^{55}

灰 xuo^{51}

多 tau^{51}

少 ɕiɤɯ^{55}

重 ts^{h}ie^{33}

轻 tɕ^{h}iu^{51}

直 tɕiɤ^{51}

陡 tɤɯ^{55}

弯 ueĩ^{51}

笡 ts^{h}iɤɯ^{44} 歪；斜

□ tɕi^{55} 厚

□ iɤ^{51} 薄

　薄 pu^{51}

旱 xeĩ^{33}（粥）稠

清 ts^{h}iɤɯ^{51}（粥）稀

密 pa^{51}

疏 suo^{51} 稀

亮 liaŋ^{51}

黑 xɤ^{35}

□ pa^{35} 热

暖 noŋ^{33}

□ kie^{44} 冷；凉

□ pa^{35} 热

□ kie^{44} 凉

□ xeĩ^{33} 干

湿 ɕi^{33}

爽利 soŋ^{55}la$^{51-55}$ 干净

污屎 uo$^{51-44}$sɿ^{55} 脏（不干净）

利 la^{51}（刀）快

□□样 mie$^{21-44}$sen^{0}iaŋ^{0} 钝

快 k^{h}uei^{44}

慢 meĩ^{51}

早 tsia^{55}

迟 tsʅ^{21} 晚：来～罢咧

快黑咧 k^{h}uei^{44}xɤ^{35}lɛ^{0} 晚

□ xoŋ^{51} 松

紧 tɕi^{55}

容易 yŋ$^{51-44}$i^{35}

难 neĩ^{21}

新 si^{51}

旧 tɕiɤɯ^{51}

老 la^{33}

年轻 neĩ$^{21-44}$tɕ^{h}iu^{51}

嫩 nye^{51} 软

硬 ŋen^{51}

烂 leĩ^{51} ①烂；②破

苦 xuo^{55} 糊

扎实 tsa$^{51-44}$sʅ^{0} 结实

　结实 kie$^{51-44}$sʅ^{0}

□ ɕiau^{35} 富

穷 tɕi^{21}

事多 sʅ$^{51-44}$tau^{51} 忙

闲 ɕian^{51}

苦 k^{h}uo^{55} 累

*疾 ts^{h}a^{51} 疼；痛

痒 iaŋ^{55}

闹□ nau^{51}neĩ^{0} 热闹

熟悉 ɕiɤɯ^{51}sʅ^{0}

生疏 sen^{51}su^{0}

味道 ua^{51}ta^{33}

气味 ts^{h}ʅ^{44}ua^{51}

咸 xu^{21}

淡 tu^{33}

酸 soŋ^{51}

甜 teĩ^{21}

苦 xuo^{55}（味道）苦

辣 li^{51}

新鲜 si$^{51-44}$seĩ$^{51-55}$

香 ɕiaŋ^{51}

臭 tɕ^{h}iɤɯ^{44}

馊 sʅ^{51}

腥 siɤɯ^{51}

□ neĩ^{44} 好：个□[ta^{0}]比□□[pɤ^{44}ta^{0}]～这个比那个好

□ tɕ^{h}ieĩ^{44} 坏（不好）

差 ts^{h}u^{51} 不行；次：人蛮～

对 tuo^{44}

错 ts^{h}au^{35}

漂亮 p^{h}iɤɯ^{44}liaŋ^{44}

　*乖 kuei^{51} 漂亮

□ tɕ^{h}ieĩ^{44} 丑（难看）

勤快 k^{h}in^{51}k^{h}uai^{44}

　急手 tsʅ^{35}ɕiɤɯ^{55}

懒 leĩ^{33}

乖 kuei^{51}

调皮 t^{h}iɤɯ^{44}pa^{21}

本分 pie^{55}xue^{44} 老实

□□ mie^{51}tɕ^{h}iaŋ^{44} 傻；笨

大方 ta^{35}xoŋ^{0}

小气 ɕiau^{55}tɕ^{h}i^{0}

　□□ kian^{35}si^{35} 小气

直 tɕiɤ^{51} 直爽

倔 tɕiɤɯ^{35} 犟

十三　数量

一 i^{44}

二 nɤ^{51}

三 su^{51}

四 sa^{44}

五 n^{33}

六 liɤɯ^{51}

七 ts^{h}a^{35}

八 pi^{35}

九 tɕiɤɯ^{55}

十 sɿ^{51}

二十 n^{51}sɿ^{0}

三十 su^{51}sɿ^{0}

一百 i$^{35-44}$pu^{35}

一千 i$^{35-44}$ts^{h}eĩ^{51}

一万 i$^{35-44}$ueĩ^{51}

一百零五 i$^{35-44}$pu^{35}liɤɯ$^{21-44}$n^{33}

一百五 i$^{35-44}$pu^{35}n^{33} 一百五十

第一 ti$^{35-44}$i^{35}

两两 liaŋ^{33}liaŋ$^{33-55}$ 二两

几粒 tsɿ^{35}la^{35} 几个（“几”声调特殊）

两□ liaŋ$^{33-55}$ta^{44} 两个；俩

三□ su$^{51-44}$ ta^{44} 三个；仨

　三粒 su$^{51-44}$ la^{35}

粒把□ la^{35}pu^{0}tə^{0} 个把

□ ta^{44} 个：一～人

头 tɤɯ^{0} 匹：一～马

头 tɤɯ^{0} 一～牛

头 tɤɯ^{0} 只：一～鸡

只 tsɿ^{44}

头 tɤɯ^{21}

条 tiɤɯ^{21}

条 tiɤɯ^{21} 一～溪：一条河

□ xɤɯ^{55} 张

□ meĩ^{44} 张：一～台子桌子

床 ts^{h}oŋ^{44}

翻$^{=}$xueĩ^{51} 床：一～被

□ tɕyo^{51} 双：一～鞋

　双 soŋ^{51}

把 pu^{55} 一～灯；一～旗；一～枪

□ mɤ^{55} 根：一～香

支 tsɿ^{44}

副 xu^{35} 一～眼镜

面 meĩ^{51}

块 k^{h}uei^{44}

□ k^{h}u^{55} 辆：一～车

座 ts^{h}uo^{51}

□ ku^{55} 座：一～桥

条 tiɤɯ^{21}

蔸 tɤɯ^{51} 棵；条

朵 tau^{55} 一～花

粒 la^{35} 一～米

粒 la^{35} 一～西瓜

顿 i$^{35-44}$tɕye^{44} 一～饭

剂 tsi^{35}

股 ku^{55} 一～香味

路 luo$^{51-44}$ 行：一～字

块 k^{h}uei^{44} 一～钱

角 tɕiɤɯ^{35} 毛：一～钱

样 iaŋ^{51} 件：一～事

　桩 tsoŋ^{44}

点 teĩ^{55} 一～雨

□ sɤ^{35} 些

□ti^{35}下

□ti^{35}会儿：息一～（歇一会儿）

□k^{h}en^{51}顿：斥一～（骂一顿）

□puo^{51}

□puo^{51}阵：一～雨

□k^{h}en^{51}趟：走一～

十四　代副介连词

我iu^{33}

尔n^{33}你；您

□tɤ^{51}他

□yo^{51}我们；咱们

□nɤ^{51}你们

□□tɤ^{51}lə^{0}他们

大族tu^{51}tɕ^{h}yo^{51} ①大家；②同族

□家tsuo^{51}ku^{0}自己

人家n^{21}ku$^{51-55}$别人

□爹爹yo$^{51-44}$tie^{55}tie^{55}我爸

□爹爹nɤ^{51}tie^{55}tie^{55}你爸

□□爹爹tɤ^{51}lə^{0}tie^{55}tie^{55}他爸

□□kɤ^{44}ta^{44}这个

□□pɤ^{44}ta^{44}那个

□□iɤ^{51}ta^{44}哪个

□□iɤ^{51}ta^{44}谁

□□kuei^{55}tɤ^{55}这里

彼□pi^{55}tɤ^{55}那里

□□iɤ^{51}lɤ^{35}哪里

[个样]个kiaŋ^{51}kɤ^{55}这么（高）；这么（做）（[kiaŋ^{51}]是[个样]的合音）

[个样]样kiaŋ$^{51-44}$iaŋ^{0} 那样（[kiaŋ^{51}]是[个样]的合音）

样个iaŋ^{35}kɤ$^{-55}$ ①怎样；②这么

样个iaŋ^{51}kə^{0}怎么

□□ŋ^{55}ŋɤ^{55}什么

为□□ua^{51}ŋ^{55}ŋɤ^{55}为什么

做□□tsɤ^{44}ŋ^{55}ŋɤ^{55}做什么

好多xa^{55}tau^{51}多少（钱）

蛮meĩ^{21}很；非常

更ken^{35}

忒t^{h}ɤ^{35}太

□ti^{35}最

□tsɤ^{55}都

一起i$^{35-44}$ts^{h}ɿ^{55} ①～去；②一共：～才十□[ta^{0}]个人

只tsɿ^{55}

□ki^{35}只；净：～食饭，没咧食菜

□tɕiu^{55}刚

□ɕiu^{51}刚：我～来，没咧赶上

就tɕiɤɯ^{51} ～去｜～来

经常kin^{44}ɕiaŋ^{21}

又i^{51}再

还xa^{21}

也ie^{55}

没mɤ^{33}①没有；②不；③别；甭

快k^{h}uei^{44}

差点ts^{h}u^{44}eĩ^{55}差点儿：～倒紧摔了

□淘pu^{33}ta^{21}故意：～捣乱

白pu^{51}：～去嬲一□[k^{h}en^{51}]白跑了一趟

确定tɕ^{h}yo^{51}tin^{35}肯定

一边i$^{35-44}$pian^{44}

□niu^{51}和：个□[ta^{0}]～彼□[ta^{0}]一样□[neĩ^{44}]这个和那个一样好

□niu^{51}和；跟：我～姊姊一样高

对tuo^{44}尔～我□[neĩ^{44}]好，我就～尔□[neĩ^{44}]好

往 oŋ^{55}

往 oŋ^{55} 向：～东走

依 i^{51} 按

帮 poŋ^{51} 替：□尔～我写封信

□□ uei^{55}çiu^{55} 如果

没管 mɤ^{33}koŋ^{55} 不管

第二节

《汉语方言词语调查条目表》

一　天文	十一　身体	二十一　文体活动
二　地理	十二　疾病　医疗	二十二　动作
三　时令　时间	十三　衣服　穿戴	二十三　位置
四　农业	十四　饮食	二十四　代词等
五　植物	十五　红白大事	二十五　形容词
六　动物	十六　日常生活	二十六　副词　介词等
七　房舍	十七　讼事	二十七　量词
八　器具　用品	十八　交际	二十八　附加成分
九　称谓	十九　商业　交通	二十九　数字等
十　亲属	二十　文化教育	三十　地名读音举例

一　天文

日头地埠nɤ^{51}tɤɯ^{0}ta^{51}pu^{0}太阳地儿（太阳照到的地方）

向日头ɕiaŋ^{44}nɤ^{51}tɤɯ^{0}向阳

避阴pa^{51}i^{51}背阴

　躲阴tau^{55}i^{51}

　阴地埠i^{51}ta^{0}pu^{0}

月亮地埠uei^{51}liaŋ^{0}ta^{51}pu^{0}月亮地儿（月亮照到的地方）

大风t^{h}ai^{44}xue^{51}

碎风ɕyo^{44}xue^{51}小风

旋的刮风tɕ^{h}yeĩ^{51}tə^{0}kua^{0}xue^{51}旋风

顶风tiɤɯ^{55}xue^{51}

顺风ɕyei^{51}xue^{51}

倒跟风ta^{44}kie^{0}xue^{51}逆风

吹风tɕ^{h}ya^{51}xue^{51}刮风

风停罢咧xue^{51}t^{h}in^{51}pa^{0}lie^{0}风停了

黑云子xɤ^{35}yei$^{21-44}$lə^{0}黑云

白云子 pɤ^{51}yei$^{21-44}$lə^{0} 白云

□雷公 xɤɯ^{35}luo^{21}kie^{0} 打雷

　雷公□ luo^{21}kie^{0}xɤɯ^{35}

打罢咧 ta^{55}pa^{0}lie^{0} 被雷打了

碎雨 ɕyo^{44}u^{33} 小雨

毛毛雨 mia^{21}mia^{0}u^{33}

大雨 tʰai^{44}u^{33}

暴雨 pia^{51}u^{0}

连袖雨 leĩ$^{21-44}$tsʰiɤɯ^{0}u^{33} 连阴雨

雷阵雨 luei^{51}tsen^{35}u$^{33-55}$

躲雨 tau^{55}u^{33} 避雨

没落咧 mɤ$^{33-55}$lau^{51}lie^{0} 雨停了

出虹 ɕya^{35}koŋ^{44}

□起虹 $^{=}$li^{35}sɿ^{55}koŋ^{44} 冰锥

起构 sɿ^{55}kɤɯ^{44} 结冰

落雪 lau^{51}ɕyei^{35} 下雪

毛毛雪 mia^{21}mia^{0}ɕyei^{35} 鹅毛雪

米子雪 mi^{33}lə^{0}ɕyei^{35} 雪珠子

雨拌雪 u^{33}poŋ^{51}ɕyei^{35} 雨夹雪

*雪烊罢咧 ɕyei^{35}iaŋ^{51}pa^{0}lie^{0} 雪化了

下露水 xu^{33}luo^{51}ɕya^{0} 下露

打霜 tu^{55}soŋ^{51} 下霜

起雾了 sɿ^{55}u^{51}lə^{0} 下雾

□pa^{35}（天气）热

□kie^{44}（天气）冷

伏子天 xu^{51}tsɿ^{0}tʰeĩ^{51} 伏天

刚入伏 ɕiu^{51}n^{21}xu^{51} ①入伏；②初伏

中心伏子天 tɕiaŋ$^{51-44}$si^{51}xu^{51}tsɿ^{0}tʰeĩ^{51} 中伏

尾伏 ma^{33}xu^{51} 末伏

息子伏 sɿ^{35}tsɿ^{0}xu^{51} 出伏

□罢咧 tsʰa^{51}pa^{0}lie^{0} 涝了

　没罢咧 ma^{35}pa^{0}lie^{0}

二　地理

平子 piɤɯ^{21}lə^{0} 平原

平田 piɤɯ^{21}teĩ^{21} 平的水田

平地 piɤɯ^{21}ta^{51} 平的旱地

菜园 tsʰi^{44}ueĩ^{21}

　菜地 tsʰi^{44}ta^{51}

荒地 xoŋ$^{51-44}$ta^{51}

沙子地 su^{51}lə^{0}ta^{0} 沙土地

陡地 tɤɯ^{55}ta^{51} 坡地

岭地 liɤɯ^{33}ta^{51} 岭上的农业用地

岭半腰骨高头 liɤɯ^{33}poŋ^{44}iɤɯ^{51}kua^{35}kia$^{51-44}$tɤɯ^{0} 岭腰

岭脚 liɤɯ^{33}tɕiɤɯ^{35} 岭脚

岭坳坳夹得个地 liɤɯ^{33}ŋau^{35}ŋau^{0}ki^{35}lə^{0}kə^{0}ta^{51} 岭头上的平地，可以种东西

　岭高头个地 liɤɯ^{33}kia$^{51-44}$tɤɯ^{0}kə^{0}ta^{51}

岭□牯地 liɤɯ^{33}lua^{35}kuo^{0}ta^{51} 两岭之间的平地

岭脑子 liɤɯ^{33}na^{55}lə^{0} 岭坡

岭顶子高头 liɤɯ^{33}tiɤɯ^{55}lə^{0}kia$^{51-44}$tɤɯ^{0} 岭头

陡 tɤɯ^{55} 山上的陡坡

*□ɕi^{51} 河

□埠 ɕi^{51}pu^{0} 河里：到紧～咧掉到河里了

□牯 ki^{55}kuo^{55} 小河沟

水圳沟 ɕya^{55}tɕyei^{44}kɤɯ^{0} 水渠

海 xɤ^{55}

湖 xu^{21}

堤 ti^{21} 沿河或沿海防水的建筑物

*溪面 ɕi^{51}meĩ$^{51-55}$ 河岸

　□ɕiɤ^{33}

*洲子 tɕiɤɯ^{51}lə^{0} 洲（水中陆地）

*浅洲子 tsʰeĩ^{55}tɕiɤɯ^{51}lə^{0} 浅的河滩

清水 tsʰiɤɯ^{51}ɕya^{55}

浑水 xue^{51}ɕya^{55}

雨水 u^{33}ɕya^{55}

涨大水 tɕiaŋ^{55}tʰai^{44}ɕya^{55} 发大水

大洪水 tʰai^{44}xue^{51}ɕya^{55} 洪峰

温子水 ue^{51}lə^{0}ɕya^{55} 温水

大石□（□）tʰai^{44}ɕiu^{51}kuaŋ^{44}（tɕi^{51}）大石块

碎石□（□）ɕyo^{44}ɕiu^{51}kuaŋ^{44}（tɕi^{51}）小石块

石板 ɕiu^{51}peĩ^{55}

*石□（□）牌子 ɕiu^{51}kuaŋ^{44}（tɕi^{51}）pi^{21}lə^{0} 石头做的鸟、兽之类的饰物

□子骨 moŋ^{44}lə^{0}kua^{35} 鹅卵石

沙子土 su^{51}lə^{0}tʰuo^{55} 沙土（含沙很多的土）

土坯 tʰuo^{55}pa$^{51-55}$

坯子 pa^{51}lə^{0}

泥砖 ni^{21}tɕyeĩ^{51} 砖坯（未烧的泥砖）

砖子架子 tɕyeĩ^{51}lə^{0}ku^{44}lə^{0} 砖模子

半截砖 poŋ^{44}tsi^{0}tɕyeĩ^{51}

烂砖 leĩ^{51}tɕyeĩ^{51}

红砖 ɕie^{21}tɕyeĩ^{51}

青砖 tsʰiɤɯ^{51}tɕyeĩ^{51}

蓑瓦 sau^{51}ŋu^{33} 屋顶最外的一层瓦

脊瓦 tsiɤɯ^{35}ŋu^{33}

*笕瓦 tɕieĩ^{55}ŋu^{33} 滴水瓦

线瓦 seĩ^{44}ŋu^{33} 比片瓦厚，有花纹，放在膝盖上用以搓麻成绳

烂瓦 leĩ^{51}ŋu^{33}

旱土 xeĩ^{33}tʰuo^{55} 泥土（干的）

□土 ɕi^{33}tʰuo^{55} 湿土

金 tɕi^{51}

银 ni^{21}

铜 tie^{21}

铁 tʰi^{35}

锡 siɤɯ^{35}

汽油 tsʰɿ^{44}iɤɯ^{21}

石灰 ɕiu^{51}xuo^{51}

玉石 y^{35}sɿ^{0}

市埠 sɿ^{35}pu$^{51-55}$ 市里

城墙 ɕiu^{21}tsʰiaŋ^{21}

壕公圳 xa^{21}kie$^{51-44}$tɕyei^{0} 壕沟

城墙□□ ɕiu^{21}tsʰiaŋ^{21}poŋ^{35}tɕi^{55} 城内

城墙门后 ɕiu^{21}tsʰiaŋ^{21}mie^{21}xɤɯ^{0} 城外

城门 ɕiu$^{21-44}$mie^{21}

岭□牯 liɤɯ^{33}lua^{35}kuo^{55} 山沟（偏僻的山村）

山□蜗子 seĩ^{51}m^{0}kuei^{55}lə^{0} 山沟里的人

家处 kia$^{51-44}$tsʰu^{0} 家乡

大路 tʰai^{44}luo^{51}

碎路 ɕyo^{44}luo^{51} 小路

马路 mu^{33}luo^{51}

三 时令 时间

春上 tɕʰyei^{51}ɕiaŋ^{0} 春天

夏天 ɕia^{35}tʰian^{0}

秋天 tsʰiɤɯ^{51}tʰeĩ^{51}

冬□天 tie^{51}u^{0}tʰeĩ^{51} 冬天

立春 la$^{51-44}$tɕʰyei^{51}

雨水 u^{33}ɕya^{55}

惊蛰 tɕiu$^{51-44}$tsɿ^{51}

春分 tɕʰyei^{51}xue^{51}

清□ tsʰiɤɯ$^{51-44}$mi$^{21-55}$ 清明

谷雨 kuo^{35}u^{33}

立夏 la$^{51-44}$xu^{51}

小满 ɕiau^{55}man^{55}

芒种 moŋ^{21}tɕiaŋ^{0}

夏至 xu^{51}tsɿ^{0}

碎暑 ɕyo^{44}su^{55} 小暑

大暑 tʰai^{44}su^{55}

立秋 la$^{51-44}$tsʰiɤɯ^{51}

处暑 tɕʰyo^{55}tɕʰyo^{55}

白露 pu^{51}luo^{51}

秋分 tsʰiɤɯ$^{51-44}$xue^{51}

寒露 xoŋ^{21}luo^{0}

霜降 soŋ$^{51-44}$koŋ^{44}

立冬 la$^{51-44}$tie^{51}

碎雪 ɕyo^{44}ɕyei^{35} 小雪

大雪 tʰai^{44}ɕyei^{35}

碎寒 ɕyo^{44}xoŋ^{21} 小寒

大寒 tʰai^{44}xoŋ^{21}

送灶公婆婆上天 sie^{44}tsia^{44}kie^{51}pu^{21}pu$^{21-55}$ɕiaŋ^{33}tʰeĩ^{51} 农历腊月二十三送灶王。当地民俗要放炮、烧纸，送茶点和果品

碎年 ɕyo^{44}neĩ^{21} 小年。农历腊月二十四。当地民俗吃家常便饭，有时候加菜

□岁水 uo^{51}ɕyei^{44}ɕya^{55} 年三十下午挑水，初一中午前不能挑水

压岁钱 u^{35}ɕyei^{44}tsʰeĩ^{21}

初二 tsʰuo$^{51-44}$nɤ^{51}

拜年 pi^{44}neĩ^{21}

□餈 xeĩ^{51}tsʰa^{21} 用糯米粉或大米做的食物，用花生或者芝麻做馅儿，用餈叶一种桐树的叶子包起来

餈叶 tsʰa^{21}i^{51} 包糍粑的桐树叶

*头社 tɤɯ^{21}ɕiu^{33} 春社

*二社 nɤ^{51}ɕiu^{33} 秋社

食清□ iɤ^{51}tsʰiɤɯ$^{51-44}$mi$^{21-55}$ 清明后长辈召集整个家族成员聚集到一起，教小辈认祖归宗

□餈 ɕyo^{51}tsʰa^{0} 端午节常吃的一种糍粑。糯米粉或米粉做的，花生或者芝麻做馅儿，用餈叶包起来

角公餈 kiɤɯ^{35}kie^{0}tsʰa^{21} 端午节吃的一种糍粑，用糯米粉或米粉做成，用花生或者绿豆做馅儿，用餈叶包起来，像粽子

把$^{=}$子餈 pu^{55}lə^{0}tsʰa^{21} 纯糯米做的糍粑

□药水 xue^{51}iɤɯ^{0}ɕya^{55} 用艾草、菖蒲等熬成的水，用来洗浴可祛痱

艾子 ŋɤ^{51}tə^{0} 艾草

□□ tɕiaŋ$^{51-44}$poŋ^{55} 菖蒲

鬼时节 kua^{55}sɿ^{21}tsi^{0} 农历七月十四。当地民俗要在家里烧纸，吃角公餈、把$^{=}$子餈

上前年 ɕiaŋ^{51}tsʰeĩ^{21}neĩ^{21} 大前年

大后年 ta^{35}xɤɯ^{33}neĩ^{21}

年年 neĩ^{21}neĩ^{0} 每年

半年 poŋ^{44}neĩ^{21} 年中

上半年 ɕiaŋ^{51}poŋ^{44}neĩ^{21}

下半年 xu^{33}poŋ^{44}neĩ^{21}

一年 i$^{35-44}$neĩ^{21}

□年 ken^{55}neĩ^{21} 整年

闰月 yei^{51}uei^{0}

月初 ye^{51}tsʰu^{44}

半个月 poŋ^{44}kə^{0}uei^{0} 月半

月底 ye^{51}ti^{55}

一个月 i$^{35-44}$kə^{0}uei^{0}

头个月 tɤɯ^{21}kə^{0}uei^{0}

前个月 tsʰeĩ^{21}kə^{0}uei^{0}

上个月 ɕiaŋ^{51}kə^{0}uei^{0}

个个月 kɤ^{44}kə^{0}uei^{0} 这个月

下个月 xu^{33}kə^{0}uei^{0}

一个月 i$^{35-44}$kə^{0}uei^{0} 每个月

□月 ken^{55}uei^{0} 整月

头十工 tɤɯ^{21}sɿ$^{51-44}$kie^{51} 上旬

中心十工 tɕiaŋ$^{51-44}$si^{0}sɿ$^{51-44}$kie^{51} 中旬

背十工 pɤ^{44}sɿ$^{51-44}$kie^{51} 下旬

大个月 tʰai^{44}kə^{0}uei^{0} 大建（农历三十天的月份）

碎个月 ɕyo^{44}kə^{0}uei^{0} 小建（农历二十九天的月份）

第二工 ti^{35}nɤ^{51}kie^{0} 次日

早几工 tsia^{55}tsɿ^{55}kie^{51} 前几天

一□礼拜 i$^{35-44}$ta^{0}li^{51}pai^{35} 一星期

十几工 ɕiɤ^{51}tsɿ^{55}kie^{51} 十多天

清早时 tsʰiɤɯ^{51}tsia^{55}sɿ$^{21-55}$ 清晨（日出前后的一段时间）

一工 i$^{35-44}$kie^{51} ①一天；②整天

□□一天 ken^{55}ken^{0}i$^{35-44}$kie^{51} 整天

　整个工 tɕiu^{55}kə^{0}kie^{51}

　满工 moŋ^{33}kie^{51}

半工 poŋ^{44}kie^{51} 半天

大半工 tu^{51}poŋ^{44}kie^{51} 大半天

当黑 toŋ^{51}xɤ^{35} 黄昏（日落以后星出以前）

上半夜 ɕiaŋ^{51}poŋ^{44}iu^{0}

下半夜 xu^{33}poŋ^{44}iu^{0}

一夜 i$^{35-44}$iu^{0} 整夜

□□一夜 ken^{55}ken^{0}i$^{35-44}$iu^{0} 整整一夜

一工黑夜 i$^{35-44}$kie^{51}xɤ^{35}iu$^{51-55}$ 每天晚上

年月 neĩ^{21}uei^{0} 年份（指某一年）

月份 ye^{51}xuen^{0}

日子 n^{51}tsɿ^{0}

先 seĩ^{51} 先前

尾工 ma^{33}kie$^{51-55}$ 后来

四　农业

开春 xɤ$^{51-44}$tɕʰyei^{51} 春耕

收 ɕiɤɯ^{51} ①夏收；②秋收

整地 tɕiu^{55}ta^{51}

*耙田 pu$^{21-44}$teĩ^{21}

*耙地 pu$^{21-44}$ta^{51}

犁田 li$^{21-44}$teĩ^{21}

犁地 li$^{21-44}$ta^{51}

整秧田 tɕiu^{55}iaŋ^{51}teĩ^{21} 耙完田后将田整平以便浇底肥

下种子 xu^{33}tɕi^{55}tsɿ^{55} 下种

撒种谷 su$^{35-44}$tɕi^{55}kuo^{0} 撒秧

　撒秧谷 su$^{35-44}$iaŋ^{51}kuo^{0}

点细麦 teĩ^{55}si^{44}mu$^{51-55}$ 种小麦

薅草 xa^{51}tsʰia^{55}

　扯草 tɕʰiu^{55}tsʰia^{55}

*禾公蔸子 u^{21}kie^{0}tɤɯ^{51}lə^{0} 稻茬儿

*禾爪子 u^{21}tɕya^{55}lɤ$^{-55}$ 稻穗

割细麦 kɤ^{35}si^{44}mu$^{51-55}$ 割麦

打细麦 ta^{55}si^{44}mu$^{51-55}$ 打场

晒谷坪 sai^{35}ku^{0}pʰin^{51}

锄草 tsʰuo^{21}tsʰia^{55}

挖地 uei^{35}ta^{51}

锹地 tsʰiɤɯ$^{51-44}$ta^{51} 用铁锹翻地，把杂草埋在下面

□土 xoŋ^{51}tʰuo^{55} 松土

杀□ si^{35}li^{21} 杀虫

下肥 xu^{33}xua^{21} 施肥

浇肥 kiɤɯ^{51}xua^{21} 浇稀释过的化肥

肥凼牯 xua^{21}tie^{33}kuo^{0} 粪坑

积肥 tɕi$^{51-44}$xuei^{51}

底肥 ti^{55}xua^{21}

□秽 tsʰi^{44}ua^{51} 拾粪

肥 xua^{21} 各种粪肥的总称

禾草 u^{21}tsʰia^{55} 稻秆

筧架草 tɕieĩ^{55}ku^{44}tsʰia^{55}

牛屎□ ŋɤɯ^{21}sɿ^{0}ka^{51} 牛粪

*牛栏秽 ŋɤɯ^{21}leĩ^{0}ua^{51}

*猪屎秽 tɕyo^{51}sɿ^{0}ua^{51} 猪粪

*猪栏秽 tɕyo^{51}leĩ^{0}ua^{51}

*鸭屎秽 u^{35}sɿ^{0}ua^{51} 鸭粪

*鸡屎污 tsɿ^{51}sɿ^{0}ua^{51} 鸡粪

*大秽 tu^{51}ua^{51} 大粪（人的粪尿）

化肥 xua^{35}xuei^{0}

复合肥 xu^{51}xuo^{0}xuei^{0}

尿素 niau^{35}su^{0}

碳氨 tʰan^{35}ŋan^{44}

浇水 kiɤɯ^{51}ɕya^{55}

赶水 koŋ^{55}ɕya^{55} 往地里灌水

放水 poŋ^{44}ɕya^{55} 把地里的水排出去

□水 uo$^{51-44}$ɕya^{55} 挑水

井 tsiɤɯ^{55}

水桶 ɕya^{55}tʰie^{55} 汲水用的木桶

箍子 kuo^{51}lə^{0} 桶箍

铁梁子 tʰi^{35}liaŋ^{21}lə^{0} 桶钩

井索子 tsiɤɯ^{55}sau$^{35-44}$lə^{0} 井绳

绞棍 kiɤɯ^{55}kue^{44} 辘轳

水车 ɕya^{55}tɕʰiu^{51}

*筧 tɕieĩ^{55} 水车上的水槽

车水 tɕʰiu^{51}ɕya^{55}

马车 mu^{33}tɕʰiu^{51}

马笼 mu^{33}loŋ^{21} 马笼头

马车手 mu^{33}tɕʰiu^{51}ɕiɤɯ^{55} 马笼头手拉的部分，旧时多用竹篾，拉拽时可控制马

马鞍子 mu^{33}n^{51}lə^{0}

板车 peĩ^{55}tɕʰiu^{51}

板车手 peĩ^{55}tɕʰiu^{51}ɕiɤɯ^{55} 板车上用来拉拽的两根杆儿

板车滚子 peĩ^{55}tɕʰiu^{51}kue^{55}lɤ$^{-55}$ 板车轮子

板车架子 peĩ^{55}tɕʰiu^{51}ku^{44}lɤ$^{-55}$ 板车挡板

*篷簟 pie^{21}teĩ^{33} 用来晒粮食的竹器

簟子 teĩ^{33}lə^{0}

*絛牛 ta^{21}ŋɤɯ^{21} 拴牛（又写作“绦牛”“绹牛”）

*牛索子 ŋɤɯ^{21}sau$^{35-44}$lɤ$^{-55}$ 拴牛的绳子

牛轭 ŋɤɯ^{21}ŋa^{51}

架笼头 ku^{44}lie^{21}tɤɯ^{21} 牛笼嘴

桊 kueĩ^{44} 牛鼻桊儿（穿在牛鼻子里的木棍儿或铁环）

死桊 sa^{55}kueĩ^{44} 穿在黄牛和母水牛鼻子上的桊儿，解不开

活桊 xuo^{51}kueĩ^{44} 穿在公水牛鼻子上的桊儿

上架 ɕiaŋ^{51}ku^{44} 犁身

支撑 tsɿ$^{51-44}$tɕʰiaŋ^{51} 犁把

犁拖子 li^{21}tʰau^{51}lə^{0} 犁下方的支撑物，连着铧，木制或铁制

犁□ li^{21}pʰiɤɯ^{51} 犁铧

犁爪公 li^{21}tɕya^{55}kie^{0} 犁尖

耙 pu^{21}

仓 tsʰoŋ^{51} 存放谷物的建筑物。方形或圆形，旧时木制，现在铁制

垛仓 tau^{33}tsʰoŋ^{0} 存放谷物袋的建筑物。先把谷物装进麻袋，再把麻袋一层一层垛起来，越往上麻袋越少

*簟子 teĩ^{33}lə^{0} 用来晒粮食的竹器

篷簟 pie^{21}teĩ^{33}

谷子桶kuo^{35}lə^{0}tʰie^{55}圆形谷桶

*风车xue$^{51-44}$tɕʰiu^{51}

*打谷机tu^{55}kuo^{35}ki^{51}使稻穗和谷物分离的工具。以脚踩为动力，转动使谷粒从稻穗上脱下来

塘砸磙子toŋ^{21}tsu^{0}kue^{55}lɤ$^{-55}$石磙子，用来压平水塘的地面

辘子luo^{51}lə^{0}砻（脱去稻谷外皮的农具）

磨盘mau^{51}poŋ^{21}

磨槽子mau^{51}tsʰia^{21}lə^{0}

上扇ɕiaŋ^{33}seĩ^{44}上磨盘

下扇xu^{33}seĩ^{44}下磨盘

磨钩棍mau^{51}kɤɯ$^{51-44}$kue^{44}磨把儿

磨心mau^{51}si^{51}磨脐儿（磨扇中心的铁轴）

□架pʰia^{51}ku^{0}棕树叶做的扫磨盘的扫帚

围筛ua$^{21-44}$si^{51}筛稻谷用的筛子

米筛mi^{33}si^{51}筛米用的筛子

铜筛tie^{21}si^{51}筛粉末状细物用的筛子

□子棒棒ki^{55}lə^{0}paŋ^{44}paŋ^{0}连枷

碓嘴公tuo^{44}tɕyo^{55}kie$^{51-55}$碓杵

碓爪公tuo^{44}tɕya^{55}kie$^{51-55}$

*油榨iɤɯ^{21}tsu^{44}榨油的器具。旧时木制，现在铁制

刮耙kuei^{35}pu$^{21-55}$四齿钉耙

□斧tɕya^{35}xu^{55}镐（刨硬地用，一头尖形，一头扁小）

草皮锄头tsʰia^{55}pa^{0}tsʰuo^{21}tɤɯ^{0}锄草用的锄头，略薄略宽

铡刀tsa^{51}tau^{44}

锉镰刀tsʰau^{44}leĩ^{21}ta^{51}割稻子用的镰刀

草镰刀tsʰia^{55}leĩ^{21}ta^{51}割草用的镰刀

樵镰刀tsʰiɤɯ^{21}leĩ^{21}ta^{51}砍柴用的镰刀，又长又宽

二口刀nɤ^{51}kʰɤɯ^{55}ta^{51}一种镰刀，比“草镰刀”要厚一点，比“樵镰刀”薄一点，用来砍柴、割草

*钩刀kɤɯ$^{51-44}$ta^{51}砍柴用的弯刀

*直钩刀tɕiɤ^{51}kɤɯ$^{51-44}$ta^{51}用来劈开或剁断木柴的砍刀

铁锹tʰi^{35}tsʰiɤɯ^{51}铁锨（口是平的）

敞锹ɕiaŋ^{55}tsʰiɤɯ^{51}铁锨（口是弧形的）

簸箕pau^{44}tsɿ^{0}簸粮食用的簸箕，方形，开口

*畚箕pie^{55}tɕi^{0}用来挑土等东西的农具，也可用来运垃圾、粮食等

污屎拖子uo$^{51-44}$sɿ^{55}tʰau$^{51-44}$lə^{0}撮垃圾用的簸箕

粪箕pie^{44}tsɿ^{0}用来运垃圾、拾粪、背草等的农具

粪箕耳子pie^{44}tsɿ^{0}niɤ^{33}lə^{0}粪箕上供手提的绳子

篓子lɤɯ^{55}lə^{0}

扁子担皮爪公peĩ^{55}lə^{0}toŋ^{44}pa^{0}tɕya^{55}kie^{0}扁担两端系绳子的孔

担尾嘴□toŋ^{33}ma^{0}tɕyo^{55}kaŋ^{0}扁担两端竖起的小木棍儿，用来挂绳子。绳子另一头系畚箕等

□担子uo^{35}tu^{44}lə^{0}挑担子

竹刷把tsɿ^{35}ɕya^{35}pu^{55}竹扫把，用来扫外面的地面

竹扫杆tsɿ^{35}sia^{55}koŋ^{55}

高粱扫杆kia$^{51-44}$liaŋ^{0}sia^{55}koŋ^{55}高粱扫帚，用来扫屋里的地面

棕皮扫杆tsie$^{51-44}$pa^{0}sia^{55}koŋ^{55}棕扫帚，用来扫屋里的地面

刷把 ɕya^{35}pu^{55} 锅刷子

五　植物

粮食 liaŋ^{21}sɿ^{0}

细麦爪子 si^{44}mu$^{51-55}$tɕya^{55}lə^{0} 麦穗儿

细麦胡子 si^{44}mu$^{51-55}$u^{21}lə^{0} 麦芒

细麦蔸子 si^{44}mu$^{51-55}$tɤɯ^{51}lə^{0} 麦茬儿

荞麦 tɕiɤɯ^{21}mu^{51}

粟米 syo^{35}mi^{33} 小米

玉米稿 nyo^{51}mi^{33}kia^{55} 玉米秆

玉米花 nyo^{51}mi^{33}xu^{51}

玉米胡子 nyo^{51}mi^{33}u^{21}lə^{0} 玉米须子

*早禾 tsia^{55}u$^{21-55}$ 早稻

*迟禾 tsɿ^{21}u^{21} 晚稻

稗子 pi^{51}lə^{0}

□谷 mi^{35}kuo^{35} 秕子（空的或不饱满的籽粒）

籼米 seĩ^{51}mi^{0} 米粒长而细，黏性小

饭米 xueĩ^{51}mi^{0} 一种稻米，米粒细长，黏性小。有的地方叫“粘米”

糯米 nau^{51}mi^{0}

*早禾米 tsia^{55}u^{0}mi^{0} 早稻的籽实

二季稻米 nɤ^{51}ki^{35}tau^{35}mi^{33} 二季稻的籽实

□□桃子 pɤ^{44}tɤ^{55}ta^{21}lə^{0} 棉花桃儿

□骨 pɤ^{44}kua^{35} 棉籽

麻子稿 mu^{21}tə^{0}kia^{55} 麻秆

野苎 iu^{33}tsʰuo^{33} 苎麻

麻□稿 mu^{21}tɤ^{35}kia^{55} 芝麻秆

日头花骨 nɤ^{51}tɤɯ^{0}xu^{51}kua^{35} 葵花子

凉薯 liaŋ^{21}ɕyo^{0} 一种根茎类蔬菜，学名叫“豆薯”

芋薯崽子 u^{51}ɕyo^{55}tsɤ^{55}lə$^{-55}$ 芋头（芋块茎的总称）

茅菇 tsɿ^{21}kuo^{0} 荸荠

嫩豆子 nye^{51}tɤɯ$^{51-44}$lə^{0} 毛豆

五月黄 n^{33}uei^{0}xoŋ^{21} 农历五月成熟的黄豆，多用来做豆浆、磨豆腐

迟豆子 tsɿ^{21}tɤɯ^{51}lə^{0} 农历十月成熟的黄豆，粒稍大，多用来做豆腐，也可作饲料

黑豆 xɤ^{35}tɤɯ^{0}

红碎豆 ɕie^{21}ɕyo^{44}tɤɯ^{0} 红小豆

四月豆（公）sa^{44}uei^{0}tɤɯ^{51}（kie^{0}）四季豆

峨□豆 ŋuo^{21}men^{0}tɤɯ^{51} 扁豆

*刀豆 ta^{51}tɤɯ^{0} 一种豆角类蔬菜，因豆荚的形状像刀而得名

菜瓜 tsʰi^{44}ku^{0} 一种瓜类蔬菜，果肉质，长圆筒形，外皮光滑，绿白色或浅绿色

□□□ loŋ^{51}tsa^{0}koŋ^{51} 丝瓜瓤，可用来刷碗

苦瓜 xuo^{55}ku$^{51-55}$

*北瓜藤 pɤ^{35}ku$^{51-55}$tie^{21} 南瓜秧

*北瓜花 pɤ^{35}ku$^{51-55}$xu^{51} 南瓜花，可食

冬瓜 tie$^{51-44}$ku$^{51-55}$

□□瓜 pu^{21}lə^{0}ku^{51} 葫芦

瓠子瓜 xu^{35}tsɿ^{0}kua^{44} 瓠子

葱叶子 tsʰie^{51}i^{51}lə^{0} ①葱叶子；②葱白

葱碎根 tsʰie^{51}ɕyo^{44}kie$^{51-55}$ 葱根

蒜珠子 soŋ^{44}tɕyo^{51}lə^{0} 蒜头（蒜的鳞茎，由蒜瓣构成）

蒜薹子 soŋ^{44}ti^{21}lə^{0} 蒜薹（蒜的花茎）

青蒜 tsʰiɤɯ^{51}soŋ^{44} 嫩的蒜梗和蒜叶

蒜粒粒 soŋ^{44}la^{35}la$^{35-55}$ 蒜瓣儿

蒜酱 soŋ^{44}tsiaŋ^{44} 蒜泥

韭菜薹子 tɕiɤɯ^{55}tsʰi^{44}ti^{21}lə^{0} 韭菜薹

韭菜花 tɕiɤɯ^{55}tsʰi^{44}xu^{51}

黄韭菜 xoŋ^{21}tɕiɤɯ^{55}tsʰi^{44} 韭黄

苋菜xeĩ^{51}tsʰi^{44}

老姜la^{33}tɕiaŋ^{51}姜

水姜ɕya^{55}tɕiaŋ^{51}姜的一种，不太辣，多腌着吃

子姜tsɿ^{55}tɕiaŋ^{51}姜芽儿

嫩姜nye^{51}tɕiaŋ^{51}

□粒姜ka^{35}la^{0}tɕiaŋ^{51}姜末儿

泡牯辣子pʰiɤɯ^{44}kuo^{0}li^{51}tə^{0}柿子椒

向天辣子ɕiaŋ^{44}tʰeĩ^{0}li^{51}tə^{0}朝天椒，较辣，小而细

朝天辣子tɕʰyo$^{21-44}$tʰeĩ^{0}li^{51}tə^{0}

辣子酱li^{51}tə^{0}tsiaŋ^{44}辣酱

□菜tɕʰiu^{35}tsʰi^{44}芥菜

胡椒xu^{21}tɕiau^{0}

碎白菜ɕyo^{44}pu^{51}tsʰi^{0}小白菜

甘蓝白菜kaŋ^{44}laŋ^{0}pu^{51}tsʰi^{0}紫甘蓝

白莴笋pu^{51}nuo^{44}sen^{55}绿叶莴笋，叶更好吃

红莴笋ɕie^{21}nuo^{44}sen^{55}红叶莴笋，茎更好吃

莴笋叶子nuo^{44}sen^{55}i^{51}lə^{0}

海白菜xɤ^{55}pu^{51}tsʰi^{0}生菜

良种芹菜liaŋ^{51}tsoŋ^{55}kʰin^{51}tsʰai^{0}西芹

茼蒿tie^{21}xa^{0}

萝卜□罢咧lau$^{21-44}$pu^{0}pʰia^{44}pa^{0}lie^{0}萝卜糠了

萝卜菜lau$^{21-44}$pu^{0}tsʰi^{44}萝卜缨子

□萝卜lau^{51}lau$^{21-44}$pu^{0}萝卜干儿

雪萝卜ɕyei^{35}lau$^{21-44}$pu^{0}水萝卜

茭笋kiɤɯ^{51}ɕyei^{0}茭白

油菜iɤɯ^{21}tsʰi^{0}做菜用的油菜

油菜薹子iɤɯ^{21}tsʰi^{0}ti^{21}lə^{0}油菜薹

油菜骨 iɤɯ$^{21-44}$tsʰi^{0}kua^{35}用来榨油的油菜籽

蕹菜oŋ^{35}tsʰi^{0}

空心菜kʰoŋ^{44}ɕin^{44}tsʰai^{35}

香菜ɕiaŋ^{51}tsʰi^{0}荠菜

□mɤ^{21}菜梗儿；蔬菜的茎

森sen^{51}树林

树子秧ɕyo^{51}lə^{0}iaŋ^{51}树苗

树子桠子ɕyo^{51}lə^{0}kʰu^{51}lə^{0}①树梢；②树枝

树子碎根ɕyo^{51}lə^{0}ɕyo^{44}kie$^{51-55}$树根

树子叶子ɕyo^{51}lə^{0}i^{51}lə^{0}树叶

种树子tɕiaŋ^{44}ɕyo^{51}lə^{0}种树

剁树子tau^{44}ɕyo^{51}lə^{0}砍树

□树tɕʰyei^{21}ɕyo^{51}松树

□毛tɕʰyei^{21}mia^{21}松针

鸡婆珠子tsɿ$^{51-44}$pu^{0}tɕyo^{51}lə^{0}松球

□树浆tɕʰyei^{21}ɕyo^{0}tsiaŋ^{51}松香

杉树叶子su^{51}ɕyo^{0}i^{51}lə^{0}杉针

杉槁su^{51}kia^{55}杉篙

桑叶树soŋ^{51}i^{0}ɕyo^{51}桑树

蚕丝树tsʰaŋ^{51}sɿ^{0}ɕyo^{51}

桑叶soŋ^{51}i^{0}

杨树iaŋ^{51}su^{0}

桐头树tie^{21}tɤɯ^{0}ɕyo^{51}桐树，叶子多用来包□[ɕyo^{51}]餈端午节吃的一种糍粑

□餈树ɕyo^{51}tsʰa^{21}ɕyo^{51}

桐头□□tie^{21}tɤɯ^{0}puo^{44}luo^{55}桐籽

桐油tie^{21}iɤɯ^{21}

苦楝树xuo^{55}leĩ^{33}ɕyo^{51}

飞飞树xuei^{44}xuei^{44}ɕyo^{51}当地一种树，树枝的皮可以用来做响器

鸡婆柳子tsɿ$^{51-44}$pu^{0}liɤɯ^{33}lə^{0}类似于荆条的一种植物，捆绑成把儿，双方对拉，类似拔河，拉断的一方为输

毛竹mia^{21}tsɿ^{35}

树竹ɕyo^{51}tsɿ^{35}专用来扎脚手架的一种竹子

春笋tɕʰyei^{51}ɕyei^{55}

冬笋tie^{51}ɕyei^{55}

笋叶子ɕyei^{55}i^{51}lə^{0} 笋壳

竹叶子tsʅ^{35}i^{51}lə^{0} 竹叶

竹篙tsʅ^{35}kia^{51} 竹竿儿

篾□mi^{51}pʰa^{0} 篾片（竹子劈成的薄片）

白篾pu^{51}mi^{51} 篾黄

青篾tsʰiɤɯ^{51}mi^{51} 篾青

水果suei^{55}kuo^{55}

干果kaŋ^{44}kuo^{55}

奶婆嘴公ni^{55}pu^{0}tɕyo^{55}kie$^{51-55}$ 当地一种野果

茶□tsʰu^{21}pau^{35} 当地一种野果

李子la^{33}lə^{0}

枇杷pa^{21}pu^{0}

*椑子糖pa^{51}lə^{0}toŋ^{21} 柿饼

二层皮子nɤ^{51}tsʰie^{21}pa^{21}lə^{0} ①橘络；②花生米外面的红皮

橙子tsʰen^{51}lə^{0}

毛板栗mia^{21}peĩ^{55}la^{35} 板栗

西瓜si$^{51-44}$ku$^{51-55}$

*瓜骨ku^{51}kua^{35} 瓜子

*红瓜骨ɕie^{21}ku^{51}kua^{35} 红瓜子，当地特产

甜瓜teĩ^{21}ku^{51}

花生肉xua^{44}sen^{44}u^{55} 花生米

花生壳xua^{44}sen^{44}kʰuo^{0} 花生壳

花生皮子xua^{44}sen^{44}pa^{21}lə^{0} 花生皮

桂桂花kuei^{44}kuei^{44}xu^{51} 桂花

荷叶子xuo^{51}i^{51}lə^{0} 荷叶

芙蓉花xu^{51}yŋ^{0}xu^{51} 木芙蓉

仙人掌sian^{44}in^{0}tɕiaŋ^{55}

花叶子xu^{51}i^{51}lə^{0} 花瓣儿

花心xu^{51}si^{51} 花蕊

□头□子liau^{51}tɤɯ^{0}mə^{0}lə^{0} 芦苇

□□根tie^{55}m^{0}kie^{51} 巴茅草

青青皮tsʰiɤɯ$^{51-44}$tsʰiɤɯ^{0}pa^{21} 青苔

六 动物

畜牲tɕʰiɤɯ^{35}sen$^{51-55}$ 牲畜

公马kie^{51}mu^{33}

母马mɤ$^{33-55}$mu^{33}

熟马ɕiɤɯ^{51}mu^{33} 骟过的马

碎马ɕyo^{44}mu^{33} 小马

黄牛xoŋ^{21}ŋɤɯ^{21}

水牛ɕya^{55}ŋɤɯ^{21}

*水牯子ɕya^{55}kuo^{55}lə^{0} 公水牛

*黄牯子xoŋ^{21}kuo^{55}lə^{0} 公黄牛

*熟牯子ɕiɤɯ^{51}kuo^{55}lə^{0} 阉过的公牛

阉牯子ŋeĩ^{51}kuo^{55}lə^{0} 阉公牛

*牸牛tsʅ^{51}ŋɤɯ^{21}（未生育过的）母牛

*水牸牛ɕya^{55}tsʅ^{51}ŋɤɯ^{21}（未生育过的）母水牛

*黄牸牛xoŋ^{21}tsʅ^{51}ŋɤɯ^{21}（未生育过的）母黄牛

婆子pu^{21}lə$^{-55}$（生育过的）母牛

水婆子ɕya^{55}pu^{21}lə^{0}（生育过的）母水牛

黄婆子xoŋ^{21}pu^{21}lə^{0}（生育过的）母黄牛

□□崽子nie^{55}nie^{55}tsɤ^{55}lɤ$^{-55}$ 牛犊

水□□崽子ɕya^{55}nie^{55}nie^{55}tsɤ^{55}lɤ$^{-55}$ 水牛犊

黄□□崽子xoŋ^{21}nie^{55}nie^{55}tsɤ^{55}lɤ$^{-55}$ 黄牛犊

公羊kie^{51}iaŋ^{21}

牯子羊kuo^{55}lɤiaŋ^{21} 种公羊

羊牯子iaŋ^{21}kuo^{55}lɤ$^{-55}$

母羊mɤ^{33}iaŋ^{21}

羊婆子iaŋ^{21}pu^{21}lə^{0} 已生育的母羊

碎羊 ɕyo^{44}iaŋ^{21} 羊羔

狗崽子 kɤɯ^{55}tsɤ^{55}lɤ$^{-55}$ 小狗儿

碎咪猫 ɕyo^{44}mi^{55}niau^{55} 小猫

起春 tsʰɿ^{55}tɕʰyei^{51} 雌家畜、家禽等发情

公猪 kie^{51}tɕyo^{51}

架子猪 ku^{44}lə^{0}tɕyo^{51} 半大的猪，五六十斤重，不分公母

肉猪 u^{55}tɕyo^{51} 出栏的猪，通常150斤左右重

猪婆 tɕyo$^{51-44}$pu$^{21-55}$（已生育过的）母猪

翻草 xueĩ^{51}tsʰia^{55} 母猪发情

赶猪 koŋ^{55}tɕyo^{51} 将种猪赶到母猪那里配种

割猪 kɤ^{35}tɕyo^{51} 阉割一个月大的公猪

阉猪 ŋeĩ^{51}tɕyo^{51} 阉割母猪

　劁猪 tsʰiɤɯ^{51}tɕyo^{51}

阉鸡 ŋeĩ^{51}tsɿ^{51} 阉鸡（动宾）

喂 ua^{51}

公兔子 kie^{51}tʰuo^{44}lə^{0} 公兔

母兔子 mɤ^{33}tʰuo^{44}lə^{0} 母兔

兔子崽子 tʰuo^{44}lə$^{-55}$tsɤ^{55}lə^{0}

　崽子兔子 tsɤ^{55}lə$^{-55}$tʰuo^{44}lə^{0}

碎鸡公 ɕyo^{44}tsɿ$^{51-44}$kie$^{51-55}$ 未成年的小公鸡

架子鸡 ku^{44}lə^{0}tsɿ^{51} 未成年的公鸡和母鸡

□鸡公 xɤɯ^{35}tsɿ$^{51-44}$kie$^{51-55}$（成年的打鸣的）公鸡

骚鸡公 sia^{51}tsɿ$^{51-44}$kie$^{51-55}$ ①发情期的公鸡；②喻称轻浮的男子

熟鸡公 ɕiɤɯ^{51}tsɿ$^{51-44}$kie$^{51-55}$ 阉过的公鸡

*鸡健 tɕi^{44}lian^{51}（未开始下蛋的）母鸡

赖抱鸡婆 li^{51}pia^{0}tsɿ$^{51-44}$pu$^{21-55}$ 抱窝鸡（正在孵蛋的母鸡）

鸡崽子 tsɿ^{51}tsɤ^{55}lɤ$^{-55}$ 小鸡儿

鸡公冠子 tsɿ^{51}kie$^{51-55}$koŋ^{51}lə^{0} 鸡冠子

鸡爪子 tsɿ^{51}tsau^{55}lɤ$^{-55}$

鸡□□ tsɿ^{51}tɕʰiɤ^{35}kʰuen^{55} 鸡翅膀

*鸡髀 tsɿ^{51}pi^{33} 鸡腿

公鸭 kie^{51}u^{35}

　鸭公 u^{35}kie^{51}

母鸭 mɤ^{33}u^{35}

鸭婆 u^{35}pu$^{21-55}$（下过蛋的）母鸭

*鸭髀 u^{35}pi^{33} 鸭腿

鸭崽子 u^{35}tsɤ^{55}lɤ$^{-55}$ 小鸭子

　崽子鸭 tsɤ^{55}lɤ$^{-55}$u^{0}

*鸭卵 u^{35}loŋ^{0} 鸭蛋

公鹅 kie^{51}ŋau^{21}

母鹅 mɤ^{33}ŋau^{21}

鹅婆 ŋau^{21}pu^{0}（下过蛋的）母鹅

鹅崽子 ŋau^{21}tsɤ^{55}lɤ$^{-55}$ 小鹅

*鹅髀 ŋau^{21}pi^{33} 鹅腿

野碎□□ iu^{33}ɕyo^{44}uaŋ^{51}ki^{0} 野兽

狮 sɿ^{51}

公虎 kie^{51}xuo^{55}

母虎 mɤ^{33}xuo^{55}

虎公婆 xuo^{55}kie^{0}pu^{0} 母老虎（说女人能干或骂女人泼辣）

熊 ɕyŋ^{51}

豹子 piɤɯ^{44}lə^{0}

黄水□ xoŋ^{21}ɕya^{0}luo^{21} 黄鼠狼

四十八段蛇 sa^{44}ɕiɤ^{0}pi^{35}toŋ^{0}ɕiu^{21} 一种无毒的蛇，黑体，白色花纹，吃青蛙

水蛇 ɕya^{55}ɕiu^{21} 一种无毒的蛇，黑体，有白点

草鱼斑 tsʰia^{55}ŋuo^{0}peĩ^{51} 一种无毒的蛇，有黑白相间的花纹

麻子骨蛇 mu^{21}lə^{0}kua$^{35-55}$ɕiu^{0} 一种毒蛇，黑

体，略小，行动灵活

响子八蛇 ɕiaŋ^{55}lə^{0}pi^{35}ɕiu^{21} 响尾蛇，剧毒

狗□蛇 kɤɯ^{55}pi^{0}ɕiu^{21} 蜥蜴

燕子鸟 ŋeĩ^{44}tsɿ^{0}tiɤɯ^{55} 燕子

斑鸠 pɤ^{51}kɤɯ^{0}

八八哥子 pi^{35}pi$^{35-55}$kuo^{44}lɤ$^{-55}$ 八哥

*雉公 tsʰa^{33}kie$^{51-55}$ 野鸡

野鸭 iu^{33}u^{35}

鸬鹚 luo^{21}sɿ^{0}

白鹭鸶 pu^{51}luo^{51}sɿ^{0} 鹭鸶

鸟子嘴公 tiɤɯ^{55}lɤ$^{-55}$tɕyo$^{51-44}$kie$^{51-55}$ 鸟嘴

□ tɕyeĩ^{35}（鸟）啄

*鸟子窦 tiɤɯ^{55}lɤ$^{-55}$tɤɯ^{33} 鸟窝

蛹 yŋ^{55} 蚕蛹

蚕□屎 tsʰaŋ^{51}sɿ^{0}sɿ^{55} 蚕沙（家蚕的屎）

天⁼螺螺 tʰeĩ^{51}luo^{21}luo^{0} 蜗牛

滚屎□ kue^{55}sɿ^{0}li^{21} ①屎壳郎（蜣螂）；②土鳖

荒⁼蚣生 xoŋ^{51}kie^{0}sen^{0} 蜈蚣

八⁼八⁼公蛇 pi^{35}pi^{0}kie^{51}ɕiu^{21} 壁虎

毛毛□ mia^{21}mia^{21}li^{21} 毛虫

黑壳□ xɤ^{35}kʰuo^{0}li^{21} 谷糠里的黑色硬壳虫

□□婆 su^{44}li^{21}pu^{0} 孑孓

蛆婆 tɕʰyo$^{51-44}$pu$^{21-55}$ 蛆

虱婆 sa^{35} pu$^{21-55}$ 虱子

虱婆子子 sa^{35}pu^{0}tsɿ^{55}lɤ$^{-55}$ 虮子

臭□婆 tɕiɤɯ^{44}li^{21}pu^{0} ①臭虫；②臭大姐

□牛鬼□子 tsi^{44}ŋɤɯ$^{21-44}$kua^{55}ma^{35}tɤ$^{-55}$ 牛虻

*牛蜱 ŋɤɯ^{21}pa^{21}（咬牛、狗的）蜱虫

狗崽子 kɤɯ^{55}tsɤ^{55}lɤ$^{-55}$ 蝼蛄

叫叽叽 tɕiau^{35}tɕi^{44}tɕi^{44} 蟋蟀

灶鸡崽子 tsia^{44}tsɿ^{0}tsɤ^{55}lɤ$^{-55}$ 灶蟋蟀

偷□婆 tʰɤɯ^{51}li^{33}pu^{21} 蟑螂

□□ tsau^{44}ma^{55} 蝗虫

□□□□ pɤ^{44}tə^{0}tsau^{44}ma^{55}

八字师生 pi^{35}tsɿ^{0}sa$^{51-44}$sen$^{51-55}$ 螳螂

马蜂 ma^{55}pʰie^{0}

叮 tiɤɯ^{51}（马蜂）蜇人

*蜜蜂窦 ma^{51}pʰie^{0}tɤɯ^{33} 蜂窝

□子□□ kʰuai^{35}lə^{0}moŋ^{21}moŋ^{0} 萤火虫

夜□虫 ie$^{35-44}$mə^{0}tsʰoŋ^{0}

红壳□ ɕie^{21}kʰuo$^{51-44}$li^{21} 花大姐（瓢虫）

□鳊鱼 pa^{44}peĩ^{0}ŋuo^{21} 鳊鱼

草鱼 tsʰia^{55}ŋuo$^{21-55}$

鳜鱼 kua^{44}ŋuo^{21}

鲢鱼 leĩ^{21}ŋuo^{0}

红鲢 ɕie$^{21-44}$leĩ^{0} 胖头鱼

红鲤鱼 ɕie^{21}la^{33}ŋuo^{21}

鲇鱼 ni^{21}ŋuo^{0}

泥鳅 ni^{21}tsʰiɤɯ^{0}

泥蛇 ni^{21}ɕiu^{21} 鳝鱼

鱼骨 ŋuo^{21}kua^{35} 鱼刺

鱼鳔牯 ŋuo^{21}pʰiɤɯ^{44}kuo^{0} 鱼鳔

鱼□□ ŋuo^{21}tɕʰiɤ^{35}kʰuen^{55} 鱼翅膀（鳍）

鳃骨 tsʰi^{51}kua^{0} 鱼鳃

鱼子 ŋuo$^{21-44}$tsɿ^{55} 鱼卵

□水鱼 mɤ^{51}ɕya^{0}ŋuo^{21} 鱼苗儿

钓鱼 tiɤɯ^{44}ŋuo^{21}

钓鱼棍 tiɤɯ^{44}ŋuo$^{21-44}$kue^{44} 钓鱼竿儿

钓鱼线 tiɤɯ^{44}ŋuo^{21}seĩ^{44}

鱼钩棍 ŋuo^{21}kɤɯ$^{51-44}$kue^{44} 鱼钩

拉鱼 lau^{51}ŋuo^{21} 用渔网捕鱼

鱼篓子 ŋuo^{21}lɤɯ^{55}lɤ$^{-55}$ 鱼篓

鱼绞子 ŋuo^{21}tɕiɤɯ^{55}lɤ$^{-55}$ 捞鱼的抄子

□绞 lau^{35}tɕiɤɯ^{55}

网 moŋ^{33}

新鲜虾公 si$^{51-44}$seĩ^{0}xu$^{51-44}$kie$^{51-55}$ 鲜虾仁儿

旱虾公 xeĩ^{33}xu$^{51-44}$kie$^{51-55}$（干）虾米

龟 kua^{51}

蚂子子 kuei^{55}lɤ$^{-55}$tsɿ^{55} 蝌蚪

蛭婆公 tsɿ^{44}pu^{21}kie^{51} 水蛭

螺螺 lau^{21}lau^{0} 螺蛳

七 房舍

*屋 uo^{35}（整座）房子

单房 teĩ^{51}xoŋ^{21}（单间）屋子

*起屋 sɿ^{55}uo^{35} 盖房子

*围墙 ua^{21}ts^{h}iaŋ^{21} 院子的围墙

*围子 ua^{21}lə^{0}

*□阔 t^{h}uo^{51}xuo^{0} 堂屋

*倒□ ta^{44}ts^{h}iɤɯ^{0} 堂屋后面的房子，多为家里的老人居住

*杂房 tsa^{51}xoŋ^{21} 堆放杂物的房子，在堂屋的后面或旁边，跟厨房连在一起

*□□（房）间 mi^{51}ts^{h}a^{0}（xoŋ^{21}）keĩ^{0} 堂屋两侧离房门近的房间

*背底（房）间 pɤ^{44}ti^{55}（xoŋ^{21}）keĩ^{0} 堂屋两侧离房门远的房间

*平房 p^{h}in^{51}xuaŋ^{51}

*楼房 lɤɯ^{21}xuaŋ^{51}

*土墙屋 t^{h}uo^{55}ts^{h}iaŋ^{21}uo^{35} 墙是夯土做的房子

*瓦块屋 ŋu^{33}k^{h}uei^{0}uo^{35} 砖墙、瓦片做顶的房子

*水泥板屋 ɕya^{55}ni^{0}peĩ^{55}uo^{35} 水泥预制板做的房子

*阳台 iaŋ^{51}t^{h}ai^{0}

*平沙$^{=}$ p^{h}iɤɯ$^{21-44}$su^{51} 二楼的楼板伸出来，用来遮挡一楼走廊的雨

*瓦圈底下 ŋu^{33}k^{h}ueĩ^{51}ti^{55}xu^{33} 屋檐下避雨的地方

*走廊 tsɤɯ^{55}laŋ^{51}

*通道 t^{h}oŋ^{44}tau^{35}

*楼道 lɤɯ^{51}tau^{35}

楼梯间 lɤɯ^{21}t^{h}i^{0}keĩ^{51}

*草厂子 ts^{h}ia^{55}tɕ^{h}iaŋ^{55}lɤ$^{-55}$ 临时搭建的草棚子

屋顶子 uo^{35}tiɤɯ^{55}lɤ$^{-55}$ 屋顶

*屋脚 uo^{35}tɕiɤɯ^{35} 地基

屋背底 uo^{35}pɤ^{44}ti^{55} 屋后

屋□□ uo^{35}mi^{51}ts^{h}a^{44} 屋前

*梁树 liaŋ^{21}ɕyo^{0} 大梁

*横梁树 xen$^{51-44}$liaŋ^{21}ɕyo^{0} 大梁上面的两根木头

扯皮 tɕ^{h}iu^{55}pa^{21} 椽子

*扯横 tɕ^{h}iu^{55}xen^{0} 与"梁树"平行的两根或三根横梁

*正柱子 tɕiu^{44}ts^{h}uo^{33}lə^{0} 屋内支撑大梁的柱子

*檐柱子 ŋeĩ^{21}ts^{h}uo^{33}lə^{0} 与正柱子平行的三根或五根柱子，与正柱子一起支撑大梁

*柱子墩子 ts^{h}uo^{33}lə^{0}tɕye^{51}lə^{0} 柱下石

*脚墩子 tɕiɤɯ^{35}tɕye^{51}lə^{0}

*垫板 teĩ^{51}peĩ^{55} 柱下石下面垫的木板，嵌在柱子墩子上

*□□ t^{h}eĩ^{55}t^{h}eĩ^{55} 台阶儿

*楼子 lɤɯ^{21}lə^{0} 楼层

楼板 lɤɯ^{21}peĩ^{55}

*楼□树 lɤɯ^{21}tɕi^{0}ɕyo^{0} 支撑楼板的圆柱

楼子高头 lɤɯ^{21}lə^{0}kia$^{51-44}$tɤɯ$^{21-55}$ 楼上

楼子底下 lɤɯ^{21}lə^{0}ti^{55}xu$^{33-55}$ 楼下

楼梯 lɤɯ^{21}tʰi^{51}

板梯 peĩ^{55}tʰi^{51} 不可移动的梯子

天花板 tʰeĩ^{51}xu^{0}peĩ^{55}

*壁 piɤɯ^{35} 杉木做的墙壁

*门 mie^{21}

*两朵门 liaŋ^{33}tau^{55}mie^{21} 两扇门

*正门 tɕiu^{44}mie^{21}

*背底门 pɤ^{44}ti^{0}mie^{21} 后门

*□门 lɤ^{55}mie^{21} 边门儿

*门钉 mie^{21}tiɤɯ^{51}

门背底 mie^{21}pɤ^{44}ti^{55} 门后（门扇的后面）

*门闩子 mie^{21}ɕyeĩ^{51}lə^{0}

*门手圈 mie^{21}ɕiɤɯ^{55}kʰueĩ$^{51-55}$ 门上用于挂锁的两个铁环

对门 tuo^{44}mie^{21}

架子铛灶 ku^{44}lə^{0}tsʰen^{51}tsia^{44} 大灶，煮潲水、磨豆腐用的

大灶 tʰai^{44}tsia^{44}

碎灶 ɕyo^{44}tsia^{44} 小灶，炒菜用的

茅厕 mia^{21}tsɿ^{0} 厕所

磨坊 mau^{51}xoŋ^{21}

马厂子 mu^{33}tɕʰiaŋ^{55}lɤ$^{-55}$ 马棚

牛栏 ŋɤɯ^{21}leĩ^{21}

猪槽 tɕyo$^{51-44}$tsʰia$^{21-55}$ 猪食槽

羊栏 iaŋ^{21}leĩ^{21}

*狗窦 kɤɯ^{55}tɤɯ^{33} 狗窝

*鸡窦 tsɿ^{51}tɤɯ^{33} 鸡窝

鸡篮子 tsɿ^{51}lu^{21}lə^{0}

鸡□子 tsɿ^{51}tsʰie^{44}lə^{0} 鸡罩

*樵 tsʰiɤɯ^{21} 柴

堆 tuo^{51} 柴草垛

樵垛 tsʰiɤɯ^{21}tau^{33} 柴禾垛

*大樵 tʰai^{44}tsʰiɤɯ^{21}（松木）大块的柴

*片子樵 pʰeĩ^{44}lə^{0}tsʰiɤɯ^{21}（松木）片柴

*燃火樵 niɤ$^{21-44}$xu^{55}tsʰiɤɯ^{21} 引火用的杂木

□毛 tɕʰyei$^{21-44}$mia^{21} 引火用的松针

八　器具　用品

书柜 ɕyo^{51}kʰua^{51}

*铛柜 tsʰen^{51}kʰua^{51} 放锅、碗的柜子

*碗柜 oŋ^{55}kʰua^{51}

橱柜 tsʰuo^{21}kʰua^{51} 旧时放衣服、棉絮的柜子

长台子 tsʰoŋ^{21}ti^{21}lə^{0} 条案

□子台子 koŋ$^{21-44}$lə^{0}ti^{21}lə^{0} 圆桌

四方台子 sa^{44}xoŋ^{0}ti^{21}lə^{0} 方桌

□子长台子 koŋ$^{21-44}$lə^{0}tsʰoŋ^{21}ti^{21}lə^{0} 半圆形的桌子，靠墙的一面是平的

饭台子 xueĩ^{51}ti^{21}lə^{0} 饭桌

盖□□ kɤ^{44}m^{51}mai^{0} 桌布

围台子□□ ua^{21}ti^{21}lə^{0}m^{0}mai^{0} 挂在桌子前面的布

懒□ leĩ^{33}tuo^{21} 躺椅

□椅子凳 pie^{51}i^{55}lɤ$^{-55}$tie^{44} 椅背

凳横子 tie^{44}uen$^{21-44}$lɤ$^{-55}$ 椅子掌儿

长凳 tsʰoŋ^{21}tie^{44} 长条形的板凳

独$^{=}$凳 tuo^{51}tie^{44} 长方形的凳子

四方凳 sa^{44}xoŋ^{51}tie^{44}

狗凳 kɤɯ^{55}tie^{44} 小板凳儿

□子凳 koŋ$^{21-44}$lə^{0}tie^{44} 圆凳

高凳 kia^{51}tie^{44} 高凳子

蒲团 pu$^{21-44}$toŋ^{21}

靠背 kʰia^{44}pɤ^{44}

□头圈板 tuo^{21}tiɤɯ^{21}kʰueĩ$^{51-55}$peĩ^{55} 床头板

□顶板 tuo^{21}tiɤɯ^{55}peĩ^{55}

□棚板 tuo^{21}pie^{21}peĩ^{55} 床两边的木板

□围板 tuo^{21}ua^{21}peĩ^{55}

□凳 tuo^{21}tie^{44} 上下床踩的凳子，也用来放鞋

□架子 tuo^{21}ku^{44}lə^{0} ①支撑床板的架子；②支蚊帐的架子

□横子 tuo^{21}uen^{21}lə^{0} 床四边的挡子

□板 tuo^{21}peĩ^{55} 床板

长架□ tsʰoŋ^{21}ku^{0}tuo^{21} 床。上有雕花等，比较讲究，多用作婚床

板子□ peĩ^{55}lɤ$^{-55}$tuo^{21} 铺板（一块块的木板，用来拼搭床铺）

棕垫子 tsie^{51}teĩ$^{51-44}$lə^{0}

竹□ tsɿ^{35}tuo^{21} 竹床

帐钩棍 tɕiaŋ^{44}kɤɯ$^{51-44}$kue^{0} 帐钩

帐□ tɕiaŋ^{44}tsʰin^{55} 帐檐儿

毯子 tʰu^{55}lɤ$^{-55}$

被面子 pa^{33}meĩ^{51}lə^{0}

被里子 pa^{33}la^{33}lə^{0}

外枕 uai^{35}tsen^{55} 枕套儿

内枕 luei^{35}tsen^{55} 枕头芯儿

梳脑牯台子 suo$^{51-44}$na^{55}kuoɤ$^{-55}$ti^{21}lə^{0} 梳妆台

梳子箱 suo^{51}lə^{0}siaŋ^{51} 梳妆台上的箱子

镜子 tɕiu^{44}lə^{0}

皮子箱 pa^{21}lə^{0}siaŋ^{51} 手提的皮箱

衣架子 a^{51}ku^{44}lə^{0} ①立在地上的；②晾衣架

火桶 xu^{55}tʰie^{55} 手炉

炭盆 tʰeĩ^{44}pie^{21}

火夹 xu^{55}ki$^{35-55}$ 火钳

铲子 tsʰeĩ^{55}lɤ$^{-55}$ ①火铲（铲炉灰用的）；②锅铲（炒菜用的）

笕$^{=}$架草 tɕieĩ^{55}ku^{0}tsʰia^{55} 稻秆

细麦稿 si^{44}mu$^{51-55}$kia^{55} 麦秸，可用来烧火

豆稿 tɤɯ^{51}kia^{55} 豆秸，可以喂牛、喂猪，也可以用来烧火

锯屑子 tɕyo^{44}si$^{35-44}$lə^{0} 锯末

推排樵 tʰuo^{51}pi^{21}tsʰiɤɯ^{21} 刨花

火烟 xu^{55}ŋei$^{51-55}$ 烟

黑煤□ xɤ^{35}m^{0}ka^{55} 锅烟子

烟豁 ŋeĩ^{51}xua^{35} 烟道（砖砌的烟筒）

铝锅 ly^{55}kuo^{44}

*大镬子 tʰai^{44}ue^{51}lə^{0} 大锅

*碎镬子 ɕyo^{44}ue^{51}lə^{0} 小锅

*镬子盖子 ue$^{51-44}$lɤ$^{-55}$kɤ^{44}lɤ$^{-55}$ 锅盖

烧沸水壶 ɕiɤɯ^{51}pa$^{51-44}$ɕya^{55}xuo^{21} 水壶，用来烧开水

碗 oŋ^{55}

瓷碗 tsʰɿ^{51}oŋ^{55}

海碗 xai^{55}oŋ^{55}

茶杯 tsʰu^{21}pɤ^{51} 瓷的带把儿的杯子

盘子 poŋ^{21}lə^{0}

碎盘子 ɕyo^{44}poŋ^{21}lə^{0} 碟子

托板 tʰau^{35}peĩ^{55} 托盘

饭锹 xueĩ^{51}tsʰiɤɯ^{0} 盛饭用的勺子

筷子筒牯 kʰuei^{44}lə^{0}tie^{21}kuo^{0} 筷笼，用来放筷子

酒杯 tsiɤɯ^{55}pɤ$^{51-55}$

酒罐子 tsiɤɯ^{55}kuaŋ^{35}tsɿ^{55} 酒壶

酒□子 tsiɤɯ^{55}tsɿ^{35}lɤ$^{-55}$ 酒坛子

酒缸空 tsiɤɯ^{55}koŋ$^{51-44}$ɕie$^{51-55}$ 酒缸

罐子 kuaŋ^{35}tsɿ^{55}

□绞 lau^{35}tɕiɤɯ^{55} / lau^{35}tɕiau^{55} ①捞鱼的抄子；②笊篱

*筲箕 sau$^{51-44}$tsɿ$^{51-55}$ 淘米、洗菜或盛东西的

　　器具，篾丝编的，圆形，有提手

瓶子盖子pʰin^{51}tsɿ^{0}kɤ^{44}lə^{0}瓶盖儿

推排tʰuo^{51}pi^{21} ①礤床；②刨子

□板tɕie^{55}peĩ^{55}砧板

面□meĩ^{51}tuo^{21}面板（做面食用的）

水桶ɕya^{55}tʰie^{55}挑水用的桶

碾槽neĩ^{55}tsʰia^{21}研船（研药材的用具，铁制，船形）

饭桶xueĩ^{51}tʰie^{55}装饭的桶

*甑tsie^{44}（蒸米饭的）蒸锅

*甑子tsen^{35}tsɿ^{55}（蒸包子、糍粑的）蒸笼

*甑箅子tsie^{44}pʰiɤɯ^{51}lə^{0}笼箅子

水缸空ɕya^{55}koŋ^{55}ɕie$^{51-55}$水缸

潲缸空sau^{44}koŋ^{55}ɕie$^{51-55}$泔水缸

潲水sau^{44}ɕya^{55}泔水

抹台帕mu^{51}ti^{0}pʰu^{0}抹布

拖地帕子tau^{51}ta^{51}pʰu^{44}lə^{0}拖把

□水pi$^{51-44}$ɕya^{55}洒水

泼水pʰɤ^{35}ɕya^{55}

挖锄uei^{35}tsʰuo^{21}锛子

锯tɕyo^{44}

齿tsʰɿ^{55}锯齿

凿子tsʰau^{51}lə^{0} ①凿子；②錾子

檅tseĩ^{51}楔子

尺tɕʰiu^{35}尺子

规尺kua^{51}tɕʰiu^{0}曲尺

围尺ua^{21}tɕʰiu^{0}折尺

卷尺kueĩ^{55}tɕʰiu^{0}

墨斗mɤ^{51}tɤɯ^{55}

墨斗线mɤ^{51}tɤɯ^{55}seĩ^{44}

夹子ki^{35}lɤ$^{-55}$ ①钳子；②老虎钳（用来起钉子或夹断铁丝）；③镊子

缆子loŋ^{51}lə^{0}缆绳

反扣xueĩ^{55}kʰɤɯ^{44}合叶

□刀tɕʰyei^{44}ta^{51}瓦刀

□子nau^{44}lə^{0}抹子

抿子min^{55}tsɿ^{55}抹缝儿的抹子，稍细致

泥板ni^{21}peĩ^{55}瓦工用来盛抹墙物的木板

□泥xuen^{35}ni^{21}麻刀（抹墙用的碎麻，放在泥灰中增加内聚力）

灰斗子xuo^{51}tɤɯ^{55}lɤ$^{-55}$放和好了的水泥的器具，旧时木制，方形

袋牯ti^{51}kuo^{0} ①手提包；②灰兜子（放和好了的水泥的帆布兜）

钱袋牯tsʰeĩ^{21}ti^{51}kuo^{0}钱包

水平线ɕya^{55}piɤɯ^{21}seĩ^{44}

挂尺kuei^{44}tɕʰiu^{35}挂锤（建房时测量垂直线的工具，由线和铁砣组成，线的一端固定在高处，铁砣下垂，看墙是否垂直）

挂尺线kuei^{44}tɕʰiu^{35}seĩ^{44}挂锤线

挂砣kuei^{44}tau^{21}挂锤的铁砣

铁墩子tʰi^{35}tɕye^{51}lə^{0}砧子（打铁时垫铁块用）

剃刀tʰi^{44}ta^{51}

推刀tʰuo^{51}ta^{51}推子

篦子pa^{51}lə^{0}

鐾刀□□pɤ^{51}ta^{51}m^{0}mai^{0}鐾刀布

椅子凳i^{55}lɤ$^{-55}$tie^{44}理发椅

缝纫机xoŋ^{51}in^{0}ki^{44}

熨斗yei^{51}tɤɯ^{55}

弹弓tʰaŋ^{51}koŋ^{44}（弹棉花）弓子

纺线车子pʰoŋ^{55}seĩ^{44}tɕʰiu^{51}lə^{0}纺车

轧□□车子ŋa^{35}pɤ^{55}tɤ^{55}tɕʰiu^{51}lə^{0}轧棉车

织□□车子tɕiɤ^{35}m^{51}mai^{0}tɕʰiu^{51}lə^{0}旧式织布机

梭子 suo^{44}tsɿ^{55}（织布用的）

直线 tɕʰiɤ^{51}seĩ^{44} 经线

横线 uen^{21}seĩ^{44} 纬线

□□ uaŋ^{51}ki^{0} 东西

面盆架子 meĩ^{51}pʰie^{21}ku^{44}lə^{0} 脸盆架子

洗浴盆子 si^{55}yo^{51}pie$^{21-44}$lə^{0} 洗澡盆

香皂 ɕiaŋ$^{51-44}$tsau^{35}

洗衣粉 si^{55}i^{0}xuen^{55}

茶枯 tsʰu^{21}xuo^{51} 茶籽榨完油之后压成的饼，旧时用来洗衣，也可用撒到田里做肥料、杀虫，放在水里可痨鱼

痨鱼 nau^{51}ŋuo^{21} 把茶枯放在水里把鱼毒死

灰子水 xuo^{51}tsɿ^{0}ɕya^{55} 稻草灰用水浸泡后再过滤过的水，旧时用来洗头，也可泡糯米做糍粑

吹火 tɕʰya$^{51-44}$xu^{55} 旧时把灯草浸茶油，儿童腹痛时点着后靠近肚脐，熏烤肚脐止痛

□树浆 tɕʰyei^{44}ɕyo^{0}tsiaŋ^{51} 松脂

□□油 tsiɤɯ^{51}tɕʰyei^{0}iɤɯ^{21} 松树划开皮取过松脂后留下的疤节

火柄 xu^{55}piɤɯ^{55} 甘蔗榨完汁后，把渣皮晒干扎制成的捆儿，可以点燃，相当于火把

脚盆 tɕiɤɯ^{35}pʰie^{21}

抹脚帕 mu^{51}tɕiɤɯ^{35}pʰu^{44} 擦脚布

气灯 tsʰɿ^{44}tie^{51}

煤油灯 mɤ$^{21-44}$iɤɯ^{21}tie^{51}

灯 tie^{51}

灯芯 tie^{51}si^{51}

灯□子 tie^{51}koŋ$^{21-44}$lə^{0} 灯罩

灯草 tie^{51}tsʰia^{55}

煤油 mɤ$^{21-44}$iɤɯ^{21} 灯油

马灯 mu^{33}tie^{0}

私章 sɿ$^{51-44}$tɕiaŋ^{44}

望远镜 uaŋ^{35}yan^{55}tɕin^{35}

□糊 mɤ^{51}xu^{51} 浆糊

　浆糊 tsiaŋ^{35}xu^{51}

浆刷 tɕiaŋ^{35}sua^{51} 刷浆糊的刷子

抵手皮 ti^{55}ɕiɤɯ^{55}pa^{21} 顶针儿

线筒牯 seĩ^{44}tie^{21}kuo^{0} 线轴儿

针豁牯 tɕi^{51}xua^{35}kuo^{0} 针鼻儿（针上引线的孔）

针爪公 tɕi^{51}tɕya^{55}kie^{0} 针尖

穿针 tɕʰyeĩ^{51}tɕi^{51}

锥子 tɕya^{51}lə^{0}

挖耳匙 uei^{35}nɤ^{0}sɿ^{0} 耳挖子

洗衣板 si^{55}a^{51}peĩ^{55}

*机$^{=}$子棒棒 ki$^{51-44}$ lə^{0}poŋ^{44}poŋ^{0}（洗衣服的）棒槌

　洗衣棒 si^{55}a^{51}paŋ^{44}

鸡毛掸子 tsɿ^{51}mia^{0}taŋ^{55}tsɿ^{55}

扇 seĩ^{44} 扇子

蒲蒲扇 pu^{21}pu^{0}seĩ^{44} 蒲扇

曳风 i$^{51-44}$xue^{51} 煽风

拐棍 kuai^{55}kuen^{35} 中式拐杖

草簿子 tsʰia^{55}pu^{33}lə^{0} 手纸

九　称谓

弟子家家 li^{33}tə^{0}ku^{0}ku^{0} 少男

女子家家 nyo^{33}tə^{0}ku^{0}ku^{0} 少女

后生家 xɤɯ^{33}sen^{0}ku^{0} 小伙子

老母□ la^{33}m^{0}nau^{55} 老太婆

市埠人 sɿ^{35}pu^{0}n^{21} 城里人

村公人 tɕʰye$^{51-44}$kie^{0}n^{21} 乡下人

一家人 i$^{35-44}$ku^{51}n^{21} 同宗同姓的人

门口人 mie^{21}xɤɯ^{0}n^{21} ①外地人；②外人

远乡人 ueĩ^{31}ɕiaŋ^{0}n^{0}

本地人 pie^{55}ta^{0}n^{0}

外国人 uai^{35}kuo^{0}n^{0}

□家人 tsuo^{51}ku^{0}n^{0} 自己人

客 xu^{35} 客人

一样大 i$^{35-44}$iaŋ^{51}t^{h}ai^{44} 同岁

内行 nuei^{35}xaŋ^{51}

外行 uai^{35}xaŋ^{51}

半瓶醋 poŋ^{44}p^{h}in^{0}ts^{h}uo^{44}

中心人 tsiaŋ$^{51-44}$si^{51}n^{21} 中间人

细□□ si^{44}sɤ^{44}pɤ^{55} 童养媳

女亲 nyo^{33}ts^{h}i^{51} 头婚女人

背亲 pɤ^{44}ts^{h}i^{51} 二婚女人

二房亲 nɤ^{51}xoŋ^{21}ts^{h}i^{51} 二婚

填房 teĩ$^{21-44}$xoŋ^{21}

寡家妹 ku^{55}ku^{0}mɤ^{51} 寡妇

私崽 sɿ^{51}tsɤ^{55} 私生子

犯人 xuaŋ^{35}in^{51}

发财家 xuei^{35}ts^{h}i^{21}ku^{51} 暴发户

碎气鬼 ɕyo^{44}ts^{h}ɿ^{0}kua^{55} 小气鬼

败家人 pi^{51}ku^{51}n^{21} 败家子

 败家子 pai^{35}kia^{44}tsɿ^{55}

骗子 p^{h}ian^{35}tsɿ^{55}

拐子手 kuei^{55}tsɿ^{0}ɕiɤɯ^{55} ①指用能使人迷糊的药诱拐小孩儿的人（也说“□手 xaŋ^{35}ɕiɤɯ^{55}”）；②扒手

江湖人 kiaŋ^{44}xu^{0}n^{0} 走江湖的

土匪 t^{h}u^{55}xuei^{55}

工作 koŋ^{44}tsuo^{0}

工人 kie^{51}n^{21}

□□□ ta^{35}pə^{0}ie^{0} ①雇工；②长工；③短工

零工 liɤɯ^{21}kie^{51}

老板 la^{33}peĩ^{55}

老板□ la^{33}peĩ^{55}nau^{33} 老板娘

主人家 tɕyo^{55}n^{0}ku^{0} 东家

碎工 ɕyo^{44}kie^{51} 小工

打工 tu$^{55-44}$kie^{51}

贩子手 xueĩ^{44}tsɿ^{0}ɕiɤɯ^{55} 小贩

摊贩 t^{h}aŋ^{44}xuaŋ^{35}

师生 sa$^{51-44}$sen$^{51-55}$ ①教书先生；②医生

老师 la^{33}sɿ^{51}

学生 ɕiɤɯ^{51}sen^{0}

同学 t^{h}oŋ^{51}ɕyo^{0}

兵 piɤɯ^{51}

警察 tɕin^{55}ts^{h}a^{51}

司机 sɿ^{44}ki^{44}

砖子师傅 tɕyeĩ^{51}lə^{0}sɿ$^{51-44}$xu^{0} 做砖的师傅

□墙工 tɕ^{h}yei^{44}ts^{h}iaŋ^{0}kie^{51} 砌墙的匠人

粉墙工 xue^{55}ts^{h}iaŋ^{0}kie^{51} 刷墙的匠人

锡匠工 siɤɯ^{35}ts^{h}iaŋ^{0}kie^{51} 锡匠

铜匠工 tie^{21}ts^{h}iaŋ^{0}kie^{51} 铜匠

铁匠工 t^{h}i^{35}ts^{h}iaŋ^{0}kie^{51} 铁匠

 铁匠鬼子 t^{h}i^{35}ts^{h}iaŋ^{0}kuei^{55}lə^{0}

□锅工 p^{h}a^{44}kuo^{0}kie^{51} 补锅匠

焊铁工 xoŋ^{51}t^{h}i^{35}kie^{51} 焊洋铁壶的

屠人工 tuo^{21}n^{0}kie^{51} 屠夫

搬运工 paŋ^{44}yn^{0}koŋ^{44}

挑夫 t^{h}iau^{44}xu^{0}

轿夫工 tɕiɤɯ^{51}xu^{0}kie^{51} 轿夫

渡船工 tuo^{51}tɕ^{h}yeĩ^{0}kie^{51} 艄公

大师傅 tu^{51}sɿ^{51}xu^{0} 掌勺的主厨

厨头师傅 ts^{h}uo^{21}tɤɯ^{0}sɿ^{51}xu^{0} 厨师

奶□ ni^{33}nau^{33} 奶妈

佣人 yŋ^{35}n^{21}

女佣人nyo^{33}yŋ^{35}n^{21}女仆

丫头婆u$^{51-44}$tɤɯ$^{21-55}$pu^{21}丫鬟

接生婆tsi^{35}sen^{51}pu^{0}

娘娘niaŋ^{21}niaŋ^{21}皇后；皇妃

总管tsoŋ^{55}kuaŋ^{55}婚丧大事时掌管事务的人

礼簿li^{55}pu^{35}婚丧大事时记录来客和礼金的本儿

十　亲属

头辈tɤɯ^{21}pɤ^{44}长辈

祖父公tsuo^{51}pu^{33}kie$^{51-55}$曾祖父之父（“祖”声调特殊）

祖父妈tsuo^{51}pu^{33}ma^{55}曾祖母之母（“祖”声调特殊）

父公pu^{33}kie$^{51-55}$曾祖父

父妈pu^{33}ma^{55}曾祖母

舅公tɕiɤɯ^{33}kie^{51}父亲的舅舅

舅婆tɕiɤɯ^{33}pu$^{21-55}$父亲的舅母

大公tu^{51}kie$^{51-55}$爷爷的哥哥

大妈tu^{51}ma^{55}爷爷的嫂子

满⁼公man^{55}kie$^{51-55}$爷爷的弟弟

满⁼妈man^{55}ma^{55}爷爷的弟媳

姑婆kuo$^{51-44}$pu$^{21-55}$父之姑母

姑公kuo$^{51-44}$kie$^{51-55}$父之姑父

姨妈妈i^{21}ma^{55}ma^{55}父之姨母

姨公公i^{21}kie$^{51-55}$kie$^{51-55}$父之姨父

亲公翁ts^{h}iɤɯ^{51}kie^{0}yŋ^{51}姻亲

亲公爷ts^{h}iɤɯ$^{51-44}$kie^{0}iu^{21}姻伯（弟兄的岳父、姐妹的公公）

亲□ts^{h}iɤɯ^{51}nau^{33}姻伯母（弟兄的岳母、姐妹的婆婆）

亲公公ts^{h}iɤɯ^{51}kie$^{51-55}$kie$^{51-55}$叔叔或伯伯的岳父

亲妈妈ts^{h}iɤɯ^{51}ma^{55}ma^{55}叔叔或伯伯的岳母

亲亲哥ts^{h}iɤɯ^{51}ts^{h}iɤɯ^{0}ku^{0} ①姐妹的大伯子、小叔子；②兄弟的大舅子、小舅子

亲嫂ts^{h}iɤɯ^{51}sia^{55} ①姐夫或妹夫的嫂子或弟媳；②嫂子的嫂子或弟媳；③弟媳的嫂子或弟媳

亲姊ts^{h}iɤɯ^{51}tsa^{55} ①姐夫的姐妹；②嫂子的姐妹

亲姊婿ts^{h}iɤɯ^{51}tsa^{55}si^{44} ①姐夫的姐夫或妹夫；②嫂子的姐夫或妹夫

同辈t^{h}oŋ^{51}pɤ^{44}

　一辈i$^{35-44}$pɤ^{44}

碎□家ɕyo^{44}nyŋ^{33}ku^{0}小老婆

男家兄弟nu^{21}ku^{0}ɕiu^{51}li^{33}夫之兄弟（背称）

男家哥哥nu^{21}ku^{0}kuo$^{44-55}$kuo$^{44-55}$夫之兄（背称）

男家嫂嫂nu^{21}ku^{0}sia^{55}sia^{55}夫之嫂（背称）

男家弟子nu^{21}ku^{0}li^{33}lɤ$^{-55}$夫之弟（背称）

男家弟□嫂nu^{21}ku^{0}li^{33}pə^{0}sia^{55}夫之弟媳（背称）

男家姊姊nu^{21}ku^{0}tsa^{55}tsa^{55}夫之姐（背称）

男家姊婿nu^{21}ku^{0}tsa^{55}si^{44}夫之姐夫（背称）

男家妹妹nu^{21}ku^{0}mɤ^{51}mə^{0}夫之妹（背称）

男家妹夫nu^{21}ku^{0}mɤ^{51}xu^{0}夫之妹夫（背称）

外家哥哥uo^{51}ku^{0}kuo$^{44-55}$kuo$^{44-55}$ ①女方称自己的哥哥（背称）；②妻之兄（背称，也说“女家哥哥nyo$^{33-44}$ku^{0}kuo^{44}kuo^{44}”）

外家嫂嫂uo^{51}ku^{0}sia^{55}sia^{55}妻之嫂（背称）

外家弟子uo^{51}ku^{0}li^{33}lɤ$^{-55}$ ①女方称自己的弟弟（背称）；②妻之弟（背称，也说“女家弟子nyo^{33}ku^{0}li^{33}lə^{55}”）

外家弟□嫂 uo^{51}ku^{0}li^{33}pə^{0}sia^{55} 妻之弟媳（背称）

外家姊姊 uo^{51}ku^{0}tsa^{55}tsa^{55} ①女方称自己的姐姐（背称）；②妻之姐（背称，也说“女家姊姊 nyo^{33}ku^{0}tsa^{55}tsa^{55}”）

女家姊婿 nyo^{33}ku^{0}tsa^{55}si^{44} 妻之姐夫（背称）

外家妹妹 uo^{51}ku^{0}mɤ^{51}mə^{0} ①女方称自己的妹妹（背称）；②妻之妹（背称，也说“女家妹妹 nyo^{33}ku^{0}mɤ^{51}mə^{0}”）

女家妹夫 nyo^{33}ku^{0}mɤ^{51}xu^{0} 妻之妹夫（背称）

外家姊姊妹妹 uo^{51}ku^{0}tsa^{55}tsa^{0}mɤ^{51}mə^{0} 连襟

堂哥 tʰaŋ^{51}kuo^{44}

堂弟 tʰaŋ^{51}ti^{35}

表哥 piɤɯ^{55}kuo^{44}

表弟子 piɤɯ^{55}li^{33}lə^{0} 表弟

堂姊 tʰaŋ^{51}tsa^{55}

堂妹 tʰaŋ^{51}mɤ^{51}

表嫂 piɤɯ^{55}sia^{55}

表弟□嫂 piɤɯ^{55}li^{33}pə^{0}sia^{55} 表弟媳

表姊 piɤɯ^{55}tsa^{55} 表姐

表姊婿 piɤɯ^{55}tsa^{55}si^{44} 表姐夫

表妹妹 piɤɯ^{55}mɤ^{51}mə^{0} 表妹

表妹夫 piɤɯ^{55}mɤ^{51}xu^{0}

碎辈 ɕyo^{44}pɤ^{44} 小辈

崽女 tsɤ^{55}nyo$^{33-55}$ 子女（儿子和女儿的总称）

大崽 tʰai^{44}tsɤ^{55} 大儿子

碎崽 ɕyo^{44}tsɤ^{55} 小儿子

跟紧来个崽 kie^{51}tɕi^{0}la^{21}kə^{0}tsɤ^{55} 带犊儿（妇女改嫁带的儿女）

接紧来个崽 tsʰi^{35}tɕi^{55}la^{21}kə^{0}tsɤ^{55} 养子

孙□□ ɕye^{51}sɤ^{44}pɤ^{55} 孙媳妇

孙女 ɕye^{51}nyo^{33} ①孙女；②侄女

孙女婿 ɕye^{51}nyo^{33}si^{44} ①孙女婿；②侄女婿

重孙□□ tɕʰie^{21}ɕye^{51}sɤ^{44}pɤ$^{-55}$ 重孙媳妇

重孙女 tɕʰie^{21}ɕye^{51}nyo^{33}

重孙女婿 tɕʰie^{21}ɕye^{51}nyo^{33}si^{44}

外甥□□ uo^{51}sen^{0}sɤ^{44}pɤ^{55} ①外孙媳妇（女儿之媳）；②外甥媳妇（姐妹之媳）

外甥女 uo^{51}sen^{0}nyo^{33} ①外孙女（女儿之女）；②外甥女（姐妹之女）

外甥女婿 uo^{51}sen^{0}nyo^{33}si^{44} ①外孙女婿；②外甥女婿

亲家 tɕʰin^{35}kia^{0}

□亲 lau^{51}tɕʰin^{35} 亲家翁

亲家母 tɕʰin^{35}kia^{0}mu^{51}

侬个□ noŋ^{21}kə^{0}loŋ^{21} 爷儿们（男子通称）

女人□ nyo^{33}kə^{0}loŋ^{21} 娘儿们（妇女通称）

外家 uo^{51}ku^{0} ①娘家；②丈人家

男家□埠 nu^{21}ku^{0}a^{35}pu^{55} 男家（婚姻关系中的男方，从外人角度说）

女家□埠 nyo^{33}ku^{0}a^{35}pu^{55} 女家（婚姻关系中的女方，从外人角度说）

老□婆屋 la^{33}tɤ^{35}pu^{0}uo^{35} 岳母家

新□婆屋 si^{51}tɤ^{35}pu^{21}uo^{35} 亲家家

十一　身体

身体 sen^{44}tʰi^{55}

锥锥脑牯 tɕya$^{51-44}$tɕya$^{51-55}$na^{55}kuo^{55} 奔儿头（向前凸起的额头）

滑罢脑牯 uei^{51}pa^{0}na^{55}kuo^{55} ①秃头（头发掉光了的头）；②秃顶（掉了大量头发的头）

脑牯中心 na^{55}kuo^{0}tɕiaŋ$^{51-44}$si$^{51-55}$ 头顶

背底脑牯 pɤ^{44}ti^{0}na^{55}kuo^{55} 后脑勺儿

　脑牯背底 na^{55}kuo^{55}pɤ^{44}ti^{55}

螺螺旋 lau^{21}lau^{0}tç^{h}yeĩ^{51} 头发旋儿

白头发 pu^{51}tɤɯ^{0}xuei^{0} 白发

□头发 ta^{51}tɤɯ^{0}xuei^{0} 掉头发

囟□ siɤɯ^{44}mi^{55} 囟门

　脑牯心 na^{55}kuo^{0}si^{51}

鬏子 tsiɤɯ^{51}lə^{0} 中老年妇女盘在脑后的鬏

面皮骨 meĩ^{51}pa^{0}kua^{35} 颧骨

酒凼牯 tsiɤɯ^{55}tie$^{51-44}$kuo^{0} 酒窝

腮骨 ts^{h}i^{51}kua^{35} 腮帮子

眼圈子 niɤ^{33}k^{h}ueĩ^{51}lə^{0} ①眼眶；②眼圈儿

白眼睛珠子 pu^{51}niɤ^{33}tçiɤɯ^{0}tçyo^{51}lə^{0}

黑眼睛珠子 xɤ^{35}niɤ^{33}tçiɤɯ^{0}tçyo^{51}lə^{0}

鬼崽崽 kua^{55}tsɤ^{55}tsɤ^{55} 瞳仁

　鬼崽子 kua^{55}tsɤ^{55}lə^{55}

眼角子 niɤ^{33}kiɤɯ^{35}lə^{0} 上下眼睑的接合处

大眼角子 t^{h}ai^{44}niɤ^{33}kiɤɯ^{35}lə^{0} 眼角儿靠近鼻子的部位

眼睛子屎 nɤ^{33}tçiɤɯ^{0}lə^{0}sɿ^{55}/niɤ^{33}tçiɤɯ^{0}lə^{0}sɿ^{55} 眼眵

眼皮 nɤ^{33}pa^{21}/niɤ^{33}pa^{21}

单眼皮 teĩ^{51}nɤ^{33}pa^{21}/teĩ^{51}niɤ^{33}pa^{21}

双眼皮 soŋ^{51}nɤ^{33}pa^{21}/soŋ^{51}niɤ^{33}pa^{21}

眼子毛 niɤ^{33}lə^{0}mia^{21} 眼睫毛

清鼻 ts^{h}iɤɯ$^{51-44}$pa^{51} 清鼻涕

旱鼻头屎 xeĩ^{33}pa^{51}tɤɯ^{0}sɿ^{55} 干鼻涕（鼻垢）

鼻头豁牯 pa^{51}tɤɯ^{0}xua^{35}kuo^{55} 鼻孔

鼻头毛 pa^{51}tɤɯ^{0}mia^{21} 鼻毛

鼻头顶子 pa^{51}tɤɯ^{0}tiɤɯ^{55}lɤ$^{-55}$ 鼻尖儿

鼻子灵 pa^{51}tɤɯ^{0}liɤɯ^{21}

勾鼻头 kɤɯ^{51}pa^{51}tɤɯ^{0} 鹰钩鼻，当地人认为长这种鼻子的人自私、精明，爱占小便宜

鼻梗 pa^{51}ken^{55} 鼻梁儿

鼻头旁边 pa^{51}tɤɯ^{0}poŋ^{21}peĩ^{0} 鼻翅儿

大鼻头 t^{h}ai^{44}pa^{51}tɤɯ^{0} 大鼻子

红鼻头 çie^{21}pa^{51}tɤɯ^{0} 酒糟鼻子

上嘴公皮子 çiaŋ^{51}tçyo^{55}kie^{0}pa^{0} 上嘴唇

下嘴公皮子 xu^{33}tçyo^{55}kie^{0}pa^{0}lə^{0} 下嘴唇

口水 xɤɯ^{55}çya^{55} 唾沫

大舌头 t^{h}ai^{44}i^{51}tɤɯ^{0} 口齿不清

　□舌头 koŋ$^{21-44}$i^{51}tɤɯ^{0}

当面牙齿 toŋ^{51}meĩ^{0}ŋu^{21}ts^{h}u^{0} 门牙

座牙 ts^{h}au^{33}ŋu^{0} 大牙

虎牙 xu^{55}ŋu^{0}

牙根肉 ŋu^{21}kie^{0}u^{55} 牙床

牙根屎 ŋu^{21}kie^{0}sɿ^{55} 牙垢

　牙齿屎 ŋu^{21}ts^{h}u^{44}sɿ^{55}

□婆牙齿 li$^{21-44}$pu^{0}ŋu^{21}ts^{h}u^{0} 虫牙

耳个豁 niɤ^{33}kə^{0}xua^{35} 耳朵眼儿

耳豁大 niɤ^{33}xua^{35}t^{h}ai^{44} 形容人听劝

耳个屎 niɤ^{33}kə^{0}sɿ^{55} 耳屎

耳个背 niɤ^{33}kə^{0}pɤ^{51} 耳背

喉公 xɤɯ$^{21-44}$kie^{0} 喉结

满脸胡子 moŋ^{55}lian^{0}u$^{21-44}$lə^{0} 络腮胡

翻锹骨 xueĩ^{51}ts^{h}iɤɯ^{0}kua^{35} 肩胛骨

笡□□□ ts^{h}iu^{44}pɤ^{35}kə^{0}nɤɯ^{0} 溜肩膀儿

肘头骨 tç^{h}yo^{55}tɤɯ^{0}kua^{35} 胳膊肘儿

腋个□ çiu^{35}kə^{0}lie^{51} 胳肢窝

手腕筋 çiɤɯ^{55}ueĩ^{55}tçi^{51} 手腕子

手埠粒粒节□ çiɤɯ^{55}pu^{0}la^{0}la$^{35-55}$tsi^{35}ka^{-55} 指关节

手埠粒粒空空 çiɤɯ^{55}pu^{0}la^{0}la$^{35-55}$k^{h}oŋ^{35}k^{h}oŋ$^{35-55}$ 手指缝儿

手硬筋 çiɤɯ^{55}ŋen$^{51-44}$tçi^{51} 手茧子

手埠粒粒尖尖 çiɤɯ^{55}pu^{0}la^{0}la^{0}tseĩ^{51}tseĩ^{0} 指甲

心儿（指甲盖和指尖肌肉连接处）

手埠粒粒肚子 çiɤɯ^{55}pu^{0}la^{0}la^{0}tuo^{33}lə^{0} 手指头肚儿

手板 çiɤɯ^{55}peĩ^{55} 手掌

一耳个皮 i$^{35-44}$niɤ^{33}kə^{0}pa^{0} 一耳光

手心 çiɤɯ^{55}si^{51}

手背 çiɤɯ^{55}pɤ^{44}

大□脉 tu^{51}ku^{0}mɤ^{51} 大腿

脚□牯 tɕiɤɯ^{35}nie^{51}kuo^{0} 大腿根儿

硬婆□ ŋen^{51}pu^{0}xa^{33} 腿肚子

当面骨 toŋ$^{51-44}$meĩ^{0}kua^{35} 胫骨（小腿内侧的长骨）

胯骨 k^{h}ua^{35}ku^{51}

裤□子 kue^{44}loŋ^{21}lə^{0} 裆（两条腿的中间）

□股骨 çi^{44}kuo^{0}kua^{35} 股骨

梁骨 liaŋ^{21}kua^{35} ①脊梁骨；②尾骨

卵鸡子骨 loŋ^{33}tsɿ$^{51-44}$lə^{0}kua^{0} 睾丸

脚腕筋 tɕiɤɯ^{35}ueĩ^{55}tɕi^{51} 脚腕子

螺旋骨 lau$^{21-44}$çyeĩ^{0}kua^{35} 踝子骨

赤公脚 tɕ^{h}iu^{35}kie^{0}tɕiɤɯ^{0} 赤脚

脚板 tɕiɤɯ^{35}peĩ^{55} 脚掌

脚心 tɕiɤɯ^{35}si^{51}

脚背背 tɕiɤɯ^{35}pɤ^{44}pɤ^{44} 脚背

脚尖尖 tɕiɤɯ^{35}tseĩ^{51}tseĩ^{0} 脚尖儿

脚埠粒粒 tɕiɤɯ^{35}pu^{0}la^{0}la^{0} 脚趾

脚甲子 tɕiɤɯ^{35}ku^{35}lɤ$^{-55}$ 脚趾甲

脚□跟 tɕiɤɯ^{35}t^{h}eĩ^{44}kie^{51} 脚跟

脚□□ tɕiɤɯ^{35}iɤɯ^{51}çyo^{0} 脚印儿

心埠 si^{51}pu^{0} 胸脯

心埠口子 si^{51}pu^{0}xɤɯ^{55}lɤ$^{-55}$ 心口

肋心骨 lɤ^{51}sin^{0}kua^{35} 肋骨

碎肚子 çyo^{44}tuo^{33}lə^{0} 小肚子

腰骨 iɤɯ^{51}kua^{0}

双□旋 soŋ$^{51-44}$pu^{0}tɕ^{h}yeĩ^{51} 双旋儿

*手腡腡 çiɤɯ^{55}lau$^{21-44}$lau^{0} 圆形的指纹。北方多说“斗”

*畚 pie^{55} 簸箕形的指纹。北方多说“簸箕”

汗毛 xoŋ^{51}mia^{21} 寒毛

汗毛凼牯 xoŋ^{51}mia^{21}tie$^{51-44}$kuo^{0} 毛孔

骨头 kua^{35}tɤɯ$^{21-55}$

筋 tɕi^{51}

血 xuei^{35}

血管子 xuei^{35}koŋ^{55}lɤ^{55} 血管

脉 mɤ^{51}

心 si^{51}

肝 koŋ^{51}

肺 xuei^{44}

胆 tu^{55}

胃 uei^{35}

腰子 iɤɯ^{51}lə^{0} 肾

□□ lu^{51}ts^{h}u^{21} 肠子

大□□ t^{h}ai^{44}lu^{51}ts^{h}u^{21} 大肠

碎□□ çyo^{44}lu^{51}ts^{h}u^{21} 小肠

岔□□ ts^{h}u^{44}lu^{51}ts^{h}u^{0} 盲肠

十二　疾病　医疗

生病 sen$^{51-44}$piɤɯ^{51}

碎病 çyo^{44}piɤɯ^{51} 小病

大病 t^{h}ai^{44}piɤɯ^{51}

重病 tɕ^{h}ie^{33}piɤɯ^{51}

病好罢咧 piɤɯ^{51}xa^{55}pa^{0}lie^{0} 病好了

请药夫师生 ts^{h}iɤɯ^{55}iɤɯ^{51}xu^{0}sa$^{51-44}$sen^{0} 请医生

救病 tɕiɤɯ^{44}piɤɯ^{51} 医（病）

开药单子 xɤ$^{51-44}$iɤɯ^{51}teĩ^{51}lə^{0} 开药方儿

□药 tsia^{35}iɤɯ^{51} ①抓中药；②买西药

　□药 nɤ^{55}iɤɯ^{51}

中药铺 tsoŋ$^{51-44}$iɤɯ^{0}pʰu^{44}

西药铺 si^{44}iɤɯ^{0}pʰu^{44}

　西药房 si$^{51-44}$iɤɯ^{0}xoŋ^{0}

药罐子 iɤɯ^{51}kuaŋ^{35}tsɿ^{55} ①药罐子；②体弱多病的人

燋药 nia^{51}iɤɯ^{0} 煎药

药膏 iɤɯ^{51}kia$^{51-55}$ 西药药膏

膏药 kia^{51}iɤɯ^{0} 中药膏药

粉子药 xue^{55}lə^{0}iɤɯ^{51} 药面儿

□药膏 kuo^{44}iɤɯ^{51}kia^{0} 搽药膏

上药 çiaŋ^{33}iɤɯ^{51}

出汗 çya^{35}xoŋ^{51} 发汗

火气消罢咧 xu^{55}tsʰɿ^{44}siɤɯ^{51}pa^{0}lie^{0} 去火

消化 siɤɯ^{51}xu^{0} 消食

打火□ ta^{55}xu^{55}kʰuo^{51} 拔火罐子

退火 tʰuo^{44}xu^{55} 退烧

发□ xuei^{35}kie^{44} 发冷

起鸡肉皮子 sɿ^{55}tsɿ^{51}u^{0}pa^{21}lə^{0} 起鸡皮疙瘩

伤风 çiaŋ$^{51-44}$xoŋ^{44}

气猛 tsʰɿ^{44}moŋ^{55} 气喘

气管炎 tçʰi^{35}kuaŋ^{55}ian^{51}

起火 sɿ^{55}xu^{55} 上火

没消化 mɤ^{33}siɤɯ^{51}xu^{0} 积滞

脑牯疾 na^{55}kuo^{0}tsʰa^{51} 头疼

心埠疾 si^{51}pu^{0}tsʰa^{51} 胸口疼

脑牯昏 na^{55}kuo^{0}xue^{51} 头晕

昏车 xue^{51}tçʰiu^{51} 晕车

昏船 xue^{51}tçʰyeĩ^{21} 晕船

打哕 ta^{55}ye^{55} 干哕

旱吐 xeĩ^{33}tʰuo^{44} 恶心（想要呕吐）

霍乱症 xuo$^{51-44}$luaŋ$^{35-55}$tçin^{44} 霍乱

麻子 mu^{21}tə^{0} ①麻疹；②天花

水痘 çya^{55}tɤɯ^{51}

种痘 tçiaŋ^{44}tɤɯ^{51}

伤寒 çiaŋ$^{51-44}$xaŋ^{51}

黄疸 xuaŋ^{51}taŋ^{55}

肝炎 kan^{44}ian^{51}

肺炎 xuei^{35}ian^{51}

胃病 uei^{35}pin^{35}

□病鬼 lua^{51}piɤɯ^{0}kua^{55} 中医指结核病人

□伤罢咧 ta^{51}çiaŋ^{51}pa^{0}lie^{0} 跌伤

蹭伤罢咧 tsʰen^{35}çiaŋ^{51}pa^{0}lie^{0} 碰伤

蹭碎皮 tsʰen^{35}çyo^{44}pa^{0} 蹭破皮儿

□罢粒豁牯 tau^{35}pa^{0}la^{0}xua^{35}kuo^{55} 刺个了口子

　划罢粒豁牯 xu^{51}pa^{0}la^{0}xua^{35}kuo^{55}

　□罢粒口子 tau^{35}pa^{0}la^{0}xɤɯ^{55}lɤ$^{-55}$

　划罢粒口子 xu^{51}pa^{0}la^{0}xɤɯ^{55}lɤ$^{-55}$

出血 çya^{35}xuei^{35}

血泡牯 xuei^{35}pʰiɤɯ^{44}kuo^{0} 血泡

红起咧 çie^{21}sɿ^{0}lie^{0} 红肿

疱子 pu^{51}lə^{0}

生疮 sen$^{51-44}$tsʰoŋ^{51}

　长疔子 tçiaŋ^{55}tiɤɯ^{51}lə^{0}

痔疮 tsɿ^{33}tsʰoŋ^{51}

疥疮 ki^{44}tsʰoŋ^{51}

□子 xa^{44}lə^{0} 痱子

汗斑 xoŋ^{51}peĩ^{51} 花斑糠疹

□子 ta^{51}lə^{0} ①瘊子；②痦子

酒子 tsiɤɯ^{55}tsɿ^{55} 粉刺

嘴公臭 tçyo^{55}kie^{0}tçʰiɤɯ^{44} 口臭

大颈骨 tʰai^{44}tçiu^{55}kua^{0} 大脖子（甲状腺肿大）

齉鼻头 noŋ$^{51-44}$pa^{51}tɤɯ^{0} ①鼻不通气，发音

不清；②鼻子不灵（嗅觉不灵）

公鸭声□kie^{51}u^{0}ɕiu$^{51-44}$sɿ^{55}公鸭嗓儿（嗓音沙哑）

孤□眼kuo$^{51-44}$tʰiɤɯ^{0}ian^{51}一只眼儿（“眼”声调特殊）

近视眼tsin^{35}sɿ^{0}ian^{51}（“眼”声调特殊）

远视眼yan^{55}sɿ^{0}ian^{51}（“眼”声调特殊）

眼睛花罢咧niɤ^{33}tɕiɤɯ^{0}xu^{51}pa^{0}lie^{0}眼睛老花了

鼓眼睛kuo^{55}niɤ^{33}tɕiɤɯ^{0}鼓眼泡儿

眯眯眼mi^{44}mi^{44}ian^{51}弱视（“眼”声调特殊）

箱=子骨siaŋ^{51}lə^{0}kua^{35}急性结膜炎患者

鸡公眼tsɿ$^{51-44}$kie^{0}nɤ^{33}夜盲症患者

羊癫风iaŋ^{21}teĩ^{0}xue^{51}癫痫

惊风tɕin^{44}xoŋ^{44}小儿受惊

扯风tɕʰiu^{55}xue^{51}抽风

扯七风tɕʰiu^{55}tsʰa^{35}xue^{51}婴儿出生七日得的一种病，旧时死亡率很高

中风tsoŋ^{35}xoŋ^{44}

瘫罢咧tʰaŋ$^{51-44}$pa^{0}lie^{0}瘫痪

结子公tsɿ^{35}lə^{0}kie^{51}说话结巴的人

□子手puo^{44}tsɿ^{0}ɕiɤɯ^{55}手部残缺的人

□子公uai^{55}tsɿ^{0}kie^{51}手不灵便的人

麻子公mu^{21}lə^{0}kie^{51}脸上有麻子的人

缺子公kʰuei^{35}lə^{0}kie^{51}①唇裂的人；②豁牙的人

六指笔lu^{51}tsɿ^{0}pa^{35}六指儿

左□□tsuo^{51}pu^{0}kuai^{51}左撇子

十三　衣服　穿戴

整得乖tɕiu^{55}lə^{0}kuei^{51}打扮得体

制服tsɿ^{35}xu^{51}

中装tsoŋ^{44}tsuaŋ^{44}

西装ɕi^{44}tsuaŋ^{44}

长袍子tsʰoŋ^{21}pia^{21}lə^{0}长衫

马甲子ma^{55}tɕia^{51}tsɿ^{0}马褂

袍子pia^{21}lə^{0}多指旗袍

皮[子衣]pa^{21}la^{35}皮衣（la^{35}是“子衣”合音）

大衣tu^{51}a^{51}

长大衣tsʰoŋ^{21}tu^{51}a^{51}

短大衣toŋ^{55}tu^{51}a^{51}

面上衣meĩ^{51}ɕiaŋ^{0}a^{51}外衣

汗衣xoŋ^{51}a^{51}内衣

风领xue^{51}liɤɯ^{33}领子

背搭子pɤ^{44}ta^{0}tsɿ^{0}稍厚的汗背心

衣□□a^{51}mi^{51}tsʰa^{0}衣襟儿

□家衣nyŋ$^{33-55}$ku^{0}a^{51}女式对襟衣服

长衣袖tsʰoŋ^{21}a^{51}tsʰiɤɯ^{0}长袖

短衣袖toŋ^{55}a^{51}tsʰiɤɯ^{0}短袖

裙子tɕʰyn^{51}tsɿ^{0}

短裙子toŋ^{55}tɕʰyn^{51}tsɿ^{0}衬裙

*单裈teĩ^{51}kue^{51}单裤

*踩脚裈tsʰa^{51}tɕiɤɯ^{0}kue^{51}（婴儿穿的）连脚裤

*□裆裈tsʰia^{55}toŋ^{0}kue^{51}开裆裤

*□子裈koŋ^{21}lə^{0}kue^{51}死裆裤

*裈□子kue^{51}loŋ^{21}lə^{0}裤裆

*裈腰kue^{51}iɤɯ^{51}裤腰

*裈带子kue^{51}ti^{44}lə^{0}裤腰带

衣片架鼻a^{51}pʰeĩ^{44}ku^{0}pa^{51}中式扣襻儿

*襀子kʰua^{44}lə^{0}扣子

*襀子豁牯kʰua^{44}lə^{0}xua^{35}kuo^{0}扣眼儿

□□襀子m^{51}mai^{0}kʰua^{44}lə^{0}中式布纽扣

褶tsɿ^{35}衣服的褶

□□鞋tʰia^{51}pa^{0}xai^{0}拖鞋

暖鞋noŋ^{33}ɕi^{21}棉鞋

皮子鞋子 pa^{21}lə^{0}ɕi^{21}lə^{0} 皮鞋

□□鞋子 m^{51}mai^{0}ɕi^{21}lə^{0} 布鞋

鞋底 ɕi^{21}ti^{55} 布鞋

垫底 teĩ^{51}ti^{55} 鞋垫儿

鞋子里子 ɕi^{21}lə^{0}la^{33}lə^{0} 鞋里子

鞋子面子 ɕi^{21}lə^{0}meĩ^{51}lə^{0} 鞋面儿

鞋子楦子 ɕi^{21}lə^{0}kʰueĩ^{44}lə^{0} 鞋楦子

鞋子片架鼻 ɕi^{21}lə^{0}pʰeĩ^{44}ku^{0}pa^{51} 鞋襻儿

雨鞋子 u^{33}ɕi^{21}lə^{0}（橡胶做的）雨鞋

　桶子鞋子 tʰie^{55}lə^{0}ɕi^{21}lə^{0}

板子鞋子 peĩ^{55}lə^{0}ɕi^{21}lə^{0} 木屐

鞋子带子 ɕi^{21}lə^{0}ti^{44}lə^{0} 鞋带儿

纱袜 su^{51}uei^{0} 线袜

丝袜 sɿ^{51}uei^{0}

长袜 tsʰoŋ^{21}uei^{0}

短袜 toŋ^{55}uei^{51}

袜带子 uei^{51}ti^{44}lə^{0} 旧时为防止长袜脱落，用一根带子，一端系在裤腰上，一端系在袜子上。这根带子叫“袜带子”

锥子鞋子 tɕya^{51}lə^{0}ɕi^{21}lə^{0} 弓鞋（旧时裹脚妇女穿的鞋）

□脚帕子 kʰen^{55}tɕiɤɯ^{0}pʰu^{44}lə^{0} ①裹脚（旧时妇女裹脚的布）；②裹腿（军人用的）

皮子帽子 pa^{21}lə^{0}mia^{51}lə^{0} 皮帽

顶子帽子 tiɤɯ^{55}lə^{0}mia^{51}lə^{0} ①礼帽；②瓜皮帽

军帽 tɕyn^{44}mau^{35}

草帽子 tsʰia^{55}mia^{51}lə^{0} 草帽

笠斗 la^{51}tɤɯ^{0} 斗笠

帽子□□ mia^{51}lə^{0}tɕyei^{35}tɕyei^{0} 帽檐儿

首饰 ɕiɤɯ^{55}sɿ^{0}

项链 xaŋ^{35}lian^{35}

项链箍子 xiaŋ^{35}lian^{0}kuo^{51}lə^{0} 项圈

别针 pi^{51}tɕi^{51} ①别针；②簪子

耳圈 niɤ^{33}kʰueĩ$^{51-55}$ 耳环

手圈 ɕiɤɯ^{55}kʰueĩ$^{51-55}$ 镯子

红粉 ɕie^{21}xue^{55} 胭脂

白粉 pu^{51}xue^{55} 粉

□□□□ ŋ^{55}ŋə^{0}uaŋ^{51}ki^{0} 什么东西，泛指用品

口水箍子 xɤɯ^{55}ɕya^{0}kuo^{51}lə^{0} 围嘴儿

手套 ɕiɤɯ^{55}tʰa^{44}

眼镜 ian^{55}tɕin^{35}

蓑[雨衣]sau$^{51-44}$ua$^{51-55}$ 蓑衣（“雨衣”合音）

雨衣 u^{33}a^{51} 新式的

手表 ɕiɤɯ^{55}piɤɯ^{55}

十四　饮食

*食饭 iɤ$^{51-44}$xueĩ^{51} 吃饭

*食朝 iɤ$^{51-44}$tsau^{51} 吃早饭

*食晡 iɤ$^{51-44}$pu^{51} 吃午饭

*食夜 iɤ$^{51-44}$iu^{51} 吃晚饭

*嘴子食 tɕyo^{55}lə^{0}ɕiɤ^{51} 零食

　零食 liɤɯ^{21}ɕiɤ^{51}

牙社= ŋu^{51}ɕiu^{33} 午睡起来吃的剩饭、红薯等

消夜 ɕiau^{44}ie^{35} 吃夜宵。过大年的时候吃，平时较少吃

剩饭 ɕyei^{51}xueĩ^{51}

□饭 pa^{35}xueĩ^{51} 热饭（现做的）

暖饭 noŋ^{33}xueĩ^{51} 不是现做的饭

□饭 kie^{44}xueĩ^{51} 冷饭

枯罢咧 xuo$^{51-44}$pa^{0}lie^{0}（饭）煳了，有锅巴

□皮 lau$^{51-44}$pa$^{21-55}$ 锅巴

□一□ luo^{51}i$^{35-44}$ti^{0} 焯一下（水）

*糜□浆 ma^{21}i^{0}tsiaŋ^{51}（煮米饭滗出米的）米汤

糊罢咧 u^{21}pa^{0}lie^{0}（粥）糊了

□□□ kau^{55}pa^{51}pa^{0} 糊状食物，小孩儿吃的

米□□□ mi^{33}kau^{55}pa^{51}pa^{0} 米糊

细麦□□□ si^{44}mu^{0}kau^{55}pa^{51}pa^{0} 小麦粉做成的糊

麦糊 mɤ^{51}xu^{0}

汤面 t^{h}oŋ^{51}meĩ^{0} 带汤的面条儿或面片儿

炒面 ts^{h}au^{55}meĩ^{0}

烫饼 t^{h}aŋ^{35}pin^{55} 烧饼

烧饼 ɕiau^{44}pin^{55}

*排馓 pi^{21}seĩ^{0} 馓子

花卷 xua^{44}tɕyan^{55}

蛋糕 tan^{35}kau^{44}

月饼 ye$^{51-44}$pin^{0}

饼干 pin^{55}kaŋ^{0}

酵母 ɕiau^{35}mu^{55}

丁子肉 tiɤɯ^{51}lə^{0}u^{55} 肉丁儿

片子肉 p^{h}eĩ$^{51-44}$lə^{0}u^{55} 肉片儿

肉丝子 u^{55}sɿ^{51}lə^{0}

*烊子肉 iaŋ^{51}lə^{0}u^{55} 肉末儿

肉皮子 u^{55}pa$^{21-44}$lə^{0} 肉皮

皮子肉 pa$^{21-44}$lə^{0}u^{55}

膀蹄肉 p^{h}aŋ^{51}ti^{0}u^{55} 肘子（作为食物的猪腿的最上部）

脉筋肉 mɤ^{51}tɕi^{51}u^{55} 里脊

脚筋 tɕiɤɯ^{35}tɕi^{51} 蹄筋

牛舌头 ŋɤɯ^{21}i^{51}tɤɯ^{0}

猪肺 tɕyo^{51}xuei^{44}

大□□ tu^{51}lu^{51}ts^{h}u^{21} 猪大肠

梁骨 liaŋ^{21}kua^{35} 猪脊骨

排骨 pi^{21}kua^{35}

□肉 pa^{44}u^{55} 鲜猪肉下锅，加辣椒、八角等料煮熟，再加陈皮、葱白、生姜、糯米酒浸一下，再用茶油炸。成品叫“胙肉”

*胙肉 tsa$^{51-44}$u^{0}

腊肉 lu^{51}u^{55}

腊米□肉 lu^{51}mi^{33}saŋ^{0}u^{55} 米粉腊肉

腊米粉肉 lu^{51}mi^{33}xue^{0}u^{55}

牛肚子 ŋɤɯ^{21}tuo^{33}lə^{0} 包括带毛的和光滑的

猪腰子 tɕyo^{51}iɤɯ^{51}lə^{0}

鸡肚埠 tsɿ^{51}tuo^{33}pu^{0} 鸡杂儿

鸡杂碎 tsɿ^{51}tsa$^{51-44}$suei^{0}

鸡□ tsɿ^{51}ki^{44} 鸡肫

鸡血 tsɿ^{51}xuei^{35}

鸭血 u^{35}xuei^{35}

*爊卵 nia^{51}loŋ^{33} 煮鸡蛋

*煎卵 tseĩ^{51}loŋ^{33} 煎鸡蛋

*炒鸡卵 ts^{h}au^{55}tsɿ^{51}loŋ^{33} 炒鸡蛋

荷包蛋 xuo^{51}pau^{0}tan^{35} 水煮的不带壳的鸡蛋

*白汤卵 pu^{51}t^{h}oŋ^{0}loŋ^{33}

*蒸卵 tɕi^{51}loŋ^{33} 蛋羹

咸卵 xu^{21}loŋ^{33} 松花蛋

香肠 ɕiaŋ$^{51-44}$ts^{h}aŋ^{0}

□菜 siɤɯ^{55}ts^{h}i^{0} ①青菜（也说“青菜 ts^{h}iɤɯ^{51}ts^{h}i^{0}”）；②素菜

花菜 xu^{51}ts^{h}i^{0} 青菜开的花，可吃

荤菜 xue^{51}ts^{h}i^{0}

咸菜 xu^{21}ts^{h}i^{0}

豆皮子 tɤɯ^{51}pa^{21}lə^{0} 豆腐皮，用来做腐竹

腐竹 xu^{35}tsu^{51}

片子豆腐 p^{h}eĩ^{44}lə^{0}tɤɯ^{51}xu^{0} 豆腐干

水豆腐 ɕya^{55}tɤɯ^{51}xu^{0} 没炸过的豆腐

□豆腐 pa^{44}tɤɯ^{51}xu^{0} 油炸豆腐泡儿

酿豆腐 niaŋ^{35}tɤɯ^{51}xu^{0} 一种豆制品，在豆腐

泡里包了肉，蒸着吃

乳豆腐 yei^{51}tɤɯ^{51}xu^{0} 豆腐乳

*米豆腐 mi^{33}tɤɯ^{51}xu^{0} 大米磨成粉，煮熟后晾凉，成半透明状的食品

番薯粉 xueĩ^{51}ɕyo^{0}xue^{55} 红薯粉，用来做粉条、粉丝

粗粉 ts^{h}uo^{51}xue^{55} 红薯粉做的粉条，较粗

细粉 si^{44}xue^{55} 红薯粉做的粉丝，较细

凉粉 liaŋ^{21}xue^{55} 一种用绿豆粉做的食品

豆豉 tɤɯ^{51}sɿ^{0}

芡粉 k^{h}ian^{35}xuen^{0}

黄花 xuaŋ^{51}xua^{0} 金针

木耳 mu$^{51-44}$ɤ^{35}

海带 xai^{55}tai^{35}

味道 ua^{51}ta^{33} 滋味（吃的滋味）

气味 ts^{h}ɿ^{44}ua^{51} 闻的气味

色到 $^{=}$sɤ^{35}ta^{44} 颜色

花生油 xua^{44}sen^{0}iɤɯ^{21}

茶籽油 ts^{h}u^{21}tsɿ^{0}iɤɯ^{21}

菜籽油 ts^{h}ai^{35}tsɿ^{0}iɤɯ^{21}

麻子油 mu$^{21-44}$tə^{0}iɤɯ^{21} 芝麻油

粗盐 ts^{h}uo^{51}ŋeĩ^{21}

细盐 si^{44}ŋeĩ^{21} 精盐

碎盐 ɕyo^{44}ŋeĩ^{21}

麻子酱 mu^{21}tə^{0}tsiaŋ^{44} 麻酱

霉豆子 mɤ^{21}tɤɯ^{51}lə^{0} 豆瓣酱

辣子酱 li^{51}tə^{0}tsiaŋ^{44} 辣椒酱

料酒 liau^{35}tsiɤɯ^{55}

黄糖 xoŋ^{21}toŋ^{21} 红糖

盐糖 ŋeĩ^{21}toŋ^{21} 白糖

冰糖 pin^{44}t^{h}aŋ^{51}

纸包糖 tsɿ^{55}piɤɯ^{51}toŋ^{21} 糖块（一块块用纸包装好的块状的糖）

花生糖 xua^{44}sen^{0}toŋ^{21}

细麦糖 si^{44}mu^{0}toŋ^{21} 麦芽糖

配料 p^{h}ɤ^{35}liau^{0} 佐料

八角 pa$^{51-44}$kuo$^{51-55}$

桂皮 kuei^{35}p^{h}i^{51}

花椒 xu^{51}tɕiɤɯ^{0}

胡椒粉 xu$^{21-44}$tɕiɤɯ^{0}xue^{55}

烟叶子 ŋeĩ^{51}i^{51}lə^{0}

烟丝 ŋeĩ^{51}sɿ$^{51-55}$

纸烟 tsɿ^{55}ŋeĩ^{51}

黄烟 xoŋ^{21}ŋeĩ^{51}

水烟凼牯 ɕya^{55}ŋeĩ^{51}tie^{51}kuo^{0} 水烟袋

旱烟袋牯 xoŋ$^{51-44}$ŋeĩ^{51}ti^{51}kuo^{0} 旱烟袋（细竹秆儿做的烟具）

烟斗子 ŋeĩ^{51}tɤɯ^{55}lɤ$^{-55}$ 烟斗

烟嘴公 ŋei^{51}tɕyo^{55}kie$^{51-55}$ 烟嘴儿

烟匣子 ŋeĩ$^{51-44}$ɕi^{51}lə^{0} 烟盒（装香烟的金属盒，有的还带打火机）

烟屎 ŋeĩ^{51}sɿ^{55} 烟油子

烟灰 ŋeĩ^{51}xuo^{51}

火石 xu^{55}ɕiu^{51} ①旧指燧石，敲击时能迸发火星，可以取火；②打火机用的一种合金，摩擦时能产生火花

纸媒子 tsɿ^{55}mɤ^{21}lə^{0}

茶 ts^{h}u^{21}（沏好的）茶水

沸水 pa$^{51-44}$ɕya^{55} 开水

□水 tɕ^{h}iaŋ^{51}ɕya^{55} 掺水

家酒 ku^{51}tsiɤɯ^{55} 家酿的红薯酒

烧酒 ɕiɤɯ^{51}tsiɤɯ^{55}

糯米烧酒 nau^{51}mi^{0}ɕiɤɯ^{51}tsiɤɯ^{0} 家酿的糯米酒

□婆 nau^{33}pu^{0} 酒引子。用糯米酒做的，再掺

入红薯酒混合使用

水酒ɕya^{55}tsiɤɯ^{55} “□[nau^{33}]婆”中加清水稀释，再发酵而成的一种饮品

拖缸酒t^{h}au^{51}koŋ^{51}tsiɤɯ^{55}一种把红薯酒和糯米酒混在一起发酵而成的酒

籼米酒seĩ^{51}mi^{33}tsiɤɯ^{55}稻米酿的酒

饭米酒xueĩ^{51}mi^{33}tsiɤɯ^{55}黏米酿的酒

十五　红白大事

亲ts^{h}i^{51}亲事

*年纪neĩ^{21}tsɿ^{0}

*合xu^{51}（八字）合

*八字合唔到pi^{35}tsɿ^{0}xu^{51}m^{0}ta^{44}八字不合

没合mɤ^{33}xu^{51}

*□亲niɤ^{35}ts^{h}i^{51}（八字相合后男女）相亲

*□屋niɤ^{35}uo^{35}相亲后双方中意，女方及其家人择日子到男方家看家境

□家niɤ^{35}ku^{51}

*上门ɕiaŋ^{33}mie^{21}看家境满意之后，男方择日带着点心、水果、鸡、肉到女方家商量定亲的事

定亲tiɤɯ$^{51-44}$ts^{h}i^{51}

*准事tɕyei^{55}sɿ^{51}商量举行婚礼的事项

*轿子tɕiɤɯ^{51}lə^{0}

*正日子tɕiu^{44}n^{51}tsɿ^{0}举行婚礼的日子

拜门pi^{44}mie^{21}男方到女方家接新娘

*拜朝门pi^{44}tsau^{51}mie^{21}婚礼当天，新郎要到女方家吃早饭、喝酒。一大早去的叫“拜朝门”，前一天晚上去的叫“拜夜门”

*拜夜门pi^{44}iu^{51}mie^{21}

*接□□娘tsi^{35}sɤ^{44}pə^{0}niaŋ^{21}接新娘

*□娘婆tsɿ^{51}niaŋ^{0}pu^{0}负责接新娘的中年妇女

*全和人tɕ^{h}yei^{21}xu^{0}n^{21}八字好、儿女双全、长相周正的中年妇女

*哭嫁xuo^{35}ku^{44}婚礼前一日晚上，母女边哭边唱，母亲嘱咐女儿到婆家的注意事项，这种形式叫哭嫁

发亲xuei^{35}ts^{h}i^{51}接了新娘从女方家出发

*割煞气kɤ^{35}si^{35}ts^{h}ʅ^{44}下轿的时候，旧俗有人把没杀死的公鸡从新娘头上扔过去，新娘要撑着伞躲开，不让鸡血溅到身上

拜神堂pi^{44}ɕi$^{21-41}$toŋ^{21}拜堂

*讲历⁼ki^{55}li^{51}拜堂之后，新郎、新娘边敬酒边认亲，叫作讲历

*做酒tsɤ^{44}tsiɤɯ^{55}摆酒席

*祖公客tsuo^{55}kie^{0}xu^{35}舅舅、家人和媒人等重要客人

*书子客ɕyo^{51}tsɿ^{0}xu^{35}平时走动比较勤的亲友，要提前二十天发请帖

*帖子客t^{h}i^{35}lə^{0}xu^{35}普通亲友，提前一周发请帖

*上位ɕiaŋ^{33}ua^{51}酒桌对着大门的座位，左手位尊，右手次之，为“祖公客”的位置

*下位xu^{33}ua^{51}与“上位”正对，陪客人的人坐的位置

*暖房noŋ^{33}xoŋ^{21}婚礼前一日晚上，由“全和人”在洞房里坐一会儿，铺铺床，吃点东西，收拾收拾，叫作暖房

*洞房toŋ^{35}xuaŋ^{51}

*入洞房n^{21}toŋ^{35}xuaŋ^{51}

*吵洞房ts^{h}au^{55}toŋ^{35}xuaŋ^{51}闹洞房

*交杯酒kiɤɯ$^{51-44}$pɤ^{51}tsiɤɯ^{55}

*归外家kua$^{51-44}$uo^{51}ku^{0}（婚礼后三天）回门

出二嫁ɕya^{35}nɤ^{51}ku^{44}女子再婚

讨二房亲 $t^{h}a^{55}n\gamma^{51}xo\eta^{21}ts^{h}i^{51}$ 男子再婚

填房 $te\tilde{\imath}^{21}xo\eta^{21}$

催生 $t^{h}uo^{51}sen^{51}$ 预产期前一周，娘家人带一只公鸡来，意思是让产妇生得快一点儿，少受点痛苦

接生 $tsi^{35}sen^{51}$

衣胞 $a^{51}pi\gamma ɯ^{51}$ 胎盘

养碎□□ $ia\eta^{33}\text{ɕ}yo^{44}kə^{0}tə^{0}$ 生孩子

落罢咧 $lau^{51}pa^{0}lie^{0}$ 小产了

报喜 $pia^{44}\text{ɕ}i^{55}$ 孩子出生后，男方带着糖等去娘家报喜，再从娘家拿鸡或鸡蛋回来

坐月母婆 $ts^{h}au^{33}uei^{35}m^{0}pu^{21}$ 坐月子的女人

头胎 $t\gamma ɯ^{21}t^{h}i^{51}$

刮碎□□ $kuei^{51}\text{ɕ}yo^{44}kə^{0}tə^{0}$ 打胎

奶爪公 $ni^{33}t\text{ɕ}ya^{55}kie^{51-44}$ 奶头

奶头 $ni^{33}t\gamma ɯ^{0}$

食奶奶 $i\gamma^{51}nie^{55}nie^{55}$ 吃奶

尿□ $niau^{35}tuo^{21}$ 尿床

食对岁 $i\gamma^{51}tuo^{44}\text{ɕ}yei^{44}$ 吃周岁饭，即一周岁的时候吃的饭

*白事 $pu^{51}sɿ^{0}$

*死罢咧 $sa^{55}pa^{0}lie^{0}$ 去世

*失罢咧 $sɿ^{51}pa^{0}lie^{0}$（小孩）夭折

病死罢咧 $pi\gamma ɯ^{51}sa^{55}pa^{0}lie^{0}$ 病死了

*老死罢咧 $la^{33}sa^{55}pa^{0}lie^{0}$

*归寿 kua^{51-44} $\text{ɕ}i\gamma ɯ^{51}$ 寿终正寝。旧俗认为老人年纪太大去世是喜丧。如果年纪太大还在世会影响后代

白头发送青头发 $pu^{51}t\gamma ɯ^{21}xuei^{0}sie^{44}ts^{h}i\gamma ɯ^{51}$ $t\gamma ɯ^{21}xuei^{0}$ 白发人送黑发人

*赶亲 $ko\eta^{55}ts^{h}i^{51}$ 报丧

*赶丧 $ko\eta^{55}so\eta^{51}$

*报丧 $pia^{44}\text{ɕ}ia\eta^{51}$

*赶起归 $ko\eta^{55}sɿ^{0}kua^{51}$ 赶紧回家准备治丧

*揿⁼丧 $t\text{ɕ}ie\tilde{\imath}^{51}so\eta^{51}$ 奔丧

*大族屋 $tu^{51}t\text{ɕ}^{h}yo^{51-44}uo^{35}$ 族人合盖的房子，集中议事之所，可做灵堂

*短命鬼 $to\eta^{55}mi\gamma ɯ^{21}kua^{55}$ 不到六十岁的人去世

*□家死罢咧 $tsuo^{51}ku^{0}sa^{55}pa^{0}lie^{0}$ 自杀

*路死路埋 $luo^{51}sa^{55}luo^{51}mi^{21}$ 在外地去世的人，遗体不能进村，只能在村外停放并安葬

*扯地气 $t\text{ɕ}^{h}iu^{55}ta^{51}ts^{h}ɿ^{0}$ 逝者装裹好之后，要在堂屋摆一个竹簟，在上面停放两三个小时

*桃子棍 $ta^{21}lə^{0}kue^{44}$ 逝者装裹好之后，右手持桃树枝，左手拿冷饭团，嘴里含锞子

*冷饭 $lu^{33}xue\tilde{\imath}^{51}$ 冷饭团

*锞子 $kuo^{55}tsɿ^{55}$

*归寿衣 $kua^{51-44}\text{ɕ}i\gamma ɯ^{0}a^{51}$ 寿衣。由女儿提前准备好，每年拿出来晒

装老衣 $tso\eta^{51}la^{33}a^{51}$

死人衣 $sa^{55}n^{21}a^{51}$

*帐布 $t\text{ɕ}ia\eta^{35}pu^{35}$ 挂在灵堂的帐子，六尺长，客人送的，过去是帐子，现在是被子、毯子

*守夜 $\text{ɕ}i\gamma ɯ^{55}iu^{51}$ 守灵

*入殓 $n^{51-44}le\tilde{\imath}^{51}$

*枋子 $po\eta^{51}lə^{0}$ 棺材

*出门 $\text{ɕ}ya^{35}mie^{21}$ 出殡

*枋子扣子 $po\eta^{51}lə^{0}k^{h}\gamma ɯ^{44}lə^{0}$ 棺材盖子和棺体上的扣子，盖上棺盖后扣紧盖子与棺体

*子孙钉子 tsɿ^{55}ɕye^{51}tiɤɯ^{51}lə^{0} 棺盖盖上后，在头脚处钉上长铁钉，这个钉子叫子孙钉子

*送葬 sie^{44}tsoŋ^{44}

*打量米□子 ta^{55}liaŋ^{21}mi^{0}ɕyo^{51}lə^{0} 出殡时请外人摔碎一个坛子

*砸量米□ tsu^{51}liaŋ^{51}m^{0}ɕyo^{0}

*引路纸 i^{33}luo^{51}tsɿ^{55} 出殡时沿途撒的纸钱

*引路火 i^{33}luo^{51}xu^{55} 出殡时一路点着的灯火，过去是马灯，现在是手电筒

*祖地 tsuo^{55}ta^{51} 坟地

*□豁 tsie^{55} xua^{35} 墓穴

*灵屋 liɤɯ^{21}uo^{35} 纸扎的房子

碑 pa^{51}

戴孝 ti^{44}ɕiɤɯ^{51}

*孝子 ɕiau^{35}tsɿ^{55}

*孝孙 ɕiau^{35}sen^{44}

*钱纸 tsʰei^{21}tsɿ^{55} 纸钱

*烧纸 ɕiɤɯ^{51}tsɿ^{55}

*挂扫 kuei^{44}sia^{55} 扫墓

投水 tɤɯ$^{21-44}$ɕya^{55} 投水自杀

跳水 tʰiɤɯ^{44}ɕya^{55}

*水□鬼 ɕya^{55}tsʰɿ^{0}kua^{55} 投水自杀的人

*吊颈鬼 tiɤɯ^{44}tɕiu^{55}kua^{55} 上吊自杀的人

*食药鬼 iɤ$^{51-44}$yo^{51}kua^{55} 喝农药自杀的人

死人骨头 sa^{55}n^{21}kua^{35}tɤɯ$^{21-55}$ 遗骨

土子公公 tʰuo^{55}lə^{0}kie$^{51-55}$kie$^{51-55}$ 土地爷

阎子王 ŋeĩ^{21}lə^{0}ueĩ^{21} 阎王

蜡烛 lu^{51}tɕyo^{35} 敬神时点的蜡烛

香 ɕiaŋ^{51} 敬神的稍粗的线香。屋前或墓边有插香的孔，可以把香插在孔里

烧香 ɕiɤɯ^{51}ɕiaŋ^{51}

做道丧$^{=}$ tsɤ^{44}ta^{33}soŋ^{51} 做道场

唱闹丧$^{=}$歌 tɕʰiaŋ^{44}na^{51}soŋ^{0}ku^{51} 做道场的时候唱的歌

师公 sa$^{51-44}$kie$^{51-55}$ ①男巫；②风水先生

拆字 tsʰu^{35}tsɿ^{51} 测字

□地 niɤ^{35}ta^{51} 看风水

*□八字 niɤ^{35}pi^{35}tsɿ$^{51-55}$ 看八字

瞎子师生 ɕi^{35}lə^{0}sa$^{51-44}$sen$^{51-55}$ 算命的盲人

瞎子公 ɕi^{35}lə^{0}kie^{51}

八字师生 pi^{35}tsɿ$^{51-44}$sa$^{51-44}$sen$^{51-55}$ 看八字算命的人

□相先生 niɤ^{35}siaŋ^{44}sa$^{51-44}$sen$^{51-55}$ 看相算命的人

算命先生 soŋ^{44}miɤɯ^{51}sa$^{51-44}$sen$^{51-55}$

许愿 ɕyo^{55}ueĩ^{51}

□愿 pɤ$^{35-44}$ueĩ^{51} 还愿

十六 日常生活

脱鞋子 tʰɤ^{35}ɕi^{21}lə^{0}

量衣 liaŋ$^{21-44}$a^{51} 量衣服

做衣 tsɤ^{44}a^{51} 做衣服

绞$^{=}$面 kiɤɯ^{55}meĩ^{51} 贴边（缝在衣服里子边上的窄条）

包面 piɤɯ^{51}meĩ^{51} 绲边（在衣服、布鞋等的边缘特别缝制的一种圆棱的边儿）

袼褙 kɤ^{35}pu^{55}

绱鞋子 ɕiaŋ^{44}ɕi^{21}lə^{0}

打底 tu^{55}ti^{55} 纳鞋底子

钉䙡子 tiɤɯ^{44}kʰua^{44}lə^{0} 钉扣子

缉花 tsʰi^{35}xu^{51} 绣花

打补丁 ta^{55}pu^{55}tiɤɯ^{0}

做被 tsɤ^{44}pa^{33} 做被子

洗衣 si^{55}a^{51} 洗衣服

下罢一□水 xu^{33}pa^{0}i$^{35-44}$puo^{51}ɕya^{55} 洗一水

　下罢一□水 xu^{33}pa^{0}i$^{35-44}$k^{h}en^{51}ɕya^{55}

泡 p^{h}iɤɯ^{44} 把衣服泡在洗衣粉水里

摆衣 pi^{55}a^{51} 在河里用清水把衣服漂清

晒衣 si^{44}a^{51} 晒衣服

吹衣 tɕ^{h}ya^{51}a^{51} 晾衣服

浆衣 tsiaŋ^{51}a^{51} 浆衣服

熨衣 yn^{35}a^{51} 熨衣服

淘米 ta$^{21-44}$mi^{33}

烧火 ɕiɤɯ^{51}xu^{55} 生火

发面 xua$^{51-44}$meĩ^{51}

做面胚子 tsɤ^{44}meĩ^{51}p^{h}ɤ^{51}lə^{0} 和面

□胚子 xɤɯ^{51}p^{h}ɤ^{51}lə^{0} 揉面

擀面 koŋ^{55}meĩ^{51} 擀面条

蒸馒头 tɕi^{51}man^{35}t^{h}ɤɯ^{0}

择菜 ts^{h}u^{51}ts^{h}i^{44}

打汤 tu^{55}t^{h}oŋ^{51} 做汤

饭熟罢咧 xueĩ^{51}ɕiɤɯ^{51}pa^{0}lie^{0} 饭好了

生饭 sen^{51}xueĩ^{0}

隔生饭 ku^{35}sen^{51}xueĩ^{0} 夹生饭

开饭 xɤ^{51}xueĩ^{51}

挽⁼汤 ueĩ^{55}t^{h}oŋ^{51} 舀汤

*食饭 iɤ$^{51-44}$xueĩ^{51} 吃饭

*食嘴子食 iɤ^{51}tɕyo^{55}lə^{0}ɕiɤ^{51} 吃零食

□筷子 nɤ^{55}k^{h}uei^{44}lə^{0} 拿筷子

　□筷子 tsia^{35}k^{h}uei^{44}lə^{0}

用筷子 i^{51}k^{h}uei^{44}lə^{0}

□□□ ni^{44}pa^{0}kuo^{0} 肉不烂

嚼唔摇 ts^{h}iɤɯ^{51}m^{0}iɤɯ^{21} 嚼不动

胀紧咧 tsoŋ^{44}tɕi^{0}lie^{0}（吃得太多）撑着了

□嘴 tɕ^{h}iaŋ^{51}tɕyo^{0} 馋嘴

嘴公没味 tɕyo^{55}kie^{0}ma^{33}ua^{51} 嘴没味儿

食酒 iɤ^{51}tsiɤɯ^{55} 吃酒席

□酒 tɕ^{h}yei^{35}tsiɤɯ^{55} 喝酒

□茶 tɕ^{h}yei^{35}ts^{h}u^{21} 喝茶

*食烟 iɤ$^{51-44}$ŋeĩ^{51} 抽烟

洗手 si^{55}ɕiɤɯ^{55}

洗面 si^{55}meĩ^{51} 洗脸

□嘴 koŋ^{55}tɕyo^{55} 漱口

梳辫头 suo^{51}peĩ^{51}tɤɯ^{0} 梳辫子

包辫头 piɤɯ^{51}peĩ^{51}tɤɯ^{0} 辫辫子

梳鬏子 suo$^{51-44}$tsiɤɯ^{51}lə^{0} 梳髻

剪甲子 tseĩ^{55}ku^{35}lɤ$^{-55}$ 剪指甲

挖耳□ uei^{35}niɤ^{33}ka^{0} 掏耳朵

抹浴 mu^{51}yo^{51} 擦澡

吹凉 tɕ^{h}ya^{51}liaŋ^{21} 乘凉

晒日头 si^{44}nɤ^{51}tɤɯ^{0} 晒太阳

*炙火 tɕiu^{35}xu^{55} 烤火

点火 teĩ^{55}xu^{55} 点灯

熄火 siɤɯ^{35}xu^{55} 熄灯

失火 sɿ$^{51-44}$xu^{55}

苦罢咧 k^{h}uo^{55}pa^{0}lie^{0} 困了

梦□ mie^{51}ɕi^{0} 打盹儿

铺□ p^{h}u^{51}tuo^{21} 铺床

□起 kuo^{35}sɿ^{55} 躺下

困着罢咧 xue^{44}tɕiɤɯ^{51}pa^{0}lie^{0} 睡着了

困唔着 xue^{44}m^{0}tɕiɤɯ^{51} 睡不着

困晡觉 xue^{44}pu^{51}kiɤɯ^{0} 睡午觉

向起困 ɕiaŋ^{44}sɿ^{0}xue^{44} 仰面睡

□起困 ts^{h}iaŋ^{51}sɿ^{0}xue^{44} 侧着睡

*仆起困 p^{h}u^{35}sɿ^{0}xue^{44} 趴着睡

困偏罢咧 xue^{44}p^{h}eĩ^{51}pa^{0}lie^{0} 落枕

扯筋 tɕ^{h}iu^{55}tɕi^{51} 抽筋

□梦话 k^{h}ua^{35}mie^{51}xu^{0} 说梦话

梦紧咧 mie^{51}tɕi^{0}lie^{0} 魇住了

过□夜 ku^{44}koŋ$^{21-44}$iu^{0} 熬夜

　开夜车 xɤ$^{51-44}$iu^{51}tɕ^{h}iu^{0}

到地埠 ta^{44}ta^{51}pu^{0} 下地（去地里干活）

到田埠 ta^{44}teĩ^{21}pu^{0}

出工 ɕya^{35}kie^{51}（集体制农业时）上工

　上分子 ɕiaŋ^{33}xue^{51}lə^{0}

收工 ɕiɤɯ^{51}kie^{51}

*出（罢）去咧 ɕya^{35}（pa^{0}）xuo^{44}lie^{0} 出去了

*归（罢）去咧 kua^{51}（pa^{0}）xuo^{44}lie^{0} 回去了

□街 lu^{55}ki^{51} 逛街

□□ nu^{55}ki^{44} 玩耍

十七　讼事

告状 kia^{44}ts^{h}oŋ^{51}

原告 yan^{51}kau^{35}

被告 pɤ^{35}kau^{35}

状子 ts^{h}oŋ^{51}tsɿ^{0}

问话 mie^{51}xu^{51} 问案

证人 tsen^{35}in^{51}

人证 in^{51}tsen^{35}

物证 u^{51}tsen^{35}

对质 tuo^{44}tsɿ^{0}

刑事 ɕin^{51}sɿ^{35}

民事 min^{51}sɿ^{35}

家务事 tɕia^{44}u^{0}sɿ^{35}

律师 li$^{51-44}$sɿ^{44}

师生 sa$^{51-44}$sen$^{51-55}$ 代书（代人写状子的人）

服 xu^{51} 服从判决

没服 mɤ^{33}xu^{51} 不服判决

上诉 saŋ^{35}su^{35}

宣判 ɕyan^{44}pan^{35}

招认 tsau^{44}in^{35}

口供 k^{h}ɤɯ^{55}koŋ^{35}

供 koŋ^{35} ～出同谋

同谋 t^{h}oŋ^{51}mɤɯ^{51}

共谋 koŋ^{35}mɤɯ^{51}

故犯 ku^{35}xuaŋ^{35}

误犯 u^{35}xuaŋ^{35}

犯法 xueĩ^{44}xuei^{35}

犯罪 xuaŋ^{35}tsuei^{35}

诬告 u$^{51-44}$kau^{35}

连坐 lian^{51}tsuo^{35}

保释 pau^{55}sɿ^{35}

取保 tɕ^{h}y^{55}pau^{55}

逮捕 ti^{35}p^{h}u^{55}

□紧 tsia^{35}tɕi^{55} 逮住了

押走罢咧 u^{35}tsɿ^{55}pa^{0}lie^{0} 押走了

囚车 tɕ^{h}iɤɯ^{51}ts^{h}ə^{0}

青天天子公 ts^{h}iɤɯ^{51}t^{h}eĩ^{51}t^{h}eĩ^{51}lə^{0}kie^{51} 青天大老爷

赃官 tsaŋ^{44}kuaŋ^{44}

受贿 ɕiɤɯ^{35}xuei^{35}

行贿 ɕin^{51}xuei^{35}

罚钱 xuei^{51}ts^{h}eĩ^{21}

杀脑牯 si^{35}na^{55}kuo^{55} 斩首

打靶 ta^{55}pu^{55} 枪毙

牌子 pi^{21}lə^{0} 斩条（插在死囚背后验明正身的木条）

拷打 k^{h}au^{55}ta^{55}

打□股 ta^{55}ɕi^{44}kuo^{55} 打屁股（旧时刑罚）

上铐子 ɕiaŋ^{33}k^{h}ia^{44}lə^{0}

手铐 ɕiɤɯ^{55}k^{h}ia^{44}

脚铐 tɕiɤɯ^{35}kʰia^{44} 脚镣

结起来 ka^{35}sɿ^{55}la^{0} 绑起来

□起来 ue^{44}sɿ^{55}la^{0} 囚禁起来

坐牢 tsʰau^{33}la^{21}

坐班房 tsʰau^{33}peĩ^{51}xoŋ^{21}

走班房□ tsɿ^{55}peĩ^{51}xoŋ^{0}niɤ^{35} 探监

到班房埠去□ ta^{44}peĩ^{51}xoŋ^{0}pu^{0}xuo^{0}niɤ^{35}

□罢咧 kʰuei^{35}pa^{0}lie^{0} 跑了（越狱）

立字 la^{51}tsɿ^{51} 立字据

揿手印 tɕieĩ^{51}ɕiɤɯ^{55}i^{44} 按手印

出税 ɕya^{35}ɕyei^{44} 捐税

地租 ta^{51}tsuo^{51}

地契 ta^{51}tsʰɿ^{44}

税契 ɕyei^{44}tsʰɿ^{44}

缴税 kiɤɯ^{55}ɕyei^{44}

执照 tsɿ$^{51-44}$tɕiau^{35}

告示 kau^{35}sɿ^{0}

通知 tʰoŋ^{44}tsɿ^{44}

路条子 luo^{51}tiɤɯ^{21}lə^{0} 路条

命令 min^{35}lin^{35}

印 i^{44} 印章

私访 sɿ$^{51-44}$xuaŋ^{55}

交代 tɕiau^{44}tai^{35} 把经手的事务移交给接替的人

上运$^{=}$ ɕiaŋ^{33}yei^{0} 上任

上台 ɕiaŋ^{33}ti^{0}

出罢咧 ɕya$^{35-44}$pa^{0}lie^{0} 罢免

下台 xu^{33}ti^{21} 卸任

案卷 ŋaŋ^{35}tɕyan^{55}

传票 tɕʰyeĩ$^{21-44}$pʰiɤɯ^{44}

十八　交际

来往 lai^{51}uaŋ^{55}

□人 niɤ^{35}n^{21} 去看望人

过□□去□ ku^{44}pɤ^{44}tɕieĩ^{51}xuo^{44}niɤ^{35} 过那边去看望人

过个□来□ ku^{44}kɤ^{44}tɕieĩ^{51}la^{21}niɤ^{35} 过这边来看望人

请客 tsʰiɤɯ^{55}xu^{35}

招呼 tɕiau^{44}xu^{0}

男客 nu^{21}xu^{35}

女客 nyo^{33}xu^{35}

送礼 sie^{44}li^{51}（“礼”声调特殊）

礼物 li^{55}uo^{0}

人情 in^{51}tɕʰin^{0}

做客 tsɤ^{44}xu^{35}

待客 ti^{33}xu^{35}

陪客 pɤ^{21}xu^{35}

送客 sie^{44}xu^{35}

没送咧 mɤ^{33}sie^{44}lie^{0} 别送了（送客时客人说的客气话）

多息一夜 tau^{51}siɤɯ^{35}i$^{35-44}$iu^{0} 多住一晚（主人留客人时说的客气话）

慢个的走 meĩ^{51}kə^{0}tə^{0}tsɿ^{55} 慢些走（送客时主人说的客气话）

尔归有事 n^{33}kua^{51}xɤɯ^{33}sɿ^{51} 你回去忙吧（客人与主人告别时说的客气话）

对唔起 tuo^{44}m^{0}sɿ^{55} 对不起

没做客 mɤ^{33}tsɤ^{44}xu^{35} 不客气

无慌 u^{21}xoŋ^{51} 没关系

摆台子 pi^{55}ti^{21}lə^{0} 摆酒席

一面台子 i$^{35-44}$meĩ$^{51-44}$ti^{21}lə^{0} 一桌酒席

请帖子 ts^{h}iɤɯ^{55}t^{h}i^{35}lɤ$^{-55}$ 请帖

下帖子 xu^{33}t^{h}i^{35}lɤ$^{-55}$ 下请帖

入去坐 n^{51}xuo^{44}ts^{h}au^{33} 入席

出菜 ɕya^{35}ts^{h}i^{44} 上菜

劝酒 k^{h}ueĩ^{44}tsiɤɯ^{55}

一起□ i$^{35-44}$sɿ^{55}ɕyei^{35} 一起喝，即干杯

猜谜 ts^{h}i^{51}mɤ^{21} 猜拳

猜八字谜 ts^{h}i^{51}pi^{35}tsɿ^{55}mɤ^{21} 猜字谜

瞎子帖子 ɕi^{35}lɤ$^{-55}$t^{h}i^{35}lɤ$^{-55}$ 匿名帖子

凑 ts^{h}ɿ^{44} 凑在一起

合唔到 xu^{51}m^{0}ta^{44}（两人脾性）不合

　没合 mɤ^{33}xu^{51}

打旁旁□ ta^{55}p^{h}aŋ^{51}p^{h}aŋ^{0}xueĩ^{35} 拉偏架

　打半边鼓子 ta^{55}poŋ^{51}peĩ^{0}kuo^{55}lə^{0}

冤枉 yan^{44}uaŋ^{0}

插话 ts^{h}u^{35}xu^{51} 插嘴

　插嘴公 ts^{h}u^{35}tɕyo^{55}kie$^{51-55}$

□事 tiɤɯ^{51}sɿ^{51} 挑事

摆架子 pi^{55}ku^{44}lə^{0}

装□□ tsoŋ$^{51-44}$mie^{51}tɕ^{h}iaŋ^{0} 装傻

出洋相 ɕya^{35}iaŋ^{51}ɕiaŋ^{44}

泼米$^{=}$ p^{h}ɤ^{35}mi^{33} 丢人

讨好 t^{h}a^{55}xa^{55}

　讨香 t^{h}a^{55}ɕiaŋ^{51}

闯席 ts^{h}uaŋ$^{51-44}$ɕi^{51} 在主人家吃饭时去串门蹭吃的

□得起 niɤ^{35}lə^{0}sɿ^{55} 看得起

□唔起 niɤ^{35}m^{0}sɿ^{55} 看不起

合伙 xu^{51}xu^{55}

伙计 xu^{55}ts^{h}ɿ^{0} 关系好的两人

答话 tu^{35}xu$^{51-55}$ 答应

没答话 mɤ^{33}tu^{35}xu$^{51-55}$ 不答应

追出去 tɕya^{51}ɕya^{0}xuo^{44}

赶出去 koŋ^{55}ɕya^{0}xuo^{44}

十九　商业　交通

牌子码子 pi^{21}lə^{0}mu^{33}lə^{0} 牌号

牌子 pi^{21}lə^{0} 招牌

广告 kuaŋ^{55}kau^{35}

开铺 xɤ^{51}p^{h}u^{44} 开铺子

铺面 p^{h}u^{44}meĩ^{51} 商店的门面

摆摊子 pi^{55}t^{h}aŋ^{44}tsɿ^{0}

□脚 uo$^{51-44}$tɕiɤɯ^{35} 挑脚

上馆子 ɕiaŋ^{33}koŋ^{55}lə^{0} 下馆子

□□店 m^{51}mai^{0}tian^{35} 布店

百货店 pɤ^{51}xuo^{0}tian^{35}

杂货店 tsa$^{51-44}$xuo^{0}tian^{35}

盐油店 ŋeĩ^{21}iɤɯ^{21}tian^{35}

粮店 liaŋ^{21}tian^{35}

瓷器店 ts^{h}ɿ^{51}tɕ^{h}i^{0}tian^{35}

文具店 uen^{51}tɕy^{0}tian^{35}

茶馆子 ts^{h}u^{21}koŋ^{55}lə^{0} 茶馆

剃脑牯铺 t^{h}i^{44}na^{55}kuo^{0}p^{h}u^{44} 理发店

刮面皮 kuei^{51}meĩ^{51}pa^{0} 刮脸

刮胡子 kuei^{51}u^{21}lə^{0}

肉铺 u^{55}p^{h}u^{44}

榨油铺 tsu^{44}iɤɯ^{21}p^{h}u^{44} 油坊

租屋 tsuo^{51}uo^{35} 租房子

押屋 u^{35}uo^{35} 典房子

煤铺 mɤ^{21}p^{h}u^{44}

粒粒煤 la^{35}la^{0}mɤ^{21} 蜂窝煤

开业 k^{h}ai^{44}nie^{0}

停业 t^{h}in^{51}nie^{0}

盘仓 poŋ^{21}ts^{h}oŋ^{51} 盘点

柜台 kuei^{35}t^{h}ai^{51}

开价 xɤ^{51}ku^{44}

□价 pɤ^{35}ku^{44} 还价

要得 i^{51}tɤ^{35}（价钱）公道

要罢 i^{51}pa^{35} 包圆儿（剩下的全部买了）

好卖 xa^{55}mi^{51} 买卖好

没好卖 mɤ^{33}xa^{55}mi^{51} 买卖清淡

保本 pia^{55}pie^{55}

利钱 la^{51}ts^{h}eĩ^{21} 利息

运气□ yei^{51}ts^{h}ɿ^{44}neĩ^{55} 运气好

押钱 u^{35}ts^{h}eĩ^{21} 押金

账房 tɕiaŋ^{44}xoŋ^{21}

开消 k^{h}ai^{44}ɕiau^{44}

收钱 ɕiɤɯ^{51}ts^{h}eĩ^{21} 收账（记收入的账）

出钱 ɕya^{35}ts^{h}eĩ^{21} 出账（记付出的账）

讨钱 t^{h}a^{55}ts^{h}eĩ^{21} 要账

失数 sɿ^{51}suo^{44} 烂账（要不回来的账）

数牌子 suo^{44}pi^{21}lə^{0} 临时记账用的木牌或铁牌

发票 xua^{51}p^{h}iau^{35}

收据 ɕiɤɯ^{51}tɕyei^{0}

存款 ts^{h}en^{51}k^{h}uaŋ^{55}

整钱 tɕiu^{55}ts^{h}eĩ^{21}

纸钱 tsɿ^{55}ts^{h}eĩ^{21} 纸币

钞票 ts^{h}au^{44}p^{h}iau^{35}

铜钱 tie^{21}ts^{h}eĩ^{21} 铜板儿

面子 meĩ^{51}lə^{0} 字儿（铜钱有字的一面）

里子 la^{33}lə^{0} 漫儿（铜钱无字的一面）

锞子 kuo^{55}tsɿ^{55}

银字 ni^{21}ts^{h}ɿ^{0} 银圆

一分钱 i$^{35-44}$xue^{51}ts^{h}eĩ^{21}

一角钱 i$^{35-44}$tɕiɤɯ^{35}ts^{h}eĩ^{21}

一块钱 i$^{35-44}$k^{h}uei^{44}ts^{h}eĩ^{21}

十块钱 sɿ^{51}k^{h}uei^{44}ts^{h}eĩ^{21}

一百块钱 i$^{35-44}$pu^{35}k^{h}uei^{44}ts^{h}eĩ^{21}

一张纸票 i$^{35-44}$tsoŋ^{51}tsɿ^{55}p^{h}iɤɯ^{44} 一张钞票

一门铜钱 i$^{35-44}$mie^{51}tie^{21}ts^{h}eĩ^{21} 一个铜子儿

天平秤 t^{h}ian^{44}p^{h}in^{51}tɕ^{h}i^{44} 天平

药铺秤 iɤɯ^{51}p^{h}u^{0}tɕ^{h}i^{44} 戥子

碎秤 ɕyo^{44}tɕ^{h}i^{44} 小秤

大磅秤 t^{h}ai^{44}poŋ^{0}tɕ^{h}i^{44} 磅秤

　铁磅秤 t^{h}i^{35}poŋ^{0}tɕ^{h}i^{44}

秤盘子 tɕ^{h}i^{44}poŋ$^{21-44}$lə^{0}

秤星子 tɕ^{h}i^{44}siɤɯ^{51}lə^{0}

秤杆子 tɕ^{h}i^{44}koŋ^{55}lə^{0}

秤钩棍 tɕ^{h}i^{44}kɤɯ$^{51-44}$kue^{44} 秤钩子

秤砣 tɕ^{h}i^{44}tuo^{21}

秤索子 tɕ^{h}i^{44}sau^{35}lə^{0} 秤毫

起秤 sɿ^{55}tɕ^{h}i^{44}（称物时）秤尾高

□秤 ta^{51}tɕ^{h}i^{44}（称物时）秤尾低

　落秤 lau^{51}tɕ^{h}i^{44}

刮板 kuei^{51}peĩ^{55} 平斗斛的木片

铁路 t^{h}i^{35}luo^{51}

铁轨 t^{h}ie^{51}kuei^{55}

火车 xu^{55}tɕ^{h}iu^{51}

火车站 xu^{55}tɕ^{h}iu^{51}tsan^{35}

马路 mu^{33}luo^{51} 公路

汽车 k^{h}i^{35}tɕ^{h}ie^{44}

客车 xu^{35}tɕ^{h}iu^{51}（指汽车的）

货车 xuo^{35}tɕ^{h}iu^{51}（指汽车的）

公共汽车 koŋ^{44}koŋ^{35}k^{h}i^{35}tɕ^{h}ie^{44}

蜗子车 kuei^{55}lə^{0}tɕ^{h}iu^{51} 小轿车

摩子车 mau^{51}lə^{0}tɕ^{h}iu^{51} 摩托车

三粒蜗子车 su^{51}la^{0}kuei^{55}lə^{0}tɕ^{h}iu^{51} 载人的三轮车

平板三轮车 piɤɯ^{21}peĩ^{55}su^{51}lən^{0}tɕ^{h}iu^{51} 拉货的平板三轮车

大车 t^{h}ai^{44}tɕ^{h}iu^{51} 骡马拉的运货的车

鸡公车子 tsɿ$^{51-44}$kie$^{51-55}$tɕ^{h}iu^{51}lə^{0} 独轮车

船 tɕ^{h}yeĩ^{21}

篷 pie^{21}

帆皮树 xue$^{51-44}$pa^{21}ɕyo^{51} 桅杆

桅棍 ua^{51}kue^{44}

舵 tau^{33}

桨 tsiaŋ^{55}

篙子棍 kia^{51}lə^{0}kue^{44} 篙

跳板 t^{h}iɤɯ^{44}peĩ^{55} 搭在船和岸之间，供人上下船的长板

篷船 pie^{21}tɕ^{h}yeĩ^{21} 帆船

渔船 ŋuo^{21}tɕ^{h}yeĩ^{21}

渡船 tuo$^{51-44}$tɕ^{h}yeĩ^{21}

轮船 len^{51}tɕ^{h}yan^{51}

坐船过□ ts^{h}au^{33}tɕ^{h}yeĩ^{21}ku^{44}ɕi^{51} 坐船过河

船码头 tɕ^{h}yeĩ^{21}mu^{33}tɤɯ$^{21-55}$ 渡口

二十　文化教育

开蒙读书 xɤ^{51}moŋ^{21}tuo$^{51-44}$ɕyo^{51} 开始上小学

逃学 t^{h}au^{51}ɕyo^{51}

私办书园 sɿ$^{51-44}$peĩ^{0}ɕyo$^{51-44}$ueĩ^{0} 私塾

书钱 ɕyo^{51}ts^{h}eĩ^{21} 学费

书费 ɕyo$^{51-44}$xuei^{35}

放假 poŋ^{44}kia^{51}

暑假 su^{55}kia^{51}

寒假 xaŋ^{51}kia^{51}

请假 ts^{h}iɤɯ^{55}kia^{51}

上课 ɕiaŋ^{33}k^{h}uo^{35}

下课 xu^{33}k^{h}uo^{35}

讲台 tɕiaŋ^{55}t^{h}ai^{51}

黑板 xɤ^{51}paŋ^{51}（“板”声调特殊）

粉笔 xue^{55}pa^{0}

黑板擦布 xɤ^{51}paŋ^{0}ts^{h}a^{51}pu^{35} 黑板擦儿

点名簿子 teĩ^{55}miɤɯ^{21}pu^{33}lə^{0}

片子 p^{h}eĩ^{44}lə^{0} 戒尺

课本 k^{h}uo^{35}pen^{55}

涂胶 t^{h}u^{51}tɕiau^{44} 橡皮

转笔刀 tɕyeĩ^{44}pa^{35}ta^{51} 旋笔刀

点水笔 teĩ^{55}ɕya^{55}pa^{0} 蘸笔

圆规 yan^{51}kuei^{44}

三角板 saŋ^{44}kuo^{0}paŋ^{51}（“板”声调特殊）

作文本子 tsuo$^{51-44}$uen^{51}pie^{55}lɤ$^{-55}$ 作文本

大字本子 ta^{35}tsɿ^{0}pie^{55}lɤ$^{-55}$ 大字本

笔装子 pa^{35}tsuaŋ^{44}tsɿ^{0} 笔帽（保护毛笔头的）

笔凼牯 pa^{35}tie$^{51-44}$kuo^{55} 笔筒

磨墨 mau^{21}mɤ^{51} 研墨

墨匣 mɤ^{51}ɕi^{51} 墨盒儿

□笔 pɤ^{51}pa^{35} 掭笔

水笔水 ɕya^{55}pa^{0}ɕya^{55} 墨水儿（钢笔用的）

蓝水 lan^{51}suei^{55}

纸 tsɿ^{55}

稿纸 kia^{55} tsɿ^{55}

信纸 si^{44} tsɿ^{55}

读书之人 tuo^{51}ɕyo^{51}tsɿ^{0}n^{21} 读书人

识字个人 ɕiɤ^{35}tsɿ^{51}kə^{0}n^{21} 识字的人

没识字个人 mɤ^{33}ɕiɤ^{35}tsɿ^{51}kə^{0}n^{21} 不识字的人

读书 tuo$^{51-44}$ɕyo^{51}

思书 sɤ^{51}ɕyo^{51} 温书

背书 pɤ^{51}ɕyo^{51}

报考 pia^{51}kia^{55}

考场 k^{h}ia^{55}ts^{h}aŋ^{0}

入场n^{51}ts^{h}aŋ^{0}进考场

考卷k^{h}au^{55}tɕyan^{55}

满分moŋ^{33}xue^{51}

零分lin^{51}xuen^{0}

公榜koŋ^{44}pen^{55}发榜

头名tɤɯ^{21}miɤɯ^{21}

尾公名ma^{33}kie^{0}miɤɯ^{21}末名

毕业pi$^{51-44}$nie^{51}

没毕业mɤ^{33}pi$^{51-44}$nie^{51}肄业

文凭uen^{51}p^{h}in^{55}

大楷ta$^{51-44}$k^{h}ai^{55}

小楷ɕiau^{55}k^{h}ai^{55}

字帖子tsɿ^{51}t^{h}i^{35}lɤ$^{-35}$字帖

□罢咧nau^{33}pa^{0}lie^{0}涂了

写白字siɤɯ^{55}pu^{51}tsɿ^{0}

笔画没对pi^{51}xua^{35}mɤ^{33}tuo^{44}笔顺不对

漏脱字lu^{51}t^{h}ə^{0}tsɿ^{51}掉字

草稿ts^{h}ia^{55}kia^{55}

起稿子sɿ^{55}kia^{55}lɤ$^{-55}$打草稿

正写tɕiu^{44}siɤɯ^{55}誊清

一点i$^{35-44}$teĩ^{55}

一横i$^{35-44}$xuen^{51}

一竖i$^{35-44}$su^{35}

一撇i$^{35-44}$p^{h}iɤɯ^{35}

一□i$^{35-44}$p^{h}ie^{51}一捺

一勾i$^{35-44}$kɤɯ^{51}

一挑i$^{35-44}$t^{h}iau^{55}

一画i$^{35-44}$xua^{35}

偏旁p^{h}ian^{44}p^{h}aŋ^{51}

单人旁tan^{44}in^{0}p^{h}aŋ^{51}单立人儿（亻）

双人旁suaŋ^{44}in^{0}p^{h}aŋ^{51}双立人儿（彳）

弯弓张uaŋ^{44}koŋ^{44}tɕiaŋ^{51}张

立早章li^{51}tsau^{55}tɕiaŋ^{51}章

禾字程xuo^{51}tsɿ^{0}ts^{h}en^{51}禾旁程（程）

耳朵陈ɤ^{55}tuo^{0}ts^{h}en^{51}耳东陈（陈）

口字旁k^{h}ɤɯ^{55}tsɿ^{0}p^{h}aŋ^{51}口

宝盖头pau^{55}kai^{35}t^{h}ɤɯ^{0}宀

平盖头p^{h}in^{51}kai^{35}t^{h}ɤɯ^{0}秃宝盖儿（冖）

竖心旁su^{35}ɕin^{44}p^{h}aŋ^{51}忄

狗字旁kɤɯ^{55}tsɿ^{0}p^{h}aŋ^{51}反犬旁（犭）

单耳朵旁taŋ^{44}ɤ^{55}tuo^{0}p^{h}aŋ^{51}卩

双耳朵旁suaŋ^{44}ɤ^{55}tuo^{0}p^{h}aŋ^{51}阝

反文旁xuaŋ^{55}uen^{51}p^{h}aŋ^{51}攵

王字旁uaŋ^{51}tsɿ^{0}p^{h}aŋ^{51}斜玉旁（𤣩）

土字旁t^{h}u^{55}tsɿ^{0}p^{h}aŋ^{51}提土旁（土）

竹字头tsu^{51}tsɿ^{0}t^{h}ɤɯ^{21}⺮

火字旁xuo^{55}tsɿ^{0}p^{h}aŋ^{51}火

四点sa^{44}teĩ^{55}灬

三点水su$^{51-44}$teĩ^{55}ɕya^{55}氵

两点水liaŋ^{33}teĩ^{55}ɕya^{55}冫

病字旁pin^{35}tsɿ^{0}p^{h}aŋ^{51}疒

走马旁tsɤɯ^{55}ma^{0}p^{h}aŋ^{51}走之儿（辶）

绞丝旁tɕiau^{55}sɿ^{0}p^{h}aŋ^{51}纟

提手旁t^{h}i^{51}ɕiɤɯ^{55}p^{h}aŋ^{51}扌

草盖头ts^{h}au^{55}kai^{44}t^{h}ɤɯ^{0}草字头（艹）

二十一　文体活动

躲咪□tau^{55}mi^{55}niau^{55}捉迷藏（躲藏起来让人寻找）

躲□tau^{55}tɕia^{35}

□石iɤ^{51}ɕiu^{51}抓子儿（将小沙包或小石子儿向上抛起，在未落之前抓起桌上的一颗或多颗石子，再接住落下的小沙包或小石子儿）

弹玻璃球 t^{h}aŋ^{51}puo^{44}li^{0}tɕ^{h}iɤɯ^{51}

□份□ iɤ^{51}pie^{51}suo^{0} 打水漂儿（沿水平方向向水面掷小石子儿或瓦片，使其在水面上弹跳前进）

跳房 t^{h}iau^{35}p^{h}aŋ^{51} 跳房子

滚铁环 kuen^{55}t^{h}ie$^{51-44}$xuaŋ^{0}

打□□ ta^{55}ni^{44}nau^{55} 荡秋千

打□板 ta^{55}pɤ^{51}paŋ^{55} 扔石子儿（在大石头上立四颗小石头，人立于一丈外拿石子打掉四颗小石子，全打掉者为胜）

打转牯 ta^{55}tɕyeĩ^{44}kuo^{55} 打陀螺

打滚 ta^{55}kue^{55} 在木板上滚“锞子”，远处画一条线，在横线内滚得远者为胜，滚得近者为输

得凼牯 t^{h}ɤ^{35}tie^{33}kuo^{55} 中间挖一深坑，把打来的喂牛的草立在坑旁边做赌注，人站在远处向坑里扔石子，投进者为胜，别人的牛草归为己有

打杈 ta^{55}ts^{h}u^{51} 把两把用来耙松毛的竹耙互相支撑，拿石头在远处投掷，打倒耙子的为胜

出古□ ɕya^{35}kuo^{55}uen^{55} 出谜语

色子 sɤ^{35}tsɿ^{55}

猜宝 ts^{h}i^{51}pia^{55} 押宝

扯阄 ts^{h}iu^{55}kɤɯ^{51} 抓阄

放炮仗 poŋ^{44}p^{h}iɤɯ^{44}soŋ^{33} 放鞭炮

冲天炮 ts^{h}oŋ^{44}t^{h}ian^{44}p^{h}au^{35} 二踢脚

花炮 xua^{44}p^{h}au^{35}

放花炮 xuaŋ^{35}xua^{44}p^{h}au^{35}

烟花 ian^{44}xua^{44}

象棋 ɕiaŋ^{35}tɕ^{h}i^{0}

将 tsiaŋ^{44}

帅 suai^{35}

士 sɿ^{35}

象 ɕiaŋ^{35}

相 ɕiaŋ^{35}

车 tɕyo^{51}

马 mu^{33}

炮 p^{h}iɤɯ^{44}

兵 piɤɯ^{51}

卒 tsu^{51}

拱卒 koŋ^{55}tsu^{51}

将军 tsiaŋ^{44}tɕyn^{44}

平棋 piɤɯ^{21}tsɿ^{21}

□索子 lau^{51}sau^{35}lə^{0} 拔河

□□□ uei^{35}pia^{44}ɕi^{0} ①游泳；②戏水

向天□□ ɕiaŋ^{44}t^{h}eĩ^{51}pia^{44}ɕi^{0} 仰泳

踩水 ts^{h}a^{51}ɕya^{55}

*仆起□ p^{h}u^{35}sɿ^{0}uei^{35} 趴着游

□起□ ts^{h}iaŋ^{55}sɿ^{0}uei^{35} 侧着游

打⁼没牯 tu^{55}ma^{35}kuo^{55} 潜水

□□鬼 teĩ^{51}nə^{0}kua^{55} 水中倒映的人影

打球 ta^{55}tɕiɤɯ^{21}

赛球 sai^{35}tɕ^{h}iɤɯ^{51}

乒乓球 p^{h}in^{44}paŋ^{0}tɕ^{h}iɤɯ^{51}

篮球 laŋ^{51}tɕ^{h}iɤɯ^{0}

排球 p^{h}ai^{51}tɕ^{h}iɤɯ^{0}

足球 tsu^{51}tɕ^{h}iɤɯ^{0}

羽毛球 y^{55}mau^{51}tɕ^{h}iɤɯ^{0}

跳远 t^{h}iau^{35}yan^{55}

跳高 t^{h}iau^{35}kau^{44}

翻筋头 xueĩ^{51}tɕi^{51}tɤɯ^{21} 翻跟头

鸡公走路 tsɿ$^{51-44}$kie$^{51-55}$tsɿ^{55}luo^{51} 头朝下两手撑着地面走

倒根□徛 ta^{44}kie^{0}kuo^{0}tsɿ^{33} 倒立

高跷 kia^{51}tɕiɤɯ^{0}

耍把戏 ɕya^{55}pa^{55}ɕi^{0}

对刀 tuei^{35}tau^{44} 两人耍刀

耍刀 ɕya^{55}ta^{51}

跳秧歌舞 tʰiɤɯ^{35}iaŋ$^{51-44}$kə^{0}u^{55} 扭秧歌儿

打腰鼓 ta^{55}iau^{44}ku^{0}

跳舞 tʰiɤɯ^{35}u^{55}

大戏 tu^{51}sɿ^{0} 当地指祁剧

调 tiɤɯ^{44} 调子戏。戏味浓厚，音乐性强。相传有三百余年历史。内容多反映普通百姓生活，表演生活化。舞台语言采用当地使用的西南官话。音乐上采用民歌、山歌、渔歌、情歌、号子、小调、丝弦等音乐元素，婉转优美。年节寿庆、婚丧嫁娶，都有调子戏班开台唱戏。2012年入选湖南省非物质文化遗产名录

唱调 tɕʰiaŋ^{44}tiɤɯ^{44} 唱调子戏

戏台 sɿ^{44}ti^{21}

戏班子 sɿ^{44}peĩ^{51}lə^{0}

师傅 sɿ^{51}xu^{0} 戏班子的班主

花面皮 xu^{51}meĩ^{51}pa^{21} 花脸

碎丑角 ɕyo^{44}tɕʰiɤɯ^{55}tɕiɤɯ^{35} 小丑

老生 lau^{55}sen^{44}

小生 ɕiau^{55}sen^{44}

武生 u^{55}sen^{44}

老旦 lau^{55}taŋ^{35}

碎旦 ɕyo^{44}taŋ^{35} 小旦

二十二 动作

□紧咧 ta^{51}tɕi^{0}lie^{0} 跌倒了

　□紧咧 kuo$^{35-44}$tɕi^{0}lie^{0}

爬起来 pu^{21}sɿ^{55}la^{21}

摇脑牯 iɤɯ^{21}na^{55}kuo^{55} 摇头

点脑牯 teĩ^{55}na^{55}kuo^{55} 点头

抬脑牯 ti^{21}na^{55}kuo^{55} 抬头

勾脑牯 kɤɯ^{51}na^{55}kuo^{55} 低头

转脑牯 tɕyeĩ^{44}na^{55}kuo^{55} 回头

面皮转过去 meĩ^{51}pa^{0}tɕyeĩ^{44}ku^{0}xuo^{0} 脸转过去

鼓起眼睛 kuo^{55}sɿ^{0}niɤ^{33}tɕiɤɯ^{0} 瞪眼

□睛眯睛 kuei^{21}tɕiɤɯ^{0}ma^{51}tɕiɤɯ^{0} 挤眼儿

撞紧 tsʰoŋ^{51}tɕi^{0} 遇见

眼睛乱转 niɤ^{33}tɕiɤɯ^{0}loŋ^{51}tɕyeĩ^{44}

流眼睛水 liɤɯ^{21}niɤ^{33}tɕiɤɯ^{0}ɕya^{55} 流眼泪

锥起嘴公 tɕya^{51}sɿ^{0}tɕyo^{55}kie$^{51-55}$ 努嘴；噘嘴

□起嘴公 tɕʰyei^{44}sɿ^{0}tɕyo^{55}kie$^{51-55}$ 歪嘴

□起嘴公 pa^{35}sɿ^{0}tɕyo$^{55-44}$kie$^{51-55}$ 抿着嘴

□手 ɕyo^{44}ɕiɤɯ^{55} 作揖

　□手 tɕʰiaŋ^{44}ɕiɤɯ^{55}

摇手 iau^{51}ɕiɤɯ^{55} 摆手

打开手 ta^{55}xɤ^{51}ɕiɤɯ^{55} 撒手

放手 poŋ^{44}ɕiɤɯ^{55}

伸手 tɕʰieĩ^{51}ɕiɤɯ^{55}

动手 tie^{33}ɕiɤɯ^{55}

拍手 pʰia^{35}ɕiɤɯ^{55}

反起手 xueĩ^{55}sɿ^{0}ɕiɤɯ^{55} 背着手

□起手 kʰua^{35}tsɿ^{0}ɕiɤɯ^{55} 叉着胳膊（两手交叉抱在胸前）

缩起手 suo^{35}sɿ^{0}ɕiɤɯ^{55} 笼着手（双手交叉伸到袖筒里）

拨开 pɤ^{35}xɤ^{51} 拨拉开

　□开 piɤɯ^{35}xɤ^{51}

□紧 tie^{21}tɕi^{0} 扶着

□紧 ie^{51}tɕi^{0} 捂住

抹伸$^{=}$mu^{51}tɕʰieĩ^{51} 摩挲

迸 piɤɯ^{44}

擘 piɤɯ^{35}

□门 kʰuei^{51}mie^{21} 敲门

□牙齿 kʰuei^{51}ŋu^{21}tsʰu^{0} 剔牙

搊 tsʰɿ^{51} 用手托着向上

搊屎 tsʰɿ^{51}sɿ^{55} 把屎（从后面托起小儿双腿，哄他大便）

搊尿 tsʰɿ^{51}niau^{35} 把尿

弹手埠粒粒 teĩ^{21}ɕiɤɯ^{55}pu^{0}la^{0}la^{0} 弹指头

□起锤子 kʰiɤɯ^{44}sɿ^{0}tɕʰya^{21}lə^{0} 攥起拳头

踮脚 teĩ^{44}tɕiɤɯ^{35} ①踮脚；②跺脚

吊起脚 tiɤɯ^{44}sɿ^{0}tɕiɤɯ^{35} 跷二郎腿

缩起脚 suo^{35}sɿ^{0}tɕiɤɯ^{35} 蜷腿

抖脚 tɤɯ^{55}tɕiɤɯ^{35} 抖腿

踢 tʰiɤɯ^{35} 踢腿

*踞 tɕyei^{51} 蹲

勾腰 kɤɯ^{51}iɤɯ^{51} 弯腰

伸腰 tɕʰieĩ^{51}iɤɯ^{51}

撑腰 tsʰen^{44}iɤɯ^{51} 支持

勾起□股 kɤɯ^{51}sɿ^{0}ɕi^{44}kuo^{55} 撅屁股

捶背 tɕʰya^{21}pɤ^{44}

嫌 ɕieĩ^{21} 嫌弃

哭 xuo^{35}

大哭 tʰai^{44}xuo^{35}/tu^{51}xuo^{35}

□ kʰua^{35} 说：～话

　讲 ki^{55}

打□ ta^{55}tɕʰieĩ^{21} 打仗

兑 tuo^{44} ～水

□起来 nɤ^{55}sɿ^{0}la^{0} 拿起来

□ kʰye^{51} 放

*竖 ɕyo^{44}

　*敦起 tɕye^{51}sɿ^{0}

储 tsʰuo^{21} 积；累

□ tɕʰyo^{33} 偷；窃

抹罢去 mu^{51}pa^{0}xuo^{0} 擦掉

漏脱咧 lu^{51}tʰə^{0}lie^{0} 落（把东西遗失在某处）

码起来 mu^{33}sɿ^{0}la^{0} 码放

□得咧 na^{51}tə^{0}lie^{0} ①知道；②懂了

会罢咧 uo^{51}pa^{0}lie^{0} 会了

识得 ɕiɤ^{35}tə^{0} 认得

识唔得 ɕiɤ^{35}m^{0}tə^{0} 不认得

识字 ɕiɤ^{35}tsɿ^{51}

估□ kuo^{55}ti^{0} 估量

思整$^{=}$意 sɤ^{51}tɕiu^{55}i^{44} 想主意

猜 tsʰi^{51} 猜想

没信 mɤ^{33}si^{44} 不相信

犹豫 iɤɯ$^{51-44}$yei^{35}

留神 liɤɯ^{21}sen^{51}

吓紧咧 xu^{44}tɕi^{0}lie^{0} 吓着了

着急 tɕiɤɯ^{51}tsɿ^{35}

挂牵 kuei^{44}tɕʰieĩ^{44} 挂念

放心 poŋ^{44}si^{51}

巴唔得 pu^{51}m^{0}tɤ^{35} 巴不得

□□ kia^{51}sɿ^{35} 努力：～做事

□命 tʰeĩ^{35}miɤɯ^{21} 拼命

思罢起来 sɤ^{51}pa^{0}sɿ^{0}la^{0} 想起来了

没□ mɤ^{33}xu^{51} 忘记

眼红 niɤ^{33}ɕie^{21} 嫉妒

恨 xen^{35}

羡慕 ɕian^{35}mu^{0}

□得起一□，□唔起一□ niɤ^{35}lə^{0}sɿ^{0}i$^{35-44}$ta^{0}，niɤ^{35}m^{0}sɿ^{0}i$^{35-44}$ta^{0} 看得起一个，看不起

一个，指偏心

怄气 ŋɤɯ^{44}tsʰɿ^{44}

怨 ueĩ^{44} 抱怨

憋气 pi^{35}tsʰɿ^{44}

□□ ia^{51}ŋau^{44} 伤心；发怒

□□ suo^{44}ɕi^{51} 爱惜（对物）

欢喜 xoŋ^{51}sɿ^{0} 喜欢（人）

□ ɕie^{21} 疼爱

感谢 kaŋ^{55}ɕie^{35}

□娇 sɿ^{35}kiɤɯ^{51} 娇惯

唔□ m^{33}ŋɤ^{51} 不理睬

□话 kʰua^{35}xu^{51} 说话

讲话 ki^{55}xu^{51}

□天话 kʰua^{35}tʰeĩ^{51}xu^{51} 聊天儿

讲天话 ki^{55} tʰeĩ^{51}xu^{51}

没答话 mɤ^{33}tu^{35}xu^{51} 不答话

没□声 mɤ^{33}tɕi^{0}ɕiu^{51} 不作声

哄 xoŋ^{55} 骗

□ xɤɯ^{55}

骗 pʰian^{35}

□□ kuaŋ^{44}ɕiaŋ^{44} 告诉

考嘴公 kia^{55}tɕyo^{55}kie^{0} 斗嘴

顶嘴公 tiɤɯ^{55}tɕyo^{55}kie^{0} 顶嘴

答嘴公 tu^{35}tɕyo^{55}kie^{0} 答话

犟嘴公 tɕiaŋ^{33}tɕyo^{55}kie^{0} 犟嘴

*斥 tsʰu^{51} 骂；斥责

捱斥 ŋai$^{21-44}$tsʰu^{51} 挨骂

捱□ ŋai$^{21-44}$kʰua^{35} 挨说（被批评）

捱讲 ŋai$^{21-44}$ki^{55}

零碎话多 liɤɯ^{21}ɕyo^{0}xu^{0}tau^{51} 唠叨

□水 ⁼loŋ^{51}ɕya^{55} 啰唆

女子话多 nyo^{33}lə^{0}xu^{0}tau^{51} 女人唠叨

□零碎话 kʰua^{35}liɤɯ^{21}ɕyo^{0}xu^{51}

□ uei^{51} 喊；叫

没好讲 mɤ^{33}xa^{55}ki^{55} 没什么好说的

二十三　位置

地牯 ta^{51}kuo^{0} ①地下：跌罢～咧（跌到地上了）；②地上：～脏没得脏（地上太脏了）

□□ mi^{51}tsʰa^{0} ①前边；②跟前儿

天上 tʰeĩ^{51}ɕiaŋ^{0}

岭上 liɤɯ^{33}ɕiaŋ^{0}

路上 luo^{51}ɕiaŋ^{0}

街路上 ki$^{51-44}$luo^{51}ɕiaŋ^{0} 街上

墙高头 tsʰiaŋ^{21}kia$^{51-44}$tɤɯ^{0} 墙上

门高头 mie^{21}kia$^{51-44}$tɤɯ^{0} 门上

台子高头 ti^{21}lə^{0}kia$^{51-44}$tɤɯ^{0} 桌子上

椅子凳高头 i^{55}lə^{0}tie^{44}kia$^{51-44}$tɤɯ^{0} 椅子上

手高头 ɕiɤɯ^{55}kia$^{51-44}$tɤɯ^{0} 手里

心埠 si^{51}pu^{0} 心里

大门门后 tu^{51}mie^{21}mie^{21}xɤɯ^{0} 大门外

门门后 mie^{21}mie^{21}xɤɯ^{0} 门外

墙门后 tsʰiaŋ^{21}mie^{21}xɤɯ^{0} 墙外

窗子（豁）门后 soŋ^{51}lə^{0}（xua^{35}）mie^{21}xɤɯ^{0} 窗户外头

车高头 tɕʰiu^{51}kia$^{51-44}$tɤɯ^{0} 车上：～坐紧人

车门后 tɕʰiu^{51}mie^{21}xɤɯ^{0} 车外：～落雨咧

车头子 tɕʰiu^{51}tɤɯ$^{21-44}$lə^{0} 车前头

车□□ tɕʰiu^{51}mi^{51}tsʰa^{0}

车子背底 tɕʰiu^{51}lə^{0}pɤ^{44}ti^{0} 车后头

岭□□ liɤɯ^{33}mi^{51}tsʰa^{0} 岭前

岭背底 liɤɯ^{33}pɤ^{44}ti^{0} 岭后

屋背底 uo^{35}pɤ^{44}ti^{0} 屋后

□□彼□ i^{35}luo^{44}pɤ^{44}ti^{35} 以前

以前 i^{55}tɕ^{h}ian^{51}

末时 ua^{51}sɿ^{0} 以后

以后 i^{55}xɤɯ^{35}

以上 i^{55}ɕiaŋ^{33}

以下 i^{55}xu^{33}

尾工 ma^{33}kie$^{51-55}$ ①后来（指过去某事之后）；②从今以后（将来）；③从此以后（不拘过去还是将来）

东 tie^{51}

西 si^{51}

南 nu^{21}

北 pɤ^{35}

东南 tie^{51}nu^{21}

东北 tie^{51}pɤ^{35}

西南 si^{51}nu^{21}

西北 si^{51}pɤ^{35}

路面$^{=}$紧 luo^{51}meĩ$^{51-44}$tɕi^{0} 路边儿

□底下 tuo^{21}ti^{55}xu^{0} 床底下

楼子底下 lɤɯ^{21}lə^{0}ti^{55}xu^{0}

脚底下 tɕiɤɯ^{35}ti^{55}xu^{0}

碗□股 oŋ^{55}ɕi^{44}kuo^{55} 碗外面的底儿

碗□紧底下 oŋ^{55}poŋ^{35}tɕi^{0}ti^{55}xu^{0} 碗里面的底儿

镬子□股 ue^{51}lə^{0}ɕi^{44}kuo^{55} 锅外面的底儿

镬子□紧底下 ue^{51}lə^{0}poŋ^{35}tɕi^{0}ti^{55}xu^{0} 锅里面的底儿

缸空□股 koŋ$^{51-44}$ɕie$^{51-55}$ɕi^{44}kuo^{55} 缸外面的底儿

缸空□紧底下 koŋ$^{51-44}$ɕie$^{51-55}$poŋ^{35}tɕi^{0} ti^{55}xu^{0} 缸里面的底儿

面$^{=}$紧 meĩ^{51}tɕi^{0} 边儿上

近面$^{=}$紧 tɕi^{33}meĩ$^{51-44}$tɕi^{0} 附近

往□紧走 oŋ^{55}poŋ^{35}tɕi^{0}tsɿ^{55} 往里走

往门后走 oŋ^{55}mie^{21}xɤɯ^{0}tsɿ^{55} 往外走

往东走 oŋ^{55}tie^{51}tsɿ^{55} 往东走

往西走 oŋ^{55}si^{51}tsɿ^{55} 往西走

往□□走 oŋ^{55}mi^{51}ts^{h}a^{0}tsɿ^{55} 往前走

…以东 i^{55}tie^{51}

…以西 i^{55}si^{51}

…以南 i^{55}nu^{21}

…以北 i^{55}pɤ^{35}

…以内 i^{55}nuei^{35}

…以外 i^{55}uai^{35}

…以来 i^{55}lai^{51}

…之后 tsɿ^{44}xɤɯ^{35}

…之前 tsɿ^{44}tɕ^{h}ian^{51}

…之外 tsɿ^{44}uai^{35}

…之内 tsɿ^{44}nuei^{35}

…之间 tsɿ^{44}tɕian^{44}

…之上 tsɿ^{44}ɕiaŋ^{35}

…之下 tsɿ^{44}ɕia^{35}

二十四　代词等

□□ iɤ^{51}ta^{44} ①谁；②谁们

个□ kɤ^{44}ta^{55} 这个

彼□ pɤ^{44}ta^{55} 那个

个□ kɤ^{44}sɤ^{35} 这些

彼□ pɤ^{44}sɤ^{35} 那些

□□ iɤ^{51}sɤ^{35} 哪些

□□ lie^{35}lə^{0} 到处

样个做 iaŋ^{51}kə^{0}tsɤ^{44} 怎么做

样个办 iaŋ^{51}kə^{0}peĩ^{44} 怎么办

好 xa^{55} 多：～久；～高；～大；～重

□两□ yo^{51}liaŋ^{33}ta^{44} 我们俩

□两□ nɤ^{51}liaŋ^{33}ta^{44} 你们俩

□两□ tɤ^{51}liaŋ^{33}ta^{44} 他们俩

两公婆 liaŋ^{33}kie^{0}pu^{0} 夫妻俩

□□崽崽 nau^{33}nau^{0}tsɤ^{55}tsɤ^{55} 娘儿俩（母亲和子女）

子崽母子 tsʅ^{55}tsɤ^{55}mɤ$^{33-55}$lɤ$^{-55}$

两崽婆爷 liaŋ^{33}tsɤ^{55}pu$^{21-44}$iu^{21} 爷儿俩（父亲和子女）

两叔孙 liaŋ^{33}ɕiɤɯ^{35}ɕye^{51} ①爷孙俩；②叔侄俩

两兄嫂 liaŋ^{33}ɕiu^{51}sia^{55} 妯娌俩

两兄弟 liaŋ^{33}ɕiu^{51}li^{0} ①兄弟俩；②哥儿俩

两姊妹 liaŋ^{33}tsa^{55}mɤ^{51} ①姐妹俩；②姐儿俩；③兄妹俩；④姐弟俩；⑤姑嫂俩

几兄嫂 tsʅ^{55}ɕiu^{51}sia^{55} 妯娌们

几姊妹 tsʅ^{55}tsa^{55}mɤ^{51} ①姐妹们；②兄妹们；③姐弟们；④姑嫂们

二十五　形容词

没错 mɤ^{33}ts^{h}au^{35} 不错

差唔多 tɕ^{h}iu^{44}m^{0}tau^{51} 差不多

没样个 mɤ^{33}iaŋ^{51}kə^{0} 不怎么样

没顶事 mɤ^{33}tiɤɯ^{55}sʅ^{51} 不顶事

大方 ta^{35}xoŋ^{0}

贵重 kua^{44}ts^{h}ie^{33}

要紧 i^{51}tɕi^{55}

闹□ nau^{51}neĩ^{0} 热闹

扎实 tsa^{51}sʅ^{0} 结实

结实 kie$^{51-44}$sʅ^{0}

硬 ŋen^{51}

嫩 nye^{51} 软

爽利 soŋ^{55}la$^{51-55}$ 干净

污屎 uo$^{51-44}$sʅ^{55} 脏（不干净）

咸 xu^{21}

淡 tu^{33}

香 ɕiaŋ^{51}

酸 soŋ^{51}

甜 teĩ^{21}

苦 xuo^{55}

辣 li^{51}

清 ts^{h}iɤɯ^{51}（粥）稀

*旱 xeĩ^{33} ①（粥）稠；②口渴

疏 suo^{51} 稀

密 pa^{51}

精 tsiɤɯ^{51}（肉）瘦

生疏 sen^{51}su^{0}

熟悉 ɕiɤɯ^{51}sʅ^{0}

波波折折 puo^{51}puo^{0}tsa^{0}tsa^{0} 生活波折

听话 t^{h}iɤɯ$^{51-44}$xu^{51}

调皮 tiɤɯ^{21}pa^{21}

□ p^{h}ia^{51} 聒噪

要得 i^{51}tə^{0} 真行

缺德 tɕ^{h}yei^{51}tə^{0}

伶俐 liɤɯ^{21}la^{33}

灵 liɤɯ^{21} 手蛮～

半桶水 poŋ^{44}t^{h}ie^{0}ɕya^{55} 手艺不精的人

□□□□ toŋ^{51}toŋ^{0}tɕ^{h}ie^{35}tɕ^{h}ie^{0} 糊里糊涂

没用处 ma^{33}i^{51}tɕ^{h}yo^{44}

□ koŋ^{21} 整：鸡卵食～个（鸡蛋吃整的）

□罢出来 tɕ^{h}yo^{55}pa^{0}ɕya^{55}la^{0} 凸了出来

□罢入去 tɕ^{h}yo^{55}pa^{0}n^{51}xuo^{0} 凹了进去

入罢去 n^{51}pa^{0}xuo^{0}

凉快 liaŋ^{21}k^{h}uei^{44}

晃 xoŋ^{51} 活络（活动的；不稳固的）

正 tɕiu^{44}（味道）正

齐□tsʰi^{21}tɕʰiu^{0}整齐

迟tsɿ^{21}晚：来罢～罢咧（来晚了）

多tau^{51}

少ɕiɤɯ^{55}

大tʰai^{44}/tu^{51}

*碎ɕyo^{44}

长tsʰoŋ^{21}

短toŋ^{55}

□tɕi^{55}厚

薄pu^{51}

　□iɤ^{51}

□pa^{51}圆

　□koŋ^{21}

□pa^{33}扁

深ɕi^{51}

浅tsʰeĩ^{55}

高kia^{51}

低ti^{51}

矮i^{55}

正tɕiu^{44}

笡tsʰiɤɯ^{44}①歪；②斜

利la^{51}刀快

□kʰuei^{51}刀钝

红ɕie^{21}

大红ta^{35}xoŋ^{51}

粉红xue^{55}ɕie^{21}

老红la^{33}ɕie^{21}深红

浅红tsʰeĩ^{55}ɕie^{21}

蓝lu^{21}

浅蓝tsʰeĩ^{55}lu^{21}

深蓝ɕi^{51}lu^{21}

天蓝tʰeĩ^{51}lu^{21}

绿lyo^{51}

草绿tsʰia^{55}lyo^{51}

水绿ɕya^{55}lyo^{51}

浅绿tsʰeĩ^{55}lyo^{51}

白pu^{51}

灰白xuei^{44}pɤ^{51}

灰xuei^{44}

深灰ɕi^{51}xuei^{44}

浅灰tsʰeĩ^{55}xuei^{44}

银灰ni^{21}xuei^{44}

黄xoŋ^{21}

深黄ɕi^{51}xoŋ^{21}

浅黄tsʰeĩ^{55}xoŋ^{21}

青tsʰiɤɯ^{51}

鸭卵青u^{35}loŋ^{33}tsʰiɤɯ^{51}鸭蛋青

紫tsɿ^{55}

黑xɤ^{35}

二十六　副词、介词等

□ɕiu^{51}刚：～来

正□tɕiu^{44}xua^{0}刚好：～十块钱｜～我在彼□那儿[pi^{55} tɤ$^{-55}$]

有点xɤɯ^{33}teĩ^{55}有点儿：天～冷

恐ɕie^{55}也许：～落雨

算唔到soŋ^{44}m^{0}ta^{44}想不到

没……没mɤ^{33}…mɤ^{33}～到九点～开会

□早tu^{35}tsia^{55}趁早：～走去

一早一黑i$^{35-44}$tsia^{55}i$^{35-44}$xɤ^{35}早晚：～来一□趟[kʰen^{51}]

一□i$^{35-44}$niɤ^{35}眼看：～就要落雨咧

□□好tu^{35}ma^{0}xa^{55}幸亏：～尔你来罢，要不然□我们[yo^{51}]就走错罢咧

当紧□toŋ^{51}tɕi^{0}k^{h}ua^{35}当面说：有话～

避紧□pa^{51}tɕi^{0}k^{h}ua^{35}背地说：没要～

顺子□ɕyei^{51}lə^{0}kuo^{0}顺便：分我～本书归来（顺便给我带本书回来）

到底tau^{35}ti^{55}□他[tɤ^{51}]～走罢咧没得，尔你问清白

一点i$^{35-44}$teĩ^{55}□他[tɤ^{51}]～没会

硬是□ŋen^{51}sɿ^{0}neĩ^{55}个□[ta^{0}]这个人～好

快平k^{h}uei^{44}piɤɯ^{21}个□[ta^{0}]这个～人四十岁咧

没要mɤ^{33}i^{51}慢点子走，～□跑[k^{h}uei^{35}]

白pu^{51}～食，没要钱

空ɕie^{51}～跑一□趟[k^{h}en^{51}]

偏要p^{h}eĩ^{51}i^{0}偏：尔你没分让我去，我～去

乱loŋ^{51}～讲

先seĩ^{51}尔你～走

起头sɿ^{55}tɤɯ^{0}开头：～□他[tɤ^{51}]没会，尾工后来学会嘞

□□koŋ^{44}li^{35}另外：～还有一□个[ta^{0}]人来

分pie^{51}①被：～狗咬罢一口；②把：～门关上

对紧tuo^{44}tɕi^{0}对着：□他[tɤ^{51}]～我笑

向紧ɕiaŋ^{44}tɕi^{0}

向ɕiaŋ^{44}①向：～□[tɤ^{51}]他问个桩事；②问：～□[tɤ^{51}]他借本书

照紧tɕiɤɯ^{44}tɕi^{0}照着：～［个样］[kiaŋ^{35}]做到ta^{44}

得lə^{0}到：扔～水埠扔到水里|放～台子高头放到桌子上面|坐～椅子凳高头坐在椅子上面

在ti^{33}①我～[a^{35}]埠家；②～□□[iɤ^{51}lɤ^{35}]哪儿住

自tsɿ^{51}①从：～[a^{35}]埠家来；②自从：～□他[tɤ^{51}]归罢一直落雨（也说"自从tsɿ$^{51-44}$ts^{h}oŋ^{0}"）

用i^{51}尔你～毛笔写

顺紧ɕyei^{51}tɕi^{0}顺着：～个这条大路走

□kia^{55}①给：～□他[tɤ^{51}]办点事；②给我（虚用，加重语气：尔你～食罢这份碗饭！

分……□pie^{51}…uei^{51}把……叫：有些□[tuo^{51}]牯地方分番薯□叫[uei^{51}]山药

拿……当nɤ^{55}…toŋ^{51}有些□[tuo^{51}]牯地方拿细麦稿麦秸当樵柴烧

自碎彼□以来tsɿ$^{51-44}$ɕyo^{44}pɤ^{44}ti^{0}i^{55}la^{0}从小：□他[tɤ^{51}]～就能受苦

望门后oŋ^{44}mie^{21}xɤɯ^{0}往外：□他[tɤ^{51}]蛮多钱，没～拿

赶koŋ^{55}尔你得天黑以前～到

二十七　量词

一丘i$^{35-44}$tɕ^{h}iɤɯ^{51}～田

一□i$^{35-44}$mɤ^{55}～奖章

一本i$^{35-44}$pie^{55}～书

一笔i$^{35-44}$pa^{35}～款

一头i$^{35-44}$tɤɯ^{0}～牛；～羊；～蚂子蚂蚁

一封i$^{35-44}$xoŋ^{51}～信

一味i$^{35-44}$ua^{51}～药

一□i$^{35-44}$p^{h}a^{44}～膏药

一条i$^{35-44}$tiɤɯ^{21}～溪

一□i$^{35-44}$mɤ^{55}～墨；～香；～头发

一顿i$^{35-44}$tɕye^{44}食～饭

一张i$^{35-44}$tsoŋ^{51}～帕子毛巾

一□i$^{35-44}$k^{h}u^{33}～火车；～飞机

一稿i$^{35-44}$kia^{55}一把：～香

一堵 $i^{35-44}tuo^{55}$ ～门

一□ $i^{35-44}k^hen^{51}$ ①一阵：～雨；②一趟：走～；③一面：见～；④一出：～戏；⑤一次：开～会

一□ $i^{35-44}puo^{51}$ ①一圈：打～麻将；②一面：见～

一身 $i^{35-44}ɕi^{51}$ ～衣

一把 $i^{35-44}pu^{55}$ ①～灯；②～旗；③～枪

一蔸 $i^{35-44}tɤɯ^{51}$ ～树

一粒 $i^{35-44}la^{35}$ ①用于圆形的东西：～星星；～西瓜；②用于某些物品：～院子；～砖

一处 $i^{35-44}ts^huo^{51}$ ～屋

一领 $i^{35-44}liɤɯ^{33}$ ～帽子；～衣

一路 $i^{35-44}luo^{51-55}$ 一行；～车

一排 $i^{35-44}pi^{21}$ ～台子

一片 $i^{35-44}p^heĩ^{44}$ ～叶子；～好心；～肉

一篇 $i^{35-44}p^heĩ^{51}$ ～文章

一段 $i^{35-44}toŋ^{51}$ ～文章

一层 $i^{35-44}ts^hie^{21}$ ～纸

一盘 $i^{35-44}poŋ^{21}$ ～棋

一门 $i^{35-44}mie^{21}$ ～亲戚

一刀 $i^{35-44}ta^{51}$ ～纸

一□ $i^{35-44}tie^{51}$ 一沓：～纸

一桩 $i^{35-44}tsoŋ^{51-44}$ ～事

一份 $i^{35-44}pie^{51}$ 一碗：食～饭

一碗 $i^{35-44}oŋ^{55}$

一杯 $i^{35-44}pɤ^{51}$ ～茶

一□ $i^{35-44}tsia^{35}$ 一撮：～米

一□ $i^{35-44}kiɤɯ^{44}$ 一小把：～米

一稿 $i^{35-44}kia^{55}$ 一把：～萝卜

一卷 $i^{35-44}tɕyan^{55}$ ～纸

一□ $i^{35-44}kue^{55}$ 一捆：～行李

一担 $i^{35-44}tu^{44}$ ～米；～水

一箍 $i^{35-44}kuo^{51}$ 一捆：～炮仗

一句 $i^{35-44}tɕyo^{44}$ ～话

一对 $i^{35-44}tuo^{44}$ ～花瓶

一桠 $i^{35-44}k^hu^{51-55}$ 一支：～笔

一套 $i^{35-44}t^ha^{44}$ ～书

一□ $i^{35-44}p^hoŋ^{44}$ 一伙：～人

一伙 $i^{35-44}xu^{55}$

一批 $i^{35-44}p^hi^{44}$ ～货

一起 $i^{35-44}ts^hɿ^{55}$ ～走

一掭 $i^{35-44}pia^{51}$ 一窝：～蜂

一爪 $i^{35-44}tɕya^{55}$ 一串：～葡萄

一间 $i^{35-44}keĩ^{51}$ 铺子（屋）

一□ $i^{35-44}k^hu^{33}$ 一座：～桥

一公虎口 $i^{35-44}kie^{51}xa^{55}xɤɯ^{55}$ 一拃（大拇指与中指张开的长度）

一母虎 $i^{35-44}mɤ^{33}xa^{55}xɤɯ^{55}$ 一虎口（大拇指与食指张开的长度）

一□ $i^{35-44}p^hi^{55}$ 一庹（两臂平伸的长度）

一隻 $i^{35-44}tɕiu^{35}$ ①一只：～手；②一根：～手埠粒粒一根手指

一面皮 $i^{35-44}meĩ^{51}pa^{0}$ 一脸：～土

一身 $i^{35-44}ɕi^{51}$ ～土

一肚子 $i^{35-44}tuo^{33}lə^{0}$ ～气

一□ $i^{35-44}ti^{35}$ 一下：打～；谈～

（看）一眼 $i^{35-44}nɤ^{33}$

（吃）一口 $i^{35-44}xɤɯ^{55}$

一□ $i^{35-44}xu^{55}$ 一场：闹～

一□ $i^{35-44}puo^{51}$ 一阵：落～雨

一□ $i^{35-44}k^hen^{51}$

一张 $i^{35-44}tsoŋ^{51}$ ～画

一堵 i$^{35-44}$tuo^{55} ～墙
一地 i$^{35-44}$ta^{51} 一处：～□[tuo^{51}]牯地方
一部 i$^{35-44}$pu^{33} ～书
一班 i$^{35-44}$peĩ^{51} ～车
一水 i$^{35-44}$çya^{55} 洗～衣
一□ i$^{35-44}$ta^{21} 一团：～泥；～线
一堆 i$^{35-44}$tuo^{51} ～沙
一口 i$^{35-44}$xɤɯ^{55} ～牙齿
一师 i$^{35-44}$sɿ^{44} ～兵
一旅 i$^{35-44}$ly^{55}
一□团 i$^{35-44}$ta^{44}toŋ^{21} 一个团
一□营 i$^{35-44}$ta^{44}iu^{21} 一个营
一□连 i$^{35-44}$ta^{44}leĩ^{21} 一个连
一□排 i$^{35-44}$ta^{44}pi^{21} 一个排
一□班 i$^{35-44}$ta^{44}peĩ^{51} 一个班
一组 i$^{35-44}$tsu^{55}
一绺 i$^{35-44}$liɤɯ^{51} ～头发
一手 i$^{35-44}$çiɤɯ^{55} 写～好字
一笔 i$^{35-44}$pa^{35} 写～好字
一届 i$^{35-44}$ki^{44} 做～官
一面台子 i$^{35-44}$meĩ^{0}ti^{21}lə^{0} 一桌子：请～客
一匣子 i$^{35-44}$çi^{51}lə^{0} ～火柴
一箱子 i$^{35-44}$siaŋ^{51}lə^{0} ～衣
一架子 i$^{35-44}$ku^{44}lə^{0} ～书
一柜 i$^{35-44}$k^{h}ua^{51} ～书
一扯箱 i$^{35-44}$tɕ^{h}iu^{55}siaŋ^{51} ～文件
一篓子 i$^{35-44}$lɤɯ^{55}lɤ$^{-55}$ ～菠菜
一□□ i$^{35-44}$xuaŋ^{55}laŋ^{0} 一篮子：～梨
一包 i$^{35-44}$piɤɯ^{51} ～花生
一袋牯 i$^{35-44}$ti^{51}kuo^{0} ～粮食
一瓶子 i$^{35-44}$p^{h}in^{51}tsɿ^{0} ～醋
一罐子 i$^{35-44}$kuaŋ^{35}tsɿ^{55} ～糖
一□子 i$^{35-44}$çyo^{51}lə^{0} 一坛子：～酒
一桶 i$^{35-44}$t^{h}ie^{55} ～水
一盆 i$^{35-44}$pie^{21} ～水
一壶 i$^{35-44}$xuo^{21} ～茶
一镬 i$^{35-44}$ue$^{51-55}$ ～饭
一甑 i$^{35-44}$tsie^{44} ～包子
一盘 i$^{35-44}$poŋ^{21} ～小菜
一杯 i$^{35-44}$pɤ^{51} ～茶
一勺子 i$^{35-44}$çiɤɯ^{51}lə^{0} ～汤；～酱油
粒把两粒 la^{35}pu^{0}liaŋ^{33}la^{35} 一两个：～西瓜，没够食不够吃
百十□人 pu^{35}sɿ^{0}ta^{44}n^{0} 百把来人
千把□人 ts^{h}eĩ^{51}pu^{0}ta^{44}n^{0} 千把个人
万把块钱 ueĩ^{51}pu^{0}k^{h}uei^{44}ts^{h}eĩ^{21}
里把两里路 la^{35}pu^{0}liaŋ^{33}la^{35}luo^{51} 一两里路
亩把两亩田 ma$^{33-55}$pu^{0}liaŋ^{33}ma^{33}teĩ^{21} 一两亩田

二十八　附加成分

后加成分：
紧 tɕi^{55} 热得～
死人 sa^{55}n^{0}：□热[pa^{35}] ～咧
前加成分：
梆硬梆硬 poŋ^{51}ŋen^{0}poŋ^{51}ŋen^{0}
死硬死硬 sa^{55}ŋen^{0}sa^{55}ŋen^{0}
□臭□臭 oŋ^{35}tɕ^{h}iɤɯ^{44}oŋ^{35}tɕ^{h}iɤɯ^{44} 很臭很臭
死倔死倔 sa^{55}tsiɤɯ^{35}sa^{55}tsiɤɯ^{35}
焦□焦□ kiɤɯ^{51}tɕ^{h}ya^{0}kiɤɯ^{51}tɕ^{h}ya^{0} 焦糊得很厉害
青黑青黑 ts^{h}iɤɯ^{51}xɤ^{35}ts^{h}iɤɯ^{51}xɤ^{35}

二十九　数字等

一号（指日期，下同）i$^{35-44}$xa^{51}

两号 liaŋ^{33}xa^{51} 二号
三号 su$^{51-44}$xa^{51}
四号 sa^{44}xa^{51}
五号 n^{33}xa^{51}
六号 liɤɯ^{51}xa^{51}
七号 tsʰa^{35}xa^{51}
八号 pi^{35}xa^{51}
九号 tɕiɤɯ^{55}xa^{51}
十号 sɿ^{51}xa^{51}
初一 tsʰuo^{51}i^{35}
初二 tsʰuo$^{51-44}$nɤ^{51}
初三 tsʰuo$^{51-44}$su^{51}
初四 tsʰuo^{51}sa^{44}
初五 tsʰuo^{51}n^{33}
初六 tsʰuo$^{51-44}$liɤɯ^{51}
初七 tsʰuo^{51}tsʰa^{35}
初八 tsʰuo^{51}pi^{35}
初九 tsʰuo^{51}tɕiɤɯ^{55}
初十 tsʰuo^{51}sɿ^{51}
老大 la^{33}tu^{51}
老二 la^{33}nɤ^{51}
老三 la^{33}su^{51}
老四 la^{33}sa^{44}
老五 la^{33}n^{33}
老六 la^{33}liɤɯ^{51}
老七 la^{33}tsʰa^{35}
老八 la^{33}pi^{35}
老九 la^{33}tɕiɤɯ^{55}
老十 la^{33}sɿ^{51}
老□ lau^{55}maŋ^{51} 老幺（最小的孩子）
大哥 tʰai^{44}kuo^{44}
二哥 nɤ^{51}kuo^{44}

一粒 i$^{35-44}$la^{35} 一个
两粒 liaŋ^{33}la^{35} 两个
三粒 su$^{51-44}$la^{35} 三个
四粒 sa^{44}la^{35} 四个
五粒 n^{33}la^{35} 五个
六粒 liɤɯ^{51}la^{35} 六个
七粒 tsʰa^{35}la^{35} 七个
八粒 pi^{35}la^{35} 八个
九粒 tɕiɤɯ^{55}la^{35} 九个
十粒 sɿ^{51}la^{35} 十个
第一 ti$^{35-44}$i^{35}
第二 ti$^{35-44}$nɤ^{51}
第三 ti$^{35-44}$su^{51}
第四 ti$^{35-44}$sa^{44}
第五 ti$^{35-44}$n^{33}
第六 ti$^{35-44}$liɤɯ^{51}
第七 ti$^{35-44}$tsʰa^{35}
第八 ti$^{35-44}$pi^{35}
第九 ti$^{35-44}$tɕiɤɯ^{55}
第十 ti$^{35-44}$sɿ^{51}
第一粒 ti$^{35-44}$i^{35}la^{35} 第一个
第二粒 ti$^{35-44}$nɤ^{51}la^{35} 第二个
第三粒 ti$^{35-44}$su^{51}la^{35} 第三个
第四粒 ti$^{35-44}$sa^{44}la^{35} 第四个
第五粒 ti$^{35-44}$n^{33}la^{0} 第五个
第六粒 ti$^{35-44}$liɤɯ^{51}la^{35} 第六个
第七粒 ti$^{35-44}$tsʰa^{35}la^{35} 第七个
第八粒 ti$^{35-44}$pi^{35}la^{35} 第八个
第九粒 ti$^{35-44}$tɕiɤɯ^{55}la^{35} 第九个
第十粒 ti$^{35-44}$sɿ^{51}la^{35} 第十个
十一 ɕiɤ^{51}i^{35}
二十一 n^{51}ɕiɤ^{0}i^{35}

三十一 su^{51}ɕiɤ^{0}i^{35}

四十 sa^{44}sɿ^{0}

四十一 sa^{44}ɕiɤ^{0}i^{35}

五十 n^{33}sɿ$^{51-55}$

五十一 n^{33}ɕiɤ^{0}i^{35}

六十 liɤɯ^{51}sɿ^{0}

六十一 liɤɯ^{51}ɕiɤ^{0}i^{35}

七十 ts^{h}a^{35}sɿ$^{51-55}$

七十一 ts^{h}a^{35}ɕiɤ^{0}i^{35}

八十 pi^{35}sɿ^{51}

八十一 pi^{35}ɕiɤ^{0}i^{35}

九十 tɕiɤɯ^{55}sɿ$^{51-55}$

九十一 tɕiɤɯ^{55}ɕiɤ^{0}i^{35}

一百一 i$^{35-44}$pu^{35}i^{35} 一百一十

一百一十粒 i$^{35-44}$pu^{35}i$^{35-44}$sɿ^{0}la^{35} 一百一十个

一百一十一 i$^{35-44}$pu^{35}i$^{35-44}$ɕiɤ^{0}i^{35}

一百一十二 i$^{35-44}$pu^{35}i$^{35-44}$ɕiɤ^{0}nɤ^{51}

一百二 i$^{35-44}$pu^{35}nɤ^{51} 一百二十

一百三 i$^{35-44}$pu^{35}su^{51} 一百三十

一百五十粒 i$^{35-44}$pu^{35}n^{33}sɿ^{0}la^{35} 一百五十个

两百五 liaŋ^{33}pu^{0}n^{33} 二百五十

两百五十粒 liaŋ^{33}pu^{0}n^{33}sɿ^{0}la^{35} 三百一十个

三百一 su$^{51-44}$pu^{0}i^{35} 三百一十

三百三 su$^{51-44}$pu^{0}su^{51} 三百三十

三百六 su$^{51-44}$pu^{0}liɤɯ^{51} 三百六十

三百八 su^{51}pu^{0}pi^{35} 三百八十

一千一 i$^{35-44}$ts^{h}eĩ^{51}i^{35} 一千一百

一千一百粒 i$^{35-44}$ts^{h}eĩ^{51}i$^{35-44}$pu^{35}la^{0} 一千一百个

一千九 i$^{35-44}$ts^{h}eĩ^{51}tɕiɤɯ^{55} 一千九百

一千九百粒 i$^{35-44}$ts^{h}eĩ^{51}tɕiɤɯ^{55}pu^{0}la^{35} 一千九百个

三千 su$^{51-44}$ts^{h}eĩ^{51}

五千 n^{33}ts^{h}eĩ^{51}

八千 pi^{35}ts^{h}eĩ^{51}

一万二 i$^{35-44}$ueĩ^{51}nɤ^{51} 一万两千

一万两千粒 i$^{35-44}$ueĩ^{51}liaŋ^{33}ts^{h}eĩ^{0}la^{35} 一万两千个

三万五 su$^{51-44}$ueĩ^{51}n^{33} 三万五千

三万五千粒 su$^{51-44}$ueĩ^{51}n^{33}ts^{h}eĩ^{0}la^{35} 三万五千个

零 liɤɯ^{21}

两斤 liaŋ^{33}tɕi^{51}

两钱 liaŋ^{33}ts^{h}eĩ^{21}

两分 liaŋ^{33}xue^{51}

两厘 liaŋ^{33}la^{21}

两丈 liaŋ^{33}ts^{h}oŋ$^{33-55}$

两尺 liaŋ^{33}tɕ^{h}iu^{35}

两寸 liaŋ^{33}tɕ^{h}ye^{44}

两里 liaŋ^{33}la$^{33-55}$

两担 liaŋ^{33}tu^{44}

两斗 liaŋ^{33}tɤɯ^{55}

两升 liaŋ^{33}ɕi^{51}

两合 liaŋ^{33}kia^{35}

两项 liaŋ^{33}xaŋ^{35}

两亩 liaŋ^{33}ma^{33}

好多粒 xa^{55}tau^{51}la^{35} 好多个

好几粒 xa^{55}tsɿ^{55}la^{35} 好几个

点 teĩ^{55} 大～子

一点 i$^{35-44}$teĩ^{55} 一点儿

一点点 i$^{35-44}$teĩ^{55}teĩ^{55} 比“一点”更少

一点□□ i$^{35-44}$tei^{55}ŋə^{0}tə^{0}

十几粒 ɕiɤ^{51}tsɿ^{55}la^{35} 十多个

数十粒 suo^{44}sɿ^{0}la^{35} 几十个

百十粒 pu^{35}sɿ^{0}la^{35} 一百个左右

百多粒 pu^{35}tau^{0}la^{35} 一百多个

千把粒 tsʰeĩ^{51}pu^{0}la^{35} 千数个

半粒 poŋ^{44}la^{35} 半个

一半 i$^{35-44}$poŋ^{44}

两半公 liaŋ^{33}poŋ^{44}kie$^{51-55}$ 两半儿

大半公 tu^{51}poŋ^{44}kie^{0}/tʰai^{44}poŋ^{44}kie^{0} 多半儿

碎半公 ɕyo^{44}poŋ^{44}kie^{0} 小半儿

一粒半 i$^{35-44}$la^{35}poŋ^{44} 一个半

……上下 ɕiaŋ^{33}xu^{0}

……左右 tsuo^{55}iɤɯ^{35}

干支

甲 tɕia^{51}

乙 i^{55}

丙 pin^{55}

丁 tin^{44}

戊 u^{51}

己 tɕi^{55}

庚 ken^{44}

辛 ɕin^{44}

壬 in^{51}

癸 kuei^{55}

子 tsɿ^{55}

丑 tɕʰiɤɯ^{55}

寅 in^{51}

卯 mau^{55}

辰 sen^{51}

巳 tsɿ^{35}

午 u^{55}

未 uei^{35}

申 sen^{44}

酉 iɤɯ^{51}

戌 ɕy^{44}

亥 xai^{35}

三十　地名读音举例

白鸽仓 pu^{51}ku^{0}tsʰoŋ^{51}

白马渡 pu^{51}m^{0}tuo^{51}

白芒铺 pu^{51}maŋ^{51}pʰu^{44}

曹家（在富塘镇）tsʰia^{21}ku^{0}

车头 tɕʰiu$^{51-44}$tɤɯ^{0}

赤源 tɕʰiu^{35}ueĩ$^{21-55}$

春子塘 tsʰyei$^{51-44}$tsɿ^{0}toŋ^{21} 地图上写作“春秋塘”

崔家 tʰuo^{51}ku^{0}

洞公（在寿雁镇）tie^{51}kie^{0} 地图上写作“大洞”

大路边 tu^{51}lə^{0}meĩ^{51}

凼公头（在寿雁镇）tie^{51}kie$^{51-44}$tɤɯ^{0} 地图上写作“凼古”

邓家洞 tie^{44}ku^{0}tie^{51}

东门 tie$^{51-44}$mie^{21}

洞公 tie^{51}kie^{0} 地图上写作“洞中”

二路上 nɤ^{51}lə^{0}ɕiaŋ^{51} 地图上写作“二堂”

富塘 xu^{35}tʰaŋ^{51}

新铺塘 si$^{51-44}$pu^{0}toŋ^{21}

柑子园 kan^{44}tsɿ^{55}yan^{51}

蚣坝 koŋ^{44}pa^{35}

槌头 tɕʰya$^{21-44}$tɤɯ^{0} 地图上写作“贵头”

横岭 xuen^{51}lin^{55}

洪塘营 xoŋ$^{51-44}$tʰaŋ^{51}yŋ^{51}

葫芦井 xuo^{21}lə^{0}tsiɤɯ^{55}

虎头牌 xu^{55}tɤɯ^{0}pʰai^{51}

黄子洞 xoŋ^{21}lə^{0}tie^{0} 地图上写作“黄土洞”

江村（在双牌县）tɕiaŋ$^{51-44}$tɕʰye^{51}

江心莫家 tɕiaŋ$^{51-44}$si^{0}mau^{51}ku^{0} 地图上写作“江南”

蒋家 tsiaŋ^{55}ku^{51}

蒋莫 tsiaŋ^{55}mau^{51}

井头 tsiɤɯ^{55}tɤɯ$^{21-55}$

廊洞 loŋ^{21}tie^{0}

老母处 la^{33}m^{0}ts^{h}uo^{51} 地图上写作“老母宅”

乐福堂 lau^{51}xu^{0}toŋ^{21}

雷家洞 luo^{21}ku^{0}tie^{0}

李家洞（在寿雁镇）la^{33}ku^{0}tie^{51}

鲤鱼坝（在寿雁镇）la^{33}ŋuo^{0}pa^{51}

立埠 liɤɯ^{51}pu^{0}

濂溪 lian^{51}tɕ^{h}i^{0}

林山岭 ni^{21}seĩ$^{51-44}$liɤɯ^{33} 地图上写作“林山屋”

岭脚 liɤɯ^{33}tɕiɤɯ$^{35-55}$

刘家（在寿雁镇）liɤɯ^{21}ku^{0}

鲁风井 luo^{33}xoŋ^{0}tsiɤɯ^{55} 地图上写作“鲁塘井”

罗湾井 luo^{21}ueĩ^{0}tsiɤɯ^{55} 地图上写作“罗家井”

梅花 mɤ^{21}xu^{51}

潘家 p^{h}oŋ$^{51-44}$ku$^{51-55}$

盘家 poŋ^{21}ku$^{51-55}$

桥头铺（在江永县）tɕiɤɯ$^{21-44}$tɤɯ^{21}p^{h}u^{35}

清明塘 ts^{h}iɤɯ$^{51-44}$mi^{0}toŋ^{21}

清塘 ts^{h}in$^{51-44}$t^{h}aŋ^{51}

三文洞 su$^{51-44}$mə^{0}tie^{51}

沙路源 su^{51}lə^{0}ueĩ^{51}

上关 ɕiaŋ^{51}kueĩ^{51}

上家树（在江永县）ɕiaŋ^{51}ku^{0}ɕyo^{51} 地图上写作“上江圩”

上莫家（在富塘镇）ɕiaŋ^{51}mau^{51}ku^{0}

上仙田埠 ɕiaŋ$^{51-44}$seĩ^{55}teĩ$^{21-44}$pu^{-55} 地图上写作“上仙田”

社湾 ɕiu^{33}ueĩ$^{51-55}$

申湾（在白马渡镇）sen^{44}ueĩ^{51} 地图上写作“申尾”

神岩 ɕi$^{21-44}$ŋan^{51}

审章塘 sen^{55}tɕiaŋ^{44}t^{h}aŋ^{51}

石□渡 ɕiu^{51}kuaŋ^{55}tuo^{51} 地图上写作“石下渡”

寿雁 ɕiɤɯ^{35}ŋa^{0}

司公岩 sa^{55}kie^{0}ŋeĩ^{21} 地图上写作“司空岩”

斯屋 sa^{51}ua^{0}

四马桥 sɿ^{44}ma^{55}tɕ^{h}iau^{51}

棠下 toŋ^{21}xu^{0}

塘背 toŋ^{21}pɤ^{44}

土地庙 t^{h}uo^{55}lə^{0}miɤɯ^{0}

万家庄 uaŋ^{35}kia^{0}tsuaŋ^{44}

王家 ueĩ^{21}ku^{0}

文市（在广西）uen^{51}sɿ^{35}

文吴家 uen^{51}ŋuo^{21}kuo^{0} 地图上写作“文家”

西田 si$^{51-44}$teĩ^{21}

西洲 si$^{51-44}$tɕiɤɯ^{0}

下莫家 xu^{33}mau^{51}ku^{0}

下仙田埠 xu^{33}seĩ^{55}teĩ$^{21-44}$pu^{0} 地图上写作“下仙田”

仙田埠（在寿雁镇）seĩ^{51}teĩ$^{21-44}$pu^{0} 地图上写作“仙田铺”

仙水脚 xue^{51}ɕya^{0}tɕiɤɯ^{35} 地图上写作“仙子脚”

水源树 ɕya^{55}ueĩ^{0}ɕyo^{51} 地图上写作“香元树”

祥霖铺 ts^{h}iaŋ^{51}lin^{51}pu^{35}

碎万家（在寿雁镇）ɕyo^{44}ueĩ^{51}ku^{0} 地图上写作“小万家”

笪埠渡 ts^{h}iɤɯ^{44}pu^{0}tuo^{51} 地图上写作“斜皮渡”

新车 si$^{51-44}$tɕ^{h}iu^{51}

新归头屋 si^{51}kua^{44}（t>l）ɤɯ^{0}ua^{35} 地图上写作“新归”

新田 si^{51}teĩ^{21}

新屋 si^{51}uo^{0}

新路上 si^{51}lə^{0}çiaŋ^{51} 地图上写作“新规”

许家洞 çyo^{55}ku^{0}tie^{51}

杨家岭（在寿雁镇）iaŋ^{21}ku^{0}liɤɯ^{33}

□牛坪子 niɤ^{35}ŋɤɯ^{21}piɤɯ^{21}lə^{0} 地图上写作“新养牛坪”

宜山岭 ni^{21}seĩ^{0}liɤɯ^{33}

营江 yŋ^{51}kiaŋ^{44}

牛洞岗 ŋɤɯ$^{21-44}$tie^{51}koŋ^{51} 地图上写作“玉岗 y^{35}kaŋ^{44}”

樟武处（在白马渡镇）tçiaŋ^{51}m^{0}ts^{h}uo^{44} 地图上写作“樟武坊”

五家窑（在白马渡镇）u^{55}ku^{0}iɤɯ^{21}

正鹄山 tçiu$^{51-44}$xua^{44}seĩ^{51} 地图上写作“正鹄”

竹园（在寿雁镇）tsɿ^{35}ueĩ$^{21-55}$

第六章 语法

第一节

词类

本章描写梅花土话的语法现象，着重介绍与普通话不同的语法特点。完成体、进行体、持续体、经历体、起始体、尝试体六种体系统主要与动词相关，放在词类部分讨论。

一　构词法

构词法包括复合构词法和逆序词。

（一）复合式构词

梅花土话的复合式构词包括并列式、偏正式、主谓式、动宾式和述补式。

1. 并列式。例如：

垛仓存放谷子的仓 tau^{33}ts^{h}oŋ^{0}

爽利干净 soŋ^{55}la$^{51-55}$

畜牲 tɕ^{h}iɤɯ^{35}sen$^{51-55}$

锁匙钥匙 sau^{55}tsɿ$^{21-55}$

牙齿 ŋu^{21}ts^{h}u^{0}

支撑犁把 tsɿ$^{51-44}$tɕ^{h}iaŋ^{51}

挂扫扫墓 kuei^{44}sia^{55}

来往 lai^{51}uaŋ^{55}

涂胶橡皮 t^{h}u^{51}tɕiau^{44}

抹伸⁼摩挲 mu^{51}tɕ^{h}ieĩ^{51}

收拾 ɕiɤɯ^{51}sɿ^{0}

生疏 sen^{51}suo^{0}

熟悉 ɕiɤɯ^{51}sɿ^{0}

安逸 ŋan^{44}ian^{35}

2. 偏正式。例如：

大雨 t^{h}ai^{44}u^{33}

晴天 ts^{h}iɤɯ^{21}t^{h}eĩ^{51}

阴天 i^{51}t^{h}eĩ^{51}

旱地 xeĩ^{33}ta^{51}

大年 t^{h}ai^{44}neĩ^{21}

碎年小年 ɕyo^{44}neĩ^{21}

早时上午 tsia^{55}sɿ$^{21-55}$

水桶 ɕya^{55}t^{h}ie^{55}

水田ɕya^{55}teĩ^{21}　　茶枯茶籽榨完油之后压成的饼ts^{h}u^{21}xuo^{51}

细□细看si^{44}niɤ^{35}　　清水ts^{h}iɤɯ^{51}ɕya^{55}

深红ɕi^{51}xoŋ^{51}　　浑水xue^{51}ɕya^{55}

浅蓝ts^{h}eĩ^{55}lu^{21}

3. 主谓式。例如：

油榨榨油的器具iɤɯ^{21}tsu^{44}　　口旱口干xɤɯ^{55}xeĩ^{33}

气猛气喘ts^{h}ɿ^{44}moŋ^{55}　　眼红niɤ^{33}ɕie^{21}

4. 动宾式。例如：

躲阴tau^{55}i^{51}　　扯风抽风tɕ^{h}iu^{55}xue^{51}

顶风tiɤɯ^{55}xue^{51}　　食饭iɤ$^{51-44}$xueĩ^{51}

顺风ɕyei^{51}xue^{51}　　食朝吃早饭iɤ$^{51-44}$tsau^{51}

落雨下雨lau^{51}u^{33}　　食晡吃午饭iɤ$^{51-44}$pu^{51}

出虹ɕya^{35}koŋ^{44}　　食夜吃晚饭iɤ$^{51-44}$iu^{51}

耙田pu$^{21-44}$teĩ^{21}　　失数烂账sɿ^{51}suo^{44}

整地tɕiu^{55}ta^{51}

5. 述补式。例如：

息□歇一会儿sɿ^{35}ti^{21}　　要紧i^{51}tɕi^{55}

漏脱咧漏掉lu^{51}t^{h}ə^{0}lie^{0}　　识得ɕiɤ^{35}tə^{0}

抹罢去抹掉mu^{51}pa^{0}xuo^{0}　　识唔得ɕiɤ^{35}m^{0}tə^{0}

要得i^{51}tɤ^{35}　　扎实（东西）结实tsa^{51}sɿ^{0}

（二）逆序词

少数词语与普通话的语素顺序反着。一般不区别意义，比如：花菜xu^{51}ts^{h}i^{0}｜挂牵kuei^{44}tɕ^{h}ieĩ^{44}｜欢喜xoŋ^{51}sɿ^{0}｜紧要tɕi^{55}iau^{35}｜笠斗la^{51}tɤɯ^{0}。个别的区别意义，比如：钱纸纸钱ts^{h}eĩ^{21}tsɿ^{0}：纸钱纸币tsɿ^{55}ts^{h}eĩ^{21}。

二　重叠和词缀

（一）重叠

梅花土话常见的重叠式，名词有"AA""AAB""AAB子""ABB""AABB"5种形式；单音节动词有"A一A"式和"A紧着A紧着"式，双音节动词有"AABB"式；形容词主要是"ABAB"式；副词有"AABB"式。

1. 名词重叠。有AA式，AAB式、AAB子式、ABB式、AABB式。

①AA式。集中在亲属称谓上。比如：公公祖父kie$^{51-55}$kie$^{51-55}$｜妈妈祖母ma^{55}ma^{55}｜

爹爹①（背称、面称）父亲；②（面称）公爹（夫之父）tie$^{51-55}$tie$^{51-55}$ ｜娘娘叔母niaŋ$^{21-44}$niaŋ$^{21-55}$ ｜舅舅tɕiɤɯ^{33}tɕiɤɯ^{33} ｜哥哥kuo^{44}kuo^{44} ｜嫂嫂sia^{55}sia^{55} ｜姊姊tsa^{55}tsa^{55} ｜妹妹mɤ^{51}mə^{0}。

其他词例较少。例如：螺螺螺蛳lau^{21}lau^{0} ｜背背脊背pɤ^{44}pɤ$^{44-55}$ ｜鸟鸟①鸡巴（男阴）；②鸡鸡（小男孩儿的阴部）tiau^{55}tiau^{55}。

②AAB式。例如：毛毛雨mia^{21}mia^{0}u^{33} ｜毛毛雪鹅毛雪mia^{21}mia^{0}ɕyei^{35} ｜毛毛□毛虫mia^{21}mia^{21}li^{33} ｜桂桂花桂花kuei^{44}kuei^{44}xu^{51} ｜蒲蒲扇蒲扇pu^{21}pu^{0}seĩ^{44} ｜短短裤①裤衩儿（贴身穿的）；②短裤（穿在外面的）toŋ^{55}toŋ^{0}kue^{51}。

亲属称谓也有。例如：亲亲哥①姐妹的大伯子、小叔子；②兄弟的大舅子、小舅子tsʰiɤɯ^{51}tsʰiɤɯ^{0}ku^{0} ｜兄兄弟兄弟ɕiu^{51}ɕiu^{0}li^{0}。

③AAB子式。例如：□□崽子牛犊nie^{55}nie^{55}tsɤ^{55}lɤ$^{-55}$ ｜八八哥子八哥pi^{35}pi$^{35-55}$kuo^{44}lɤ$^{-55}$ ｜毛毛弟子婴儿mia^{21}mia^{0}li^{33}tə^{0}。

④ABB式。例如：脚背背脚背tɕiɤɯ^{35}pɤ^{44}pɤ^{44} ｜脚尖尖脚尖tɕiɤɯ^{35}tseĩ^{51}tseĩ^{0} ｜叫叽叽蟋蟀tɕiau^{35}tɕi^{44}tɕi^{44} ｜天⁼螺螺蜗牛tʰeĩ^{51}luo^{21}luo^{0} ｜蚂子子蝌蚪kuei^{55}lɤ$^{-55}$tsɿ^{55}。

⑤AABB式。例如：姊姊妹妹①姐妹的合称；②妯娌；③连襟tsa^{55}tsa^{55}mɤ^{51}mə^{0} ｜女女家家姑娘家nyo^{33}nyo^{33}ku^{0}ku^{0} ｜□□崽崽娘儿俩（母亲和子女）nau^{33}nau^{0}tsɤ^{55}tsɤ^{55}。

2. 动词重叠。单音节动词用"V一V"式和"V紧着V紧着"，表示短暂义或尝试义。例如：尔量一量□[个样]高够唔够你量一量看这么高够不够？ n^{33}liaŋ^{21}i^{0}liaŋ^{21}niɤ^{35}kiaŋ^{35}kia^{51}kɤɯ^{44}m^{0} kɤɯ^{44}？ ｜我□紧□紧困着罢咧我看着看着睡着了。iu^{33}niɤ^{35}tɕi^{0}niɤ^{35}tɕi^{0}xue^{44}tɕiɤɯ^{51}pa^{0}lie^{0}.

双音节动词用"ABAB"式，表示动作有随意性。例如：收拾收拾ɕiɤɯ^{51}sɿ^{0}ɕiɤɯ^{51}sɿ^{0} ｜商□商□商量商量ɕiaŋ^{51}kʰuo^{0}ɕiaŋ^{51}kʰuo^{0}。

3. 形容词重叠。主要有"ABAB"式，表示程度高。例如：帮硬帮硬poŋ^{51}ŋen^{0}poŋ^{51}ŋen^{0} ｜□臭□臭oŋ^{35}tɕʰiɤɯ^{44}oŋ^{35}tɕʰiɤɯ^{44} ｜死硬死硬sa^{55}ŋen^{0}sa^{55}ŋen^{0} ｜死倔死倔sa^{55}tsiɤɯ^{35}sa^{55}tsiɤɯ^{35} ｜焦□焦□焦糊得很厉害kiɤɯ^{51}tɕʰya^{0}kiɤɯ^{51}tɕʰya^{0} ｜青黑青黑tsʰiɤɯ^{51}xɤ^{35}tsʰiɤɯ^{51}xɤ^{35}。

4. 副词重叠。有"AABB"式。例如：好好生生xa^{55}xa^{0}sen^{44}sen^{0}。

5. 量词重叠。主要有"AA式"，表示周遍性，在句中往往后接"□都[tsɤ^{55}]"。例如：

□□个公子□□蛮着急个个的父母都很着急。ta^{55}ta^{0}kə^{0}kie^{51}lə^{0}nau^{33}tsɤ^{55}meĩ^{21}tɕiɤɯ^{51}tsɿ^{35}.

□□□来罢咧个个都来了。ta^{55}ta^{0}tsɤ^{55}la^{21}pa^{0}lie^{0}.

□□朋友□来□□个个朋友都来看他。ta^{55}ta^{0}pie^{21}iɤɯ^{33}tsɤ^{55}la^{21}niɤ^{35}tɤ^{51}.

面面台子□是□咯每张桌子都是坏的。meĩ$^{51-44}$meĩ$^{51-44}$ti^{21}lə^{0}tsɤ^{55}sɿ^{33}tɕʰieĩ^{44}（k＞ŋ）ə^{0}.

样样□□□搬走罢咧每样东西都搬走了。iaŋ$^{51-44}$iaŋ$^{51-44}$uaŋ^{51}ki^{0}tsɤ^{55}poŋ^{51}tsɿ^{55}pa^{0}lie^{0}.

□□□□拿蛮多□□她每次都拿很多东西。tɤ^{51}puo^{51}puo^{0} tsɤ^{55}nɤ^{55}meĩ^{21}tau^{51}uaŋ^{51}ki^{0}.

也可以用“一个一个”或“一样一样”。如：

□□一□一□个入去他们一个一个地进去。tɤ^{51}lə^{0}i$^{35-44}$ta^{55}i$^{35-44}$ta^{0}kə^{0}n^{51}xuo^{0}.

□□一样一样个搬东西一样一样地搬。uaŋ^{51}ki^{0}i$^{35-44}$iaŋ$^{51-44}$i$^{35-44}$iaŋ$^{51-44}$kə^{0}poŋ^{51}.

（二）词缀

梅花土话的后缀比前缀发达。常见的前缀是“老[la^{33}]”，中缀是“子[lə^{0}]”，后缀较多。

1.前缀

常见的有“老[la^{33}]”。

老＋单姓，用作称呼。例如：老李la^{33}la^{33}｜老张la^{33}tɕiaŋ^{51}｜老王la^{33}ueĩ^{21}。

老＋“大”或数字，表示排行。例如：老大大哥la^{33}tu^{51}｜老十la^{33}sɿ^{51}｜老□老幺lau^{55}maŋ^{51}。

老＋名词（多为指人的），用作称谓。例如：老师la^{33}sɿ^{51}｜老板la^{33}peĩ^{55}｜老百姓la^{33}pu^{0}siɤɯ^{44}。

老＋名词（多为动物），表示动物。例如：老鼠公老鼠la^{33}ɕyo^{0}kie^{51}。

2.中缀

常见的有“子[lə^{0}]”。带有中缀“子”的名词多指饮食、药物等。例如：温子水温水ue^{51}lə^{0}ɕya^{55}｜粉子药药面儿xue^{55}lə^{0}iɤɯ^{51}｜烊子肉肉末儿iaŋ^{51}lə^{0}u^{55}｜皮子肉肉皮pa$^{21-44}$lə^{0}u^{55}｜嘴子食零食tɕyo^{55}lə^{0}ɕiɤ^{51}。

3.后缀

梅花土话的后缀主要用来构成名词。常见的后缀有“头[tɤɯ^{0}/tɤɯ$^{21-55}$]”“牯[kuo^{55}/kuo^{0}]”“公[kie^{51}/ kie^{0}/kie$^{51-55}$]”“婆[pu^{0}/pu$^{21-55}$]”“崽子[tsɤ^{55}lɤ$^{-55}$]”“家[ku^{51}/ ku^{0}/ ku$^{51-55}$]”“子[lə^{0}/lɤ$^{-55}$/tə^{0}]”“埠[pu^{0}/pu$^{51-55}$]”“法[xuei^{0}/ xuei$^{35-55}$]”等九个。

1）头[tɤɯ^{0}/tɤɯ$^{21-55}$]

名词、形容词性成分＋头，构成以下几类名词：

①天文。例如：日头①太阳；②阳光nɤ^{51}tɤɯ^{0}。

②器物。例如：架笼头牛笼嘴ku^{44}lie^{21}tɤɯ^{0}｜锄头ts^{h}uo^{21}tɤɯ^{0}｜斧头pu^{35}tɤɯ$^{21-55}$。

③职业、身份。例如：厨头师傅厨师ts^{h}uo^{21}tɤɯ^{0}sɿ^{51}xu^{0}｜丫头婆丫鬟u$^{51-44}$tɤɯ$^{21-55}$pu^{21}。

④身体的某一部分。例如：辫头辫子peĩ^{51}tɤɯ^{0}｜鼻头鼻子pa^{51}tɤɯ^{0}｜舌头i^{51}tɤɯ^{0}｜骨头kua^{35}tɤɯ$^{21-55}$。

⑤方位。例如：高头上面；上头kia$^{51-44}$tɤɯ^{0}。

2）牯[kuo^{55}/kuo^{0}]

名词、动词性成分＋牯，构成以下几类名词：

①地理。例如：岭□牯岭谷（两岭之间低凹的地方）liɤɯ^{33}lua^{35}kuo^{55}｜凼牯坑；洞tie$^{51-44}$kuo^{0}｜□

牯地方；地上 tuo^{51}kuo^{0}。

②器物。例如：筒牯筒 tie^{21}kuo^{0} ｜袋牯包；袋子 ti^{51}kuo^{0} ｜旱烟牯旱烟 xoŋ$^{51-44}$ŋeĩ^{51}kuo^{0} ｜转牯陀螺 tɕyeĩ^{44}kuo^{55} ｜豁牯窟窿；眼儿：针～（针眼儿）xua^{35}kuo^{55}。

③身体部位或跟身体有关的事物。例如：鼻头豁牯鼻孔 pa^{51}tɤɯ^{0}xua^{35}kuo^{0} ｜脑牯头 na^{55}kuo^{55} ｜脚□牯大腿根儿 tɕiɤɯ^{35}nie^{51}kuo^{0} ｜血泡牯血泡 xuei^{35}p^{h}iɤɯ^{44}kuo^{0}。

3）公 [kie^{51}/ kie^{0}/kie$^{51-55}$]

名词性成分 + 公，构成的名词有以下几类：

①自然现象。例如：雷公雷 luo^{21}kie^{0}。

②乡镇。例如：村公乡村 tɕ^{h}ye$^{51-44}$kie$^{51-55}$。

③身体部位。例如：嘴公嘴 tɕyo^{55}kie^{0} ｜喉公喉结 xɤɯ$^{21-44}$kie^{0} ｜奶嘴公奶头 ni^{33}tɕyo^{55}kie$^{51-55}$。

④动物。例如：老鼠公老鼠 la^{33}ɕyo^{0}kie^{51} ｜雉公野鸡 ts^{h}a^{33}kie$^{51-55}$ ｜虾公虾 xu$^{51-44}$kie$^{51-55}$。

⑤植物。例如：禾公蔸子稻茬儿 u^{21}kie^{0}tɤɯ^{51}lə^{0} ｜长豆公豇豆 ts^{h}oŋ^{21}tɤɯ^{51}kie^{0}。

⑥职业、身份。例如：单□公单身汉 teĩ$^{51-44}$ɕiɤɯ^{0}kie^{51} ｜□子公乞丐 mi^{51}lə^{0}kie^{51} ｜渡船公艄公 tuo^{51}tɕ^{h}yeĩ^{21}kie^{51} ｜和尚公和尚 u^{21}ɕiaŋ^{0}kie^{51} ｜媒人公媒人 mɤ^{21}n^{0}kie^{51} ｜师公男巫 sa$^{51-44}$kie$^{51-55}$。

⑦身体有某种缺陷的人。例如：跰子公瘸腿的人 pi^{51}lə^{0}kie^{51} ｜驼子公驼背的人 tau^{21}lə^{0}kie^{51} ｜聋子公聋人 lie^{21}lə^{0}kie^{51} ｜哑子公哑巴 u^{55}lə^{0}kie^{51} ｜结子公说话结巴的人 tsɿ^{35}lə^{0}kie^{51} ｜瞎子公盲人 ɕi^{35}lə^{0}kie^{51} ｜□□公傻子 mie^{51}tɕ^{h}iaŋ^{0}kie^{51} ｜□子公手不灵便的人 uai^{55}tsɿ^{0}kie^{51} ｜麻子公脸上有麻子的人 mu^{21}lə^{0}kie^{51} ｜缺子公①豁嘴的人；②豁牙的人 k^{h}uei^{35}lə^{0}kie^{51}。

⑧民间认为存在的神。例如：天子公老天爷 t^{h}eĩ^{51}lə^{0}kie^{51} ｜灶公灶王爷 tsia^{44}kie^{0} ｜土子公公土地爷 t^{h}uo^{55}lə^{0}kie$^{51-55}$kie$^{51-55}$。

⑨方位。例如：左半公左边 tsau^{55}poŋ^{44}kie^{0} ｜右半公右边 iɤɯ^{51}poŋ^{44}kie^{0}。

⑩数量。例如：两半公两半儿 liaŋ^{33}poŋ^{44}kie$^{51-55}$ ｜大半公多半儿 tu^{51}poŋ^{44}kie^{0} ｜碎半公小半儿 ɕyo^{44}poŋ^{44}kie^{0}。

需要说明的是，用在动物后的“公”有时表示雄性，属于偏正结构，不看作是后缀。例如：猪郎公种猪 tɕyo$^{51-44}$leĩ^{0}kie^{51} ｜鸡公公鸡 tsɿ$^{51-44}$kie$^{51-55}$ ｜鸭公公鸭 u^{35}kie^{51}。

4）婆 [pu^{0}/pu$^{21-55}$]

名词、动词性成分 + 婆，构成以下几类名词：

①有某种职业和身份的女性。例如：婊子婆 piɤɯ^{55}tsɿ^{0}pu^{0} ｜丫头婆丫鬟 u$^{51-44}$tɤɯ$^{21-55}$pu^{21} ｜接生婆 tsi^{35}sen^{51}pu^{0} ｜□娘婆下轿时扶着新娘，催着发亲的中年女性 tsɿ^{51}niaŋ^{0}pu^{0} ｜坐月母婆坐月子的妇女 ts^{h}au^{33}uei^{35} m^{0}pu^{0}。

②动物。例如：□□婆麻雀 u^{55}t^{h}ie^{0}pu^{0} ｜□□婆孑孓 su^{44}li^{33}pu^{0} ｜蛆婆蛆 tɕ^{h}yo$^{51-55}$pu$^{21-55}$ ｜虱婆虱子 sa^{35}pu$^{21-55}$。

此外，还有“□婆用糯米酿制的酒，多与红薯酒混合，酿酒时用来做酒引子nau^{33}pu^{0}”。

“公”“婆”有时合起来用。比如：蛭婆公水蛭tsɿ^{44}pu^{21}kie^{51}｜粪婆公蚯蚓xueĩ^{44}pu^{0}kie^{51}；鼠公婆老鼠ɕyo^{55}kie^{0}pu^{0}｜□公婆蜻蜓iaŋ^{21}kie^{0}pu^{0}｜虎公婆母老虎（说女人能干或骂女人泼辣）xuo^{55}kie^{0}pu^{0}。

5）崽子[tsɤ^{55}lɤ$^{-55}$]

名词＋崽子，表示：

①动物。例如：狗崽子蝼蛄kɤɯ^{55}tsɤ^{55}lɤ$^{-55}$｜灶鸡崽子灶蟋蟀tsia^{44}tsɿ^{0}tsɤ^{55}lɤ$^{-55}$。

②植物。例如：芋薯崽子芋头（芋块茎的总称）u^{51}ɕyo^{55}tsɤ^{55}lɤ$^{-55}$。

③人体的一部分。例如：鬼崽子瞳仁kua^{55}tsɤ^{55}lɤ$^{-55}$。

6）家[ku^{51}/ ku^{0}/ ku$^{51-55}$]

名词、动词性成分＋家，表示：

①某类人。例如：老□家老头儿la^{33}t^{h}en^{0}ku^{0}｜后生家小伙子xɤɯ^{33}sen^{0}ku^{0}；外家岳父岳母家；娘家uo^{51}ku^{0}｜侬家夫noŋ^{21}ku^{0}｜□家妻nyŋ^{33}ku$^{51-55}$｜男家婚姻关系中的男方nu^{21}ku^{0}｜女家婚姻关系中的女方nyo^{33}ku^{0}｜发财家暴发户xuei^{35}ts^{h}i^{21}ku^{51}｜主人家东家tɕyo^{55}n^{0}ku^{0}。

②代词。例如：人家n^{21}ku^{0}｜□家自己tsuo^{51}ku$^{51-55}$。

7）子[lə^{0}/lɤ$^{-55}$/tə^{0}]

梅花土话用“子”做后缀的词语，普通话一般不用“子”做后缀，或者意思完全不一样。

名词、动词性成分＋子，表示：

①自然现象。例如：星子星星siɤɯ^{51}lə^{0}｜云子云yei$^{21-44}$lə^{0}｜雾子雾u^{51}lə^{0}。

②地理。例如：平子平原piɤɯ^{21}lə^{0}｜洲子水中陆地tɕiɤɯ^{51}lə^{0}。

③动物。例如：牯子公牛kuo^{55}lɤ$^{-55}$｜婆子已生育过的母牛pu^{21}lə^{0}。

④植物。例如：艾子艾草ŋɤ^{51}tə^{0}｜蒜薹子蒜薹（蒜的花茎）soŋ^{44}ti^{21}lə^{0}｜辣子辣椒li^{51}tə^{0}｜树子树ɕyo^{51}lə^{0}｜桃子桃ta^{21}lə^{0}。

⑤器物。例如：箍子桶箍kuo^{51}lə^{0}｜辘子砻（脱去稻谷外皮的农具）luo^{51}lə^{0}｜磨子石磨mau^{51}lə^{0}｜镬子锅ue^{51}lə^{0}｜灯□子灯罩tie^{51}koŋ$^{21-44}$lə^{0}｜围子围裙ua^{21}lə^{0}｜篙子棍篙kia^{51}lə^{0}kue^{44}｜枋子棺材poŋ^{51}lə^{0}｜楼子楼lɤɯ^{21}lə^{0}｜字帖子字帖tsɿ^{51}t^{h}i^{35}lɤ$^{-55}$。

⑥称谓。例如：公子（背称）父亲kie^{51}lə^{0}｜弟子弟弟li^{33}lə^{0}。

⑦身体部位或与身体有关的事物。例如：锤子拳头tɕ^{h}ya^{21}lə^{0}｜屄子女阴p^{h}i^{33}lə^{0}；疱子疱pu^{51}lə^{0}；眼子水眼泪nɤ^{33}lə^{0}ɕya^{55}｜（手）甲子指甲（ɕiɤɯ^{55}）ku^{35}lɤ$^{-55}$。

⑧民间认为存在的神。例如：天子公老天爷t^{h}eĩ^{51}lə^{0}kie^{51}｜土子公公土地爷t^{h}uo^{55}lə^{0}kie$^{51-44}$kie$^{51-55}$｜阎子王阎王ŋeĩ^{21}lə^{0}ueĩ^{21}。

8）埠[pu^{0}/pu$^{51-55}$]

用在表示处所或位置的词根语素后面，表示具体方位。例如：□埠家a^{35}pu$^{51-55}$ ｜ 站埠车站tsan^{35}pu$^{51-55}$ ｜ 书园埠学校ɕyo^{51}ueĩ^{21}pu^{0} ｜ 村子埠村子tɕʰye^{51}lə^{0}pu^{0} ｜ 医院埠医院i-yan^{35}pu$^{51-55}$ ｜ 县埠县城；县里ɕyeĩ^{35}pu$^{51-55}$ ｜ 省埠省城；省里ɕye^{55}pu$^{51-55}$；心埠心里si^{51}pu$^{51-55}$ ｜ 手埠手里ɕiɤɯ^{55}pu$^{51-55}$。

9）法[xuei^{0}/ xuei$^{35-55}$]

相当于普通话的“头”。例如：没得食法没吃头ma^{33}tə^{0}iɤ^{51}xuei^{0} ｜ 没得□法没有看头ma^{33}tə^{0}niɤ^{35}xuei$^{35-55}$ ｜ 没得□法没喝头ma^{33}tə^{0}ɕyei^{35}xuei$^{35-55}$ ｜ 有思法有盼头xɤɯ^{33}sɤ^{51}xuei^{0}。

三　数量名结构、代词

（一）数量名结构

梅花土话的常用量词有“□[ta^{0}]”“粒[la^{35}]”，相当于普通话的“个”。数量名结构中，指示词、数词和量词都必须出现。

1. □[ta^{0}]。多用于人。例如：

（有）一[□人]先走罢咧有一个人先走了。（xɤɯ^{33}）i$^{35-44}$ta-n^{21}seĩ^{51}tsɿ^{55}pa^{0}lie^{0}.

一□村子埠个干部就好好生生做事一个村干部就得好好做事。i$^{35-44}$ta^{0}tɕʰye^{51}lə^{0}pu^{0}kə^{0}keĩ^{44}pu^{33} tɕiɤɯ^{51}xa^{55}xa^{0}sen^{44}sen^{0}tsɤ^{44}sɿ^{51}.

一□人食两份饭一个人吃两碗饭。i$^{35-44}$ta-n^{21}iɤ^{51}liaŋ^{33}pie$^{51-44}$xueĩ^{51}.

一□人走罢咧一个人走了。i$^{35-44}$ta-n^{21}tsɿ^{55}pa^{0}lie^{0}.

□一□人报名才一个人报名。ɕiu^{51}i$^{35-44}$ta-n^{21}pia^{44}miɤɯ^{21}.

老张个□崽分锁得门门后老张的儿子被锁到门外面了。la^{33}tɕiaŋ^{51}kə^{0}ta^{0}tsɤ^{55}pie^{51}sau^{55}lə^{0}mie^{21} mie$^{21-44}$xɤɯ^{0}.

我走罢咧，□两□多坐一□我走了，你们两个多坐一会儿。iu^{33}tsɿ^{55}pa^{0}lie^{0}, nɤ^{51}liaŋ^{33}ta^{0}tau^{51} tsʰau^{33}i^{0}ti^{35}.

□□两□□□也唔识□□他们两个谁也不认识谁。tɤ^{51}lə^{0}liaŋ^{33}ta^{0}iɤ^{51}ta^{0}i^{0}m^{0}ɕiɤ^{35}iɤ^{51}ta^{0}.

有时候也用于其他。如：

分□纠罢一□晡子，□□□做没成被他缠了一个下午，什么都没做成。pie^{51}tɤ^{51}tɕiɤɯ$^{51-44}$pa^{0}i$^{35-44}$ ta^{0}pu^{51}la^{0}, ŋ^{55}ŋə^{0}tsɤ^{55}tsɤ^{44}mɤ^{33}ɕiɤɯ^{21}.

我归来困罢咧，还得罢一□梦我回来就睡了，还做了一个梦。iu^{33}kua^{51}la^{0}xue^{44}pa^{0}lie^{5}, xa^{21}tɤ^{35} pa^{0}i$^{35-44}$ta^{0}mie^{51}.

2. 粒[la^{35}/la^{0}]。多用于物。例如：

个粒比彼粒□这个比那个好。kɤ^{44}la^{35}pa^{55}pɤ^{35}la^{35}neĩ^{44}.

张明分坏人抢罢一粒袋秥张明被坏人抢了一个包。tɕiaŋ^{55}min^{21}pie^{51}xuai^{35}n^{21}tsʰiaŋ^{55}pa^{0}i$^{35-44}$la^{35}ti^{51}kuo^{0}.

彼粒□□没在彼□，也唔在个□那个东西不在那里，也不在这里。pɤ^{44}la^{0}uaŋ^{51}ki^{0}mɤ^{33}ti^{33}pi^{55}tɤ$^{-55}$, i^{33}m^{0}ti^{0}kuei^{55}tɤ$^{-55}$.

老张昨夜买罢一粒西瓜老张昨天买了一个西瓜。la^{33}tɕiaŋ^{51}tsʰa$^{51-44}$iu^{0}mi^{33}pa^{0}i$^{35-44}$la^{0}si$^{51-44}$ku^{0}.

一粒大饼夹一□油条一个大饼夹一根油条。i$^{35-44}$la^{35}tʰai^{44}piɤɯ^{55}ku^{35}i$^{35-44}$mɤ^{55}iɤɯ^{51}tʰiau^{51}.

□起做，个粒日子一工比一工□好好做，这个日子一天比一天好。kia^{44}sɿ^{0}tsɤ^{44},kɤ^{44}la^{0}n^{51}tsɿ^{0}i$^{35-44}$kie^{51}pa^{55}i$^{35-44}$kie^{51}neĩ^{44}.

在"月"前则用"个[kə^{0}]"，应当是借自当地西南官话的说法。例如：

上个月我自□彼借罢三百块钱上个月我从他那儿借了三百块钱。ɕiaŋ^{51}kə^{0}uei^{0}iu^{33}tsɿ^{44}tɤ^{51}pi^{0}tsiɤɯ^{44}pa^{0}su$^{51-44}$pu^{0}kʰuei^{44}tsʰeĩ^{21}.

3. 其他量词。用于单数多用"样[iaŋ^{51}]""隻[tɕiu^{35}]"。例如：

个样事□得□唔得这件事说得说不得？ kɤ^{44}iaŋ$^{51-44}$sɿ^{51}kʰua^{35}tə^{0}kʰua^{35}m^{0}tə^{0}?

是□分彼隻杯子弄烂罢咧是他把那只杯子给打破了。sɿ^{33}tɤ^{51}pie^{51}pɤ$^{35-44}$tɕiu^{35}pɤ^{51}lə^{0}ŋɤɯ^{51}leĩ^{51}pa^{0}lie^{0}.

老张提罢彼隻箱子，尔拿个隻箱子老张提了那只箱子，你拿这个箱子。la^{33}tɕiaŋ^{51}ti^{21}pa^{0}pɤ^{44}tɕiu^{35}siaŋ^{51}lə^{0}, n^{33}nɤ^{55}kɤ^{44}tɕiu^{35}siaŋ^{51}（l>ŋ）ə^{0}.

用于复数或多数，常用的有"□些[sɤ^{35}]""场[tɕʰiaŋ^{55}]""□帮[pʰoŋ^{51}]""□些[luo^{51}]"。例如：

尔要个□还是彼□你要这些还是那些？ n^{33}i^{51}kɤ^{44}sɤ$^{35-55}$xa^{21}sɿ^{33}pɤ^{44}sɤ$^{35-55}$?

个□种子就够种一半地这些种子只够种一半地。kɤ^{44}sɤ^{35}tɕi^{55}tsɿ^{55}tɕiɤɯ$^{51-44}$kɤɯ^{44}tɕiaŋ^{44}i$^{35-44}$poŋ^{44}ta^{51}.

有一□人等罢两粒时候有一帮人等了两个小时了。xɤɯ^{33}i$^{35-44}$pʰoŋ^{51}n^{21}tie^{55}pa^{0}liaŋ^{33}la^{35}sɿ^{21}xɤɯ^{0}.

有□□秥分日头□日头有些地方把太阳叫日头。xɤɯ^{33}luo^{51}tuo^{51}kuo^{0}pie^{5}ŋɤ^{51}tɤɯ^{0}uei$^{51-44}$i^{51}tɤɯ^{0}.（前一个"日头"是土话音，后一个"日头"是官话音）。

还有一些普通话不用的数量名结构。例如：

我一字大字都识唔得我一个大字都不识。iu^{33}i$^{35-44}$tsɿ^{51}tʰai^{44}tsɿ^{51}tuo^{0}ɕiɤ^{35}m^{0}tɤ^{35}.

个一□分屋，两□人分一间这一次分房子，两个人分一间。kɤ^{44}i$^{35-44}$puo^{51}pie^{51}uo^{35}, liaŋ^{33}ta^{0}n^{21}pie^{51}i$^{35-44}$keĩ^{51}.

表示周遍性用"一＋量一＋量"，相当于普通话的"每个"。例如：

□□分一间一间房间都装罢电话他们把每间房间都装了电话。tɤ^{51}lə^{0}pie^{51}i$^{35-44}$keĩ^{51}i$^{35-44}$keĩ^{51}xoŋ^{21}keĩ^{0}tsɤ^{55}tsoŋ^{51}pa^{0}teĩ^{51}xu^{0}.

（二）代词

梅花土话的代词系统包括人称代词、指示代词和疑问代词。

1. 人称代词。请看表6-1。

表6-1　梅花土话人称代词

		单数	复数
基本式	第一人称	我 iu^{33}	□我们 yo^{51}
	第二人称	尔 n^{33}	□你们 $nɤ^{51}$
	第三人称	□ $tɤ^{51}$	□□他们 $tɤ^{51}lə^{0}$
包括式	两□个 $liaŋ^{33}ta^{0}$：□～ $yo^{51}liaŋ^{33}ta^{0}$、□～ $nɤ^{51}liaŋ^{33}ta^{0}$、□～ $tɤ^{51}liaŋ^{33}ta^{0}$ 大族大家 $tu^{51}tɕ^{h}yo^{0}$		
排除式	人家 $n^{21}ku^{0}$		
反　身	□家自己 $tsuo^{51}ku^{0}$		一□个人 $i^{35-44}ta\text{-}n^{21}$

第一人称和第二人称的基本式，单数和复数用不同读音来区分。

人称代词表示领属，用在亲属、村落和单位等前多用复数；用在物品、身体部位前多用单数＋个 [$kə^{0}$]。

用在长辈或平辈亲属前，多用复数。例如：

□公子我们爸爸 $yo^{51-44}kie^{51}lə^{0}$　□公子你们爸爸 $nɤ^{51}kie^{51}lə^{0}$　□□公子他们爸爸 $tɤ^{51}lə^{0}kie^{51}lə^{0}$

□母母我们妈妈 $yo^{51-44}m^{55}mɤ^{33-55}$　□母母你们妈妈 $nɤ^{51}m^{55}mɤ^{33-55}$　□□母母他们妈妈 $tɤ^{51}lə^{0}m^{55}mɤ^{33-55}$

□老大我们哥哥 $yo^{51-44}la^{33}tu^{51}$　□老大你们哥哥 $nɤ^{51}la^{33}tu^{51}$　□□老大他们哥哥 $tɤ^{51}lə^{0}la^{33}tu^{51}$

□姊姊我们姐姐 $yo^{51-44}tsa^{55}tsa^{55}$　□姊姊你们姐姐 $nɤ^{51}tsa^{55}tsa^{55}$　□□姊姊他们姐姐 $tɤ^{51}lə^{0}tsa^{55}tsa^{55}$

□弟子我们弟弟 $yo^{51-44}li^{33}lə^{0}$　□弟子你们弟弟 $nɤ^{51}li^{33}lə^{0}$　□□弟子他们弟弟 $tɤ^{51}lə^{0}li^{33}lə^{0}$

□妹妹我们妹妹 $yo^{51-44}mɤ^{51}mə^{0}$　□妹妹你们妹妹 $nɤ^{51}mɤ^{51}mə^{0}$　□□妹妹他们妹妹 $tɤ^{51}lə^{0}mɤ^{51}mə^{0}$

用在平辈亲属（如姐夫、妹夫）前表领属，用单数，不加"个 [$kə^{0}$]"。例如：□姊婿他姐夫 $tɤ^{51}tsa^{55}si^{44}$ ｜□妹婿他妹夫 $tɤ^{51}mɤ^{51}si^{44}$

用在晚辈亲属（如子、女）前表领属，用单数，加"个 [$kə^{0}$]"。例如：

我个崽我儿子 $iu^{33}kə^{0}tsɤ^{55}$　尔个崽你儿子 $n^{33}kə^{0}tsɤ^{55}$　□个崽他儿子 $tɤ^{51-44}kə^{0}tsɤ^{55}$

我个女我女儿 $iu^{33}kə^{0}nyo^{33}$　尔个女你女儿 $n^{33}kə^{0}nyo^{33}$　□个女他女儿 $tɤ^{51-44}kə^{0}nyo^{33}$

我个孙子我孙子 $iu^{33}kə^{0}ɕye^{51}lə^{0}$　尔个孙子你孙子 $n^{33}kə^{0}ɕye^{51}lə^{0}$　□个孙子他孙子 $tɤ^{51-44}kə^{0}ɕye^{51}lə^{0}$

用在物品、身体器官前表领属，也用单数，加"个 [$kə^{0}$]"。例如：

我个脚 $iu^{33}kə^{0}tɕiɤɯ^{35}$　尔个脚 $n^{33}kə^{0}tɕiɤɯ^{35}$　□个脚 $tɤ^{51-44}kə^{0}tɕiɤɯ^{35}$

我个眼睛iu^{33}kə^{0}niɤ^{33}tɕiɤɯ^{0} 尔个眼睛n^{33}kə^{0}niɤ^{33}tɕiɤɯ^{0} □个眼睛tɤ$^{51-44}$kə^{0}niɤ^{33}tɕiɤɯ^{0}

我个眼镜iu^{33}kə^{0}ian^{55}tɕin^{35} 尔个眼镜n^{33}kə^{0}ian^{55}tɕiu^{0} □个眼镜tɤ$^{51-44}$kə^{0}ian^{55}tɕiu^{0}

我个台子桌子iu^{33}kə^{0}ti$^{21-44}$lə^{0} 尔个台子桌子n^{33}kə^{0}ti$^{21-44}$lə^{0} □个台子桌子tɤ$^{51-44}$kə^{0}ti$^{21-44}$lə^{0}

用在家庭、村子、单位等前用复数，表领属，不加“个[kə^{0}]”。例如：

□□埠我们家yo$^{51-44}$a^{35}pu$^{51-55}$ □□埠你们家nɤ^{51}a^{35}pu$^{51-55}$

□□□埠他们家tɤ^{51}lə^{0}a^{35}pu$^{51-55}$ □书园埠我们学校yo$^{51-44}$ɕyo^{51}ueĩ^{21}pu^{0}

□书园埠你们学校nɤ^{51}ɕyo^{51}ueĩ^{21}pu^{0} □□书园埠他们学校tɤ^{51}lə^{0}ɕyo^{51}ueĩ^{21}pu^{0}

□村子埠我们村yo$^{51-44}$tɕ^{h}ye^{51}lə^{0}pu^{0} □村子埠你们村nɤ^{51}tɕ^{h}ye^{51}lə^{0}pu^{0}

□□村子埠他们村tɤ^{51}lə^{0}tɕ^{h}ye^{51}lə^{0}pu^{0}

但当对方是一个人时，则用复数形式“□[nɤ^{51}]加“个[kə^{0}]”。例如：

□个□埠你们家nɤ^{51}kə^{0}a^{35}pu^{55}

□个书园埠你们学校nɤ^{51}kə^{0}ɕyo^{51}ueĩ^{21}pu^{0}

□个村子埠你们村nɤ^{51}kə^{0}tɕ^{h}ye^{51}lə^{0}pu^{0}

□个□你们那儿的河nɤ^{51}kə^{0}ɕi^{51}

其他表领属前用单数，要加“个[kə^{0}]”。例如：

我个菜园我的菜园iu^{33}kə^{0}ts^{h}i^{44}ueĩ^{21} 尔个菜园你的菜园n^{33}kə^{0}ts^{h}i^{44}ueĩ^{21}

□个菜园他的菜园tɤ$^{51-44}$kə^{0}ts^{h}i^{44}ueĩ^{21} 我个思法我的想法iu^{33}kə^{0}sɤ^{51}xuei^{0}

尔个思法你的想法n^{33}kə^{0}sɤ^{51}xuei^{0} □个思法他的想法tɤ$^{51-44}$kə^{0}sɤ^{51}xuei^{0}

碎张个公子小张的爸爸ɕyo^{44}tɕiaŋ^{51}kə^{0}kie^{51}lə^{0}

老张个老伴老张的老伴la^{33}tɕiaŋ^{51}kə^{0}la^{33}poŋ^{33}

老张个铺老张的铺子la^{33}tɕiaŋ^{51}kə^{0}kə^{0}p^{h}u^{44}

李妈妈个□埠李奶奶的家la^{33}ma^{55}ma^{0}kə^{0}a^{35}pu^{55}

“老＋姓氏＋□埠家”加不加“个[kə^{0}]”都可以。例如：

老张（个）□埠家la^{33}tɕiaŋ^{51}（kə^{0}）a^{35}pu$^{51-55}$。

表示反身、强化义的代词用“□家自己[tsuo^{51}ku^{0}]”。例如：

老张□家买罢一领衣老张给自己买了一件衣服。la^{33}tɕiaŋ^{51}tsuo^{51}ku^{0}mi^{33}pa^{0}i$^{35-44}$liɤɯ^{33}a^{51}.

老张□碎李□家买一领衣老张劝小李自己买一件衣服。la^{33}tɕiaŋ^{51}tɕ^{h}yei^{51}ɕyo^{44}la^{33}tsuo^{51}ku^{0}mi^{33} i$^{35-44}$liɤɯ^{33}a^{51}.

□家在村子埠还有一丘菜地自己在村里还有块菜地。tsuo^{51}ku^{0}ti^{33}tɕ^{h}ye^{51}lə^{0}pu^{0}xa^{21}xɤɯ^{33}i$^{35-44}$ tɕ^{h}iɤɯ^{51}ts^{h}i^{44}ta^{51}.

尔□家□□□你自己跟他说吧。n^{33}tsuo^{51}ku^{0}kia^{44}tɤ^{51}k^{h}ua^{35}.

几□人去个？就□□家几个人去的？就他自己。tsɿ^{55}ta^{0}n^{21}xuo^{44}kə^{0}? tɕiɤɯ^{51}tɤ^{51}tsuo^{51}ku^{0}.

但在“□家个事□家做tsuo^{51}ku^{0}kə^{0}sɿ^{51}tsuo^{51}ku^{0}tsɤ^{44}”这句话里，要加“个[kə^{0}]”。

2. 指示代词。两分：近指用“个这kɤ^{44}/kuei^{55}”，远指用“彼那pɤ^{44}/pi^{55}”。近指和远指靠声母区分：近指用k-，远指用p-。表示程度、方式的[个样]，近指和远指声调不同：近指用[kiaŋ^{51}kə^{0}]，远指用[kiaŋ^{35}kə^{0}]。请看表6–2。

表6–2　梅花土话指示代词

	近指	远指
人　物	个这kɤ^{44}ta^{0} □这kuei^{55}（ta^{-55}）	彼那pɤ^{44}ta^{0} 彼那pi^{55}（ta^{-55}）
处　所	个□这里kɤ^{44}ta^{0}/kɤ^{44}la^{0} □□这里kuei^{55}tɤ^{55}	彼□那里pɤ^{44}ta^{0}/pɤ^{44}la^{0} 彼□那里pi^{55}tɤ^{55}
时　间	个□□这时候kɤ^{44}ti^{35}tɤ^{55} 个□时这时候kɤ^{44}loŋ^{44}sɿ^{0}	彼□□那时候pɤ^{44}ti^{35}tɤ^{55} 彼□时那时候pɤ^{44}loŋ^{44}sɿ^{0}
程度、方式	[个样]个这么kiaŋ^{51}kə^{0}	[个样]个那么kiaŋ^{35}kə^{0}
数　量	个□这些kɤ^{44}sɤ^{35}	彼□那些pɤ^{44}sɤ^{35}

请看例句：

个□人比彼□人高这个人比那个人高。kɤ^{44}ta^{0}n^{21}pa^{55}pɤ^{44}ta^{0}n^{21}kia^{51}.

个□人我见罢好几□这个人我见过好几回。kɤ^{44}ta^{0}n^{21}iu^{33}tɕieĩ^{44}pa^{0}xa^{55}tsɿ^{55}k^{h}en^{51}.

崽□□个□鞋子，没□□彼□儿子喜欢这双鞋，不喜欢那双。tsɤ^{55}suo^{44}ɕi^{51}kɤ^{44}tɕyo^{51}ɕi^{21}lə^{0}, mɤ^{33}suo^{44}ɕi^{51}pɤ^{44}tɕyo^{51}.

个（□）是□□这是什么？ kuei^{55}（ta^{0}）sɿ^{33}ŋ^{55}ŋɤ$^{-55}$?

尔要个□还是彼□你是要这些还是那些？ n^{33}i^{51}kɤ^{44}sɤ$^{35-55}$xa^{21}sɿ^{33}pɤ^{44}sɤ$^{35-55}$?

我[个样]子做没对，[个样]做也没对，我□□做我这么做不对，那么做也不对，我怎么做才对？iu^{33}kiaŋ^{51}kə^{0}tsɤ^{44}mɤ^{33}tuo^{44}, kiaŋ^{35}kə^{0}tsɤ^{44}i^{0}mɤ^{33}tuo^{44}, iu^{33}iaŋ^{51}kə^{0}tsɤ^{44}?

彼□碎□□是[个样]高还是[个样]高那个孩子是这么高还是那么高？ pɤ^{44}ta^{0}ɕyo^{44}（k>ŋ）ə^{0}tə^{0}sɿ^{33} kiaŋ^{51}kə^{0}kia^{51}xa^{21}sɿ^{33}kiaŋ^{35}kə^{0}kia^{51}?

个两领衣尔□□□一领这两件衣服你喜欢哪一件？ kɤ^{44}liaŋ$^{33-55}$liɤɯ^{33}a^{51}n^{33}suo^{44}ɕi^{51}iɤ^{51}i$^{35-44}$liɤɯ^{33}?

个□茶叶是□带到香港来个这些茶叶是他带到香港来的。kɤ^{44}sə^{0}ts^{h}u^{21}i^{0}sɿ^{33}tɤ^{51}ti^{44}ta^{0}ɕiaŋ^{44}kaŋ^{55}la^{21}kə^{0}.

碎慧□碎丽□蛮□□个领衣小慧和小丽都很喜欢这件衣服。ɕyo^{44}xuei^{35}niu^{51}ɕyo^{44}li^{35}tsɤ^{44}meĩ^{21}

suo^{44}ɕi^{51}kɤ^{44}liɤɯ^{33}a^{51}.

指示代词不可以直接修饰名词，必须加量词。例如：

个□毛笔是□□个？我用一□这支毛笔是谁的？我用一下。kɤ^{44}k^{h}u^{44}mia^{21}pa^{35}sɿ^{33}iɤ^{51}ta^{0}kə^{0}? iu^{33}i^{51}i$^{35-44}$ti^{35}.

3. 疑问代词。请看表6–3。

表6–3　梅花土话疑问代词

人	□□哪个；谁 iɤ^{51}ta^{0}	
物	□□哪个 iɤ^{51}ta^{0}/□粒 iɤ^{51}la^{35}	
时间	□□哪时 iɤ^{51}ti^{35}	□□哪时 iɤ^{51}loŋ^{44}sɿ^{0}
处所	□□哪里 iɤ$^{51-44}$lɤ^{35}/iɤ^{51}ta^{0}	
程度	好 xa^{55}	
方式	样个怎么；怎样 iaŋ^{51}kə^{0}	
数量	好多 xa^{55}tau^{51}	几多 tsɿ^{55}tau^{0}
原因	□□什么 n^{55}ŋɤ^{55}/n^{55}ŋə^{0}	样个怎么 iaŋ^{51}kə^{0}

请看例句：

个□人是□□这人是谁呀？ kɤ^{44}ta^{0}n^{21}sɿ^{33}iɤ^{51}ta^{0}?

□□两个□□也唔识□□他们两个谁也不认识谁。tɤ^{51}lə^{0}liaŋ^{33}ta^{0}iɤ^{51}ta^{0}i^{0}m^{0}ɕiɤ^{35}iɤ^{51}ta^{0}.

□□□□唔过个□人谁都说不过这个人。iɤ^{51}ta^{0}tuo^{55}k^{h}ua^{35}m^{0}ku^{0}kɤ^{44}ta^{0}n^{21}.

□□□归来他什么时候回来？ tɤ^{51}iɤ^{51}ti^{35}kua^{51}la^{21}?

尔到□□哪里去你到哪儿去啊？ n^{33}ta^{44}iɤ$^{51-44}$lɤ^{35}xuo^{44}?

尔去□□你去哪儿？ n^{33}xuo^{44}iɤ$^{51-44}$lɤ^{35}?

□在□□他在哪儿？ tɤ^{51}ti^{33}iɤ$^{51-44}$lɤ^{35}?

个蔸树子有好高这棵树有多高？ kɤ^{44}tɤɯ$^{51-44}$ɕyo^{51}lə^{0}xɤɯ^{33}xa^{55}kia^{51}?

□今年好大咧他今年多大了？ tɤ^{51}tsɿ$^{51-44}$neĩ^{0}xa^{55}t^{h}ai^{44}lie^{0}?

要好多□有罢要多少才够呢？ i$^{51-44}$xa^{55}tau^{51}ɕiu^{21}xɤɯ^{33}pa^{44}?

村子埠□□有好多人村里现在有多少人？ tɕ^{h}ye^{51}lə^{0}pu^{0}xa^{33}ti^{35}xɤɯ^{33}xa^{55}tau^{51}n^{21}?

□了一面，又是一面，没□尔□罢几多面说了一遍又一遍，不知道你说了多少遍。k^{h}ua^{35}lə^{0}i$^{35-44}$meĩ^{0}, i^{51}sɿ^{0}i$^{35-44}$mei^{0}, mɤ^{33}na^{51}n^{33}k^{h}ua^{35}pa^{0}tsɿ^{55}tau^{51}meĩ^{0}.

尔今年几多岁你今年几岁了？ n^{33}tsɿ$^{51-44}$neĩ^{21}tsɿ^{55}tə^{0}ɕyei^{44}?

□在做□□？（□）在个食饭他在干什么呢？他在这吃饭呢。tɤ^{51}ti^{33}tsɤ^{44}n^{55}ŋə^{0}?（tɤ^{51}）

ti^{33}kɤ^{44}iɤ^{51}xueĩ^{51}.

疑问代词"□□什么[n^{55}ŋɤ^{55}]"或"[n^{55}ŋə^{0}]"前面，加不加量词都可以。例如：

个（□）是□这是什么？ kɤ^{44}（ta^{0}）sɿ^{33}ŋ^{55}ŋə^{0}？

尔□□□你找谁呀？ n^{33}ti$^{51-44}$iɤ^{51}ta^{0}?

□□□归来他什么时候回来？ tɤ^{51}iɤ^{51}ti^{35}kua^{51}la^{21}？

尔□□出去做□□你现在出去做什么啊？ n^{33}xa^{33}ti^{35}ɕya^{35}xuo^{44}tsɤ^{44}ŋ^{55}ŋɤ^{55}?

尔个字[样个]写得[个样]□？我[样个]写也唔□你的写怎么写得这么好啊？我怎么写也写不好。n^{33}（k > ŋ）ə^{0}tsɿ^{51}iaŋ^{51}kə^{0}siɤɯ^{55}lə^{0}kiaŋ^{35}kə^{0}neĩ^{44}? iu^{33}iaŋ^{51}kə^{0}siɤɯ^{55}i^{0}m^{0}neĩ^{44}.

疑问代词"□□哪个；谁[iɤ^{51}ta^{0}]"单复数同形，表领属时要加"个[kə^{0}]"。例如：

□□个公子谁爸爸啊？ iɤ^{51}ta^{0}kə^{0}kie^{51}lə^{0}?

□□个书袋牯谁的书包？ iɤ^{51}ta^{0}kə^{0}ɕyo^{51}ti^{51}kuo^{0}?

四 性状与程度

（一）蛮[meĩ^{21}]

程度副词，相当于普通话的"很"，用在动词前。例如：

□个字写得蛮□他的字写得很好。tɤ^{51}kə^{0}tsɿ^{51}siɤɯ^{55}lə^{0}meĩ^{21}neĩ^{44}.

个粒□□蛮沉，拿得摇拿唔摇这个东西很重，拿得动拿不动？ kɤ^{44}la^{0}uaŋ^{51}ki^{5}meĩ^{21}tɕ^{h}ie^{21}, nɤ^{55}lə^{0}iɤɯ^{21}nɤ^{55}m^{0}iɤɯ^{21}？

□打点病人蛮细心她照顾病人很细心。tɤ^{51}tu^{55}teĩ^{55}piɤɯ^{51}n^{0}meĩ^{21}si^{44}si^{51}.

（二）……死咧[sa^{0}lie^{0}]

表示程度，用于动结式。例如：

真个拿□没办法，恼死我咧真拿他没办法，烦死我啦。tɕi^{51}kə^{0}nɤ^{55}tɤ^{51}ma^{33}peĩ^{44}xu^{0}, na^{33}sa^{0}iu^{33}lie^{0}.

[个样]个子做事连碎□□□分人苦[死咧]那么做事连小伙子都累死了。kiaŋ^{35}kə^{0}tə^{0}tsɤ^{44}sɿ^{51}leĩ^{21}ɕyo^{44}kə^{0}tə^{0}tsɤ^{55}pie^{51}n^{21}k^{h}uo^{55}sie^{55}.

（三）……紧[tɕi^{55}]

表示程度，用于动结式。例如：

香得紧，是没是（个）香得很，是不是啊？ ɕiaŋ^{51}lə^{0}tɕi^{55}, sɿ^{33}mə^{0}sɿ^{33}（kɤ^{0}）？

□事多得紧，连食饭都没法罢嘞他事太多了，连饭都没法儿吃。tɤ^{51}sɿ$^{51-44}$tau^{51}lə^{0}tɕi^{55}, leĩ$^{21-44}$iɤ$^{51-44}$xueĩ^{51}tə^{0}mɤ^{33}xu^{0}pa^{51}lə^{0}.

（四）形容词生动形式

主要有两种：一种是"ABAB"式；另一种是"A唔得A"式。

1. ABAB式。A相当于前缀，B是形容词。请参看上文重叠。例如：

帮硬帮硬poŋ^{51}ŋen^{0}poŋ^{51}ŋen^{0}｜□臭□臭oŋ^{35}tɕ^{h}iɤɯ^{44}oŋ^{35}tɕ^{h}iɤɯ^{44}｜死硬死硬sa^{55}ŋen^{0}sa^{55}ŋen^{0}｜死倔死倔sa^{55}tsiɤɯ^{35}sa^{55}tsiɤɯ^{35}｜焦□焦□焦煳得很厉害kiɤɯ^{51}tɕ^{h}ya^{0}kiɤɯ^{51}tɕ^{h}ya^{0}｜青黑青黑ts^{h}iɤɯ^{51}xɤ^{35}ts^{h}iɤɯ^{51}xɤ^{35}。

2. A唔得A式。A是形容词，"A唔得A"式表示程度很高，相当于普通话的"再……不过"。例如：

面皮红唔得红，□□□罢酒脸红红的，刚喝了酒。meĩ^{51}pa^{21}ɕie^{21}m^{0}tə^{0}ɕie^{21}, ɕiu^{51}tə^{0}ɕyei^{35}pa^{0}tsiɤɯ^{55}.

地埠个菜嫩唔得嫩，蛮好食地里的菜嫩嫩的，很好吃。ta^{51}pu^{-55}kə^{0}ts^{h}i^{44}nye^{51}m^{0}tə^{0}nye^{51}, meĩ^{21}xa^{55}iɤ^{51}.

菜香唔得香，蛮好食菜香喷喷的，很好吃。ts^{h}i^{44}ɕiaŋ^{51}m^{0}tə^{0}ɕiaŋ^{51}, meĩ^{21}xa^{55}iɤ^{51}.

袜臭唔得臭，蛮难□袜子臭烘烘的，太难闻了。uei^{51}tɕ^{h}iɤɯ^{44}m^{0}tə^{0}tɕ^{h}iɤɯ^{44}, meĩ^{21}neĩ^{21}mie^{33}.

个□被□唔得□，盖紧暖这床被子厚厚的，盖着暖和。kɤ^{44}xueĩ^{51}pa^{51}tɕi^{55}m^{0}tə^{0}tɕi^{55}, kɤ^{44}tɕi^{0}noŋ^{33}.

个块铁板沉唔得沉，拿唔起这块铁板太重了，拿不动。kɤ^{44}k^{h}uei^{44}t^{h}i^{35}peĩ^{55}tɕ^{h}ie^{21}m^{0}tə^{0}tɕ^{h}ie^{21}, nɤ^{55}m^{0}sɿ^{55}.

个隻纸盒轻唔得轻，一□就起罢来咧这只纸箱子轻飘飘的，一拿就拿起来了。kɤ^{44}tɕiu^{35}tsɿ^{55}xuo^{21}tɕ^{h}iu^{51}m^{0}tə^{0}tɕ^{h}iu^{51}, i$^{35-44}$tsia^{35}tɕiɤɯ$^{51-44}$sɿ^{55}pa^{0}la^{21}lie^{0}.

个□碎□□朒唔得朒，走路唔行这个小孩儿太胖了，都走不动路了。kɤ^{44}ta^{0}ɕyo^{44}(k＞ŋ)ə^{0}tə^{0}na^{35}m^{0}tə^{0}na^{35}, tsɿ^{55}luo$^{51-44}$m^{0}xen^{21}.

个□碎□□枯唔得枯，多食点食这个小孩儿太瘦了，多吃点儿。kɤ^{44}ta^{0}ɕyo^{44}(k＞ŋ)ə^{0}tə^{0}xuo^{51}m^{0}tə^{0}xuo^{51}, tau^{51}iɤ$^{51-44}$teĩ^{0}ɕiɤ^{51}.

个粒果子酸唔得酸，一点都没好食这个果子太酸了，一点儿都不好吃。kɤ^{44}la^{0}kuo^{55}tsɿ^{55}soŋ^{51}m^{0}tə^{0}soŋ^{51}, i$^{35-44}$teĩ^{55}tuo^{0}mɤ^{33}xa^{55}iɤ^{51}.

个道菜甜唔得甜，一点都没好食这道菜太甜了，一点儿都不好吃。kɤ^{44}ta^{33}ts^{h}i^{44}teĩ^{21}m^{0}tə^{0}teĩ^{21}, i$^{35-44}$teĩ^{55}tuo^{0}mɤ^{33}xa^{55}iɤ^{51}.

着得漂唔得漂亮，蛮好□穿得漂漂亮亮的，挺好看的。tsau^{35}lə^{0}p^{h}iɤɯ^{44}m^{0}tə^{0}p^{h}iɤɯ^{44}liaŋ^{0}, meĩ^{21}xa^{21}niɤ^{35}.

地牯抹得爽唔得爽利，没要乱踩地板擦得干干净净的，别乱踩。ta^{51}kuo^{0}mu^{51}lə^{0}soŋ^{55}m^{0}tə^{0}soŋ^{55}la$^{51-55}$, mɤ$^{33-55}$i^{0}loŋ^{51}ts^{h}a^{55}.

个□人癫唔得癫，□□□唔清这个人糊里糊涂的，跟他说不清楚。kɤ^{44}ta^{0}n^{21}teĩ$^{51-44}$m^{0}tə^{0}teĩ^{51}, kia^{44}tɤ^{51}k^{h}ua^{35}m^{0}ts^{h}iɤɯ^{51}.

个□人伶唔得伶俐这个人太聪明了。kɤ^{44}ta^{0}n^{21}liɤɯ^{51}m^{0}tə^{0}liɤɯ^{21}la^{0}.

五　介引与关联

（一）介词

梅花土话的介词及其功能请看表6–4。

表6–4　梅花土话的介词

介引功能	梅花土话的介词	相当于普通话的介词
1. 引进施事	分[pie^{51}]	被、让、叫
2. 引进受事	分[pie^{51}]、拨[pɤ^{35}]	给
3. 引进与事	分[pie^{51}]、对[tuo^{44}]、拿[nɤ^{55}]	给、对、拿
4. 伴随义、受益者和言语对象	□[kia^{44}]	给、跟
5. 引进地点、处所	在[ti^{33}]、得[lə^{0}]	在
6. 引进时间、空间源点、索取对象	自[tsɿ^{51}]、自向[tsɿ$^{51-44}$ ɕiaŋ^{44}]	从、自
7. 引进动作方向、起点	向[ɕiaŋ^{44}]、往[oŋ^{55}]	向、往
8. 引进比较对象	比[pa^{55}]	比

1.分[pie^{51}]。引进施事、受事和与事，相当于普通话的被动式和处置式。例如：

我一千块钱分□抢罢咧我被他抢了一千块钱。iu^{33}i$^{35-44}$tsʰeĩ^{51}kʰuei^{44}tsʰeĩ^{21}pie^{51}tɤ^{51}tsʰiaŋ^{55}pa^{0}lie^{0}.

窗子豁□分颠烂罢咧窗户都被震碎了。soŋ^{51}lə^{0}xua^{35}tsɤ^{55}pie^{51}teĩ^{51}leĩ^{51}pa^{0}lie^{0}.

老张个草帽子分风吹走罢咧老张的草帽让风吹跑了。la^{33}tɕiaŋ^{51}kə^{0}tsʰia^{55}mia^{51}lə^{0}pie^{51}xue^{51}tɕʰya^{51}tsɿ^{55}pa^{0}lie^{0}.

□送罢个块表分我他送这块表给我。tɤ^{51}sie^{44}pa^{0}kɤ^{44}kʰuei^{44}piɤɯ^{55}pie^{51}iu^{33}.

分尔三工日子，做得到做唔到给你三天时间，做得到做不到？ pie^{51}n^{33}su$^{51-44}$kie^{51}n^{51}tsɿ^{0}, tsɤ^{44}lə^{0}ta^{44}tsɤ^{44}m^{0}ta^{44}？

分我一本书给我一本书。pie^{51}iu^{33}i$^{35-44}$pie^{55}ɕyo^{51}.

2. 对[tuo^{44}]、拿[nɤ^{55}]。引进与事。例如：

□对人蛮□他对人很好。tɤ^{51}tuo^{44}n^{21}meĩ^{21}neĩ^{44}.

□埠（个）人对我蛮□家里的人对我很好。a^{35}pu^{0}（kə^{0}）n^{21}tuo^{44}iu^{33}meĩ^{21}neĩ^{44}.

尔□□□都当真个他拿什么都当真的。n^{33}nɤ^{55}ŋ^{55}ŋɤ^{55}tsɤ^{55}toŋ$^{51-44}$tɕi^{51}kə^{0}.

真个拿□没办法，恼死我咧真拿他没办法，烦死我了。tɕi^{51}kə^{0}nɤ^{55}tɤ^{51}ma$^{33-55}$peĩ^{44}xu^{0}, na^{33}sa^{0}iu^{33}lie^{0}.

3. 拨 [pɤ^{35}]。引进受事。例如：

□尔□□拿□□拨人家看你现在拿什么给人家。niɤ^{35}n^{33}xa^{33}ti^{35}nɤ^{55}ŋ^{55}ŋə^{0}pɤ^{35}n^{21}ku^{0}.

4. □ [kia^{44}]。引进伴随义、受益者和言语对象，相当于普通话的“给”。例如：

我去□□开门我去给他开门。iu^{33}xuo^{44}kia^{44}tɤ$^{51-44}$xɤ^{51}mie^{21}.

我□□□，□□要落雨我跟他说，明天要下雨。iu^{33}kia^{44}tɤ^{51}k^{h}ua^{35}, t^{h}oŋ^{51}koŋ^{35}i^{0}lau^{51}u^{33}.

5. 在 [ti^{33}]。引进处所、地点。例如：

□是在站埠买个票我们是在车站买的票。yo^{51}sɿ^{33}ti^{33}tsan^{35}pu^{0}mi^{33}kə^{0}p^{h}iɤɯ^{44}.

在□埠食饭在家里吃饭。ti^{33}a^{35}pu^{-55}iɤ^{51}xueĩ^{51}.

存现句多用“得 [lə^{0}]^{0}”。例如：

□得台子高头放在桌子上。k^{h}au^{51}lə^{0}ti^{21}lə^{0}kia^{55}tɤɯ^{0}.

□靠得沙发高头□□病人一样他靠在沙发上像个病人似的。tɤ^{51}kia^{44}lə^{0}sa^{44}xua^{0}kia^{51}tɤɯ^{0}kia^{44}ta^{0} piɤɯ^{51}n^{21}i$^{35-44}$iaŋ^{0}.

6. 自 [tsɿ^{51}]。引进时间、空间源点和空间经由，相当于普通话的“从”。例如：

自□工起做事自今天起开始做事。tsɿ$^{51-44}$tsoŋ^{51}kie^{0}sɿ^{55}tsɤ^{44}sɿ^{51}.

尔自□□来个你从哪儿来的？n^{33}tsɿ$^{51-44}$iɤ^{51}lɤ^{35}la^{21}kə^{0}?

去县埠自彼□过去县里得从那儿过。xuo^{44}ɕian^{35}pu^{-55}tsɿ$^{51-44}$pi^{55}tə^{0}ku^{44}.

我自□彼借罢一百块钱我从他那儿借了一百块钱。iu^{33}tsɿ$^{51-44}$tɤ^{0}pi^{55}tsiɤɯ^{44}pa^{0}i$^{35-44}$pu^{0}k^{h}uei^{44} ts^{h}eĩ^{21}.

“自向 [tsɿ$^{51-44}$ ɕiaŋ^{44}]”引进索取对象，相当于普通话的“从”。比如：

我自向□借罢一百块钱我从他那儿借了一百块钱。iu^{33}tsɿ$^{51-44}$ɕiaŋ^{44}tɤ^{51}tsiɤɯ^{44}pa^{0}i$^{35-44}$pu^{0}k^{h}uei^{44} ts^{h}eĩ^{21}.

7. 向 [ɕiaŋ^{44}]。引进动作方向和空间终点。例如：

我向□招手。iu^{33}ɕiaŋ^{44}tɤ^{51}tɕiɤɯ$^{51-44}$ɕiɤɯ^{55}.

向北走。ɕiaŋ^{44}pɤ^{35}tsɿ^{55}.

向背底□向后头看。ɕiaŋ^{44}pɤ^{44}ti^{55}niɤ^{35}.

8. 对 [tuo^{44}]。引进动作方向。例如：

□埠（个）人对我蛮□家里的人对我很好。a^{35}pu^{0}（kə^{0}）n^{21}tuo^{44}iu^{33}meĩ^{21}neĩ^{44}.

9. 往 [oŋ^{55}]。引进空间终点。例如：

老张□□用□□车自南京往个□拖老张他们用什么车从南京往这儿运东西？la^{33}tɕiaŋ^{51}tɤ^{51}lə^{0}i^{0}ŋ^{55} ŋɤ^{55}tɕ^{h}iu^{51}tsɿ^{33}nan^{51}kin^{0}oŋ^{55}kuei^{44}tə^{0}tau^{51}?

往北走。oŋ^{55}pɤ^{35}tsɿ^{55}.

□蛮多钱，唔往门后□他有很多钱，就是不往外拿。tɤ^{51}meĩ^{21}tau^{51}ts^{h}eĩ^{21}, m^{0}oŋ^{55}mie^{21}xɤɯ^{0}nɤ^{55}.

10. 比[pa^{55}]。引进比较对象。例如：

尔比我高，□比尔还高。n^{33}pa^{55}iu^{33}kia^{51}, tɤ^{51}pa^{55}n^{33}xa^{21}kia^{51}.

个粒比彼粒□这个比那个好。kɤ^{44}la^{35}pa^{55}pɤ^{44}la^{35}neĩ^{44}.

昨夜个天色比□工□得多昨天的天气比今天好得多。tsʰa$^{51-44}$iu^{33}kə^{0}tʰeĩ^{51}sə^{0}pa^{55}tsoŋ$^{51-44}$kie^{0}neĩ^{44}lə^{0}tau^{51}.

（二）连词

常见的有“□[niu^{51}]”“□和；跟[kia^{51}]”“□□假如[uei^{44}ɕiu^{44}]”“唔管[m^{33}koŋ^{55}]”。

1. □[niu^{51}]。例如：

个粒与彼粒大碎一样，分唔出这个和那个大小一样，分不出来。kɤ^{44}la^{35}niu$^{51-44}$pɤ^{44}la^{0}tʰai^{44}ɕyo^{44}i$^{51-44}$iaŋ^{51}, pie^{51}m^{0}ɕya^{35}.

我□老张没熟。iu^{33}niu$^{51-44}$la^{33}tɕiaŋ^{51}mɤ^{33}ɕiɤɯ^{51}.

老王□老张一样高。la^{33}ueĩ^{21}niu$^{51-44}$la^{33}tɕiaŋ^{51}i$^{35-44}$iaŋ^{0}kia^{51}.

碎慧□碎丽在一家碎店见紧一领漂亮衣，两□人都蛮□□小慧与小丽在一家小店看见一件漂亮衣服，两个人都很喜欢。ɕyo^{44}xuei^{35}niu^{51}ɕyo^{44}li^{35}ti^{33}i^{0}ku^{51}ɕyo^{44}teĩ^{35}tɕieĩ^{44}tɕi^{0}i$^{35-44}$lu^{0}pʰiɤɯ^{44}liaŋ^{0}a^{51}, liaŋ^{33}ta^{0}n^{21}tsɤ^{55}meĩ^{21}suo^{44}ɕi^{51}.

2. □[kia^{51}]。相当于普通话的“和”“跟”。例如：

我□□□□一起去钓鱼我明天和他一起去钓鱼。iu^{33}tʰoŋ^{51}koŋ^{35}kia^{44}tɤ^{51}i$^{35-44}$tsʰɿ^{55}xuo^{44}tiɤɯ^{44}ŋuo^{21}.

欢喜□□□样高兴得跟什么似的。xoŋ^{51}sɿ^{55}kia^{44}ŋ^{55}ŋɤ^{55}iaŋ^{51}.

鞋子抹罢亮唔得亮，跟新个一样鞋擦得亮亮的，跟新的一样。ɕi^{21}lə^{0}mu^{51}pa^{0}liaŋ^{51}m^{0}tə^{0}liaŋ^{51}, kia^{44}ɕi^{51}kə^{0}i$^{35-44}$iaŋ^{51}.

“□[niu^{51}]”和“□和；跟[kia^{51}]^{44}”可以替换着用，意思完全一样。下面的例子中以“□[niu^{51}]”为例。例如：

□正□在彼□与一□朋友□话他正在那儿跟一个朋友说话呢。tɤ^{51}tɕiu^{44}（x-∅）ua^{0}ti^{33}pɤ^{55}ta^{51}niu^{51}i$^{35-44}$ta^{0}pie^{21}iɤɯ^{33}kʰua^{35}xu^{51}.

为个样事与□闹锤子，一点唔□为这件事和他吵架，一点儿都不好。ua^{51}kɤ^{44}iaŋ^{51}sɿ^{51}niu$^{51-44}$tɤ^{51}nau^{35}tɕʰya$^{21-44}$lə^{0}, i$^{35-44}$teĩ^{55}m^{0}neĩ^{44}.

□走路与□个公子一样快她走路跟她爸爸一样快。tɤ^{51}tsɿ^{55}luo^{51}niu^{51}tɤ^{51}kə^{0}kie$^{51-44}$lə^{0}i$^{35-44}$iaŋ^{0}kʰuei^{44}.

3.□□[uei^{44}ɕiu^{44}]。表示假设，相当于普通话的“如果”。例如：

□□老张□□去县埠，尔就□□帮尔买五斤白菜如果老张明天去县里，你就劝他帮你买五斤白菜。uei^{44}ɕiu^{44}la^{33}tɕiaŋ^{51}tʰoŋ^{51}koŋ^{35}xuo^{44}ɕian^{35}pu^{0}, n^{33}tɕiɤɯ$^{51-44}$tɕʰyei^{44}tɤ^{51}poŋ^{51}n^{21}mi^{33}n^{33}tɕi$^{51-44}$pu^{51}

ts^{h}i^{44}.

4.唔管[m̩^{33} koŋ^{55}]。例如：

唔管尔去唔去，反正我是要去个不管你去不去，反正我是要去的。m^{33}koŋ^{55}n^{33}xuo^{44}m^{0}xuo^{44}, xuaŋ^{55}tsen^{0}iu^{33}sɿ^{33}i^{51}xuo^{44}kə^{0}.

唔管样个苦，要得好生学不管怎么苦，也得好好学习。m^{33}koŋ^{55}iaŋ^{51}kə^{0}k^{h}uo^{44}, i^{51}tə^{0}xa^{55}sen^{0}ɕiɤɯ^{51}.

（三）副词

梅花土话的副词包括范围、程度、时间、否定、情态和语气等。

1. 范围副词。有“□都[tsɤ^{55}]（新派说[tuo^{55}]）”“就[tɕiɤɯ^{51}]”“总是[tsoŋ^{55}sɿ^{0}]”“一起[i$^{35-44}$sɿ^{55}]”。

①□ [tsɤ^{55}]。表示周遍，相当于普通话的“都”。例如：

□□□□唔过□谁都说不过他。iɤ^{51}ta^{0}tsɤ^{55}k^{h}ua^{35}m^{0}ku^{44}tɤ^{51}.

□两□□姓王我们俩都姓王。yo$^{51-44}$liaŋ^{55}ta^{0}tsɤ^{55}siɤɯ^{44}uaŋ^{51}.

烟也好，茶也好，我□没会烟也好，茶也好，我都不会。ŋeĩ^{51}i^{0}xa^{55}, ts^{h}u^{21}i^{0}xa^{55}, iu^{33}tsɤ^{55} mɤ^{33}uo^{51}.

□得地牯高头，样个□□唔到掉到地上了，怎么都找不到。ta^{51}lə^{0}ta^{51}kuo^{0}kia$^{51-44}$tɤɯ^{0}, iaŋ^{51} kɤ^{44}tsɤ^{44}ti^{51}m^{0}ta^{44}.

尔□□急紧，面皮都红罢咧你看他急的，脸都红了。n^{33}niɤ^{35}tɤ^{51}tsɿ^{35}tɕi^{0}, meĩ^{51}pa^{0}tuo^{55}ɕie^{21}pa^{0}lie^{0}.

分人家脑牯都弄出血咧把人家脑袋都打出血来了。pie^{51}n^{21}ku^{0}na^{55}kuo^{55}tsɤ^{55}ŋɤɯ^{51}ɕya^{0}xuei^{35}lie^{0}.

②就[tɕiɤɯ^{51}]。例如：

我唔怪人家，就怪□家我不怪人家，就怪自己。iu^{33}m^{0}kuei^{44}n^{21}ku$^{51-55}$, tɕiɤɯ^{51}kuei^{44}tsuo^{51}ku^{0}.

讲□罢啦就走，样个半头□工还唔走说好了就走，怎么这么半天了还没走？ ki^{55}neĩ^{44}pa^{0}la^{0}tɕiɤɯ$^{51-44}$ tsɿ^{55}, iaŋ^{51}kə^{0}poŋ^{44}tɤɯ^{0}neĩ^{0} kie^{51}xa^{21}m^{0}tsɿ^{55} ?

尔□□去？我就去你什么时候去？我这就去。n^{33}iɤ^{51}ti^{35}xuo^{44}? iu^{33}tɕiɤɯ$^{51-44}$xuo^{44}.

尔思去就去，没思去就没去你想去就去，不想去就不去。n^{33}sɤ^{51}xuo^{44}tɕiɤɯ$^{51-44}$xuo^{44}, mɤ^{33}sɤ^{51} xuo^{44}tɕiɤɯ^{51}mɤ^{33}xuo^{44}.

就剩点（个）□咧，食罢□罢咧就剩下这么点儿了，吃完算了。tɕiɤɯ$^{51-44}$ɕyei$^{51-44}$teĩ^{55}（k＞ŋ）ə^{0} tə^{0}lie^{0}, iɤ^{51}pa^{0}tɕyei^{55}pa^{0}lie^{0}.

③总是[tsoŋ^{55}sɿ^{0}]。例如：

老张食饭总是剩出老张吃饭总是剩饭。la^{33}tɕiaŋ^{51}iɤ^{51}xueĩ^{51}tsoŋ^{55}sɿ^{0}ɕyei^{51}ɕya^{0}.

老张总是开紧窗子豁困觉，蛮□弄□罢老张总是开着窗户睡觉，很容易弄感冒了。la^{33}tɕiaŋ^{51}tsoŋ^{55} sɿ^{0}xɤ^{51}tɕi^{0}soŋ^{51}lə^{0}xua^{0}xue^{44}kiɤɯ^{35}, meĩ^{21}ŋə^{0}ŋɤɯ^{51}kie^{44}pa^{0}.

④一起[i$^{35-44}$sɿ^{55}]。例如：

□碎兰一起去□戏喊小兰一起去看戏。uei^{51}ɕyo^{44}lan^{51}i$^{35-44}$sɿ^{55}xuo^{44}niɤ^{35}sɿ^{44}.

□一起走吧我们一起走吧。yo^{51}i$^{35-44}$sɿ^{55}tsɿ^{55}pa^{0}.

我□□□□一起去钓鱼我明天跟他一起去钓鱼。iu^{33}t^{h}oŋ^{51}koŋ^{35}kia^{44}tɤ^{51}i$^{35-44}$sɿ^{55}xuo^{44}tiɤɯ^{44}ŋuo^{21}.

2. 程度副词。常见的有“蛮[meĩ^{21}]”“好[xa^{55}]”“好生[xa^{55}sen^{0}]”“忒[t^{h}ɤ^{35}]”“越[uei^{51}]……越[uei^{51}]”“就[tɕiɤɯ^{51}]”“差（唔）点差点儿[ts^{h}u^{44}（m^{0}）teĩ^{55}]”“□□才[ɕiu^{51}tə^{0}]”“□只；净[ki^{35}]”九个。

①“蛮[meĩ^{21}]”。例如：

个粒□□是贵了点的，还是蛮扎实这个东西贵是贵了点儿，但还是很结实。kɤ^{44}la^{0}uaŋ^{51}ki^{0}sɿ^{33}kua^{44}lə^{0}teĩ^{55}tə^{0}, xa^{21}sɿ^{0}meĩ^{21}tsa$^{51-44}$sɿ^{0}.

个本书蛮好□这本书挺好看的。kɤ^{44}pie^{55}ɕyo^{51}meĩ^{21}xa^{55}niɤ^{35}.

□对人蛮□他对人很好。tɤ^{51}tuo^{44}n^{21}meĩ^{21}neĩ^{44}.

个粒□□蛮沉，拿得摇拿唔摇这个东西挺沉的，拿得动拿不动？kɤ^{44}la^{0}uaŋ^{51}ki^{0}meĩ^{21}tɕ^{h}ie^{21}, nɤ^{55}lə^{0}iɤɯ^{21}nɤ^{55}m^{0}iɤɯ^{21}?

□埠坐起蛮多人家里头坐着很多人。a^{35}pu^{-55}ts^{h}au^{33}sɿ^{0}meĩ^{21}tau^{51}n^{21}.

②好[xa^{55}]。例如：

有罢人，□□事□好办有了人，什么事都好办。xɤɯ^{33}pa^{0}n^{21}, ŋ^{55}ŋə^{0}sɿ^{51}tsɤ^{55}xa^{55}peĩ^{44}.

个蔸树子好高这棵树好高啊！kɤ^{44}tɤɯ^{0}ɕyo^{51}lə^{0}xa^{55}kia^{51}!

个粒□□没彼粒□□好用这个东西没那个东西好用。kɤ^{44}la^{35}uaŋ^{51}ki^{0}ma^{33}pɤ^{44}la^{35}uaŋ^{51}ki^{0}xa^{55}i^{51}.

要好多□有罢要多少才够呢？i$^{51-44}$xa^{55}tau^{51}ɕiu^{21}xɤɯ^{33}pa^{44}?

□今年好大咧他今年多大了？tɤ^{51}tsɿ$^{51-44}$neĩ^{0}xa^{55}t^{h}ai^{44}lie^{0}?

个粒□□有好沉这个东西有多重？kɤ^{44}la^{0}uaŋ^{51}ki^{0}xɤɯ^{33}xa^{55}tɕ^{h}ie^{21}?

③好生[xa^{55}sen^{0}]。相当于普通话的“好好地”。例如：

好生地走，没要□好好儿地走，不要跑。xa^{55}sen^{0}ta^{0} tsɿ^{55}, mɤ^{33}i^{0}k^{h}uei^{35}.

没管样个苦，要得好生学不管怎么苦，都要好好学。mɤ^{33}koŋ^{55}iaŋ^{51}kə^{0}k^{h}uo^{44}, i^{51}tə^{0}xa^{55}sen^{0}ɕiɤɯ^{51}.

④忒[t^{h}ɤ^{35}]。例如：

个领衣忒贵咧，买唔起这件衣服太贵了，买不起。kɤ^{44}liɤɯ^{33}a^{51}t^{h}ɤ^{35}kua^{44}lie^{0}, mi^{33}m^{0}sɿ^{55}.

个碗菜忒好食嘞这碗菜太好吃了。kɤ^{44}oŋ^{55}ts^{h}i^{44}t^{h}ɤ^{35}xa^{55}iɤ^{51}lə^{0}.

⑤越[uei^{51}]……越[uei^{51}]。例如：

越走越快，越□越多越走越快，越说越多。uei^{51}tsɿ^{55}uei^{51}k^{h}uei^{44}, uei^{51}k^{h}ua^{35}uei^{51}tau^{51}.

□走得越来越快，我总跟唔上他走得越来越快，我跟不上。tɤ^{51}tsɿ^{55}lə^{0}uei^{51}la^{0}uei^{51}k^{h}uei^{44}, iu^{33}

tsoŋ^{55}kie^{51}m^{0}ɕiaŋ^{33}.

⑥就[tɕiɤɯ^{51}]。例如：

我唔怪人家，就怪自家我不怪人家，就怪自己。iu^{33}m^{0}kuei^{44}n^{21}ku$^{51-55}$, tɕiɤɯ$^{51-44}$kuei^{44}tsuo^{51}ku^{0}.

个□种子就够种一半地这些种子只够种一半地。kɤ^{44}sɤ^{35}tɕi^{55}tsɿ^{55}tɕiɤɯ^{51}kɤɯ^{44}tɕiaŋ^{44}i$^{35-44}$poŋ^{44} ta^{51}.

头□就买咧一领衣上一次就买了一件衣服。tɤɯ^{21}puo^{51}tɕiɤɯ^{51}mi^{33}lie^{0}i$^{35-44}$liɤɯ^{33}a^{51}.

⑦差（唔）点[tsʰu^{44}（m^{0}）teĩ^{55}]。相当于普通话的“差点儿”。例如：

差唔点□着跌罢咧差点儿跌倒了。tsʰu^{44}m^{0}teĩ^{55}ta^{51}tɕi^{0}tie^{35}pa^{0}lie^{0}.

张明差点分打伤张明差点儿被打伤。tɕiaŋ^{44}min^{51}tsʰu^{51}teĩ^{55}pie^{51}ta^{55}ɕiaŋ^{51}.

⑧□□[ɕiu^{51}tə^{0}]。相当于普通话的“才”。例如：

□□□食罢一份饭他才吃了一碗饭。tɤ^{51}ɕiu^{51}tə^{0}iɤ^{53}pa^{0}i$^{35-44}$pie^{51}xueĩ^{51}.

⑨□[ki^{35}]。相当于普通话的“只”“净”。例如：

□食饭，唔食菜净吃饭，不吃菜。ki^{35}iɤ^{51}xueĩ^{51}, m^{0}iɤ^{51}tsʰi^{44}.

3. 时间副词。常见的有“□□刚才[ɕiu^{51}tə^{0}]”“正□正好[tɕiu^{44}xua^{0}]”“□早趁早[tu^{35}tsia^{55}]”“还[xa^{21}]”“还要[xa$^{21-44}$i^{0}]”“又[i$^{51-44}$/i^{0}]”“再[tsai^{35}]”“也[iu^{33}/i^{0}]”八个。

①□□[ɕiu^{51}tə^{0}]。相当于普通话的“刚才”。例如：

我□□数钱没咧数对我刚才数钱没数对。iu^{33}ɕiu^{51}tə^{0}suo^{55}tsʰeĩ^{21}mɤ^{33}lie^{0}suo^{55}tuo^{44}.

老张□□□罢□□老张刚才说了些什么？la^{33}tɕiaŋ^{51}ɕiu^{51}tə^{0}kʰua^{35}pa^{35}ŋ^{55}ŋə^{0}?

□□□□罢酒嘞他刚喝完酒。tɤ^{51}ɕiu^{51}tə^{0}ɕyei^{35}pa^{0}tsiɤɯ^{55}lə^{0}.

②正□[tɕiu^{44}xua^{0}]。相当于普通话的“正好”。例如：

正□十□人正好十个人。tɕiu^{44}xua^{0}sɿ$^{51-44}$ta^{0}n^{21}.

□正□在个食饭他正好在这儿吃饭。tɤ^{51}tɕiu^{55}xua^{0}ti^{33}kə^{0}iɤ^{51}xueĩ^{51}.

□正□□□□□□□一□朋友□话他正在那儿跟一个朋友说话呢。tɤ^{51}tɕiu^{44}（x > ∅）ua^{0}ti^{33}pi^{44}tɤ^{44} pɤ^{55}ta^{51}kia^{44}i$^{35-44}$ta^{0}pie^{21}iɤɯ^{33}kʰua^{35}xu^{51}.

三千斤细麦正□装一车三千斤小麦正好装一车。su^{51}tsʰeĩ$^{51-44}$tɕi^{51}si^{44}mu$^{51-55}$tɕiu^{44}xua^{55}tsoŋ^{51} i$^{35-44}$tɕʰiu^{51}.

我正□在□□□尔我正好在这儿找你。iu^{33}tɕiu^{44}xua^{0}ti^{33}kuei^{55}tə^{0}ti^{51}n^{33}.

③□早趁早[tu^{35}tsia^{55}]。例如：

□早走吧趁早走吧。tu^{35}tsia^{55}tsɿ^{55}pa^{0}.

④还[xa^{21}]。例如：

老张劝我还买一座屋老张劝我再买一套房子。la^{33}tɕiaŋ^{51}kʰueĩ^{44}iu^{33}xa^{21}mi^{33}i$^{35-44}$tsʰau^{33}uo^{35}.

尔比我高，□比尔还高你比我高，他比你还高。n^{33}pa^{55}iu^{33}kia^{51}, tɤ^{51}pa^{55}n^{33}xa^{21}kia^{51}.

□还没（咧）到。$t\gamma^{51}xa^{21}m\gamma^{33}$（$lie^{0}$）$ta^{44}$.

分人家脑牯都弄出血咧，还笑把人家头都打出血了，还笑！ $pie^{51}n^{21}ku^{0}na^{55}kuo^{55}ts\gamma^{55}\eta\gamma\text{ɯ}^{51}\text{ɕ}ya^{0}xuei^{35}lie^{01}$, $xa^{21-44}si\gamma\text{ɯ}^{44}$!

⑤还要 [$xa^{21-44}i^{0}$]。例如：

尔□□食罢一份饭，还要一份你刚吃完一碗饭，还得一碗。$n^{33}\text{ɕ}iu^{51}t\text{ə}^{0}i\gamma^{51}pa^{0}i^{35-44}pie^{51}xue\tilde{i}^{51}$, $xa^{21-44}i^{0}i^{35-44}pie^{51}$.

还要买种子。$xa^{21}i^{0}mi^{33}t\text{ɕ}i^{55}ts\text{ɿ}^{55}$.

写罢一半，还要写写了一半，还得写。$si\gamma\text{ɯ}^{55}pa^{0}i^{35-44}po\eta^{44}$, $xa^{21-44}i^{0}si\gamma\text{ɯ}^{55}$.

尔先走，我还要扫一□你先走吧，我还得扫一遍。$n^{33}se\tilde{i}^{51}ts\text{ɿ}^{55}$, $iu^{33}xa^{21-44}i^{0}sia^{55}i^{35-44}me\tilde{i}^{0}$.

⑥又 [i^{51-44}/i^{0}]。例如：

□又枯又高他又瘦又高。$t\gamma^{51}i^{51-44}xuo^{51}i^{51-44}kia^{51}$.

□罢一□，又是一□说了一遍，又说一遍。$k^{h}ua^{35}pa^{0}i^{35-44}me\tilde{i}^{0}i^{51-44}s\text{ɿ}^{0}i^{35-44}me\tilde{i}^{0}$.

分我又来数一□让我再来数一遍。$pie^{51}iu^{33}i^{51}la^{0}suo^{55}i^{35-44}me\tilde{i}^{0}$.

我□又□唔摇，□又□唔出□□我跑又跑不动，喊又喊不出声音。$iu^{33}k^{h}uei^{35}i^{0}k^{h}uei^{35}m^{0}i\gamma\text{ɯ}^{21}$, $uei^{51}i^{0}uei^{51}m^{0}\text{ɕ}ya^{35}\text{ɕ}iu^{51-44}s\text{ɿ}^{55}$.

⑦再 [$tsai^{35}$]。借自当地的西南官话。例如：

先□杯茶再□喝杯茶再说吧。$se\tilde{i}^{51}\text{ɕ}yei^{35}p\text{ə}^{0}ts^{h}u^{21}tsai^{35}k^{h}ua^{35}$.

食罢饭再走，要唔要得吃了饭再走，行不行？ $i\gamma^{51}pa^{0}xue\tilde{i}^{51}tsai^{35}ts\text{ɿ}^{55}$, $i^{51}m^{0}i^{51}t\gamma^{35}$?

思□个样事再□想着了了这件事再说。$s\gamma^{51}ti^{0}k\gamma^{44}ia\eta^{0}s\text{ɿ}^{51-44}tsai^{35}k^{h}ua^{35}$.

我食罢饭再□我吃了饭再说。$iu^{33}i\gamma^{51}pa^{0}xue\tilde{i}^{51}tsai^{35}k^{h}ua^{35}$.

⑧也 [iu^{33}/i^{0}]。例如：

样个也没是□尔反正也不是说你。$ia\eta^{51}k\text{ə}^{0}iu^{33}m\gamma^{33}s\text{ɿ}^{33}k^{h}ua^{35}n^{33}$.

□□是有尔做，也有食个现在是有的做，也有的吃。$xa^{33}ti^{35}s\text{ɿ}^{33}x\gamma\text{ɯ}^{33}n^{33}ts\gamma^{44}$, $i^{0}x\gamma\text{ɯ}^{33}i\gamma^{51}k\text{ə}^{0}$.

讲□□也来说好了他也来的。$ki^{55}ne\tilde{i}^{44}t\gamma^{51}i^{0}la^{21}$.

我也讲唔清，尔去问□□我也说不清楚，你去问问他们。$iu^{33}i^{0}ki^{55}m^{0}ts^{h}i\gamma\text{ɯ}^{51}$, $n^{33}xuo^{44}mie^{51}t\gamma^{51}l\text{ə}^{0}$.

4. 否定副词。常用“没要 [$m\gamma^{33}i^{0}$]”“没咧 [$m\gamma^{33}lie^{0}$]”。用在动词、形容词前，“没要 [$m\gamma^{33}i^{0}$]”相当于普通话的“不要”，“没咧 [$m\gamma^{33}lie^{0}$]”相当于普通话的“没有”。

①没要 [$m\gamma^{33}i^{0}$]。例如：

思□□，没要争紧□想着说，不要抢着说。$s\gamma^{51}ti^{0}k^{h}ua^{35}$, $m\gamma^{33}i^{0}tsen^{51}t\text{ɕ}i^{0}k^{h}ua^{35}$.

没要分茶杯打烂罢别把茶杯打碎了。$m\gamma^{33}i^{0}pie^{51}ts^{h}u^{21}p\gamma^{51}ta^{55}le\tilde{i}^{51}pa^{0}$.

思□□没要再落雨咧希望明天不要再下雨了。$s\gamma^{51-44}t^{h}o\eta^{51}ko\eta^{35}m\gamma^{33}i^{0}tsai^{35}lau^{51}u^{33}lie^{0}$.

天黑罢咧，没要出去咧天黑了，不要出去了。$t^{h}e\tilde{i}^{51}x\gamma^{35}pa^{0}lie^{0}$, $m\gamma^{33}i^{0}\text{ɕ}ya^{35}xuo^{44}lie^{0}$.

我□□□□，尔没要再□咧我告诉他们，你不要再说了。iu³³kuaŋ⁴⁴ɕiaŋ⁰tɤ⁵¹lə⁰, n³³mɤ³³i⁰tsai³⁵kʰua³⁵lie⁰.

②没咧 [mɤ³³lie⁰]。例如：

老张昨夜没咧买紧菜老张昨天没有买着菜。la³³tɕiaŋ⁵¹tsʰa²¹iu⁰mɤ³³lie⁰mi³³tɕi⁰tsʰi⁴⁴.

我没咧食我没有吃。iu³³mɤ³³lie⁰iɤ⁵¹.

饭还没咧熟饭还没有熟。xueĩ⁵¹xa²¹mɤ³³lie⁰ɕiɤɯ⁵¹.

衣没咧旱衣服还没干。a³⁵mɤ³³lie⁰xeĩ³³.

□食橘子没咧你们吃橘子了没有？nɤ⁵¹iɤ⁵¹kua³⁵lə⁰mɤ³³lie⁰?

5. 情态副词。有“要 [i⁵¹/i⁰]”“□肯定 [sɤ³⁵]”“样个怎样；反正 [iaŋ⁵¹（k＞ŋ）ə⁰]”“□淘故意 [pu³³ta²¹]”四个。

①要 [i⁵¹/i⁰]。例如：

我非得要去。u³³xuei⁴⁴tə⁰i⁰xuo⁴⁴.

要样个办□□要这么做才好。i⁵¹kiaŋ⁵¹kə⁰peĩ⁴⁴tuo⁴⁴neĩ⁴⁴.

要我□，尔就唔能来要我说，你就来不了。i⁵¹iu³³kʰua³⁵, n³³tɕiɤɯ⁵¹⁻⁴⁴m⁰nen⁵¹⁻⁴⁴la²¹.

②□ [sɤ³⁵]。相当于普通话的“肯定”。例如：

□□天□比今□明天天气肯定比今天好。tʰoŋ⁵¹koŋ³⁵tʰeĩ⁵¹⁻⁴⁴sɤ³⁵pa⁵⁵tsoŋ⁵¹neĩ⁴⁴.

也用“肯定 [kʰen⁵⁵tin³⁵]”，借自当地的西南官话。例如：

个样事□肯定□得这件事他肯定知道。kɤ⁴⁴iaŋ⁵¹⁻⁴⁴sɿ⁵¹tɤ⁵¹kʰen⁵⁵tin³⁵na⁵¹⁻⁴⁴tə⁰.

③样个 [iaŋ⁵¹（k＞ŋ）ə⁰]。相当于普通话的“怎样”“反正”。例如：

老张样个都唔得来咧老张反正都来不了。la³³tɕiaŋ⁵¹iaŋ⁵¹（k＞ŋ）ə⁰tuo⁰m⁰tɤ³⁵la²¹lie⁰.

样个也没是□尔反正也不是说你。iaŋ⁵¹kə⁰iu³³mɤ³³sɿ³³kʰua³⁵n³³.

样个我得□□□反正我得让他说。iaŋ⁵¹⁻⁴⁴kə⁰iu³³tə⁰tɕʰyei⁴⁴tɤ⁵¹kʰua³⁵.

④□淘 [pu³³ta⁰]。相当于普通话的“故意”。例如：

□淘捣乱故意捣乱。pu³³ta²¹tau⁵⁵luaŋ³⁵.

6.语气副词。有“恐恐怕；小心 [ɕie⁵⁵]”“思想 [sɤ⁵¹]”两个。

①恐 [ɕie⁵⁵]。相当于普通话的“恐怕”“小心”。例如：

恐落雨怕是要下雨了。ɕie⁵⁵lau⁵¹u³³.

恐有五十多斤恐怕有五十多斤吧。ɕie⁵⁵xɤɯ³³n³³sɿ⁰tau⁵¹⁻⁴⁴tɕi⁵¹.

没（要）□！恐（得）肚子疾不要跑，小心肚子疼。mɤ³³（i⁰）kʰuei³⁵! ɕie⁵⁵（lə⁰）tuo³³lə⁰tsʰa⁵¹.

恐得□紧爬也爬唔起（来）小心摔倒爬也爬不起来。ɕie⁵⁵lə⁰ta⁵¹tɕi⁰pu²¹i⁰pu²¹m⁰sɿ⁵⁵（la⁰）.

恐得□跤子小心摔倒了。ɕie⁵⁵lə⁰ta⁵¹⁻⁴⁴kia⁵¹lə⁰.

② 思 [sɤ⁵¹]。相当于普通话的“想”。例如：

尔思去就去，没思去就没去你想去就去，不想去就不去。n^{33}sɤ^{51}xuo^{44}tɕiɤɯ^{51}xuo^{44}, mɤ^{33}sɤ^{51}xuo^{44} tɕiɤɯ^{51}mɤ^{33}xuo^{44}.

□思没思□他想不想说？ tɤ^{51}sɤ^{51}mɤ^{33}sɤ^{51}kʰua^{35}?

思□□没要再落雨咧希望明天不要再下雨了。sɤ$^{51-44}$tʰoŋ^{51}koŋ^{35}mɤ^{33}i^{0}tsai^{35}lau^{51}u^{33}lie^{0}.

（四）结构助词

“个 [kə^{0}]” 相当于普通话的 “的” 和 “地”；“得 [lə^{0}]” 和普通话的 “得” 一样。

1. 个 [kə^{0}]。相当于普通话的 “的”。例如：

袋牯是我个包是我的。ti^{51}kuo^{0}sɿ^{33}iu^{33}kə^{0}.

一□蛮胹个男碎□□一个胖乎乎的小男孩儿。i$^{35-44}$ta^{0}meĩ^{21}na^{35}kə^{0}nu^{21}ɕyo^{44}kə^{0}tə^{0}.

彼□卖药个那个卖药的。pɤ^{44}ta^{0}mi^{51}iɤɯ^{51}kə^{0}.

我□□红个我喜欢红的。iu^{33}suo^{44}ɕi^{51}ɕie^{21}kə^{0}.

尔到罢县埠，就在馆子埠食顿□个你到了县里，就在饭馆吃顿好的。n^{33}ta^{44}pa^{0}ɕian^{35}pu^{-55}, tɕiɤɯ^{51} ti^{33}koŋ^{55}lə^{0}pu^{0}iɤ^{51}tɕye^{44}neĩ^{44}kə^{0}.

个□熟个，食得。彼□生个，食唔得这些是熟的，能吃。那些是生的，不能吃。kɤ^{44}sɤ^{35}ɕiɤɯ^{51}kə^{0}, iɤ^{51}tə^{0}. pɤ^{44}sɤ^{35}sen^{51}kə^{0}, iɤ^{51}m^{0}tɤ^{35}.

台子高头个书是老王个桌子上面的书是老王的。ti^{21}lə^{0}kia$^{51-44}$tɤɯ^{0}kə^{0}ɕyo^{51}sɿ^{33}la^{33}uaŋ^{51}kə^{0}.

2. 个 [kə^{0}]。用在动词前，相当于普通话的 “地”。例如：

慢□个□，一句一句个□慢慢地说，一句一句地说。meĩ^{51}ŋə^{0}kə^{0}kʰua^{35}, i$^{35-44}$tɕyo^{44}i$^{35-44}$tɕyo^{44}kə^{0} kʰua^{35}.

□□一□一□个入去他们一个一个地进去。tɤ^{51}lə^{0}i$^{35-44}$ta^{0}i$^{35-44}$ta^{0}kə^{0}n^{51}xuo^{0}.

3. 得 [lə^{0}]。用在动词后，相当于普通话的 “得”。例如：

香得紧，是没是（个）香得很，是不是？ ɕiaŋ^{51}lə^{0}tɕi^{55}, sɿ^{33}mɤ^{0}sɿ^{33}（kə^{0}）?

我算得快咧，错罢咧我算得太快了，算错了。iu^{33}soŋ^{44}lə^{0}kʰuei^{44}lie^{0}, tsʰau^{35}pa^{0}lie^{0}.

王师生刀开得蛮□王医生刀开得很好。uaŋ^{51}sa$^{51-44}$sen^{44}ta^{51}xɤ^{51}lə^{0}meĩ^{21}neĩ^{44}.

分尔三工日子，做得到做唔到给你三天时间，做得到做不到？ pie^{51}n^{33}su$^{51-44}$kie^{51}n^{51}tsɿ^{0}, tsɤ^{44}lə^{0}ta^{44}tsɤ^{44}m^{0}ta^{44}?

我没事，来得罢；□事多，来唔罢我没事儿，来得了；他事儿多，来不了。iu^{33}ma$^{33-55}$sɿ^{51}, la^{21}lə^{0} pa^{35}; tɤ^{51}sɿ^{51}tau^{51}, la^{21}m^{0}pa^{35}.

我拿得摇，□拿唔摇我拿得动，他拿不动。iu^{33}nɤ^{55}lə^{0}iɤɯ^{21}, tɤ^{51}nɤ^{55}m^{0}iɤɯ^{21}.

□得到，做得到，蛮□说得到，做得到，很好！ kʰua^{35}lə^{0}ta^{44}, tsɤ^{44}lə^{0}ta^{44}, meĩ^{21}neĩ^{44}!

六 六种体系统

（一）完成体

有四种方式："罢[pa^{0}]""过[ku^{0}]""罢咧[pa^{0}lie^{0}]""咧[lie^{0}]"。

1. 罢[pa^{0}]。相当于普通话的"了$_{1}$"或"过"。句式是：V＋罢[pa^{0}]＋宾语/数量结构。例如：

尔到罢县埠，就在馆子埠食顿□个你到了县里，就在饭馆吃顿好的。n^{33}ta^{44}pa^{0}ɕian^{35}pu^{-55}, tɕiɤɯ^{51}ti^{33}koŋ^{55}lə^{0}pu^{0}iɤ^{51}tɕye^{44}neĩ^{44}kə^{0}.

还没咧□罢？催□快点个还没说完？催他快一点。xa^{21}m^{0}lie^{55}k^{h}ua^{35}pa^{35}? t^{h}uo^{51}tə^{0}k^{h}uei^{44}teĩ^{55}kə^{0}.

我食罢兔子肉，你食过没咧我吃过兔子肉，你吃过没有？iu^{33}iɤ^{51}pa^{0}t^{h}uo^{44}lə^{0}u^{55}, n^{33}iɤ^{51}ku^{0}mɤ^{33}lie^{0}？

□埠来罢客嘞，去买点菜家里来客了，去买点儿菜。a^{35}pu^{-55}la^{21}pa^{0}xu^{35}lə^{0}, xuo^{44}mi^{33}teĩ^{55}ts^{h}i^{44}.

去罢一□去了一趟。xuo^{44}pa^{0}i$^{35-44}$k^{h}en^{51}.

□□埠一□死罢三头猪他家一下子死了三头猪。tɤ^{51}a^{35}pu^{55}i$^{35-44}$ti^{35}sa^{55}pa^{0}su$^{51-44}$tɤɯ^{0}tɕyo^{51}.

2. 过[ku^{0}]。和普通话"过"的用法一样。句式是：V＋过[ku^{0}]（＋NP）。例如：

□没咧去过北京，连省埠也没咧去过他没有去过北京，连省城也没去过。tɤ^{51}mɤ^{33}lie^{0}xuo^{44}ku^{0}pɤ^{35}kin^{0}, leĩ^{21}ɕye^{55}pu^{-55}i^{0}mɤ^{33}lie^{0}xuo^{44}ku^{0}.

我碎□□没出过门，就□得□梅花话我小时候没出过门，只会说梅花话。iu^{33}ɕyo^{44}kə^{0}ti^{35}mɤ^{33}ɕya^{35}ku^{0}mie^{21}, tɕiɤɯ^{51}na^{51}tə^{0}k^{h}ua^{35}mɤ$^{21-44}$xu$^{51-44}$xu^{51}.

没□得□，没学过不会说，没学过。mɤ^{33}na^{51}tə^{0}k^{h}ua^{35}, mɤ^{33}ɕiɤɯ^{51}ku^{0}.

以□彼□我坐过船，没咧坐过马以前我坐过船，没骑过马。i^{35}luo^{44}pɤ^{44}ti^{35}iu^{33}ts^{h}au^{33}ku^{0}tɕ^{h}yeĩ^{21}, mɤ^{33}lie^{0}ts^{h}au^{33}ku^{0}mu^{33}.

个间屋没咧住过人这间屋子没住过人。kɤ^{44}keĩ$^{51-44}$uo^{35}mɤ^{33}lie^{0}ts^{h}uo^{51}ku^{44}n^{21}.

3. 罢咧[pa^{0}lie^{0}]。相当于普通话的"了$_{2}$"。用在句末，句式是：V＋罢咧[pa^{0}lie^{0}]。例如：

老张来罢咧？□□□也来老张来了吗？说好他也来的。la^{33}tɕiaŋ^{51}la^{21}pa^{0}lie^{0}? k^{h}ua^{35}neĩ^{44}tɤ^{51}i^{0}la^{21}.

饭熟罢咧，快来食饭好了，快吃吧。xueĩ^{51}ɕiɤɯ^{51}pa^{0}lie^{0}, k^{h}uei^{44}la^{21}iɤ^{51}.

我归来困罢咧，还得罢一□梦我回来就睡了，还做了一个梦。iu^{33}kua^{51}la^{0}xue^{44}pa^{0}lie^{0}, xa^{21}tɤ^{35}pa^{0}i$^{35-44}$ta^{0}mie^{51}.

尔看□急紧，面皮都红罢咧你看他急的，脸都红了。n^{33}niɤ^{35}tɤ^{51}tsʅ^{35}tɕi^{0}, meĩ^{51}pa^{0}tuo^{51}ɕie^{21}pa^{0}lie^{0}.

个隻盘子烂罢咧，□罢□嘞这只盘子烂了，扔了它吧。kɤ^{44}tɕiu^{0}poŋ^{21}lə^{0}leĩ^{51}pa^{0}lie^{0}, k^{h}iau^{55}pa^{0}tɤ^{51}lə^{0}.

天黑罢咧，没要出去咧天黑了，不要出去了。t^{h}eĩ^{51}xɤ^{35}pa^{0}lie^{0}, mɤ^{33}i^{0}ɕya^{35}xuo^{44}lie^{0}.

4. 咧[lie^{0}]。相当于普通话的"了$_{2}$"。用在句末，句式是：V＋咧[lie^{0}]。如：

落雨咧，路上注意点下雨了，路上注意点儿！ lau^{51}u^{33}lie^{0}, luo^{51}ɕiaŋ^{0}tsu^{35}i^{0}teĩ^{55}!

没早咧，快去罢不早了，快去吧！ mɤ^{33}tsia^{55}lie^{0}, k^{h}uei^{44}xuo^{44}pa^{0}!

要得要得，□就来咧好，好，他就来了。i^{51}tə^{0}i^{51}tə^{0}, tɤ^{51}tɕiɤɯ$^{51-44}$la^{21}lie^{0}.

我五点半就起罢来咧我五点半就起来了。iu^{33}n^{33}teĩ^{55}poŋ^{44}tɕiɤɯ$^{51-44}$sɿ^{55}pa^{0}la^{21}lie^{0}.

（二）进行体

表示动作正在进行。

1.句式是:（正□[tɕiu^{55}xua^{0}]）＋在[ti^{33}]＋方位指代词＋VO。例如：

尔在个唱□□你在这儿唱什么？ n^{33}ti^{33}kɤ^{44}tɕ^{h}iaŋ^{44}ŋ^{55}ŋə^{0}?

□正□在个食饭他正好在这儿吃饭。tɤ^{51}tɕiu^{55}xua^{0}ti^{33}kɤ^{44}iɤ^{51}xueĩ^{51}.

□正□在彼□彼□□一□朋友□话他正好在那儿跟一个朋友说话呢。tɤ^{51}tɕiu^{44}（x-∅）ua^{0}ti^{33}pi^{44}tɤ^{55}pɤ^{55}ta^{51}kia^{44}i$^{35-44}$ta^{0}pie^{21}iɤɯ^{33}k^{h}ua^{35}xu^{51}.

我正□在个□□尔，还没咧□紧我正好找你，没找着。iu^{33}tɕiu^{44}xua^{0}ti^{33}kuei^{55}tə^{0}ti^{51}n^{33}, xa^{21}mɤ^{33}lie^{0}ti^{51}tɕi^{0}.

□正□在个煮饭，尔一□人去□吧她正在做饭，你一个人去玩儿吧。tɤ^{51}tɕiu^{44}xua^{0}ti^{33}kɤ^{44}tɕyo^{55}xueĩ^{51}, n^{33}i$^{35-44}$ta^{0}n^{21}xuo^{44}lu^{55}（p＞m）a^{0}.

2.V紧[tɕi^{0}]V紧[tɕi^{0}]。V是单音节动词，“V紧[tɕi^{0}]V紧[tɕi^{0}]”相当于普通话的“V着V着”。表示该动作正在进行的时候，又发生了另一个动作。例如：

□在电视□□□紧□紧困着罢啦他在电视面前看着看着睡着了。tɤ^{51}ti^{33}tian^{35}sɿ^{0}mi^{51}ts^{h}a^{0}niɤ^{35}tɕi^{0}niɤ^{35}tɕi^{0}xue^{44}tɕiɤɯ^{51}pa^{0}la^{0}.

□紧□紧就笑起来咧说着说着就笑起来了。k^{h}ua^{35}tɕi^{0}k^{h}ua^{35}tɕi^{0}tɕiɤɯ^{51}siɤɯ^{44}sɿ^{0}la^{21}lie^{0}.

3.单音节动词中间插入“啊[a^{0}]”，构成“V啊[a^{0}]V”式。通常后面要紧跟VP，句式是“V啊[a^{0}]V＋VP”，表示动作正在进行。例如：

□在街上□啊□，□到黑面紧我们在街上逛啊逛，一直逛到天黑。yo^{51}ti^{33}ki^{51}ɕiaŋ^{0}lu^{55}a^{0}lu^{55}, lu^{55}ta^{0}xɤ^{35}meĩ^{0}tɕi^{0}.

□在个写啊写，写罢一□本子他正写啊写，写了一本子。tɤ^{51}ti^{33}kə^{0}siɤɯ^{55}a^{0}ɕiɤɯ^{55}, siɤɯ^{55}pa^{0}i$^{35-44}$ta^{0}pie^{55}lə^{0}.

（三）持续体

表示动作、状态处于持续之中，句式有二：一是“V＋紧着[tɕi^{0}]＋NP（数量短语）”；二是“V＋起[sɿ^{0}]＋VP/NP”。

1. 紧着[tɕi^{0}]。V＋紧着[tɕi^{0}]＋NP（数量短语）”。例如：

墙高头□紧一张地图墙上头贴着一张地图。ts^{h}iaŋ^{21}kia^{51}tɤɯ^{0}niu^{51}tɕi^{0}i$^{35-44}$tsoŋ^{51}ti^{35}t^{h}u^{0}.

台子高头搁紧一碗水，恐撞泼罢桌子上头搁着一碗水，小心碰洒了。ti^{21}lə^{0}kia$^{51-44}$tɤɯ$^{21-55}$k^{h}au^{51}

tɕi^{0}i$^{35-44}$oŋ^{55}ɕya^{55}，ɕi^{55}tsʰoŋ^{51}pʰɤ^{35}pa^{0}.

门口徛紧一□人门口站着一帮人。mie^{21}xɤɯ^{55}tsɿ^{55}tɕi^{0}i$^{35-44}$pʰoŋ$^{51-44}$n^{21}.

思紧□，没要争紧□想着说，不要抢着说。sɤ^{51}tɕi^{0}kʰua^{35}, mɤ^{33}i^{0}tsen^{51}tɕi^{0}kʰua^{35}.

2. 起[sɿ^{0}]。V＋起[sɿ^{0}]＋VP/NP。例如：

向起困仰天睡。ɕiaŋ^{44}sɿ^{0}xue^{44}.

坐起食□□，还是徛起食□点坐着吃好，还是站着吃好？ tsʰau^{33}sɿ^{0} iɤ^{51}neĩ^{33}ta^{0}, xa^{21}sɿ^{0}tsɿ^{33}sɿ^{0} iɤ^{51}neĩ^{33}teĩ^{0}ta^{0}？

□高头困起一□老□家床上头躺着一个老人。tuo$^{21-44}$kia$^{51-44}$tɤɯ^{0}xue^{44}sɿ^{0}i$^{35-44}$ta^{0}la^{33}tʰen^{0}ku^{0}.

□埠坐起蛮多人家里坐着很多人。a^{35}pu^{0}tsʰau^{33}sɿ^{0}meĩ^{21}tau^{51}n^{21}.

我就是坐起没摇，□尔□我样个我就是坐着不动，看你能拿我怎么样？ iu^{33}tɕiɤɯ$^{51-44}$sɿ^{0}tsʰau^{33}sɿ^{5} mɤ^{33}iɤɯ^{21}, niɤ^{35}n^{33}nɤ^{55}iu^{33}iaŋ^{51}（k＞ŋ）ə^{0}?

没恐！尔大起胆子□别怕！你大着胆子说。□说mɤ^{33}ɕi^{55}! n^{33}tu^{51}sɿ^{0}tu^{55}lə^{0}kʰua^{35}.

（四）经历体

表示过去某个时点或时段，某个动作或某种变化曾经经历过。句式是：V＋过[ku^{0}]（＋NP）。例如：

我碎□□没出过门，就□得□梅花话我小时候没出过门，只会说梅花话。iu^{33}ɕyo^{44}kə^{0}ti^{35}mɤ$^{33-55}$ ɕya^{35}ku^{0}mie^{21}, tɕiɤɯ$^{51-44}$na^{51}tə^{0}kʰua^{35}mɤ^{21}xu$^{51-44}$xu^{51}.

唔□得□，没学过不会说，没学过。m^{0}na^{51}tə^{0}kʰua^{35}, mɤ^{33}ɕiɤɯ^{51}ku^{0}.

以□彼□我坐过船，没咧坐过马以前我坐过船，没骑过马。i^{35}luo^{44}pɤ^{44}ti^{35}iu^{33}tsʰau^{33}ku^{0}tɕʰyeĩ^{21}, mɤ^{33}lie^{0}tsʰau^{33}ku^{0}mu^{33}.

个间屋没咧住过人这间屋子没住过人。kɤ^{44}keĩ$^{51-44}$uo^{35}mɤ^{33}lie^{0}tsʰuo^{51}ku^{44}n^{21}.

A：我食过橘子，尔食过没咧我吃过橘子，你吃过没？ iu^{33}iɤ^{51}ku^{44}kua^{35}lə^{0}, n^{33}iɤ^{51}ku^{0}mɤ^{33}lie^{0}?

B：没（咧）食过没吃过。mɤ^{33}（lie^{0}）iɤ^{51}ku^{0}.

（五）起始体

表示动作或变化的开始。句式有两种：一是“V/A＋起（来）[sɿ^{0}（la$^{21-55}$/ la^{0}）]（＋咧[lie^{0}]）”；二是“V/A＋咧[lie^{0}]”。

1. V/A＋起（来）[sɿ^{0}（la$^{21-55}$/ la^{0}）]（＋咧[lie^{0}]）。例如：

红起咧红了。ɕie^{0}sɿ^{0}lie^{0}.

肿起咧肿起来了。tɕi^{55}sɿ^{0}lie^{0}.

慢□□，恐得□紧爬都爬没起来慢着点儿，小心摔倒爬也爬不起来。meĩ^{35}ŋə^{0}tə^{0}, ɕie^{55}lə^{0}ta^{51}tɕi^{0} pu^{21}tə^{0}pu^{21}mɤ^{33}sɿ^{55}la$^{21-55}$.

□紧□紧就笑起来咧说着说着就笑起来了。kʰua^{35}tɕi^{0}kʰua^{35}tɕi^{0}tɕiɤɯ^{51}siɤɯ^{44}sɿ^{0}la^{0}lie^{0}.

□一欢喜就唱起来咧他一高兴就唱起来了。tɤ^{51}i$^{35-44}$xoŋ^{51}sɿ^{0}tɕiɤɯ^{51}tɕ^{h}iaŋ^{44}sɿ^{55}la^{0}lie^{0}.

我□老张□茶彼□，门口响起车子□□我给老张倒茶的时候，门口响起了汽车的声音。iu^{33}kia^{44}la^{33} tɕiaŋ^{51}ɕie^{51}ts^{h}u^{21}pɤ^{44}ti^{35}, mie^{21}xɤɯ^{0}ɕiaŋ^{55}sɿ^{55}tɕ^{h}iu^{51}lə^{0}ɕiu$^{51-44}$sɿ^{55}.

当句子是完成体时，句式是“起 [sɿ^{55}]＋罢 [pa^{0}]＋来咧 [la^{21}lie^{0}]”。例如：

我五点半就起罢来咧我五点半就起来了。iu^{33}n^{33}teĩ^{55}poŋ^{44}tɕiɤɯ$^{51-44}$sɿ^{55}pa^{0}la^{21}lie^{0}.

2. V/A＋咧 [lie^{0}]。如：

落雨咧，路上注意点下雨了，路上注意点！ lau^{51}u^{33}lie^{0}, luo^{51}ɕiaŋ^{0}tsu^{35}i^{0}teĩ^{55}!

没早咧，快去罢不早了，快去吧！ mɤ^{33}tsia^{55}lie^{0}, k^{h}uei^{44}xuo^{44}pa^{0}!

要得要得，他就来咧好，好，他就来了。i^{51}tə^{0}i^{51}tə^{0}, tɤ^{51}tɕiɤɯ$^{51-44}$la^{21}lie^{0}.

天黑罢咧，没要出去咧天黑了，不要出去了。t^{h}eĩ^{51}xɤ^{35}pa^{0}lie^{0}, mɤ^{33}i^{51}ɕya^{35}xuo^{44}lie^{0}.

（六）尝试体

指所表示的动作量少时短，包括一般所说的短时体。句式是“一□一下 [i$^{35-44}$ti^{35}/ i$^{35-44}$ti^{0}]”。例如：

尔分 [个□] 碗洗一□你把这些碗洗一下。n^{33}pie^{51}k-sɤ^{35}oŋ^{55}si^{55}i$^{35-44}$ti^{0}.

□做个点心，尔尝一□再走罢他做了点儿点心，你尝一下再走吧。tɤ^{51}tsɤ^{44}kə^{0}tian^{55}ɕin^{0}, n^{33}ɕiaŋ^{21} i$^{35-44}$ti^{0}tsai^{35}tsɿ^{55}pa^{0}.

镬子埠还有唔有饭？尔去□一□锅里还有没有饭啊？你去看一下。ue^{44}lə^{0}pu^{0}xa^{21}xɤɯ^{33}m^{0}xɤɯ^{33} xueĩ^{51}, n^{33}xuo^{55}niɤ^{35}i$^{35-44}$ti^{0}.

打罢一□打了一下。ta^{55}pa^{0}i$^{35-44}$ti^{35}.

个□毛笔是□□个？我用一□这支毛笔是谁的？我用一下。kɤ^{44}k^{h}u^{44}mia^{21}pa^{35}sɿ^{33}iɤ^{51}ta^{0}kə^{0}? iu^{33}i^{51}i$^{35-44}$ti^{35}.

尔分地牯拖一□你把地板拖一下。n^{33}pie^{51}ta^{51}kuo^{0}t^{h}au^{51}i$^{35-44}$ti^{0}.

七　语气词

梅花土话常见的语气词有“咧 [lie^{0}]”“吧 [pa^{0}]”“罢咧 [pa^{0}lie^{0}]”“嘞 [lə^{0}]”“个 [kə^{0}]”“啦 [la^{0}/lɛ^{0}]”“呢 [nɛ^{0}]”七个。

1. 咧 [lie^{0}]。用在陈述句末表肯定，用在疑问句末表疑问。相当于普通话的“了$_{2}$”。例如：

没早咧，快去吧不早了，快去吧！ mɤ^{33}tsia^{55}lie^{0}, k^{h}uei^{44}xuo^{44}pa^{0}!

忒多咧，要唔罢 [个样](子) 多，就要 [个样] 子多有罢咧太多啦！要不了那么多，就这么多就够了。t^{h}ɤ^{35}tau^{51}lie^{0}, i$^{51-44}$m^{0}pa^{35}kiaŋ^{35}（kə^{0}）tau^{51}, tɕiɤɯ^{51}i^{0}kiaŋ^{51}kə^{0}tau^{51}xɤɯ^{33}pa^{0}lie^{0}.

我□□□咧我告诉他了。iu^{33}kuaŋ^{44}ɕiaŋ^{0}tɤ^{51}lie^{0}.

个本书蛮好□咧这本书很好看。 kɤ^{44}pie^{55}ɕyo^{51}meĩ^{21}xa^{55}niɤ^{35}lie^{0}.

□今年好大咧他今年多大了？ tɤ^{51}tsɿ$^{51-44}$neĩ^{0}xa^{55}t^{h}ai^{44}lie^{0}?

2. 吧[pa^{0}]。相当于普通话的“吧”或“吗”。例如：

去吧！□□讲我没打算去去吧！谁说我不打算去？ xuo^{44}pa^{0}! iɤ^{51}（t>l）a^{0}ki^{55}iu^{33}mɤ^{33}ta^{55}soŋ^{44}xuo^{44}?

□一□人敢去吧他一个人敢去吗？ tɤ^{51}i$^{35-44}$ta^{0}n^{21}koŋ^{55}xuo^{44}pa^{0}?

尔平素食烟吧你平时抽烟吗？ n^{33}p^{h}in^{51}su^{35}iɤ^{51}ŋeĩ^{51}pa^{0}?

□□得快唔快？听清白嘞吧他说得快不快？听清楚了吧？ tɤ^{51}k^{h}ua^{35}lə^{0}k^{h}uei^{44}m^{0}k^{h}uei^{44}? t^{h}iɤɯ^{51}ts^{h}iɤɯ^{51}pu^{0}lə^{0}pa^{0}?

尔□□□这样事嘞吧你告诉他这件事了吧？ n^{33}kuaŋ^{44}ɕiaŋ^{0}tɤ^{51}kɤ^{44}iaŋ^{0}sɿ^{51}lə^{0}pa^{0}?

3. 罢咧[pa^{0}lie^{0}]。用在陈述句末表肯定，用在疑问句末表疑问。相当于普通话的“了$_{2}$”。例如：

我一□□，□就笑紧□罢咧我一说她，她就笑着跑了。 iu^{33}i$^{35-44}$k^{h}ua^{35}tɤ^{51}, tɤ^{51}tɕiɤɯ$^{51-44}$siɤɯ^{44} tɕi^{0}k^{h}uei^{35}pa^{0}lie^{0}.

□走罢咧，尔再坐一□我们走了，你再坐一会儿。 yo^{51}tsɿ^{55}pa^{0}lie^{0}, n^{33}tsai^{35}ts^{h}au^{33}i$^{35-44}$ti^{35}.

老张来罢咧？讲□□也来老张来了吗？说好他也来的。 la^{33}tɕiaŋ^{51}la^{21}pa^{0}lie^{9}? ki^{55}neĩ^{44}tɤ^{51}i^{0}la^{21}.

还没咧，还一□□食罢咧还没有，还得一会儿他才吃得完呢。xa^{21}mɤ^{33}lie^{55}, xa^{35}i$^{35-44}$ti^{35}tɤ^{51}iɤ^{51}pa^{0}lie^{0}.

我算得快咧，错罢咧我算得快了，算错了。 iu^{33}soŋ^{44}lə^{0}k^{h}uei^{44}lie^{0}, ts^{h}au^{35}pa^{0}lie^{0}.

4. 嘞[lə^{0}]。用在陈述句末表肯定，用在疑问句末表疑问。相当于普通话的“了$_{2}$”。例如：

□埠来罢客嘞，去买点菜家里来客了，去买点儿菜。 a^{35}pu^{55}la^{21}pa^{0}xu^{35}lə^{0}, xuo^{44}mi^{33}teĩ^{55}ts^{h}i^{44}.

□黑夜唔走嘞，就在□□埠住今天晚上别走了，就在我们家住吧。 tsoŋ^{51}xɤ^{35}iu^{33}m^{0}tsɿ^{55}lə^{0}, tɕiɤɯ^{51}ti^{33}yo^{33}a^{35}pu^{-55}ts^{h}uo^{51}.

要没得，以后就来唔及嘞不行，以后就来不及了。 i^{51}mɤ^{33}tɤ^{35}, i^{55}xɤɯ^{35}tɕiɤɯ^{51}la^{21}m^{0}tsɿ^{51}lə^{0}.

□今年几多岁嘞他今年多少岁了？ tɤ^{51}tsɿ$^{51-44}$neĩ^{21}tsɿ^{55}tə^{0}ɕyei^{44}lə^{0}?

5. 个[kə^{0}]。相当于普通话句末的“的”。例如：

尔是□年来个你是哪年来的？ n^{33}sɿ^{33}iɤ^{51}neĩ^{21}la^{21}kə^{0}?

我是前年到北京个我是前年到北京的。 iu^{33}sɿ^{33}ts^{h}eĩ^{21}neĩ^{0}ta^{44}pɤ^{35}kin^{44}kə^{0}.

老王打米粉吧？——打个老王打米粉吗？——打的。 la^{33}ueĩ^{21}ta^{55}mi^{33}xue^{55}pa^{0}? ta^{55}kə^{0}.

6. 啦[la^{0}/lɛ^{0}]。相当于普通话的“啦”。例如：

真个没轻，沉得连我都拿唔摇啦真不轻，沉得连我都拿不动啦。 tɕi^{51}kə^{0}mɤ^{33}tɕ^{h}iu^{51}, tɕ^{h}ie^{21}lə^{0}leĩ^{21} iu^{33}tuo^{0}nɤ^{55}m^{0}iɤɯ^{21}lɛ^{0}.

□在电视□□□紧□紧困着罢啦他在电视面前看着看着睡着了。tɤ^{51}ti^{33}tian^{35}sɿ^{0}mi^{51}tsʰa^{0}niɤ^{35}tɕi^{0} niɤ^{35}tɕi^{0}xue^{44}tɕiɤɯ^{51}pa^{0}la^{0}.

7. 呢[nɛ^{0}]。相当于普通话的“呢”。例如：

尔贵姓？我姓王。尔呢？ n^{33}kua^{44}siɤɯ^{44}? iu^{33}siɤɯ^{44}uaŋ^{51}. n^{33}nɛ^{0}?

我□□红个，尔呢我喜欢红的，你呢？ iu^{33}suo^{44}ɕi^{51}ɕie^{21}kə^{0}, n^{33}nɛ^{0}?

第二节

句法

一　处置式、被动式

南方多数方言，表示处置、被动和给予义的句式没有分别，梅花土话也是如此。也就是说，表示处置、被动、给予义的句子，相当于普通话的“把”字句、“被”字句，梅花土话都用介词“分[pie^{51}]”引进施事或受事。

（一）处置式

用介词“分[pie^{51}]”引进受事。句式是：NP_1＋分[pie^{51}]＋NP_2＋VP，NP_1是施事，NP_2是受事，VP是动词性短语。例如：

尔分[个□]碗洗一□你把这些碗洗一下。n̩^{33}pie^{51}k-sɤ^{35}oŋ^{55}si^{55}i$^{35-44}$ti^{0}.

尔分地牯拖一□你把地板拖一下。n^{33}pie^{51}ta^{51}kuo^{0}t^{h}au^{51}i$^{35-44}$ti^{0}.

□分橘子剥罢皮你把橘子皮剥了吧。tɤ^{51}pie^{51}kua^{35}lə^{0}piɤɯ^{35}pa^{0}pa^{21}.

我□弟□总是分老张当□□家个头辈我和弟弟总是把老张当我们自己的长辈。iu^{33}niu$^{51-44}$li^{33}kɤɯ^{55}tsoŋ^{55}sɿ^{33}pie^{51}la^{33}tɕiaŋ^{51}toŋ$^{51-44}$yo$^{51-44}$tsuo^{51}ku^{0}kə^{0}tɤɯ^{21}pɤ^{44}.

老张分村长气癫罢咧老张把村长给气疯了。la^{33}tɕiaŋ^{51}pie^{51}ts^{h}en^{44}tsaŋ^{55}ts^{h}ɿ^{44}teĩ^{51}pa^{0}lie^{0}.

□送罢个块表分我他送了这块表给我。tɤ^{51}sie^{44}pa^{0}kɤ^{44}k^{h}uei^{44}piɤɯ^{55}pie^{51}iu^{33}.

（二）被动式

用介词“分[pie^{51}]”引进施事。句式是：NP_1＋分[pie^{51}]＋NP_2＋VP，NP_1是被动者，NP_2是不愉快现象的“制造者”，VP是动词性短语。句式表示“遭受、不愉快、在意料之外”等意思。例如：

我一千块钱分□抢罢咧我一千块钱被他抢了。iu^{33}i$^{35-44}$ts^{h}eĩ^{51}k^{h}uei^{44}ts^{h}eĩ^{21}pie^{51}tɤ^{51}ts^{h}iaŋ^{55}pa^{0}lie^{0}.

鸡崽子分黄水狼拖走罢咧小鸡儿叫黄鼠狼给叼走了。tsɿ^{51}tsɤ^{55}lə^{0}pie^{51}xoŋ^{21}ɕya^{0}luo^{21}t^{h}au^{51}tsɿ^{55}pa^{0} lie^{0}.

我分村长斥紧罢咧我被村长（村主任）给批评了。iu^{33}pie^{51}ts^{h}en^{44}tɕiaŋ^{55}ts^{h}u^{44}tɕi^{0}pa^{0}lie^{0}.

老张个草帽子分风吹走罢咧老张的草帽叫风给吹走了。la^{33}tɕiaŋ^{51}kə^{0}ts^{h}ia^{55}mia^{51}lə^{0}pie^{51}xue^{51}tɕ^{h}ya^{51} tsɿ^{55}pa^{0}lie^{0}.

窗子豁□分颠烂罢咧窗户都被震碎了。soŋ^{51}lə^{0}xua^{35}tsɤ^{55}pie^{51}teĩ^{51}leĩ^{51}pa^{0}lie^{0}.

□分书园埠要上去咧我们被学校录取了。yo^{51}pie^{51}ɕyo$^{51-44}$ueĩ^{21}pu^{0}i^{51}ɕiaŋ$^{51-44}$xuo^{44}lie^{0}.

二 双宾句、兼语句、连动句

（一）双宾句

按动词的意义分成四类：①表示给予（给我一本书）；②表示取得（拿了他一百块钱）；③表示言说（问他几句话）；④表示称说（叫他大哥）。

1. 表示给予义的双宾句。句式是：V + 间接宾语 + 直接宾语。例如：

分我一本书给我一本书。pie^{51}iu^{33}i$^{35-44}$pie^{55}ɕyo^{51}.

□□分石□□搬走，我就分□□十块钱谁把石头搬走，我就给谁十块钱。iɤ^{51}ta^{0}pie^{51}ɕiu^{51}m^{0}tɕi^{0} poŋ^{51}tsɿ^{55}, iu^{33}tɕiɤɯ$^{51-44}$pie^{51}iɤ^{51}ta^{0}sɿ^{51}k^{h}uei^{44}ts^{h}eĩ^{21}.

老张分罢老李一千块钱老张给了老李一千块钱。la^{33}tɕiaŋ^{51}pie^{51}pa^{0}la^{33}la^{33}i$^{35-44}$ts^{h}eĩ^{51}k^{h}uei^{44} ts^{h}eĩ^{21}.

□送罢我个块表他送给我这块表。tɤ^{51}sie^{44}pa^{0}iu^{33}kɤ^{44}k^{h}uei^{44}piɤɯ^{55}.

车子□开过，溍罢我一身泥车子刚开过去，溅了我一身泥。tɕ^{h}iu^{51}lə^{0}ɕiu$^{51-44}$xɤ^{51}ku^{0}, tsu^{44}pa^{0}iu^{33} i$^{35-44}$ɕi^{51}ni^{21}.

有些句子也可以说“V + 直接宾语 + 分给[pie^{51}] + 间接宾语”，但不如上面的句式自然。例如：

送本书分□送本书给他。sie^{44}pie^{55}ɕyo^{51}pie$^{51-44}$tɤ^{51}.

老张分罢一千块钱分老李老张给了老李一千块钱。la^{33}tɕiaŋ^{51}pie^{51}pa^{0}i$^{35-44}$ts^{h}eĩ^{51}k^{h}uei^{44}ts^{h}eĩ^{21} pie^{51}la^{33}la^{33}.

2. 表示取得义的双宾句。句式是：V + 罢了[pa^{0}] + 间接宾语 + 直接宾语。例如：

□抢罢我一千块钱他抢了我一千块钱。tɤ^{51}ts^{h}iaŋ^{55}pa^{0}iu^{33}i$^{35-44}$ts^{h}eĩ^{51}k^{h}uei^{44}ts^{h}eĩ^{21}.

老张□罢老李一百块钱老张拿了老李一百块钱。la^{33}tɕiaŋ^{51}nɤ^{55}pa^{0}la^{33}la^{33}i$^{35-44}$pu^{35}k^{h}uei^{44}ts^{h}eĩ^{21}.

普通话“我借他一百块钱”有两个意思：一是借出，一是借入。梅花土话的“借入”和“借出”分得很清楚，表示“借入”的句式是“N + 自[tsɿ^{51}] + 间接宾语 + 彼那[pi^{0}] + 借罢了[tsiɤɯ^{44}pa^{0}] + 直接宾语”；表示“借出”的句式是“N + 借罢了[pa^{0}] + 直接宾语 + 分给

[pie^{51}]＋间接宾语”。

表示“借入”义的句式，最常见的是：

老张自老李彼借罢一百块钱老张借了老李一百块钱。la^{33}tɕiaŋ^{51}tsɿ^{51}la^{33}la^{33}pi^{0}tsiɤɯ^{44}pa^{0}i$^{35-44}$pu^{0}kʰuei^{44}tsʰeĩ^{21}.

也可以说“N＋借罢了[tsiɤɯ^{44}pa^{0}]＋间接宾语＋直接宾语”，例如：

老张借罢老李一百块钱老张借了老李一百块钱。la^{33}tɕiaŋ^{51}tsiɤɯ^{44}pa^{0}la^{33}la^{33}i$^{35-44}$pu^{35}kʰuei^{44}tsʰeĩ^{21}.

表示“借出”义的句式，最常见的是：

老张借罢一百块钱分老李老张借给老李一百块钱。la^{33}tɕiaŋ^{51}tsiɤɯ^{44}pa^{0}i$^{35-44}$pu^{35}kʰuei^{44}tsʰeĩ^{21}pie^{51}la^{33}la^{33}.

“借入”和“借出”义的句式，把N和间接宾语的顺序倒过来，便成了“借出”和“借入”。比如表示“老张借入”，除了上面提到的两种句式，还可以说：

老李一百块钱借罢分老张老李借给老张一百块钱。la^{33}la^{33}i$^{35-44}$pu^{35}kʰuei^{44}tsʰeĩ^{21}tsiɤɯ^{44}pa^{0}pie^{51}la^{33}tɕiaŋ^{51}.

又如表示“老张借出”的句式，可以换成“老李借入”。例如：

老李自老张彼借罢一百块钱老李借了老张一百块钱。la^{33}la^{33}tsɿ^{51}la^{33}tɕiaŋ^{51}pi^{0}tsiɤɯ^{44}pa^{0}i$^{35-44}$pu^{0}kʰuei^{44}tsʰeĩ^{21}.

老李借罢老张一百块钱老李借了老张一百块钱。la^{33}la^{33}tsiɤɯ^{44}pa^{0}i$^{35-44}$pu^{0}kʰuei^{44}tsʰeĩ^{21}.

3. 表示言说的双宾句。句式是：V＋间接宾语＋直接宾语。例如：

问□几句话。mie^{51}tɤ^{51}tsɿ^{55}tɕyo^{44}xu^{51}.

4. 表示称说的双宾句。句式是：V＋间接宾语＋人名/称谓。例如：

□□□□老王我们都叫他老王。yo^{51}tsɤ^{55}uei^{51}tɤ^{51}la^{33}ueĩ^{21}.

尔讲□□公子你管他叫爸爸。n^{33}ki^{55}tɤ^{51}uei^{51}kie^{51}lə^{0}.

（二）兼语句

句式是：NP_1+V+NP_2+VP。例如：

老张没分□个崽食饭老张不让他儿子吃饭。la^{33}tɕiaŋ^{51}mɤ^{33}pie^{51}tɤ^{51}kə^{0}tsɤ^{55}iɤ^{51}xueĩ^{51}.

个样事分我一点都没欢喜这个事让我一点儿都不高兴。kɤ^{44}iaŋ^{51}sɿ^{51}pie^{51}iu^{33}i$^{35-44}$teĩ^{55}tuo^{44}mɤ^{33}xoŋ^{51}sɿ^{55}.

□要去，就分□去他要去，就让他去。tɤ^{51}i$^{51-44}$xuo^{44}, tɕiɤɯ$^{51-44}$pie^{51}tɤ^{51}xuo^{44}.

个隻碗借罢分你（用）这隻碗借给你（用）。kɤ^{44}tɕiu^{35}oŋ^{55}tsiɤɯ^{44}pa^{0}pie^{51}n^{33}(i^{51}).

大族选紧老张当村长大家选老张当村长。tu^{51}tɕʰyo^{51}ɕyeĩ^{55}tɕi^{0}la^{33}tɕiaŋ^{51}toŋ$^{51-44}$tsʰen^{44}tɕiaŋ^{55}.

我就□□□急手我就喜欢他勤快。iu^{33}tɕiɤɯ^{51}suo^{44}ɕi^{51}tɤ^{51}tsɿ^{35}ɕiɤɯ^{55}.

（三）连动句

句式是：NP + VP_1 + VP_2。例如：

□坐紧单车上岭嘞她骑着自行车上山了。tɤ⁵¹tsʰau³³tɕi⁰teĩ⁵¹⁻⁴⁴tɕʰiu⁵¹ɕiaŋ⁵¹liɤɯ³³lə⁰.

尔□罢酒食罢饭再走他喝完酒吃完饭再走。n³³ɕyei³⁵pa⁰tsiɤɯ⁵⁵iɤ⁵¹pa⁰xueĩ⁵¹tsai³⁵tsɿ⁵⁵.

老张总是开紧窗子豁困觉，蛮□弄冷罢老张总是开着窗户睡觉，很容易弄感冒。la³³tɕiaŋ⁵¹tsoŋ⁵⁵sɿ⁰xɤ⁵¹tɕi⁰soŋ⁵¹lə⁰xua⁰xue⁴⁴kiɤɯ³⁵, meĩ²¹ŋə⁰ŋɤɯ⁵¹lu³³pa⁰.

（四）动词拷贝句

同一个动词V出现两次。句式是：NP_1 + V + NP_2 + V + 补语。例如：

老张刷墙刷罢□□一工老张刷墙刷了整整一天。la³³tɕiaŋ⁵¹ɕya³⁵tsʰiaŋ²¹ɕya³⁵pa⁰ken⁵⁵ken⁰i³⁵⁻⁴⁴kie⁵¹.

个□演员唱戏唱得蛮多人□困着罢咧这个演员唱戏唱得很多人都睡着了。kɤ⁴⁴ta⁰ian⁵⁵yuan⁰tɕʰiaŋ⁴⁴sɿ⁴⁴tɕʰiaŋ⁴⁴lə⁰meĩ²¹tau⁵¹n²¹tsɤ⁵⁵xue⁴⁴tɕiɤɯ⁵¹pa⁰lie⁰.

（五）存现句

句式是：表示位置的NP_1 + V紧着[tɕi⁰]/罢[pa⁰] + NP_2。例如：

墙高头挂紧一张画墙上头挂着一幅画儿。tsʰiaŋ²¹kia⁵¹⁻⁴⁴tɤɯ⁰kuei⁴⁴tɕi⁰i³⁵⁻⁴⁴tsoŋ⁵¹⁻⁴⁴xu⁵¹.

椅子高头坐紧一□病人椅子上坐着一个病人。i⁵⁵lə⁰kia⁵¹⁻⁴⁴tɤɯ⁰tsʰau³³tɕi⁰i³⁵⁻⁴⁴ta⁰piɤɯ⁵¹n²¹.

半□中心飞紧蛮多□子半空中飞着许多苍蝇。poŋ⁴⁴tʰen⁵¹tɕiaŋ⁵¹⁻⁴⁴si⁰pʰa⁵¹tɕi⁰meĩ²¹tau⁵¹ma³⁵tɤ⁵⁵.

□□来罢□个村长前面走过来我们的村长。mi⁵¹⁻⁴⁴tsʰa⁰la²¹pa⁰yo⁵¹kə⁰tsʰen⁴⁴tɕiaŋ⁵⁵.

老张□埠一□死罢三头牛老张家一下子死了三头牛。la³³tɕiaŋ⁵¹a³⁵pu⁵⁵i³⁵⁻⁴⁴ti³⁵sa⁵⁵pa⁰su⁵¹tɤɯ⁰ŋɤɯ²¹.

□个袋牯埠带罢一匣药他的包里带了一匣子药。tɤ⁵¹lə⁰ti⁵¹kuo⁰pu⁰ti⁴⁴pa⁰i³⁵⁻⁴⁴ɕi⁵¹iɤɯ⁵¹.

三　比较句

比较句分差比句、等比句。由比较主体、比较基准、比较标记和比较结果四部分组成。

梅花土话的差比句，语序结构是：比较主体 + 比较标记“比[pa⁵⁵]/没[ma³³]/没如[mɤ³³y⁰] + 比较基准 + 比较结果”。

（一）差比句

1. 肯定式用“主体 + 比[pa⁵⁵] + 基准 + 结果”。例如：

尔比我高。n³³pa⁵⁵iu³³kia⁵¹.

□比尔还要高。tɤ⁵¹pa⁵⁵n³³xa²¹i⁰kia⁵¹.

个粒比彼粒□这个比那个好。kɤ⁴⁴la³⁵pa⁵⁵pɤ⁴⁴la³⁵neĩ⁴⁴.

昨夜个天色比□工□得多昨天的天气比今天好得多。tsʰa⁵¹⁻⁴⁴iu³³kə⁰tʰeĩ⁵¹sə⁰pa⁵⁵tsoŋ⁵¹⁻⁴⁴kie⁰neĩ⁴⁴

$lə^{0}tau^{51}$.

枯个比朒个□瘦的比胖的好。$xuo^{51}kə^{0}pa^{55}na^{35}kə^{0}neĩ^{44}$.

2. 否定式用“主体 + 没[ma^{33}]/不如[$mɤ^{33}$ y^{0}] + 基准 + 结果”。例如：

□没尔[个样]高他没你那么高。$tɤ^{51}ma^{33}n^{33}kiaŋ^{51}kia^{51}$.

我没□[个样]伶俐我没他那么聪明。$iu^{33}ma^{33}tɤ^{51}kiaŋ^{35}liɤɯ^{21}la^{0}$.

我个头发没□[个样]长我的头发没他的那么长。$iu^{33}kə^{0}tɤɯ^{21}xuei^{0}ma^{33}tɤ^{51}kiaŋ^{35}tɕ^{h}iaŋ^{21}$.

□走路没□□公子快她走路没她爸爸快。$tɤ^{51}tsɿ^{55}luo^{51}ma^{33}tɤ^{51}lə^{0}kie^{51-44}lə^{0}k^{h}uei^{44}$.

我没如□我不如她。$iu^{33}mɤ^{33}y^{0}tɤ^{51}$.

走路没如坐车走路不如坐车。$tsɿ^{55}luo^{51}mɤ^{33}y^{0}ts^{h}au^{33}tɕ^{h}iu^{51}$.

偶尔也用“比唔上”。例如：

我比唔上尔，尔□得比我快我比不上你，你跑得比我快。$iu^{33}pa^{55}m^{0}ɕiaŋ^{0}n^{33}$, $n^{33}k^{h}uei^{35}lə^{0}pa^{55}iu^{33}k^{h}uei^{44}$.

（二）平比句

句式是：□[niu^{51}]/□和[kia^{44}]……一样[$i^{35-44}iaŋ^{51}$]。下面以“□[niu^{51}]”为例。例如：

老王□老张一样高老王与老张一样高。$la^{33}ueĩ^{21}niu^{51-44}la^{33}tɕiaŋ^{51}i^{35-44}iaŋ^{51-44}kia^{51}$.

老王□□□老张一样有钱老王以前与老张一样有钱。$la^{33}ueĩ^{21}i^{35}luo^{0}niu^{51-44}la^{33}tɕiaŋ^{51}i^{35-44}iaŋ^{51}xɤɯ^{33}ts^{h}eĩ^{21}$.

我□尔个头发一样长我和你的头发一样长。$iu^{33}niu^{51-44}n^{33}$（k > ŋ）$ə^{0}tɤɯ^{21}xuei^{0}i^{35-44}iaŋ^{51}tɕ^{h}iaŋ^{21}$.

□走路□□□公子一样快她走路和她爸爸一样快。$tɤ^{51}tsɿ^{55}luo^{51}niu^{51}tɤ^{51}lə^{0}kie^{51-44}lə^{0}i^{35-44}iaŋ^{0}k^{h}uei^{44}$.

“□说[$k^{h}ua^{35}$]”“打”两个动词，在比较句里，说法和用其他动词不同。“□说得过□他[$tɤ^{51}$]”“打得过□他[$tɤ^{51}$]”有两种说法，“□说[$k^{h}ua^{35}$]唔过□他[$tɤ^{51}$]”“打唔过□他[$tɤ^{51}$]”有三种说法，区别在于宾语“□他[$tɤ^{51}$]”的位置。而且只限于“□他[$tɤ^{51}$]”。

肯定式“□说[$k^{h}ua^{35}$]得过□他[$tɤ^{51}$]”“打得过□他[$tɤ^{51}$]”，两种说法是：

尔□得□过你说得过他。$n^{33}ta^{55}lə^{0}tɤ^{51}ku^{44}$.

尔□得过□你说得过他。$n^{33}k^{h}ua^{35}lə^{0}ku^{44}tɤ^{51}$.

尔打得□过你打得过他。$n^{33}ta^{55}lə^{0}tɤ^{51}ku^{44}$.

尔打得过□你打得过他。$n^{33}ta^{55}lə^{0}ku^{44}tɤ^{51}$.

否定式“□说[$k^{h}ua^{35}$]唔过□他[$tɤ^{51}$]”“打唔过□他[$tɤ^{51}$]”，三种说法是：

我□唔□过我说不过他。$iu^{33}k^{h}ua^{35}m^{0}tɤ^{51}ku^{44}$.

我□□唔过我说不过他。$iu^{33}k^{h}ua^{35}tɤ^{51}mɤ^{33}ku^{44}$.

我□唔过□我说不过他。iu³³kʰua³⁵m⁰ku⁰tɤ⁵¹.

我打唔□过我打不过他。iu³³ta⁵⁵m⁰tɤ⁵¹ku⁴⁴.

我打□唔过我打不过他。iu³³ta⁵⁵tɤ⁵¹m⁰ku⁴⁴.

我打唔□过我打不过他。iu³³ta⁵⁵m⁰tɤ⁵¹ku⁴⁴.

如果宾语是第一人称"我"，则有两种说法：

□□我唔过他说不过我。tɤ⁵¹kʰua³⁵iu³³m⁰ku⁴⁴.

□□唔过我他说不过我。tɤ⁵¹kʰua³⁵m⁰ku⁰iu³³.

□打我唔过他打不过我。tɤ⁵¹ta⁵⁵iu³³m⁰ku⁴⁴.

□打唔过我他打不过我。tɤ⁵¹ta⁵⁵m⁰ku⁰iu³³.

四　疑问句

（一）特指问

指用疑问代词提问的疑问句。请参看疑问代词表。

特指问的句式是：疑问代词 +（句调）。疑问信息均由疑问代词承担，疑问代词代替未知部分，说话人希望对方就未知部分作答。这类句子个句调有时候用升调35，有时候不用。例如：

□□？我是老王谁呀？我是老王。iɤ⁵¹ta³⁵? iu³³sɿ³³la³³ueĩ²¹.

尔□□□你找哪位？ n³³ti⁵¹⁻⁴⁴iɤ⁵¹ta⁰?

个□人是□□这个人是谁呀？ kɤ⁴⁴ta⁰n²¹sɿ³³iɤ⁵¹ta⁰?

尔是□年来个你是哪年来的？ n³³sɿ³³ iɤ⁵¹neĩ²¹la²¹kə⁰?

□在□□食个饭你在哪儿吃的饭？ tɤ⁵¹ti³³iɤ⁵¹lɤ³⁵iɤ⁵¹kə⁰xueĩ⁵¹?

个粒□□儿多斤这东西多少斤？ kɤ⁴⁴la⁰uaŋ⁵¹ki⁰tsɿ⁵⁵tə⁰tɕi⁵¹?

个句话用梅花话样个□这句话用梅花话怎么说啊？ kɤ⁴⁴tɕyo⁰xu⁵¹i⁵¹mɤ²¹⁻⁴⁴xu⁵¹⁻⁴⁴xu⁵¹iaŋ⁵¹kə⁰ kʰua³⁵?

样个半头□工还唔走怎么半天了还没走？ iaŋ⁵¹kə⁰poŋ⁴⁴tɤɯ⁰neĩ⁰kie⁵¹xa²¹m⁰tsɿ⁵⁵?

□在做□□？在个食饭他在干吗？在这儿吃饭呢。tɤ⁵¹ti³³tsɤ⁴⁴n⁵⁵ŋɤ⁵⁵? ti³³kə⁰iɤ⁵¹xueĩ⁵¹.

尔□得蛮好，还会□□□□你说得很好，还会说些什么？ n³³kʰua³⁵lə⁰meĩ²¹neĩ⁴⁴, xa²¹uo⁵¹kʰua³⁵ tsʰiaŋ⁵⁵ŋ⁵⁵ŋɤ⁵⁵?

（二）是非问

以整句话为疑问对象，要求听话方对整个命题做出肯定或否定回答。疑问信息都是由句尾语气词"……吧[pa⁰]？"负载，没有语气词就没有疑问信息。例如：

尔平素食烟吧你平时抽烟吗？ n³³pʰin⁵¹su³⁵iɤ⁵¹ŋeĩ⁵¹pa⁰?

尔□□□个样事嘞吧你告诉他这件事了吗？ n^{33}kuaŋ^{44}ɕiaŋ^{0}tɤ^{51}kɤ^{44}iaŋ^{0}sɿ^{51}lə^{0}pa^{0}?

□得□普通话吧会说普通话吗？ na^{51}tə^{0}k^{h}ua^{35}p^{h}u^{44}t^{h}oŋ^{0}xu^{0}pa^{0}?

□一□人敢去吧他一个人敢去吗？ tɤ^{51}i$^{35-44}$ta^{0}n^{21}koŋ^{55}xuo^{44}pa^{0}?

个两样色□一样吧这两种颜色一样吗？ kɤ^{44}liaŋ^{33}iaŋ^{51}sɤ^{35}ta^{44}i$^{35-44}$iaŋ^{51}（p>m）a^{0}?

□归罢□埠咧，是个吧她已经回家了，是吗？ tɤ^{51}kua^{51}pa^{0}a^{35}pu^{55}lie^{0}, sɿ^{33}kə^{0}pa^{0}?

（三）选择问

用复句形式提出两种或几种看法，希望对方选择一种作答。问句内容以分句形式出现，以连词“（还）是[(xa^{21})sɿ^{33}]”连接，疑问点都在“A（还）是B”的格式中。如：

尔是食烟还是□茶你是抽烟还是喝茶？ n^{33}sɿ^{33}iɤ^{51}ŋeĩ^{51}xa^{21}sɿ^{33}ɕyei^{35}ts^{h}u^{21}?

尔食饭（还）是食馒头你吃米饭还是吃馒头？ n^{33}iɤ^{51}xueĩ^{51}(xa^{21})sɿ^{33}iɤ^{51}man^{35}tɤɯ^{0}?

坐起食□□，还是徛起食□点□坐着吃好些，还是站着吃好些？ ts^{h}au^{33}sɿ^{0}iɤ^{51}neĩ^{44}ta^{0}, xa^{21}sɿ^{0}tsɿ^{33}sɿ^{0}iɤ^{51}neĩ^{44}teĩ^{0}ta^{0}?

肭个□还是枯个□胖的好还是瘦的好？ na^{35}kə^{0}neĩ^{44}xa^{21}sɿ^{33}xuo^{51}kə^{0}neĩ^{44}?

尔思食葡萄还是橘子你想吃葡萄还是橘子？ n^{33}sɤ$^{51-44}$iɤ^{51}pu^{21}ta^{0}xa^{21}sɿ^{55}kua^{35}lɤ$^{-55}$?

（四）正反问

提问用谓语或谓语的一部分构成肯定和否定并列的形式，要求听话人从肯定和否定的并列结构中选择其中的一方面作答。根据否定词及其位置的不同，梅花土话的正反问分两类：“V+没咧[mɤ^{33}lie^{0}]+（VP）”式和“V+唔[m^{0}]+（VP）”式。

这两类句式的使用范围不同。“V+没咧[mɤ^{33}lie^{0}]+VP”式，相当于普通话的“V+没有+VP”，用于询问某种动作或事件是否已发生，或是用来询问某一性状是否产生或变化。“V+唔[m^{0}]+VP”相当于普通话的“V+不+VP”，用于询问某种动作或事件是否将要发生，某一性状是否将要产生或变化，或者用来询问人的意愿。

VP可以是动词、动宾短语、动补短语等。如果是双音节动词，则在第一个语素后跟否定词，多为动宾型合成词。比如：尔答没答话□他[tɤ^{51}]？尔打不打算去？

1. V+没咧[mɤ^{33}lie^{0}]+（VP）。例如：

尔到北京去咧没咧？我没咧去你去没去过北京？我没去。 n^{33}ta^{51}pɤ^{35}kin^{0}xuo^{44}lie^{0}mɤ^{33}lie^{0}? iu^{33}mɤ^{33}lie^{0} xuo^{44}.

尔去罢北京没咧？我没咧去你去过北京没？我没去过。 n^{33}xuo^{44}pa^{0}pɤ^{35}kin^{0}mɤ^{33}lie^{0}? iu^{33}mɤ^{33}lie^{0} xuo^{44}.

尔究竟答没答话□你究竟答没答应他？ n^{33}tɕiɤɯ^{35}tɕi^{44}tu^{35}mɤ^{33}tu^{35}xu^{0}tɤ^{51}?

2. V+唔[m^{0}]+（VP）。例如：

尔食唔食橘子你吃不吃橘子？ n^{33}iɤ^{51}m^{0}iɤ^{51}kua^{35}lɤ$^{-55}$?

尔来闻□个朵花香唔香你闻闻这朵花香不香？ n^{33}la^{21}mie^{33}ti^{0}kɤ^{44}tau^{55}xu^{51}ɕiaŋ^{51}m^{0}ɕiaŋ^{51}?

□来得罢来唔罢你们来得了来不了？ nɤ^{51}la^{21}lə^{0}pa^{35}la^{21}m^{0}pa^{35}?

尔肯来唔肯来你肯不肯来？ n^{33}ɕie^{55}la^{21}m^{0}ɕie^{55}la^{21}?

尔打唔打算去你打不打算去？ n^{33}ta^{55}m^{0}ta^{55}soŋ^{44}xuo^{44}?

□思唔思□他想不想说？ tɤ^{51}sɤ^{51}mɤ^{33}sɤ^{51}k^{h}ua^{35}?

个些字尔识（得）唔识得这些字你认不认得？ kɤ^{44}sə^{0}tsɿ^{51}n^{33}ɕiɤ^{35}（tə^{0}）m^{0}ɕiɤ^{35}tə^{0}?

尔还记唔记得到我咧你还记不记得我了？ n^{33}xa$^{21-44}$tsɿ^{44}m^{0}tsɿ^{44}lə^{0}ta^{0}iu^{33}lie^{0}?

尔还记得倒我唔记得到我你还记不记得我了？ n^{33}xa$^{21-44}$tsɿ^{44}lə^{0}ta^{44}iu^{33}m^{0}tsɿ^{44}lə^{0}ta^{44}iu^{33}?

个别用“可得＋VP”：

尔可得去过北京？我没咧去你去过北京没？我没去过。 n^{33}kə^{0}lə^{0}xuo^{44}ku^{44}pɤ^{35}kin^{0}? iu^{33}mɤ^{33}lie^{0}xuo^{44}.

五　否定句

梅花土话的否定词有三个：没[mɤ^{33}]，相当于普通话的副词“不”；没咧[mɤ^{33}lie^{0}]，相当于普通话的副词“没有”；没得[ma^{33}tə^{0}]、没 [ma^{33}]，相当于普通话的动词“没有”。

（一）否定副词“没[mɤ^{33}]”

句式是：NP＋没副词[mɤ^{33}]＋VP。例如：

老张□□没□电视老张平时不看电视。 la^{33}tɕiaŋ^{51}yei^{35}tɕi^{55}mɤ^{33}niɤ^{35}teĩ^{51}sɿ^{0}.

我没食烟我不抽烟。 iu^{33}mɤ^{33}iɤ^{51}ŋeĩ^{51}.

□没去菜场咧今天不去菜场了。 tsoŋ^{51}mɤ^{33}xuo^{44}ts^{h}i^{44}tɕ^{h}iaŋ^{55}lie^{0}.

尔没（要）□酒你不要喝酒。 n^{33}mɤ^{33}（i^{0}）ɕyei^{35}tsiɤɯ^{55}.

□食没食橘子你们吃不吃橘子？ nɤ^{33}iɤ^{51}mɤ^{33}iɤ^{51}kua^{35}lɤ$^{-55}$?

正反问句中，梅花土话的“没[mɤ^{33}]”轻读“唔[m^{0}]”，相当于普通话的“不”和“没有”。例如：

尔算□个点钱用唔用得到你算一下这点钱够不够用？ n^{33}soŋ^{44}ti^{0}kɤ^{44}teĩ^{0}ts^{h}eĩ^{21}i^{51}m^{0}i^{51}lə^{0}ta^{0}?

尔来闻□个朵花香唔香你闻一下这朵花香不香？ n^{33}la^{21}mie^{33}ti^{0}kɤ^{44}tau^{55}xu^{51}ɕiaŋ^{51}m^{0}ɕiaŋ^{51}?

□来得罢来唔罢你们来得了来不了？ nɤ^{51}la^{21}lə^{0}pa^{35}la^{21}m^{0}pa^{35}?

□食唔食你们吃不吃？ nɤ^{51}iɤ^{51}m^{0}iɤ^{51}?

尔究竟答唔答和□你究竟答没答应他？ n^{33}tɕiɤɯ^{35}tɕi^{44}tu^{35}m^{0}tu^{35}xu^{0}tɤ^{51}?

（二）否定副词“没咧[mɤ^{33}lie^{0}]”

句式是：NP＋没咧副词[mɤ^{33}lie^{0}]＋VP。例如：

老张昨夜没咧买紧白菜老张昨天没买着白菜。 la^{33}tɕiaŋ^{51}ts^{h}a$^{51-44}$iu^{0}mɤ^{33}lie^{0}mi^{33}tɕi^{0}pu^{51}ts^{h}i^{44}.

□食橘子没咧你们吃橘子了没？ nɤ$^{51-44}$iɤ^{51}kua^{35}lɤ$^{-55}$mɤ^{33}lie^{0}?

饭还没咧熟饭还没熟？ xueĩ^{51}xa^{21}mɤ^{33}lie^{0}ɕiɤɯ^{51}.

老张走罢没咧？没咧走老张走了没？没走呢。 la^{33}tɕiaŋ^{51}tsɿ^{55}pa^{0}mɤ^{33}lie^{0}? mɤ^{33}lie^{0}tsɿ^{55}.

（三）否定动词“没得[ma^{33}tə^{0}]”“没[ma^{33}]”

句式是：NP$_1$＋没得[ma^{33}tə^{0}]/没[ma^{33}]＋NP$_2$。“没得[ma^{33}tə^{0}]”后一般接名词性成分NP$_2$做的宾语；没[ma^{33}]后一般接短语做的宾语。例如：

□□埠没得电视我们家没电视。 yo^{51}a^{35}pu^{0}ma^{33}tə^{0}teĩ^{51}sɿ^{44}.

□□没得书，书在彼□这儿没书，书在那儿。 kuei^{44}tɤ^{55}ma^{33}tə^{0}ɕyo^{51}, ɕyo^{51}ti^{33}pɤ^{44}lɤ^{35}.

没得咧，□□□你没早来没了，谁叫你不早来！ ma^{33}tə^{0}lie^{0}, iɤ^{51}ta^{0}uei^{51}n^{33}mɤ^{33}tsia^{55}la^{21}!

□工个天色没得昨夜□今天的天气没昨天的好。 tsoŋ$^{51-44}$kie^{0}kə^{0}t^{h}eĩ^{51}sə^{0}ma^{33}tə^{0}ts^{h}a$^{51-44}$iu^{33}neĩ^{44}.

彼□没个□□好，差得多那个没这个好，差多了。 pɤ^{44}la^{35}ma^{33}kɤ^{44}la^{35}neĩ^{44}, ts^{h}u^{51}lə^{0}tau^{51}.

彼座屋没个座屋□那些房子没这些房子好。 pɤ^{44}ts^{h}au^{33}uo^{35}ma^{33}kɤ^{44}ts^{h}au^{33}uo^{35}neĩ^{44}.

是高罢点呢，还是没彼□人肭是高了点，还是没那个人胖。 sɿ^{33}kia^{51}pa^{0}teĩ^{55}nə^{0}, xa^{21}sɿ^{33}ma^{33}pɤ^{44}ta^{0}n^{21}na^{35}.

我没□个样伶俐我没他那么聪明。 iu^{33}ma^{33}tɤ^{51}kiaŋ^{35}liɤɯ^{21}la^{0}.

信□分火烧罢咧，一点剩个□没咧信都叫火烧光了，一点儿都没剩。 si^{44}tsɤ^{55}pie^{51}xu^{55}ɕiɤɯ^{51}pa^{0}lie^{0}, i$^{35-44}$teĩ^{55}ɕyei^{51}kə^{0}tsɤ^{55}ma^{33}lie^{0}.

六　可能句

梅花土话的可能句，肯定式和否定式各有三种：

	肯定式	否定式
当地土话的说法	V＋得[tə^{0}]	V＋唔[m^{0}]
当地西南官话的说法	能够[nen^{51}kə^{0}]＋V	没能够[mɤ^{33}nen^{51}kə^{0}]＋V
当地西南官话的说法	能[nen^{51}]＋V	没能[mɤ^{33}nen^{51}]＋V

1. 肯定句用“V＋得[tə^{0}]”，否定句用“V＋唔[m^{0}]”。例如：

个□熟个，食得。彼□生个，食唔得这些是熟的，能吃。那些是生的，不能吃。 kɤ^{44}sɤ^{35}ɕiɤɯ^{51}kə^{0}, iɤ^{51}tə^{0}. pɤ^{44}sɤ^{35}sen^{51}kə^{0}, iɤ^{51}m^{0}tɤ^{35}.

我拿得摇，□拿唔摇我拿得动，他拿不动。 iu^{33}nɤ^{55}lə^{0}iɤɯ^{21}, tɤ^{51}nɤ^{55}m^{0}iɤɯ^{21}.

2. 肯定句用“能够[nen^{51}kə^{0}]＋V”，否定句用“没能够[mɤ^{33}nen^{51}kə^{0}]＋V”。例如：

个□熟个，能够食。彼□生个，没能够食这些是熟的，能吃。那些是生的，不能吃。 kɤ^{44}sɤ^{35}ɕiɤɯ^{51}kə^{0}, nen^{51}kə^{0}iɤ^{51}. pɤ^{44}sɤ^{35}sen^{51}kə^{0}, mɤ^{33}nen^{51}kə^{0}iɤ^{51}.

3. 肯定句用“能[nen^{51}]＋V”，否定句用“没能[mɤ^{33}nen^{51}]＋V”。例如：

我能拿得摇，他没能拿唔摇我拿得动，他拿不动。iu^{33}nen^{51}mɤ^{55}lə^{0}iɤɯ^{21}, tɤ^{51}mɤ^{33}nen^{51}mɤ^{55}m^{0}iɤɯ^{21}.

用于反复问句，有两种句式：一是V＋得[tə^{0}]＋ V＋唔得[m^{0}tə^{0}]；二是V＋唔[m^{0}]＋V得[tə^{0}]。第二种应当是当地西南官话的说法。两种句式例如：

个□果子食得食唔得这些果子能不能吃？ kɤ^{44}sɤ^{35}kuo^{55}tsɿ^{0} iɤ^{51}tə^{0}iɤ^{51}m^{0}tə^{0}?

个□果子食唔食得这些果子能不能吃？ kɤ^{44}sɤ^{35}kuo^{55}tsɿ^{0} iɤ^{51}m^{0}iɤ^{51}tə^{0}?

个□字尔识得识唔得这些字你认得认不得？ kɤ^{44}sə^{0}tsɿ^{51}n^{33}ɕiɤ^{35}tə^{0}ɕiɤ^{35}m^{0}tə^{0}?

个□字尔识唔识得这些字你认得认不得？ kɤ^{44}sə^{0}tsɿ^{51}n^{33}ɕiɤ^{35} m^{0}ɕiɤ^{35}tə^{0}?

表情态的副词“肯[ɕie^{55}]”，相当于普通话的“能”。例如：

肯来就来，没肯来就没来能来就来，不能来就不来。ɕie^{55}la^{21}tɕiɤɯ$^{51-44}$la^{21}, mɤ^{33}ɕie^{55}la^{21}tɕiɤɯ$^{51-44}$ mɤ^{33}la^{21}.

普通话的“吃不了”，梅花土话说“食没罢”。例如：

十□人食没罢个镬饭十人人吃不了这锅饭。sɿ^{51}ta^{0}n^{0}iɤ^{51}m^{0}pa^{35}kɤ^{55}ue$^{51-44}$xueĩ^{51}.

七　动补句

（一）动结式

肯定句用“V＋结果”；否定句用“V＋唔得[m^{0}tə^{0}]＋结果”。例如：

食饱罢咧吃饱了。iɤ^{51}piɤɯ^{55}pa^{0}lie^{0}.

食唔得饱没吃饱。iɤ^{51}m^{0}tə^{0}piɤɯ^{55}.

烧□罢咧烧热了。ɕiɤɯ^{51}pa^{35}pa^{0}lie^{0}.

烧唔得□没烧热。ɕiɤɯ^{51}m^{0}tə^{0}pa^{35}.

洗爽利洗干净了。si^{55}soŋ^{55}la^{0}.

洗唔得爽利没洗干净。ɕi^{55}m^{0}tə^{0}soŋ^{55}la^{0}.

收拾爽爽利利收拾得干干净净。ɕiɤɯ^{51}sɿ^{0}soŋ^{55}soŋ^{55}la^{51}la$^{51-55}$.

收拾唔得爽利没收拾干净。ɕiɤɯ^{51}sɿ^{0}m^{0}tə^{0}soŋ^{55}la$^{51-55}$.

正反问句中，结果是单音节形容词，用“V＋唔[m^{0}]＋V得[tə^{0}]＋结果”或“V＋得[tə^{0}]＋结果＋V＋唔[m^{0}]＋结果”。例如：

个份饭食唔食得饱这碗饭吃得不吃得饱？ kɤ^{44}pie^{51}xueĩ^{51}iɤ^{51}m^{0}iɤ^{51}lə^{0}piɤɯ^{55}?

个份饭食得饱食唔饱这碗饭吃得饱吃不饱？ kɤ^{44}pie^{51}xueĩ^{51}iɤ^{51}lə^{0} piɤɯ^{55}iɤ^{51}m^{0}piɤɯ^{55}?

结果是双音节形容词，则用“V＋结果（前一音节）＋唔得[m^{0}tə^{0}]＋结果（双音节）”。例如：

收拾爽唔得爽利收拾得干不干净？ ɕiɤɯ^{51}sɿ^{0}soŋ^{55}m^{0}tə^{0}soŋ^{55}la$^{51-55}$?

用于非自主动词时，用“V＋唔[m^{0}]＋V得[tə^{0}]”。例如：

路个样狭，过唔过得路这么窄，过不过得去？ luo^{51}kɤ^{44}iaŋ^{0}ɕi^{35}, ku^{44}m^{0}ku^{44}tə^{0}?

菜个样多，食唔食得菜这么多，吃不吃得完？ ts^{h}i^{44}kɤ^{44}iaŋ^{0}tau^{51}, iɤ^{51}m^{0}iɤ^{51}tə^{0}?

个□字尔识唔识得这些字你认不认得？ kɤ^{44}sə^{0}tsɿ^{51}n^{33}ɕiɤ^{35} m^{0}ɕiɤ^{35}tə^{0}?

动结式可以用于有定，也可以用于无定。比如：

食罢个粒包子吃了这个包子。iɤ^{51}pa^{35}kɤ^{44}la^{35}piɤɯ^{51}tsɿ^{0}.

*食罢一粒包子吃了一个包子。iɤ^{51}pa^{35}i$^{35-44}$la^{35}piɤɯ^{51}tsɿ^{0}.

老张□埠一□死罢三头牛，失罢两头羊老张家一下子死了三头牛，丢了两头羊。la^{33}tɕiaŋ^{51}a^{35}pu^{-55} i$^{35-44}$ti^{35}sa^{55}pa^{0}su^{51}tɤɯ^{21}ŋɤɯ^{21}，sɿ^{51}pa^{0}liaŋ^{33}tɤɯ^{0}iaŋ^{21}.

"尔□说[k^{h}ua^{35}]得过□他[tɤ^{51}]""尔打过□他[tɤ^{51}]"的说法多一些。例如：

尔□得过□你说得过他。n^{33}k^{h}ua^{35}lə^{0}ku^{44}tɤ^{51}.

尔□得□过你说得过他。n^{33}k^{h}ua^{35}lə^{0}tɤ^{51}ku^{44}.

□□唔过我他说不过我。tɤ^{51}k^{h}ua^{35}m^{0}ku^{0}iu^{33}.

□□我唔过他说不过我。tɤ^{51}k^{h}ua^{35}iu^{33}m^{0}ku^{44}.

我打□唔过我打不过他。iu^{33}ta^{55}tɤ^{51}m^{0}ku^{44}.

我打唔□过我打不过他。iu^{33}ta^{55}m^{0}tɤ^{51}ku^{44}.

我打唔过□我打不过他。iu^{33}ta^{55}m^{0}ku^{0}tɤ^{51}.

（二）动趋式

句式用"V＋趋向补语标记"。例如：

样样□□□都搬走罢咧每件东西都搬走了。iaŋ$^{51-55}$iaŋ$^{51-55}$uaŋ^{51}ki^{0}tsɤ^{55}poŋ^{51}tsɿ^{55}pa^{0}lie^{0}.

鸡崽子分黄水狼拖走罢咧小鸡叫黄鼠狼叼走了。tsɿ^{51}tsɤ^{55}lə^{0}pie^{51}xoŋ^{21}ɕya^{0}luo^{21}t^{h}au^{51}tsɿ^{55}pa^{0}lie^{0}.

天晴（开）罢咧天晴了。t^{h}eĩ^{51}ts^{h}iɤɯ^{21}（xɤ^{51}）pa^{0}lie^{0}.

我笑紧躲开罢□我笑着躲开他。iu^{33}siɤɯ^{44}tɕi^{0}tau^{55}xɤ^{51}pa^{0}tɤ^{51}.

个粒□彼粒大碎一样，分唔出这个和那个大小一样，分不出来。kɤ^{44}la^{35}niu$^{51-44}$pɤ^{44}la^{0}t^{h}ai^{44}ɕyo^{44} i$^{35-44}$iaŋ^{51}, pie^{51}m^{0}ɕya^{35}.

我□唔出□□高□□矮我看不出哪个高哪个矮。iu^{33}niɤ^{35}m^{0}ɕya^{35}iɤ^{51}（t>l）ə^{0}kia^{51}iɤ^{51}lə^{0}i^{55}.

老张食饭总是剩出老张吃饭总是剩饭。la^{33}tɕiaŋ^{51}iɤ^{51}xueĩ^{51}tsoŋ^{55}sɿ^{33}ɕyei^{51}ɕya^{0}.

老张气紧话都□唔出（来）老张气得话都说不出来了。la^{33}tɕiaŋ^{51}ts^{h}ɿ^{44}tɕi^{0}xu^{51}tuo^{0}k^{h}ua^{35}m^{0}ɕya^{35}（la^{0}）.

车子□开过，溍罢我一身泥车子刚开过去，溅了我一身泥。tɕ^{h}iu^{51}lə^{0}ɕiu$^{51-44}$xɤ^{51}ku^{44}, tsu^{44}pa^{0}iu^{33} i$^{35-44}$ɕi^{51}ni^{21}.

一□工夫没咧清白过来一下子没明白过来。i$^{35-44}$p^{h}ɤ^{35}kie$^{51-44}$xu^{0}mɤ^{33}lie^{0}ts^{h}iɤɯ^{51}pu^{0}ku^{0}la^{21}.

"归去回去、归来回来、入去进去、入来进来"中间可插入表示完成义的"罢"。例如：归罢去kua^{51}pa^{0}xuo^{0}、归罢来kua^{51}pa^{0}la^{0}、入罢去n^{51}pa^{0}xuo^{0}、入罢来n^{51}pa^{0}la^{0}.

八　其他句式

（一）复杂句、复合句

例如：

我思□□老张没得来我想明天老张不会来。iu^{33}sɤ^{51}t^{h}oŋ^{51}koŋ^{35}la^{33}tɕiaŋ^{51}mɤ^{33}tə^{0}la^{21}.

尔没去[医院]埠□老张要唔得你不去医院看老张不好。n^{33}mɤ^{33}xuo^{44}i-yan^{35}pu^{0}niɤ^{35}la^{33}tɕiaŋ^{51}i^{51}m^{0}tə^{0}.

我□老张□茶彼□，门后响起车子□□我给老张倒茶的时候，门外响起了汽车的声音。iu^{33}kia^{44}la^{33}tɕiaŋ^{51}ɕie^{51}ts^{h}u^{21}pə^{0}ti^{35}, mie^{21}xɤɯ^{0}ɕiaŋ^{55}sɿ^{55}tɕ^{h}iu^{51}lə^{0}ɕiu$^{51-44}$sɿ^{55}.

□□□□病人样□得□高头他跟个病人似的躺在床上。tɤ^{51}kia^{44}lə^{0}ta^{0}piɤɯ^{51}n^{21}iaŋ^{51}kuo^{35}lə^{0}tuo^{21}kia$^{51-44}$tɤɯ^{0}.

个□是□□写个字这是谁写的字？kuei^{44}tə^{0}sɿ^{33}iɤ^{51}ta^{0}siɤɯ^{55}kə^{0}tsɿ^{51}?

□□老张□□去县埠，尔就□□帮尔买五斤白菜如果老张明天去县里，你就让他帮你买五斤白菜。uei^{44}ɕiu^{44}la^{33}tɕiaŋ^{51}t^{h}oŋ^{51}koŋ^{35}xuo^{44}ɕian^{35}pu^{-55}, n^{33}tɕiɤɯ^{51}tɕ^{h}yei^{44}tɤ^{51}poŋ^{51}n^{33}mi^{33}n^{33}tɕi$^{51-44}$pu^{51}ts^{h}i^{44}.

□没咧去过北京，连省埠也没咧去过他没去过北京，连省城都没去过。tɤ^{51}mɤ^{33}lie^{0}xuo^{44}ku^{0}pɤ^{35}kin^{0}, leĩ^{21}ɕye^{55}pu^{-55}i^{0}mɤ^{33}lie^{0}xuo^{44}ku^{0}.

尔到罢县埠，就在馆子埠食顿□个你到了县里，就在饭馆里吃顿好的。n^{33}ta^{44}pa^{0}ɕian^{35}pu^{-55}, tɕiɤɯ^{51}ti^{33}koŋ^{55}lə^{0}pu^{0}iɤ^{51}tɕye^{44}neĩ^{44}kə^{0}.

□时彼年□□埠穷，尾工读没起书那几年他家穷，读不起书。li^{33}sɿ^{0}pə^{0}neĩ^{21}tɤ^{51}a^{35}pu^{0}tɕi^{21}, ma^{33}kie$^{51-44}$tuo^{51}mɤ^{33}sɿ^{55}ɕyo^{51}.

□又枯又高他又瘦又高。tɤ^{51}i$^{51-44}$xuo^{51}i$^{51-44}$kia^{51}.

□边食饭，边□电视他边吃饭，边看电视。tɤ^{51}peĩ$^{51-44}$iɤ^{51}xueĩ^{51}, peĩ$^{51-44}$niɤ^{35}teĩ^{35}sɿ^{44}.

要就尔去，要就碎王去要么你去，要么小王去。i^{51}tɕiɤɯ$^{51-44}$n^{33}xuo^{44}, i^{51}tɕiɤɯ$^{51-44}$ɕyo^{44}uei^{21}xuo^{44}.

（二）祈使句

例如：

尔去帮老张□杯水□你去帮老张倒杯水喝。n^{33}xuo^{44}poŋ^{51}la^{33}tɕiaŋ^{51}ɕie^{51}pə^{0}ɕya^{55}ɕyei^{35}.

要落雨咧，□没要出去咧要下雨了，你们不要出去了。i^{51}lau^{51}u^{33}lie^{0}, nɤ^{51}mɤ^{33}i^{0}ɕya^{35}xuo^{44}lie^{0}.

个隻盘子烂罢咧，□罢□嘞这隻盘子烂了，扔了它吧。kɤ^{44}tɕiu^{0}poŋ^{21}lə^{0}leĩ^{51}pa^{0}lie^{0}, kiau^{55}pa^{0}tɤ^{51}lə^{0}.

□□要就没再落雨咧明天不要再下雨了。t^{h}oŋ^{51}koŋ^{35}i^{51}tɕiɤɯ^{51}mɤ^{33}tsai^{35}lau^{51}u^{33}lie^{0}.

（三）感叹句

例如：

个蔸树子叶子够大这棵树的叶子真够大的！ kɤ^{44}tɤɯ^{51}ɕyo^{51}lə^{0}i^{51}lə^{0}kɤɯ^{44}t^{h}ai^{44}!

个蔸树子叶子真个大这棵树的叶子真大！ kɤ^{44}tɤɯ^{51}ɕyo^{51}lə^{0}i^{51}lə^{0}tɕi^{51}kə^{0}t^{h}ai^{44}!

个蔸树子叶子好大这棵树的叶子好大！ kɤ^{44}tɤɯ^{51}ɕyo^{51}lə^{0}i^{51}lə^{0}xa^{55}t^{h}ai^{44}!

个蔸树子叶子蛮大这棵树的叶子很大！ kɤ^{44}tɤɯ^{51}ɕyo^{51}lə^{0}i^{51}lə^{0}meĩ^{21}t^{h}ai^{44}!

好乖一□女女家家好漂亮的一个姑娘！ xa^{55}kuei^{51}i$^{35-44}$ta^{0}nyo^{33}nyo^{0}ku$^{51-55}$ku^{0}!

蛮乖一□女女家家很漂亮的一个姑娘！ meĩ^{21}kuei^{51}i$^{35-44}$ta^{0}nyo^{33}nyo^{0}ku$^{51-55}$ku^{0}!

都二十年咧都二十年了！ tsɤ^{44}n^{51}sɿ^{0}neĩ^{21}lie^{0}!

（四）特殊语气和情态句

请参看上文语气副词。例如：

A：尔□□食橘子吧你喜欢吃橘子吧？ n^{33}suo^{44}ɕi^{51}iɤ^{51}kua^{35}lɤ$^{-55}$（p＞m）a^{0}?

B：□□（个）喜欢。suo^{44}ɕi^{51}（kə^{0}）.

A：早时是□□去医院□罢老张上午是谁去医院看老张去了？ tsia^{55}sɿ$^{21-55}$sɿ^{33}iɤ^{51}ta^{0}xuo^{44}i^{44}yan^{35}niɤ^{35}pa^{0}la^{33}tɕiaŋ^{51}?

B：老李去罢老李去的。la^{33}la^{33}xuo^{44}pa^{0}.

A：□有□□比人家□个□牯她有什么比人家好的地方？ tɤ^{51}xɤɯ^{33}ŋ^{55}ŋə^{0}pa^{55}n^{21}ku^{0}neĩ^{44}kə^{0}tuo$^{51-44}$kuo^{0}?

B：□蛮伶俐（个）她很聪明哪。tɤ^{51}meĩ^{21}liɤɯ^{21}la^{0}（kə^{0}）.

A：老王打米粉罢老王打米粉了吗？ la^{33}ueĩ^{21}ta^{55}mi^{33}xue^{55}pa^{0}?

B：打个打了。ta^{55}kə^{0}.

A：尔有（唔有）□公子[个样]高你有没有你爸爸那么高？ n^{33}xɤɯ^{33}（m^{0}xɤɯ^{33}）nɤ^{51}kie^{51}lə^{0}kiaŋ^{35}kia^{51}?

B：还没得没有。xa^{21}ma^{33}tə^{0}.

A：老张走罢没咧老张走了没啊？ la^{33}tɕiaŋ^{51}tsɿ^{55}pa^{0}mɤ^{33}lie^{0}?

B：没咧走没走呢。mɤ^{33}lie^{0}tsɿ^{55}.

□□昨夜没落雨就□罢咧要是昨天没下雨就好了。uei^{44}ɕiu^{55}ts^{h}a$^{51-44}$iu^{0}mɤ^{33}lau^{51}u^{33}tɕiɤɯ$^{51-44}$neĩ^{44}（p＞m）a^{0}lie^{0}.

没□落雨，就是落刀我也要出去别说下雨，就是下刀子我也要出去。mɤ^{33}k^{h}ua^{35}lau^{51}u^{33}, tɕiɤɯ^{51}sɿ^{33}lau^{51}ta^{51}iu^{33}i^{0}i^{51}ɕya^{35}xuo$^{44-55}$.

老张一顿食得罢三份饭老张一顿饭吃得了三碗米饭。la^{33}tɕiaŋ^{51}i$^{35-44}$tɕye^{44}iɤ^{51}lə^{0}pa^{35}su$^{51-44}$pie^{0}xueĩ^{51}.

□会□广州话她会说广州话。tɤ^{51}uo^{51}k^{h}ua^{35}koŋ^{55}tɕiɤɯ^{51}xu^{0}.

我跳得罢三尺高我跳得了三尺高。iu^{33}tʰiɤɯ^{44}lə^{0}pa^{35}su$^{51-44}$tɕʰiu^{0}kia^{51}.

天黑罢咧，没要出去咧天黑了，不要出去了。tʰeĩ^{51}xɤ^{35}pa^{0}lie^{0}, mɤ^{33}i^{51}ɕya^{35}xuo^{44}lie^{0}.

一□人□要交三百块钱每个人都要交三百块钱。i$^{35-44}$ta^{0}n^{21}tsɤ^{55}i^{0}kiɤɯ$^{51-44}$su^{51}pu^{0}kʰuei^{44}tsʰeĩ^{21}.

□是出罢去接碎□□去咧她去接孩子去了。tɤ^{51}sɿ^{33}ɕya^{35}pa^{0}xuo^{44}tsi^{35}ɕyo^{44}（k＞ŋ）ə^{0}tə^{0}xuo^{44}lie^{0}.

黑云子[个样]□，要落雨咧黑云那么厚，要下雨了吧。xɤ^{35}yei^{21}lə^{0}kiaŋ^{35}tɕi^{55}, i^{0}lau^{51}u^{33}lie^{0}.

（五）话题句

有些句子的宾语可提前到句首位置，或认为是“主语”，或称作“话题”。例如：

白菜□没□□食白菜她不喜欢吃。pu^{51}tsʰi^{44}tɤ^{51}mɤ^{33}suo^{44}ɕi^{51}iɤ^{51}.

老张我听□□来老张我听说他明天来。la^{33}tɕiaŋ^{51}iu^{33}tiɤɯ$^{51-44}$tʰoŋ^{51}koŋ^{35}la^{21}.

个□人我见罢（□）好儿□这个人我见了好几回。kɤ^{44}ta-n^{21}iu^{33}tɕieĩ^{44}pa^{0}（tɤ^{51}）xa^{55}tsɿ^{55}kʰen^{51}.

水果我最□□橘子水果里我最喜欢橘子。ɕya^{55}kuo^{55}iu^{33}tsuei^{35}suo^{44}ɕi^{51}kua^{35}lɤ$^{-55}$.

但动补结构中的动词，不可以带话题助词。例如：

A：老张是唔是蛮恶老张是不是很凶？ la^{33}tɕiaŋ^{51}sɿ^{33}m^{0}sɿ^{33}meĩ^{21}u^{35}?

B：恶是蛮恶，人还是蛮□凶是挺凶的，人还是挺好的。u^{35}sɿ^{33}meĩ^{21}u^{35}, n^{21}xa$^{21-44}$sɿ^{33}meĩ^{21}neĩ^{44}.

A：襀子尔绞□罢咧扣子你缝好了吗？ kʰua^{44}lə^{0}n^{33}kiɤɯ^{55}neĩ^{44}pa^{0}lie^{0}?

B：绞是绞罢咧，就是绞得没好□缝是缝好了，就是缝得不好看。kiɤɯ^{55}sɿ^{33}kiɤɯ^{55}pa^{0}lie^{0}, tɕiɤɯ$^{51-44}$sɿ^{33}kiɤɯ^{55}tə^{0}mɤ^{33}xa^{55}niɤ^{35}.

A：尔舅舅斥罢尔没咧你舅舅骂你了没？ nɤ$^{51-44}$tɕiɤɯ^{33}tɕiɤɯ^{33}tsʰu^{51}pa^{0}n^{33}mɤ^{33}lie^{0}?

B：斥是没咧斥，就是吓罢□骂倒是没骂，就是吓唬了一下。tsʰu^{51}sɿ^{33}mɤ^{33}lie^{0}tsʰu^{51}, tɕiɤɯ$^{51-44}$sɿ^{0}xu^{44}pa^{0}ti^{0}.

□□房埠乱唔得乱，被没折，台子没抹他们房子乱七八糟的，被子不叠，桌子不擦。tɤ^{51}lə^{0}xoŋ^{21}pu^{0}loŋ^{51}m^{0}tɤ^{35}loŋ^{51}, pa^{33}mɤ^{33}tsɿ^{35}, ti^{21}lə^{0}mɤ^{33}mu^{51}.

梦□□，我□又□唔摇，□又□唔出□□梦里面，我跑又跑不动，喊又喊不出声音。mie^{51}poŋ^{44}tɕi^{0}, iu^{33}kʰuei^{35}i^{0}kʰuei^{35}m^{0}iɤɯ^{21}, uei^{51}i^{0}uei^{51}m^{0}ɕya^{35}ɕiu$^{51-44}$sɿ^{55}.

一□人搬唔摇个粒石□□一个人搬不动这块石头。i$^{35-44}$ta^{0}n^{21}poŋ^{51}m^{0}iɤɯ^{21}kɤ^{44}la^{35}ɕiu^{51}kuaŋ^{0}tɕi^{0}.

个本书我□罢咧这本书我看过了。kɤ^{44}pie^{55}ɕyo^{51}iu^{33}niɤ^{35}pa^{35}lie^{0}.

第七章 语法例句

第一节

《中国语言资源调查手册·汉语方言》

本节50个例句，取自教育部语言文字信息管理司、中国语言资源保护研究中心合编的《中国语言资源调查手册·汉语方言》（商务印书馆，2016）第171—178页。各个例句的调查要点，请参看第162—170页“各例句调查要点”。

01　**小张昨天钓了一条大鱼，我没有钓到鱼。**

ɕyo^{44} tɕiaŋ^{51}tsʰa^{33}iu^{0}tiɤɯ^{44}pa^{0}i$^{35-44}$tɤɯ^{0}tʰai^{44}ŋuo^{21}, iu^{33}mɤ^{33}la^{0}tiɤɯ^{44}tɕi^{0}.

碎　张　昨　夜钓　罢一　头　大　鱼，　我 没　啦钓　　紧。

02　a．**你平时抽烟吗？** b．**不，我不抽烟。**

a. n̩^{33}pʰin^{51}su^{0}iɤ$^{51-44}$ŋeĩ^{51}（p>m）a^{0}?

你平　素食　　烟　吧？

b. iu^{33}mɤ$^{33-55}$iɤ^{51}.

我 没　　食。

03　a．**你告诉他这件事了吗？** b．**是，我告诉他了。**

a.n̩^{33}kuaŋ^{44}ɕiaŋ^{0}tɤ^{51}kɤ^{44}iaŋ^{0}sʅ^{51}lə^{0}（p>m）a^{0}?

尔□　　□　□　个　样　事　嘞吧？

b. iu^{33}kuaŋ^{44}ɕiaŋ^{0}tɤ^{51}lə^{0}.

我 □　　□　□　嘞。

04　**你吃米饭还是吃馒头？**

n̩^{33}iɤ^{51}xuei^{51}xa^{21}sʅ^{33} iɤ^{51}man^{35}tɤɯ^{0}?

尔食 饭　　还 是　食 馒　　头？

05 **你到底答应不答应他?**

n̩^{33} tɕiɤɯ^{35}tɕi^{44}tu^{35}xu^{0}tɤ^{51}mɤ^{33}tu^{35}xu^{0}tɤ^{51}?

尔究 竟 答 话☐ 没 答 话☐?

n̩^{33}tɕiɤɯ^{35}tɕi^{44}tu^{35}m^{0}tu^{35}xu^{0}tɤ^{51}?

尔究 竟 答 唔答 话 ☐?

06 **a. 叫小强一起去电影院看《刘三姐》。**

b. 这部电影他看过了。/他这部电影看过了。/他看过这部电影了。

a. uei^{35}ɕyo^{44}ts^{h}iaŋ^{21}i$^{35-44}$ts^{h}ʅ^{55}xuo^{44}tian^{35}in^{55}yan^{35}niɤ^{35}liu$^{51-44}$san^{44}tɕie^{51}.

☐ 碎 强 一 起 去 电 影 院 ☐ 《刘 三 姐》。

b. kɤ^{44}pu$^{35-55}$tian^{35}in^{55}tɤ^{51}niɤ^{35}ku^{0}lie^{0}.

个 部 电 影 ☐ ☐ 过 咧。

07 **你把碗洗一下。**

n̩^{33}pie$^{51-44}$k-sɤ^{35}oŋ^{55}si^{55}i^{0}ti^{0}.

尔分 ☐这些碗 洗 一☐。

08 **他把橘子剥了皮，但是没吃。**

tɤ^{51}pie^{51}kua^{35}lɤ$^{-55}$piɤɯ^{35}pa^{0}pa^{21}la^{0}lɛ^{0}, tɤ^{51}mɤ^{33}lie^{0}iɤ^{51}.

☐ 分 橘 子剥 罢 皮子 咧，☐ 没 咧 食。

09 **他们把教室都装上了空调。**

tɤ^{51}lə^{0}pie^{51}tɕiau^{35}sʅ^{0}tsɤ^{55}tsoŋ^{51}ɕiaŋ^{0}k^{h}oŋ^{44}t^{h}iau^{51}.

☐ ☐分 教 室☐ 装 上 空 调。

10 **帽子被风吹走了。**

mia^{51}lə^{0}pie^{51}xue^{51}tɕ^{h}ya^{51}tsʅ^{55}pa^{0}lɛ^{0}.

帽 子分 风 吹 走 罢咧。

11 **张明被坏人抢走了一个包，人也差点儿被打伤。**

tɕiaŋ$^{51-44}$min^{21}pie^{51}xuai^{35}n̩^{21}ts^{h}iaŋ^{55}pa^{0}i$^{35-44}$la^{35}ti^{51}kuo^{0}, n̩^{21}i^{0}ts^{h}u^{51}teĩ^{55}mɤ$^{33-55}$pie^{51}ta^{55}ɕiaŋ^{51}.

张 明 分 坏 人抢 罢一 粒袋 牯，人也差 点 没 分 打 伤。

12 **快要下雨了，你们别出去了。**

k^{h}uei^{44}lau^{51}u^{33}lie^{-55}, nɤ$^{51-44}$mɤ^{33}ɕya^{35}xuo^{44}lie^{-55}.

快 落 雨 咧，☐ 没 出 去 咧。

13 **这毛巾很脏了，扔了它罢。**

kɤ^{44}la$^{35-55}$p^{h}u^{44}lə^{0}meĩ^{21}uo$^{51-44}$sʅ^{55}, kiau^{55}pa^{0}tɤ$^{51-44}$xuo^{0}.

个 粒 帕 子蛮 污 屎，☐ 罢☐ 去。

14　**我们是在车站买的车票。**

yo^{51}ti^{33}tsan^{35}pu^{-55}mi^{33}kə^{0}tɕ^{h}iu^{51}p^{h}iɤɯ^{0}.

□ 在 站 埠 买 个 车 票。

15　**墙上贴着一张地图。**

ts^{h}iaŋ^{21}kia$^{51-44}$ tɤɯ^{0}niu$^{51-44}$i^{0}i$^{35-44}$tsoŋ^{51}ti^{35}t^{h}u^{0}.

墙 高 头 □ □一 张 地 图。

16　**床上躺着一个老人。**

tuo$^{21-44}$kia$^{51-44}$tɤɯ^{0}xue^{44}sɿ^{0}i$^{35-44}$ta^{0}la^{33}t^{h}en^{0}ku^{0}.

□ 高 头 困 起一 □老□ 家。

tuo$^{21-44}$ɕiaŋ^{0}xue^{44}tɕi^{0}i$^{35-44}$ta^{0}la^{33}t^{h}en^{0}ku^{0}.

□ 上 困 紧 一 □老□ 家。

17　**河里游着好多小鱼。**

ɕi^{51}pu^{0}meĩ^{21}tau^{51}ɕyo^{44}ȵuo^{21}ti^{33}kə^{0}iɤɯ^{21}.

□河埠蛮 多 碎 鱼 在 个这里游。

18　**前面走来了一个胖胖的小男孩。**

mi$^{51-44}$ts^{h}a^{0}tsɿ^{55}la^{0}pa^{0}i$^{35-44}$ta^{0}meĩ^{21}na^{35}kɤ$^{-55}$nu^{21}ɕyo^{55}（k > ŋ）ə^{0}tə^{0}.

□ □ 走 来罢 一个蛮 肭 个 男 碎 □ □。

19　**他家一下子死了三头猪。**

tɤ^{51}a^{35}pu^{0}i$^{35-44}$ti^{35}sa^{55}pa^{0}su$^{51-44}$tɤɯ^{0}tɕyo^{51}.

□ □埠 一 □死 罢三 头 猪。

20　**这辆汽车要开到广州去。/这辆汽车要开去广州。**

kɤ^{44}ku^{44}tɕ^{h}iu^{51}i$^{51-44}$xɤ^{51}xuo^{44}koŋ^{55}tɕiɤɯ^{44}.

个 架 车 要 开 去 广 州。

21　**学生们坐汽车坐了两整天了。**

kɤ^{44}ts^{h}iaŋ^{0}ɕiɤɯ^{51}sen^{0}ts^{h}au^{33}tɕ^{h}iu^{51}ts^{h}au^{33}pa^{0}liaŋ^{33}kie^{51}ken^{51} kə^{0}.

个 □些 学 生 坐 车 坐 罢两 工 □ 个。

22　**你尝尝他做的点心再走吧。**

tɤ^{51}tsɤ^{44}kɤ^{44}ta^{0}tian^{51}sin^{0}n̩^{33}ɕiaŋ^{21}i$^{35-44}$ti^{0}tsai^{35}tsɿ^{55}pa^{0}.

□ 做 个□这个点 心 你 尝 一 □下再走 吧。

23　**a. 你在唱什么？ b. 我没在唱，我放着录音呢。**

a. n̩^{33}ti^{33}kə^{0}tɕ^{h}iaŋ^{44}ŋ^{55}ŋɤ^{55}?

尔 在 个这唱 □ □?

b. iu^{33}mɤ$^{33-55}$lie^{0}tɕ^{h}iaŋ^{44}, iu^{33}ti^{33}kɤ^{44}poŋ^{44}lu$^{51-44}$in^{0}ki^{0}.

我 没 咧 唱，我 在 个 放 录 音机。

24 a. 我吃过兔子肉，你吃过没有？ b. 没有，我没吃过。

a. iu^{33}iɤ^{51}pa^{0}t^{h}uo^{44}lə^{0}u^{55}, n̩^{33}iɤ^{51}ku^{0}mɤ^{33}lie^{0}?

我 食 罢 兔 子肉，尔 食 过 没 咧？

b. iu^{33}mɤ$^{33-55}$lie^{0}iɤ^{51}.

我 没 咧 食。

25 我洗过澡了，今天不打篮球了。

iu^{33}si^{55}pa^{0}yo^{51}lie^{0}, tsoŋ^{51}kie^{51}m^{0}xuo^{44}ta^{55}laŋ^{51}tɕiɤɯ^{21}.

我 洗 罢 浴 咧，□ 工 唔去 打 篮 球。

26 我算得太快算错了，让我重新算一遍。

iu^{33}soŋ^{44}tɤ^{55}t^{h}ɤ^{35}k^{h}uei^{44}lie^{0}, soŋ^{44}ts^{h}au^{35}pa^{0}lie^{0}, pie^{51}iu^{33}koŋ$^{51-44}$li^{35}tsai^{35}soŋ^{44}i$^{35-44}$meĩ^{0}.

我 算 得 忒 快 咧，算 错 罢 咧，分 我 □ □ 再 算 一面。

27 他一高兴就唱起歌来了。

tɤ^{51}i$^{35-44}$xoŋ^{51}sɿ^{55}tɕiɤɯ^{51}tɕ^{h}iaŋ^{44}sɿ^{0}ku^{51}la^{21}lie^{0}.

□ 一 欢 喜 就 唱 起歌 来咧。

28 谁刚才议论我老师来着？

ɕiu^{51}tə^{0}sɿ^{33}iɤ^{51}ta^{55}i^{35}len^{0}yo$^{51-44}$la^{33}sɿ^{51}?

□□刚才是□□谁 议论 □我们 老 师？

29 只写了一半，还得写下去。

siɤɯ^{55}lie^{0}i$^{35-44}$poŋ^{44}, xa$^{21-44}$i^{0}siɤɯ^{55}.

写 了 一 半， 还 要写。

30 你才吃了一碗米饭，再吃一碗罢。

n̩^{33}ɕiu^{51}tə^{0}iɤ^{51}pa^{0}i$^{35-44}$pie^{51}xueĩ^{51}, xa^{21}iɤ^{51}i$^{35-44}$pie^{51}.

尔□ □食 罢 一 份 饭， 还 食 一 份。

n^{33}ɕiu^{51}tə^{0}iɤ^{51}pa^{0}i$^{35-44}$pie^{51}xueĩ^{51}, xa^{21}t^{h}eĩ^{51}i$^{35-44}$pie^{51}.

尔□ □食 罢 一 份 饭， 还 添 一 份。

31 让孩子们先走，你再把展览仔仔细细地看一遍。

pie^{51}ɕyo^{44}（k > ŋ）ə^{0}tə^{0}seĩ^{51}tsɿ^{55}, n̩^{33}tsai^{35}pie^{51}tsan^{55}lan^{55}tsɿ^{55}si^{35}kə^{0}niɤ^{35}i$^{35-44}$meĩ^{0}.

分 碎 □ □先 走，尔 再 分 展 览 仔 细 个□ 一 面。

32 他在电视机前看着看着睡着了。

tɤ^{51}ti^{33}tian^{35}sɿ^{0}ki^{0}mi^{51}ts^{h}a^{0}niɤ^{35}i^{0}niɤ^{35}i^{0}tɕiɤɯ$^{51-44}$xue^{44}tɕiɤɯ^{51}pa^{0}la^{0}.

□ 在 电 视 机□ □ □ 紧□ 紧就 困 着 罢 啦。

33　**你算算看，这点钱够不够花？**

n̩^{33}soŋ^{44}ti^{0}kɤ^{44}teĩ^{0}tsʰeĩ^{21}i^{51}m^{0}i^{51}lə^{0}ta^{51}?

尔算 □个 点 钱 用唔用得到？

n̩^{33}soŋ^{44}ti^{0}kɤ^{44}teĩ^{0}tsʰeĩ^{21}ɕiɤɯ^{55}m^{0}ɕiɤɯ^{55}?

尔算 □个 点 钱 少 唔 少？

34　**老师给了你一本很厚的书吧？**

la^{33}sɿ^{51}pie^{51}pa^{0}n̩^{33}i$^{35-44}$pie^{55}meĩ$^{21-44}$tɕi^{55}kə^{0}ɕyo^{51}pa^{0}?

老师 分 罢尔一 本 蛮 □ 个书 吧？

35　**那个卖药的骗了他一千块钱呢。**

iɤ^{51}ta^{0}mi^{51}iɤɯ^{51}kə^{0}pʰeĩ^{44}pa^{0}tɤ^{51}i$^{35-44}$tsʰeĩ^{51}kʰuei^{44}tsʰeĩ^{21}.

□ □卖 药 个骗 罢□ 一 千 块 钱。

36　**a. 我上个月借了他三百块钱。b. 我上个月借了他三百块钱。**

a. ɕiaŋ^{51}kə^{0}uei^{0}iu^{33}tsɿ$^{51-44}$tɤ^{51}pi^{55}tsiɤɯ^{44}pa^{0}su$^{51-44}$pu^{0}kʰuei^{44}tsʰeĩ^{21}.

上 个月 我 自 □ 彼 借 罢 三 百 块 钱。

b. ɕiaŋ^{51}kə^{0}uei^{510}tɤ^{51}tsɿ^{44}iu^{33}kuei^{0}tsiɤɯ^{44}pa^{0}su$^{51-44}$pu^{0}kʰuei^{44}tsʰeĩ^{21}.

上 个月 □ 自 我 □这 借 罢 三 百 块 钱。

ɕiaŋ^{51}kə^{0}uei^{0}tɤ^{51}tsiɤɯ^{44}pa^{0}su$^{51-44}$pu^{35}kʰuei^{44} tsʰeĩ^{21}pie$^{51-44}$iu^{33}.

上 个月 □ 借 罢 三 百 块 钱 分 我。

ɕiaŋ^{51}kə^{0}ue^{0}iu^{33}tsiɤɯ^{44}pa^{0}su$^{51-44}$pu^{0}kʰuei^{44}tsʰeĩ^{21}pie$^{51-44}$tɤ^{51}.

上 个月我 借 罢 三 百 块 钱 分 □。

37　**a. 王先生的刀开得很好。b. 王先生的刀开得很好。**

a. uaŋ^{51}sa$^{51-44}$sen^{55}kə^{0}ta^{51}xɤ^{51}lə^{0} meĩ$^{21-44}$neĩ^{44}.

王 师 生 个 刀 开 得 蛮 □。

b. uaŋ^{51}sa$^{51-44}$sen^{55}kə^{0}ta^{51}xɤ^{51}lə^{0} meĩ$^{21-44}$neĩ^{44}.

王 师 生 个 刀 开 得 蛮 □。

38　**我不能怪人家，只能怪自己。**

iu^{33}mɤ^{33}kuei^{44}n̩$^{21-44}$ku$^{51-55}$, tɕiɤɯ$^{51-44}$kuei^{44}tsuo^{51}ku^{0}.

我 没 怪 人 家， 就 怪 □ 家。

39　**a. 明天王经理会来公司吗？ b. 我看他不会来。**

a. tʰoŋ$^{51-44}$koŋ^{35}uaŋ^{51}tɕin^{44}li^{55}xuei^{35}la^{21}koŋ^{44}sɿ^{44}?

□ □ 王 经 理会 来 公 司？

b. iu^{33}niɤ^{35}mɤ^{33}tɤ^{35}la^{21}.

我 □ 没 得 来。

40 **我们用什么车从南京往这里运家具呢？**

yo^{51}i^{0}ŋ^{55}ŋɤ^{55}tɕʰiu^{51}tsɿ^{44}nan^{51}tɕin^{0}oŋ^{55}kuei^{44}tɤ$^{-55}$tʰau$^{51-44}$uaŋ^{51}ki^{0}?

□用□□什么车 自 南 京 往 □ □这里拖 □□家具?

41 **他像个病人似的靠在沙发上。**

tɤ$^{51-44}$kia^{44}lə^{0}sa^{44}xua^{0}kia$^{51-44}$tɤɯ^{0}kia^{44}ta^{0}piɤɯ^{51}n^{21}iaŋ^{0}.

□ 靠 得沙 发 高 头 □跟□ 病 人 样。

42 **这么干活连小伙子都会累坏的。**

kiaŋ^{35}kə^{0}tsɤ^{44}sɿ^{51}leĩ^{21}ɕyo^{44}（k＞ŋ）ə^{0}tə^{0}tuo^{0}pie^{51}n̩^{21}kʰuo^{55}sie^{55}.

[个样]子做 事 连 碎 □ □□都分人 苦 [死咧]。

43 **他跳上末班车走了。我迟到一步，只能自己慢慢走回学校了。**

tɤ^{51}tʰiau^{44}ɕiaŋ^{0}ma^{33}kie^{51}tɕʰiu^{51}tɕiɤɯ$^{51-44}$tsɿ^{55}pa^{0}lie^{0}, iu^{33}tsɿ^{21}ta^{44}i$^{35-44}$pu^{0}, tsuo^{51}

□ 跳 上 尾 工 车 就 走 罢 咧, 我 迟 到 一 步, □

ku^{0}meĩ^{51}ŋɤ^{55}tɤ^{51}tsɿ^{55}ta^{44}ɕyo$^{51-44}$ueĩ$^{21-55}$pu^{0}.

家 慢 □ □ 走 到 书 园 埠。

44 **这是谁写的诗？谁猜出来我就奖励谁十块钱。**

sɿ^{44}sɿ^{33}iɤ^{51}ta^{0}siɤɯ^{55}kə^{0}? iɤ^{51}ta^{0}tsʰi^{51}ɕya^{35}la^{21}tɕiɤɯ$^{51-44}$tsiaŋ^{55}iɤ^{51}ta^{0}sɿ^{51}kʰuei^{44}tsʰeĩ^{21}.

诗 是 □ □写 个? □ □猜 出 来 就 奖 □ □十 块 钱。

45 **我给你的书是我教中学的舅舅写的。**

iu^{33}pie^{51}n̩^{33}kə^{0}pie^{55}ɕyo^{51}sɿ^{33}yo^{33}ki^{55}tsoŋ^{51}ɕyo$^{51-44}$tɕiɤɯ^{33}tɕiɤɯ^{33}siɤɯ^{55}kɤ$^{-55}$.

我 分 尔 个 本 书 是□我们讲 中 学 舅 舅 写 个。

46 **你比我高，他比你还要高。**

n̩^{33}pa^{55}iu^{33}kia^{51}, tɤ^{51}pa^{55}n̩^{33}xa$^{21-44}$kia^{51}.

尔比 我 高, □ 比 尔 还 高。

47 **老王跟老张一样高。**

la^{33}uaŋ^{51}niu$^{51-44}$la^{33}tɕiaŋ^{51}i$^{35-44}$iaŋ$^{51-44}$kia^{51}.

老 王 □ 老 张 一 样 高。

48 **我走了，你们俩再多坐一会儿。**

iu^{33}tsɿ^{55}pa^{0}lie^{0}, nɤ^{51}liaŋ^{33}ta^{0}tau^{51}tsʰau^{33}i$^{35-44}$ti^{0}.

我 走 罢 咧, □你们两 □多 坐 一□。

49 **我说不过他，谁都说不过这个家伙。**

iu^{33}kʰua^{35}tɤ^{51}m^{0}ku^{44}, iɤ^{51}ta^{0}tsɤ^{55}kʰua^{35}tɤ^{51}m^{0}ku^{44}.

我 □说 □ 唔过，□□谁□都□说 □ 唔过。

iu^{33}kʰua^{35}m^{0}ku^{44}tɤ^{51}, iɤ^{51}ta^{0}tə^{0}kʰua^{35}m^{0}ku^{44}tɤ^{51}.

我 □ 唔过 □，□□谁□都□说 唔过□。

50 **上次只买了一本书，今天要多买几本。**

tɤɯ$^{21-44}$pau^{51}mi$^{33-55}$lie^{33}i$^{35-44}$pie^{55}ɕyo^{51}, tsoŋ^{51}kie^{0}tau^{51}mi^{33}tsɿ^{55}pie^{55}.

头 □ 买 咧 一 本 书，□ 工 多 买 几 本。

第二节

《汉语方言语法调查例句》

本节语法例句共248句，总称为《汉语方言语法调查例句》，可以作为《中国语言资源调查手册·汉语方言》50个语法例句的补充和扩展。这些例句根据以下几个来源综合：（1）中国社会科学院语言研究所方言组《方言调查词汇表》第叁拾壹部分“语法”，参看《方言》1981：201—203；（2）丁声树《方言调查词汇手册》第18部分，参看《方言》1989：91—97；（3）中国社会科学院语言研究所“汉语方言重点调查”（1988—1992）课题组编印的“语法调查例句”（油印本）；（4）中国社会科学院A类重大研究课题“中国濒危语言方言调查研究与新编《中国语言地图集》”（2002—2007）编印的“词汇语法调查条目”（油印本）；（5）根据通行语法著作适当选取的其他一些语法例句。

001　**这句话用梅花话怎么说？**

kɤ^{44}tɕyo^{0}xu^{51}i^{51}mɤ$^{21-44}$xu$^{51-44}$xu^{51}iaŋ^{51}kə^{0}k^{h}ua^{35}?

个 句 话 用 梅 花 话 样 个 □？

002　**你还会说别的地方的话吗？**

n^{33}xa^{55}nen$^{21-44}$k^{h}ua^{35}n$^{21-44}$ku^{0}tuo^{51}kuo^{0}xu^{51}ma^{0}?

尔还 能 □说 人 家 □ 牯 话 [没啊]？

003　**不会了，我从小就没出过门，只会说梅花话。**

mɤ^{33}uo^{51}, iu^{33}ɕyo^{44}kə^{0}ti^{35}mɤ^{33}ɕya^{35}ku^{0}mie^{21}, tɕiɤɯ^{51}na^{51}tə^{0}k^{h}ua^{35}mɤ$^{21-44}$xu$^{51-44}$xu^{51}.

没 会，我 碎 □□时候没出 过 门， 就 □晓得□说 梅 花 话。

004　**会，还会说道州话，不过说得不怎么好。**

na^{51}tə^{0}, xa^{21}na$^{51-44}$（tə^{0}）k^{h}ua^{35}ta^{33}tɕiɤɯ$^{51-44}$xu^{51}, k^{h}ua^{35}lə^{0}ma^{33} ia（ŋ）$^{51-44}$neĩ^{44}.

□晓得，还□晓 得 □说 道 州 话，□说 得没 样 □。

uo^{51}, xa^{21}na$^{51-44}$（tə^{0}）ki^{55}ta^{33}tɕiɤɯ$^{51-44}$xu^{51}, ki^{55}lə^{0}ma^{33}kiaŋ^{0}neĩ^{44}.

会，还 □晓 得 讲 道 州 话，讲 得没 [个样]□好。

005 **会说普通话吗？**

na^{51}tə^{0}k^{h}ua^{35}p^{h}u^{44}t^{h}oŋ^{0}xu^{0}（pa^{0}）?

□晓得□说 普 通 话（吧）？

uo^{51}ki^{55}p^{h}u^{44}t^{h}oŋ^{0}xu^{0}（pa^{0}）?

会 讲 普 通 话（吧）？

006 **不会说，没有学过。**

mɤ^{33}na^{51}（tə^{0}）k^{h}ua^{35}, mɤ^{33}ɕiɤɯ^{51}ku^{0}.

没 □晓 得 □说，没 学 过。

mɤ^{33}uo^{51}ki^{55}, mɤ^{33}ɕiɤɯ^{51}ku^{0}.

没 会 讲，没 学 过。

007 **会说一点儿，不标准就是了。**

na^{51}（tə^{0}）k^{h}ua^{35}i$^{35-44}$teĩ^{55}tə^{0}, k^{h}ua^{35}lə^{0}mɤ^{33}ia（ŋ）$^{51-44}$neĩ^{44}.

□晓 得 □说 一 点 □，□说 得没 样 □好。

008 **在什么地方学的普通话？**

iɤ^{51}ta^{0}tau^{0}ɕiɤɯ^{51}kə^{0}p^{h}u^{44}t^{h}oŋ^{0}xu^{0}?

□ □□哪里学 个普 通 话？

009 **上小学中学都学普通话。**

ti^{33}ɕyo$^{51-44}$ueĩ$^{21-44}$pu^{0}tsɤ^{55}ɕiɤɯ^{51}p^{h}u^{44}t^{h}oŋ^{0}xu^{0}.

在书 园 埠 □ 学 普 通 话。

tsɿ^{51}tsoŋ^{44}ɕyo^{44}ɕyo^{51}tsɤ^{55}ɕiɤɯ^{51}p^{h}u^{44}t^{h}oŋ^{0}xu^{0}.

自 中 碎 学 □ 学 普 通 话。

ts^{h}oŋ$^{51-44}$tsoŋ^{44}ɕyo^{44}ɕyo^{51}tsɤ^{55}ɕiɤɯ^{51}p^{h}u^{44}t^{h}oŋ^{0}xu^{0}.

从 中 碎 学 □ 学 普 通 话。

010 **谁呀？我是老王。**

iɤ^{51}ta^{35}? iu^{33}sɿ^{33}la^{33}uaŋ^{51}.

□ □？我 是 老 王。

011 **您贵姓？我姓王，您呢？**

n^{33}kua^{44}siɤɯ^{44}? iu^{33}siɤɯ^{44}uaŋ^{51}. n^{33}nɛ^{0}?

尔 贵 姓？ 我 姓 王。尔 呢？

012 **我也姓王，咱俩都姓王。**

iu^{33}i^{0}siɤɯ^{44}uaŋ^{51}, yo$^{51-44}$liaŋ$^{33-55}$ta^{0}tsɤ^{55}siɤɯ^{44}uaŋ^{51}.

我 也 姓 王， □我们 两 □□都 姓 王。

013 **巧了，他也姓王，本来是一家嘛。**

xuo^{51}sʅ^{35}, tɤ^{51}i^{0}siɤɯ^{44}uaŋ^{51},（tɕiɤɯ^{51}）sʅ^{0}i$^{35-44}$ku^{51}n^{21}.

合 适，□ 也 姓 王，（就） 是 一 家 人。

014 **老张来了吗？说好他也来的。**

la^{33}tɕiaŋ^{51}la^{21}pa^{0}lie^{5}? k^{h}ua^{35}neĩ^{44}tɤ^{51}i^{0}la^{21}.

老 张 来 罢 咧？□说 □好□ 也 来。

la^{33}tɕiaŋ^{51}la^{21}pa^{0}lie^{5}? ki^{55}neĩ^{44}tɤ^{51}i^{0}la^{21}.

老 张 来 罢 咧？讲 □ □ 也 来。

015 **他没来，还没到吧。**

tɤ^{51}mɤ^{33}（lie^{0}）la^{21}, xa^{21}mɤ^{33}（lie^{0}）ta^{44}.

□ 没 （咧） 来，还 没 （咧） 到。

016 **他上哪儿了？还在家里呢。**

tɤ^{51}ta^{44}iɤ^{55}lɤ^{35}xuo^{44}? xa^{21}ti^{33}a^{35}pu^{55}.

他 到 □ □ 去？ 还 在 □埠。

tɤ^{51}xuo^{44}iɤ^{44}lɤ^{35}, xa^{21}ti^{33}a^{35}pu^{55}.

他 去 □□， 还 在 □埠。

017 **在家做什么？在家吃饭呢。**

tɤ^{51}ti^{33}tsɤ^{44}ŋ^{55}ŋə^{0}?（tɤ^{51}）ti^{33}kə^{0}iɤ^{51}xueĩ^{51}.

□ 在 做 □ □？（□） 在 个 食 饭。

tɤ^{51}ti^{33}tsɤ^{44}ŋ^{55}ŋə^{0}? tɤ^{51}tɕiu^{55}xua^{0}ti^{33}kə^{0}iɤ^{51}xueĩ^{51}.

□ 在 做 □ □？□ 正 □正好在 个 食 饭。

ti^{33}a^{35}pu^{55}tsɤ^{44}ŋ^{55}ŋɤ^{55}? ti^{33}a^{35}pu^{55}iɤ^{51}xueĩ^{51}.

在□埠家里做□ □？ 在 □埠 食 饭。

018 **都几点了，怎么还没吃完？**

tsʅ^{55}teĩ^{55}lie^{-55}, xa^{21}mɤ^{0}lie^{0}iɤ^{51}pa^{35}?

几 点 咧， 还 没 咧 食 罢？

tsʅ^{55}teĩ^{55}lie^{-55}, xa^{21}mɤ^{0}lie^{0}iɤ^{51}ueĩ^{21}?

几 点 咧， 还 没 咧 食 完？

019 **还没有呢，再有一会儿就吃完了。**

xa^{21}mɤ$^{33-55}$lie^{-55}, tie^{55}i$^{35-44}$ti^{35}iɤ^{51}pa^{0}lie^{0}.

还 没 咧，等 一 □食 罢 咧。

xa^{21}mɤ$^{33-55}$lie^{-55}, xa^{35}i$^{35-44}$ti^{35}tə^{0}iɤ^{51}pa^{0}lie^{0}.

还 没 咧，还 一 □□食 罢 咧。

xa^{21}mɤ$^{33-55}$lie^{-55}, xa^{35}sɿ^{35}ti^{35}tə^{0}iɤ^{51} pa^{0}lie^{0}.

还 没 咧，还 息 □□食 罢 咧。

020 **他在哪儿吃的饭？**

tɤ^{51}ti^{33}iɤ^{51}lɤ^{35}iɤ^{51}kə^{0}xueĩ^{51}?

□ 在 □ □ 食 个 饭？

tɤ^{51}ti^{33}iɤ^{51}ta^{0}iɤ^{51}kə^{0}xueĩ^{51}?

□ 在 □ □食 个 饭？

021 **他是在我家吃的饭。**

tɤ^{51}ti^{33}yo$^{51-44}$a^{35}pu^{-55}iɤ^{51}kə^{0}xueĩ^{51}.

□在 □我们 □埠家食 个 饭。

022 **真的吗？真的，他是在我家吃的饭。**

tɕi^{51}kə^{0}（pa^{55}）？ tɤ^{51}sɿ^{33}ti^{33}yo$^{51-44}$a^{35}（p>Ø）u^{-55}iɤ^{51}kə^{0}xueĩ^{51}.

真 的（吧）？ □ 是 在 □我们 □ 埠家 食 个 饭。

023 **先喝一杯茶再说吧。**

seĩ^{51}ɕyei^{35}pə^{0}ts^{h}u^{21}, tsai^{35}k^{h}ua^{35}（pa^{0}）.

先 □ 杯 茶，再 □说（吧）。

seĩ^{51}ɕyei^{35}pə^{0}ts^{h}u^{21}, tsai^{35}ki^{55}（pa^{0}）.

先 □ 杯 茶，再 讲（吧）。

024 **说好了就走的，怎么半天了还不走？**

ki^{55}neĩ^{44}pa^{0}lie^{0}tɕiɤɯ$^{51-44}$tsɿ^{55}, kiaŋ^{35}poŋ^{44}tɤɯ^{0}neĩ^{0}kie^{51}xa^{21}m^{0}tsɿ^{55}?

讲 □好 罢 咧 就 走，[个样] 半 头 □ 工 还 唔走？

ki^{55}neĩ^{44}pa^{0}lie^{0}tɕiɤɯ$^{51-44}$tsɿ^{55}, iaŋ^{51}kə^{0}poŋ^{44}tɤɯ^{0}neĩ^{0}kie^{51}xa^{21}m^{0}tsɿ^{55}?

讲 □好 罢 咧 就 走，样 个 半 头 □ 工 还 唔走？

025 **他磨磨蹭蹭的，做什么呢？**

tɤ^{51}meĩ$^{51-44}$meĩ^{0}ta^{44}ta^{0},（ti^{33}kɤ^{44}）tsɤ^{44}ŋ^{55}ŋɤ^{55}?

□ 慢 慢 到 到，（在个这儿）做 □ □？

026 **他正在那儿跟一个朋友说话呢。**

tɤ^{51}tɕiu^{44}（x）ua^{0}ti^{33}pi^{44}（tɤ^{44}）kia^{44}i$^{35-44}$ta^{0}pie^{21}iɤɯ^{33}k^{h}ua^{35}xu^{51}.

□ 正 □ 在 彼 （□）□跟一 □朋 友 □ 话。

tɤ^{51}tɕiu^{44}（x）ua^{0}ti^{33}pɤ^{44}ta^{51}niu$^{51-44}$i$^{35-44}$ta^{0}pie^{21}iɤɯ^{33}ki^{55}xu^{51}.

□ 正 □ 在 彼 □那里□ 一 □朋 友 讲 话。

027 **还没说完啊？催他快点儿！**

xa^{21}mɤ$^{33-55}$lie^{-55}k^{h}ua^{35}pa^{35}? t^{h}uo^{51}tɤ^{51}k^{h}uei^{44}teĩ^{55}kə^{0}!

还 没 咧 □ 罢？ 催 □ 快 点 个！

xa^{21}mɤ$^{33-55}$lie^{-55}ki^{55}pa^{35}? uei$^{51-44}$tɤ^{51}k^{h}uei^{44}teĩ^{55}kə^{0}!

还 没 咧 讲 罢？ □叫 □ 快 点 个！

028 **好，好，他就来了。**

i^{51}tə^{0}i^{51}tə^{0}, tɤ^{51}tɕiɤɯ^{51}la^{21}lie^{0}.

要得要得，□ 就 来 咧。

neĩ^{44},neĩ^{44}, tɤ^{51}tɕiɤɯ^{51}la^{21}lie^{0}.

□好 □好，□ 就 来 咧。

029 **你上哪儿去？我上街去。**

n^{33}ta^{44}iɤ^{51}lɤ^{35}xuo^{44}? iu^{33}ta^{44}ki^{51}ɕiaŋ^{0}xuo^{44}.

尔 到 □ □ 去？ 我 到 街 上 去。

n^{33}ta^{44}iɤ^{51}lɤ^{35}xuo^{44}lie^{0}? iu^{33}ta^{44}ki^{51}ɕiaŋ^{0}xuo^{44}lɛ^{0}.

尔 到 □ □ 去 咧？我 到 街 上 去 嘞。

030 **你多会儿去？我马上就去。**

n^{33}iɤ^{51}ti^{35}xuo^{44}? iu^{33}tɕiɤɯ^{51}xuo^{44}.

尔□ □ 去？ 我 就 去。

031 **做什么去呀？家里来客人了，买点儿菜去。**

tsɤ^{44}ŋ^{55}ŋɤ^{55}? a^{35}pu^{-55}la^{21}pa^{0}xu^{35}lə^{0}, xuo^{44}mi^{33}teĩ^{55}ts^{h}i^{44}.

做 □ □？ □埠 来 罢 客 嘞，去 买 点 菜。

032 **你先去吧，我们一会儿再去。**

n^{33}seĩ^{51}xuo^{44}（pa^{0}）, yo^{51}sɿ^{35}ti^{0}tɕiɤɯ$^{51-44}$xuo^{44}.

尔 先 去 （吧），□ 息 □ 就 去。

n^{33}seĩ^{51}xuo^{44}（pa^{0}）, yo^{51}tie^{55}i$^{35-44}$ti^{0}xuo^{55}tsai^{35}xuo^{44}.

尔 先 去 （吧），□ 等 一 □去 再 去。

033 **好好儿走，别跑！小心摔跤了。**

xa^{55}sen^{0}ta^{0} tsɿ^{55}! mɤ^{33}i^{0}k^{h}uei^{35}! ɕie^{55}lə^{0}ta$^{51-44}$(tɕi^{0})kia^{51}lə^{0}.

好 生 □走！没 要□！ 恐 得□ （紧）跤 子。

meĩ^{51}lə^{0}tsɿ^{55}, mɤ^{33}k^{h}uei^{35}! ɕie^{55}lə^{0} ta$^{51-44}$(tɕi^{0})kia^{51}lə^{0}.

慢 得走，没 □！ 恐 得□ （紧）跤 子。

034 **小心点儿，不然的话摔下去爬都爬不起来。**

meĩ^{35}ŋə^{0}tə^{0}, ɕie^{55}lə^{0}ta^{51}tɕi^{0}pu^{21}tə^{0}pu^{21}mɤ^{33}sɿ^{55}（la$^{21-55}$）.

慢 得点，恐 得□紧 爬 都爬 没 起 （来）。

tsu^{35}i^{0}teĩ^{55}, ɕie^{55}lə^{0}ta^{51}tɕi^{0}pu^{21}tə^{0}pu^{21}mɤ^{33}sɿ^{55}（la$^{21-55}$）.

注 意点，恐 得□ 紧爬 都爬 没 起（来）。

035 **不早了，快去罢！**

mɤ^{33}tsia^{55}lie^{0}, k^{h}uei^{44}xuo^{44}pa^{0}!

没 早 咧，快 去 吧！

036 **这会儿还早呢，过一会儿再去罢。**

kɤ^{44}ti^{35}xa^{21}tsia^{55}, ku^{44}i$^{35-44}$ti^{35}tsai^{35}xuo^{44}.

个 □还 早， 过 一□ 再 去。

kɤ^{44}ti^{35}xa^{21}tsia^{55}, tie^{55}i$^{35-44}$ti^{35}tsai^{35}xuo^{44}.

个 □还 早， 等 一□ 再 去。

037 **吃了饭再去好不好？**

iɤ^{51}pa^{0}xuẽ^{51}tsai^{35}xuo^{44}, i^{51}m^{0}i^{51}tɤ^{35}？

食 罢饭 再 去， 要唔要得？

038 **不行，那可就来不及了。**

i^{51}m^{0}tɤ^{35}, i^{55}xɤɯ^{35}tɕiɤɯ^{51}la^{21}m^{0}tsɿ^{51} lə^{0}.

要唔得，以后 就 来 唔及 嘞。

039 **不管你去不去，反正我是要去的。**

m^{33}koŋ^{55} n^{33}xuo^{44}m^{0}xuo^{44}, xuaŋ^{55}tsen^{0}iu^{33}sɿ^{33}i^{51}xuo^{44}kə^{0}.

唔 管 尔去 唔去， 反 正 我 是 要去 个。

040 **你爱去不去。你爱去就去，不爱去就不去。**

n^{33}sɤ^{51}xuo^{44}mɤ^{33}xuo^{44}n^{33}sɤ^{51}xuo^{44}tɕiɤɯ$^{51-44}$xuo^{44}, mɤ^{33}sɤ^{51}xuo^{44}tɕiɤɯ$^{51-44}$mɤ^{33}xuo^{44}.

尔思 去 没 去。尔思 去 就 去， 没 思 去 就 没 去。

041 **那我非去不可！**

iu^{33}i$^{35-44}$tin^{35}i^{0}xuo^{44}!

我 一定 要去！

iu^{33}xuei^{44}tə^{0}i^{0}xuo^{44}!

我 非　得要去!

042　**那个东西不在那儿，也不在这儿。**

pɤ^{44}la^{0}uaŋ^{51}ki^{0}mɤ^{33}ti^{33}pi^{44}tə^{0}, i^{33}m^{0}ti^{0}kuei^{44}tə^{0}.

彼　粒□　□没　在彼 □，也唔在个　□。

043　**那到底在哪儿？**

na$^{51-44}$lə^{0}ti^{33}iɤ^{51}lɤ^{35}?

□得知道 在 □ □?

044　**我也说不清楚，你问他去!**

iu^{33}i^{0}k^{h}ua^{35}m^{0}ts^{h}iɤɯ^{51}, n^{33}xuo^{44}mie^{51}tɤ^{51}lə^{0}!

我也□说　唔 清，　尔 去　问　□　□他们!

iu^{33}i^{0}ki^{55}m^{0}ts^{h}iɤɯ^{51}, n^{33}xuo^{44}mie^{51}tɤ^{51}lə^{0}!

我也讲 唔 清，　尔 去　问　□　□他们!

045　**怎么办呢？不是那么办，要这么办才对。**

iaŋ^{51}kə^{0}peĩ^{44}? mɤ^{33}sɿ^{33}kiaŋ^{35}kə^{0}peĩ^{44}, i^{51}kiaŋ^{51}kə^{0}peĩ^{44}tuo^{44}i^{51}tə^{0}.

样　个 办?　没　是 [个样] 个办，　要 [个样] 个办　□才要得。

046　**要多少才够呢？**

i$^{51-44}$xa^{55}tau^{51}ɕiu^{21}xɤɯ^{33}pa^{44}?

要　好　多　□才 有　罢?

i$^{51-44}$xa^{55}tau^{51}tuo^{44}xɤɯ^{33}pa^{44}?

要　好　多　□才 有　罢?

047　**太多了，要不了那么多，只要这么多就够了。**

t^{h}ɤ^{35}tau^{51}lie^{0}, i$^{51-44}$m^{0}pa^{35}kiaŋ^{35}（kə^{0}）tau^{51}, tɕiɤɯ^{51}i^{0}kiaŋ^{51}kə^{0}tau^{51}xɤɯ^{33}pa^{0}lə^{0}.

忒　多　咧，要　唔罢 [个样]（个）多，　就　要 [个样] 个多 有　罢 嘞。

048　**不管怎么忙，也得好好儿学习。**

mɤ^{33}koŋ^{55}iaŋ^{51}kə^{0}k^{h}uo^{55}, i^{51}tə^{0}xa^{55}sen^{0}ɕiɤɯ^{51}.

没　管　样　个 苦，　要得 好　生　学。

049　**你闻闻这朵花香不香？**

n^{33}la^{21}mie^{33}ti^{0}kɤ^{44}tau^{55}xu^{51}ɕiaŋ^{51}m^{0}ɕiaŋ^{51}?

尔 来 闻　□个　朵　花　香　唔香?

050　**好香呀，是不是？**

ɕiaŋ^{51}lə^{0}tɕi^{55}, sɿ^{33}m^{0}sɿ^{33}（kə^{0}）?

香　得紧，是 唔是 （个）?

051　**你是抽烟呢，还是喝茶？**

n^{33}sʅ^{33}iɤ^{51}ŋeĩ^{51}, xa^{21}sʅ^{33}ɕyei^{35}ts^{h}u^{21}?

尔是 食 烟，还 是 □ 茶？

052　**烟也好，茶也好，我都不会。**

ŋeĩ^{51}i^{0}xa^{55}, ts^{h}u^{21}i^{0}xa^{55}, iu^{33}tsɤ^{0}mɤ^{33}uo^{51}.

烟 也好，茶 也好，我□都 没 会。

ŋeĩ^{51}i^{0}xa^{55}, ts^{h}u^{21}i^{0}xa^{55}, iu^{33}tsɤ^{0}mɤ^{33}suo^{55}ɕi^{51}.

烟 也好，茶 也好，我 □都没 □ □喜欢。

053　**医生叫你多睡一睡，抽烟喝茶都不行。**

sa$^{51-44}$sen^{0}uei^{51}n^{33}tau^{51}xue^{44}i$^{35-44}$teĩ^{0}, iɤ$^{51-44}$ŋeĩ^{51}, ɕyei^{35}ts^{h}u^{21}tsɤ^{55} i^{51}m^{0}tə^{0}.

师 生 □ 尔 多 困 一点， 食 烟， □ 茶 □都 要唔得。

sa$^{51-44}$sen^{0}uei^{51}n^{33}tau^{51}xue^{44}na^{51}ti^{0}tə^{0}, iɤ$^{51-44}$ŋeĩ^{51}, ɕyei^{35}ts^{h}u^{21}tsɤ^{55} i^{51}m^{0}tə^{0}.

师 生 □ 尔 多 困 □□□多一些，食烟，□ 茶 □都 要唔得。

054　**咱们一边走一边说。**

yo$^{51-44}$peĩ$^{51-44}$tsʅ^{55}peĩ$^{51-44}$k^{h}ua^{35}.

□ 边 走 边 □说。

yo$^{51-44}$peĩ$^{51-44}$tsʅ^{55}peĩ$^{51-44}$ki^{55}.

□ 边 走 边 讲。

055　**这个东西好是好，就是太贵了。**

kɤ^{44}la^{0} uaŋ^{51}ki^{0}neĩ^{33}sʅ^{0} neĩ^{33}, tɕiɤɯ^{51}sʅ^{0} kua^{44}lə^{0}teĩ^{55}tə^{0}.

个 粒 □□东西□好是□好，就 是 贵 嘞点 的。

056　**这个东西虽说贵了点儿，不过挺结实的。**

kɤ^{44}la^{0}uaŋ^{51}ki^{0}sʅ^{33} kua^{44}lə^{0}teĩ^{55}tə^{0}, xa^{21} sʅ^{0} meĩ^{21} tsa$^{51-44}$sʅ^{0}.

个 粒□ □是 贵 嘞点 的，还 是 蛮 扎 实。

057　**他今年多大了？**

tɤ^{51}tsʅ^{44}neĩ^{0}xa^{55}t^{h}ai^{44}lie^{0}?

□ 今 年 好 大 咧？

tɤ^{51}tsʅ^{44}neĩ^{0}tsʅ^{55}tə^{0}ɕyei^{44}lie^{0}?

□ 今 年 几 多 岁 咧？

058　**也就是三十来岁吧。**

su^{51}sʅ^{0}la^{21}ɕyei^{44}.

三 十来 岁。

059 **看上去不过三十多岁的样子。**

niɤ^{35}tɕi^{0}tə^{0}mɤ^{33}ku^{44}su^{51}sɿ^{0}ɕyei^{44}kə^{0}iaŋ^{51}（k＞ŋ）ə^{0}.

□ 紧□没 过 三 十岁 个样 子。

060 **这个东西有多重呢？**

kɤ^{44}la^{0}uaŋ^{51}ki^{0}xɤɯ^{33}xa^{55}tɕ^{h}ie^{21}?

个 粒□ □有 好 沉？

kɤ^{44}la^{0}uaŋ^{51}ki^{0}tsɿ^{55}tə^{0}tɕi^{51}?

个 粒□ □几 多斤？

061 **怕有五十多斤吧。**

ɕie^{55}xɤɯ^{33}n^{33}sɿ^{0}tau$^{51-44}$tɕi^{51}.

恐 有 五十多 斤。

062 **我五点半就起来了，你怎么七点了还不起来？**

iu^{33}n^{33}teĩ^{55}poŋ^{44}tɕiɤɯ$^{51-44}$sɿ^{55}pa^{0}la^{21}lie^{0}, n^{33}iaŋ^{51}kə^{0}ts^{h}a^{35}teĩ^{55}xa^{21}mɤ^{33}lie^{0}sɿ^{55}la$^{21-55}$?

我 五点 半 就 起罢来咧，个样 个七 点还 没 咧起 来？

063 **三四个人盖一床被。一床被盖三四个人。**

su^{51}sa^{44}ta^{0}n^{21}kɤ^{44}i$^{35-44}$xueĩ^{51}pa^{33}.

三 四 □人盖 一 □ 被。

i$^{35-44}$xueĩ^{51}pa^{33}kɤ^{44}su^{51}sa^{44}ta^{0}n^{21}.

一 □ 被 盖 三 四 □人。

064 **一个大饼夹一根油条。一根油条外加一个大饼。**

i$^{35-44}$la^{35}t^{h}ai^{44}piɤɯ^{55}ku^{35}i$^{35-44}$mɤ^{55}iɤɯ^{51}t^{h}iau^{51}.

一 粒大 饼 夹 一 □ 油 条。

i$^{35-44}$mɤ^{55}iɤɯ^{51}t^{h}iau^{51}ku^{35}i$^{35-44}$la^{35}t^{h}ai^{44}piɤɯ^{55}.

一 □ 油 条 夹 一 粒大 饼。

065 **两个人坐一张凳子。一张凳子坐了两个人。**

liaŋ$^{33-55}$ta^{0}n^{21}ts^{h}au^{33}i$^{35-44}$meĩ^{0}tie^{44}.

两 □ 人坐 一 面 凳。

i$^{35-44}$meĩ^{0}tie^{44}ts^{h}au^{33}liaŋ$^{33-55}$ta^{0}n^{21}.

一 面 凳 坐 两 □人。

066 **一辆车装三千斤麦子。三千斤麦子刚好够装一辆车。**

i$^{35-44}$k^{h}u^{33}tɕ^{h}iu^{51}tsoŋ^{51}su^{51}ts^{h}eĩ$^{51-44}$tɕi^{51}si^{44}mu$^{51-55}$.

一 □ 车 装 三 千 斤 细 麦。

su^{51}ts^{h}eĩ$^{51-44}$tɕi^{51}si^{44}mu$^{51-55}$tɕiu^{44}xua^{55}tsoŋ^{51}i$^{35-44}$tɕ^{h}iu^{51}.

三 千 斤 细 麦 正 □正好装 一 车。

067 **十个人吃一锅饭。一锅饭够吃十个人。**

sɿ^{51}ta^{0}n^{21}iɤ^{51}i$^{35-44}$ue$^{51-44}$xueĩ^{51}.

十 □人 食 一 镬 饭.

i$^{35-44}$ue$^{51-44}$xueĩ^{51}kɤɯ^{44}sɿ^{51}ta^{0}n^{21}iɤ^{51}.

一 镬 饭 够 十 □人 食。

068 **十个人吃不了这锅饭。这锅饭吃不了十个人。**

sɿ^{51}ta^{0}n^{21}iɤ^{51}m^{0}pa^{35}kɤ^{44}ue$^{51-44}$xueĩ^{51}.

十 □人 食 唔 罢 个 镬 饭。

kɤ^{44}ue$^{51-44}$xueĩ^{51}sɿ^{51}ta^{0}n^{21}mɤ^{33}kɤɯ^{44}iɤ^{51}.

个 镬 饭 十 □人 没 够 食。

kɤ^{44}ue$^{51-44}$xueĩ^{51}mɤ^{33}kɤɯ^{35}sɿ^{51}ta^{0}n^{21}iɤ^{51}.

个 镬 饭 没 够 十 □人 食。

069 **这个屋子住不下十个人。**

kɤ^{44}ts^{h}au^{33}uo^{35}ts^{h}uo^{51}m^{0}xu^{0}sɿ^{51}ta^{0}n^{21}.

个 座 屋 住 唔下 十 □人。

sɿ^{51}ta^{0}n^{21}ts^{h}uo^{51}kɤ^{44}ts^{h}au^{33}uo^{35}ts^{h}uo^{51}m^{0}xu^{0}.

十 □人住 个 座 屋 住 唔下。

070 **小屋堆东西，大屋住人。**

ɕyo^{44}uo^{35}tuo$^{51-44}$uaŋ^{51}ki^{0}, t^{h}ai^{44}uo^{35}ts^{h}uo^{51}n^{21}.

碎 屋 堆 □ □, 大 屋 住 人。

uaŋ^{51}ki^{0}tuo^{51}ɕyo^{44}uo^{35}, n^{21}ts^{h}uo^{51}t^{h}ai^{44}uo^{35}.

□ □堆 碎 屋, 人 住 大 屋。

071 **他们几个人正说着话呢。**

tɤ^{51}lə^{0}kə^{0}tsɿ^{55}ta^{0}n^{0}tɕiu^{44}xua^{0}ti^{33}kɤ^{44}k^{h}ua^{35}xu^{51}.

□ □个 几□个人 正 □正好在 个 □ 话。

072 **桌上放着一碗水，小心别碰倒了。**

ti^{21}lə^{0}kia$^{51-44}$tɤɯ$^{21-55}$k^{h}au^{51}tɕi^{0}i$^{35-44}$oŋ^{55}ɕya^{55}, ɕi^{55}ts^{h}oŋ^{51}p^{h}ɤ^{35}pa^{0}.

台 子 高 头 □ 紧 一 碗 水, 恐 撞 泼 罢。

073 **门口站着一帮人，在说着什么。**

mie^{21}xɤɯ^{55}tsɿ^{55}tɕi^{5}i$^{35-44}$p^{h}oŋ^{44}n^{21}, ti^{55}kə^{0}k^{h}ua^{35}ŋ^{55}ŋɤ^{55}.

门 口 徛 紧 一 □ 人, 在 个这 □说 □□什么。

074 **坐着吃好，还是站着吃好？**

tsʰau^{33}sɿ^{0} iɤ^{51}neĩ^{44}ta^{0}, xa^{21}sɿ^{0}tsɿ^{33} sɿ^{0} iɤ^{51}neĩ^{44}teĩ^{0}ta^{0}?

坐 起 食 □ 点，还 是 徛 起 食 □ 点 的？

075 **想着说，不要抢着说。**

sɤ^{51}tɕi^{0}kʰua^{35}, mɤ^{33}i^{0}tsen^{51}tɕi^{0}kʰua^{35}.

思 紧 □， 没 要争 紧 □。

076 **说着说着就笑起来了。**

kʰua^{35}tɕi^{0}kʰua^{35}tɕi^{0}tɕiɤɯ^{51}siɤɯ^{44}sɿ^{0}la^{21}lie^{0}.

□ 紧 □ 紧 就 笑 起来 咧。

077 **别怕！你大着胆子说吧。**

mɤ^{33}ɕi^{55}! n^{33}tu^{51}sɿ^{0}tu^{55}lə^{0}kʰua^{35}.

不 恐！尔 大 起胆 子□。

078 **这个东西重着呢，足有一百来斤。**

kɤ^{44}la^{0}uaŋ^{51}ki^{0}xɤɯ^{33}kiaŋ^{35}tɕʰie^{21}, kɤɯ^{44}pu^{35}sɿ^{0}la^{21}tɕi^{51}.

个 粒□ □有 [个样]沉， 够 百 十 来 斤。

079 **他对人可好着呢。**

tɤ^{51}tuo^{44}n^{21}meĩ^{21}neĩ^{44}.

□ 对 人 蛮 □。

080 **这小伙子可有劲着呢。**

kɤ^{44}ta^{0}tsɤ^{55}lə^{0}kɤɯ^{44}xɤɯ^{33}lie^{51}.

个 □崽 子够 有 力。

kɤ^{44}ta^{0}li^{33}tə^{0}kɤɯ^{44}xɤɯ^{33}lie^{51}.

个 □弟 子 够 有 力。

081 **别跑！你给我站住！**

mɤ^{33}kʰuei^{35}! n^{33}kia^{0}iu^{33}tsɿ^{33}lə^{0}pi^{44}!

没 □！ 尔□ 我 徛 得彼！

082 **下雨了，路上小心着！**

lau^{51}u^{33}lie^{0}, luo^{51}ɕiaŋ^{0}tsu^{35}i^{0}teĩ^{55}!

落 雨 咧，路 上 注 意点！

083 **点着火了。着凉了。**

teĩ^{55}tɕi^{0}xu^{55}lie^{0}. kie^{44}tɕi^{0}lie^{0}.

点 紧 火 咧。□冷 紧 咧。

teĩ^{55}tɕi^{0}xu^{55}lie^{0}. nɤɯ^{51}lu^{33}pa^{0}lie^{0}.

点 紧 火 咧。弄 冷 罢 咧。

084 **甭着急，慢慢儿来。**

mɤ^{33}tɕiɤɯ^{51}tsɿ^{35}, meĩ^{51} kə^{0}tə^{0}la^{21}.

没 着 急，慢 个 点来。

085 **我正在这儿找着你，还没找着。**

iu^{33}tɕiu^{44}xua^{0}ti^{33}kuei^{44}tə^{0}ti^{51}n^{33}, xa^{21}mɤ^{33}lie^{0}ti^{51}tɕi^{0}.

我 正 □正好在个□这里□找尔，还没 咧□找紧。

086 **她呀，可厉害着呢！**

tɤ^{51}kɤɯ^{44}li^{51}xu^{0}!

□ 够 厉 害！

tɤ^{51}kia^{55}ɕiaŋ^{51}teĩ^{51}li^{51}tə^{0}iaŋ^{51}!

她 □跟向 天 辣子样！

087 **这本书好看着呢。**

kɤ^{44}pie^{55}ɕyo^{51}meĩ^{21}xa^{55}niɤ^{35}（lie^{0}）.

个 本 书 蛮 好 □（咧）。

088 **饭好了，快来吃罢。**

xueĩ^{51}i^{51}tə^{0}lie^{0}, k^{h}uei^{44}la^{0}iɤ^{51}.

饭 要得 咧，快 来 食。

xueĩ^{51}ɕiɤɯ^{51}pa^{0}lie^{0}, k^{h}uei^{44}la^{0}iɤ^{51}.

饭 熟 罢 咧，快 来 食。

089 **锅里还有饭没有？你去看一看。**

ue^{44}lə^{0}pu^{0}xa^{21}xɤɯ^{33}mɤ^{33}xɤɯ^{33}xueĩ^{51}? n^{33}xuo^{55}niɤ^{35}i$^{35-44}$ti^{0}.

镬 子埠还 有 没 有 饭？ 尔去 □看一 □下。

090 **我去看了，没有饭了。**

iu^{33}xuo^{44}niɤ^{35}pa^{0}lie^{0}, ma^{33}tə^{0}xueĩ^{51}lie^{0}.

我 去 □ 罢咧，没 得饭 咧。

091 **就剩一点儿了，吃了得了。**

tɕiɤɯ$^{51-44}$ɕyei$^{51-44}$teĩ^{55}（k＞ŋ）ə^{0}tə^{0}lie^{0}, iɤ^{51}pa^{0}tɕyei^{55}pa^{0}lie^{0}.

就 剩 点 子 的咧，食 罢 □算 罢 咧。

092 **吃了饭要慢慢儿的走，别跑，小心肚子疼。**

iɤ^{51}pa^{0}xueĩ^{51}i^{0}meĩ^{51}kə^{0}tə^{0}tsɿ^{55}, mɤ^{33}（i^{0}）k^{h}uei^{35}, ɕie^{55}（lə^{0}）tuo^{33}lə^{0}ts^{h}a^{51}.

吃 罢 饭 要慢 个点走，没 （要）□跑，恐 （得）肚 子 疾。

093 **他吃了饭了，你吃了饭没有呢?**

tɤ^{51}iɤ^{51}pa^{0}xueĩ^{51}lie^{0}, n^{33}iɤ^{51} (pa^{0}) (xueĩ^{51}) mɤ$^{33-55}$lie^{-55}?

□ 食 罢 饭 咧, 尔 食 (罢)(饭) 没 咧?

094 **我喝了茶还是渴。**

iu^{33}ɕyei^{35}pa^{0}tsʰu^{21}xa^{21}xeĩ^{33}.

我 □ 罢 茶 还 旱。

095 **我吃了晚饭，出去溜达了一会儿，回来就睡下了，还做了个梦。**

iu^{33}iɤ^{51}pa^{0}iu^{51}, ɕya^{35}xuo^{44}lu^{55} (p > m) a^{0}ti^{35}tə^{0}, kua^{51}la^{0}xue^{44}pa^{0}lie^{5}, xa^{21}tɤ^{35}pa^{0}i$^{35-44}$ta^{0}mie^{51}.

我 食 罢 夜, 出 去 □转 罢 □□, 归 来困 罢 咧, 还 得 罢 一 □梦。

iu^{33}iɤ^{51}pa^{0}iu^{51}, ɕya^{35}xuo^{44}kʰen^{51} (p > m) a^{0}ti^{35}tə^{0}, kua^{51}la^{0}xue^{44}pa^{0}lie^{5}, xa^{21}tɤ^{35}pa^{0}i$^{35-44}$ta^{0}mie^{51}.

我 食 罢 夜, 出 去 □转 罢 □□, 归 来困 罢 咧, 还 得 罢 一 □梦。

096 **吃了这碗饭再说。**

iɤ^{51}pa^{0}kɤ^{44}pie^{51}xueĩ^{51}tsai^{35}kʰua^{35}.

食 罢 个 份 饭 再 □。

097 **我昨天照了相了。**

iu^{33}tsʰa^{44}iu$^{51-44}$tɕiɤɯ^{44}pa^{0}siaŋ^{44}lie^{0}.

我 昨 夜 照 罢 相 咧。

098 **有了人，什么事都好办。**

xɤɯ^{33}pa^{0}n^{21}, ŋ^{55}ŋɤ^{55}sʅ^{51}tsɤ^{55}xa^{55}peĩ^{44}.

有 罢 人, □ □ 事 □ 好 办。

099 **不要把茶杯打碎了。**

mɤ^{33}i^{51}pie^{51}tsʰu^{21}pɤ^{51}ta^{55}leĩ^{51}pa^{0}.

没 要分 茶 杯 打 烂 罢。

100 **你快把这碗饭吃了，饭都凉了。**

n^{33}kʰuei^{44}pie^{51}kɤ^{44}pie^{51}xueĩ^{51}iɤ^{51}pa^{0}, kie^{55}pa^{0}lie^{0}.

尔快 分 个 份 饭 食 罢, □冷 罢 咧。

101 **下雨了。雨不下了，天晴开了。**

lau^{51}u^{33}lie^{0}. u^{33}mɤ^{33}lau^{51}lie^{0}, tʰeĩ^{51}tsʰiɤɯ^{21} (xɤ^{51}) pa^{0}lie^{0}.

落 雨 咧。雨 没 落 咧, 天 晴 (开) 罢 咧。

102 **打了一下。去了一趟。**

ta^{55}pa^{0}i$^{35-44}$ti^{35}. xuo^{44}pa^{0}i$^{35-44}$kʰen^{51}.

打 罢 一 □。去 罢 一 □。

103 **晚了就不好了，咱们快点儿走吧！**

tsɿ^{21} pa^{0} lie^{0} tɕiɤɯ^{51}mɤ^{33}neĩ^{44}lie^{0}, yo^{51}kʰuei^{44}teĩ^{55}tə^{0}tsɿ^{55} pa^{0}!

迟 罢 了 就 没 □ 咧，□ 快 点 的走 吧！

104 **给你三天时间做得了做不了？**

pie^{51}n^{33}su$^{51-44}$kie^{51}n^{51}tsɿ^{0}, tsɤ^{44}lə^{0}ta^{44}tsɤ^{44}m^{0}ta^{44}?

分 尔 三 工 日 子，做 得 到 做 唔 到？

105 **你做得了，我做不了。**

n^{33}tsɤ^{44}lə^{0}ta^{44}, iu^{33}tsɤ^{44}m^{0}ta^{44}.

尔 做 得 到，我 做 唔 到。

106 **你骗不了我。**

n^{33}xɤɯ^{55}iu^{33}m^{0}ta^{44}.

尔 □ 我 唔 到。

n^{33}xɤɯ^{55}m^{0}ta^{44}iu^{33}.

尔 □ 唔 到 我。

107 **了了这桩事情再说。**

sɤ^{51}ti^{0}kɤ^{44}iaŋ^{0}sɿ$^{51-44}$tsai^{35}kʰua^{35}.

□ □个 样 事 再 □说。

108 **这间房没住过人。**

kɤ^{44}keĩ$^{51-44}$uo^{35}mɤ^{33}lie^{0}tsʰuo^{51}ku^{0}n^{21}.

个 间 屋 没 咧 住 过 人。

109 **这牛拉过车，没骑过人。**

kɤ^{44}tɤɯ^{0}ŋɤɯ^{21}lau$^{51-44}$ku^{0}tɕʰiu^{51}, mɤ^{33}lie^{0}tsʰau^{33}ku^{0}n^{21}.

个 头 牛 □ 过 车，没 咧 坐 过 人。

110 **这小马还没骑过人，你小心点儿。**

kɤ^{44}tɤɯ^{0}ɕyo^{44}mu^{33}xa^{21}mɤ^{33}lie^{0}tsʰau^{33}ku^{0}n^{21}, n^{33}meĩ^{51}ŋə^{0}tə^{0}.

个 头 碎 马 还 没 咧 坐 过 人，尔 慢 □□。

111 **以前我坐过船，可从来没骑过马。**

i^{35}luo^{44}pə^{0}ti^{35}iu^{33}tsʰau^{33}ku^{0}tɕʰyeĩ^{21}, tɕiɤɯ^{51}sɿ^{33}tsoŋ^{55}tsoŋ^{55}mɤ^{33}lie^{0}tsʰau^{33}ku^{0}mu^{33}.

□□ 彼 □ 我 坐 过 船，就 是 □ □ 没 咧 坐 过 马。

112 **丢在街上了。搁在桌上了。**

ta^{51}lə^{0}ki$^{51-44}$ɕiaŋ^{0}lie^{0}. kʰɤɯ^{35}lə^{5}ti^{33}ti^{21}lə^{0}kia$^{51-44}$tɤɯ^{0}.

□ 得 街 上 咧。扣 得 在 台 子 高 头。

113 **掉到地上了，怎么都没找着。**

ta^{51}lə^{0}ta^{51}kuo^{0}kia$^{51-44}$tɤɯ^{0}, iaŋ^{51}kə^{0}tsɤ^{44}ti^{51}m^{0}ta^{44}.

□得地 牯 高 头，样 个□都□寻唔到。

114 **今晚别走了，就在我家住下吧。**

tsoŋ^{51}xɤ^{35}iu^{33}mɤ^{33}tsɿ^{55}lə^{0}, tɕiɤɯ^{51}ti^{33}yo$^{51-44}$a^{35}pu^{55}ts^{h}uo^{51}.

□ 黑 夜 没 走 嘞，就 在□我们□埠 住。

tsoŋ^{51}xɤ^{35}iu^{33}mɤ^{33}tsɿ^{55}lə^{0}, tɕiɤɯ^{51}ts^{h}uo^{51}lə^{0}yo$^{51-44}$a^{35}pu^{55}.

□ 黑 夜 没 走 嘞，就 住 得□我们□埠。

115 **这些果子吃得吃不得？**

kɤ^{44}sɤ^{35}kuo^{55}tsɿ^{0} iɤ^{51}tə^{0}iɤ^{51}m^{0}tə^{0}?

个 □ 果 子 食 得食 唔得？

kɤ^{44}sɤ^{35}kuo^{55}tsɿ^{0} iɤ^{51}m^{0}iɤ^{51}tə^{0}?

个 □ 果 子 食 唔食 得？

116 **这是熟的，吃得；那是生的，吃不得。**

kɤ^{44}sɤ^{35}ɕiɤɯ^{51}kə^{0}, iɤ^{51}tə^{0}; pɤ^{44}sɤ^{35}sen^{51}kə^{0}, iɤ^{51}m^{0}tə^{35}.

个 □ 熟 个 食 得；彼 □ 生 个，食 唔得。

kɤ^{44}sɤ^{35}ɕiɤɯ^{51}kə^{0}, nen^{51}kə^{0}iɤ^{51}; pɤ^{44}sɤ^{35}sen^{51}kə^{0}, mɤ^{33}nen^{51}kə^{0}iɤ^{51}.

个 □ 熟 个，能 够食；彼□ 生 个，没 能 够食。

117 **你们来得了来不了？**

nɤ$^{51-44}$la^{21}lə^{0}pa^{35}la^{21}m^{0}pa^{35}?

□ 来得罢 来 唔罢？

118 **我没事，来得了；他太忙，来不了。**

iu^{33}ma^{55}sɿ^{51}, la^{21}lə^{0}pa^{35}; tɤ^{51}sɿ^{51}tau^{51}, la^{21}m^{0}pa^{35}.

我 没 事，来 得罢；□ 事 多，来 唔 罢。

119 **这个东西很重，拿得动拿不动？**

kɤ^{44}la^{0}uaŋ^{51}ki^{5}meĩ^{21}tɕ^{h}ie^{21}, nɤ^{55}lə^{0}iɤɯ^{21}nɤ^{55}m^{0}iɤɯ^{21}?

个 粒□ □蛮 沉， 拿 得摇 拿 唔摇？

120 **我拿得动，他拿不动。**

iu^{33}nɤ^{55}lə^{0}iɤɯ^{21}, tɤ^{51}nɤ^{55}m^{0}iɤɯ^{21}.

我 拿 得摇， □ 拿 唔摇。

iu^{33}nen^{51}nɤ^{55}lə^{0}iɤɯ^{21}, tɤ^{51}mɤ^{33}nen^{51}nɤ^{55}m^{0}iɤɯ^{21}.

我 能 拿 得摇， □ 没 能 拿 唔摇。

121 **真不轻，重得连我都拿不动了。**

tɕi^{51}kə^{0}mɤ^{33}tɕʰiu^{51}, tɕʰie^{21}lə^{0}leĩ^{21}iu^{33}tuo^{0}nɤ^{55}mɤ^{33}iɤɯ^{21}lɛ^{0}.

真 个 没 轻， 沉 得 连 我 都 拿 没 摇 啦。

122 **他手巧，画得很好看。**

tɤ^{51}ɕiɤɯ^{55}nen^{51}kan^{0}, xu^{51}lə^{0}meĩ^{21}xa^{55}niɤ^{35}.

□ 手 能 干， 画 得 蛮 好 □。

123 **他忙得很，忙得连吃过饭没有都忘了。**

tɤ^{51}sɿ$^{5-44}$tau^{51}lə^{0}tɕi^{55}, leĩ$^{21-44}$iɤ$^{51-44}$xueĩ^{51}tə^{0}mɤ^{33}xu^{0}pa^{51}lə^{0}.

□ 事 多 得紧， 连 食 饭 都没 法罢 嘞。

tɤ^{51}sɿ$^{5-44}$tau^{51}lə^{0}tɕi^{55}, leĩ^{21}xueĩ^{51}tə^{0}mɤ^{33}xu^{0}pa^{0}iɤ^{51}lə^{0}.

□ 事 多 得紧， 连 饭 都没 法 罢 食 嘞。

124 **你看他急得，急得脸都红了。**

n^{33}niɤ^{35}tɤ^{51}tsɿ^{35}tɕi^{0}, meĩ^{51}pa^{0}tuo^{51}ɕie^{21}pa^{0}lie^{0}.

尔□ □ 急 紧，面 皮 都 红 罢 咧。

125 **你说得很好，你还会说些什么呢？**

n^{33}kʰua^{35}lə^{0}meĩ^{33}neĩ^{44}, n^{33}xa^{21}uo^{51}kʰua^{35}tsʰiaŋ^{55}ŋ^{55}ŋɤ^{55}?

尔□ 得蛮 □， 尔 还 会 □ □些 □□？

n^{33}kʰua^{35}lə^{0}meĩ^{33}neĩ^{44}, n^{33}xa^{21}ŋ^{55}ŋɤ^{55}uo^{51}kʰua^{35}?

尔□ 得蛮 □， 尔还 □□什么会 □说？

126 **说得到，做得了，真棒！**

kʰua^{35}lə^{0}ta^{44}, tsɤ^{44}lə^{0}ta^{44}, meĩ^{33}neĩ^{44}!

□ 得到，做 得到，蛮 □！

127 **这个事情说得说不得呀？**

kɤ^{44}iaŋ$^{51-44}$sɿ^{51}kʰua^{35}tə^{0}kʰua^{35}m^{0}tə^{0}?

个 样 事□ 得□ 唔得？

kɤ^{44}iaŋ$^{51-44}$sɿ^{51}kʰua^{35} m^{0}kʰua^{35}tə^{0}?

个 样 事□ 唔□ 得？

128 **他说得快不快？听清楚了吗？**

tɤ^{51}kʰua^{35}lə^{5}kʰuei^{44}m^{0}kʰuei^{44}? tʰiɤɯ^{51}tsʰiɤɯ^{51}pu^{0}lə^{0}pa^{0}?

□□ 得快 唔快？ 听 清 白 嘞吧？

129 **他说得快不快？只有五分钟时间了。**

tɤ^{51}kʰua^{35}lə^{5}kʰuei^{44}m^{0}kʰuei^{44}? xa$^{21-44}$xɤɯ^{33}n^{33}xue^{51}tɕi^{51}lie^{0}.

□□ 得快 唔快？ 还 有 五 分 钟 咧。

130 这是他的书。

kuei^{44}sɿ^{33}tɤ^{51}kə^{0}ɕyo^{51}.

□ 是□ 个书。

131 那本书是他哥哥的。

pɤ^{44}pie^{55}ɕyo^{51}sɿ^{33}tɤ^{51}la^{33}tu^{51}kə^{0}.

彼 本 书 是□ 老 大 个。

132 桌子上的书是谁的？是老王的。

ti^{21}lə^{0}kia$^{51-44}$tɤɯ^{0}kə^{0}ɕyo^{51}sɿ^{33}iɤ^{51}ta^{0}kə^{0}? sɿ^{33}la^{33}uaŋ^{51}kə^{0}.

台子高 头 个书 是□ □个？是老王 个。

133 屋子里坐着很多人，看书的看书，看报的看报，写字的写字。

a^{35}pu^{-55}tsʰau^{33}sɿ^{0} meĩ^{21}tau^{51}n̩^{21}, niɤ^{35}ɕyo^{51}kə^{0}niɤ^{35}ɕyo^{51}, niɤ^{35}pau^{35}kə^{0}niɤ^{35}pau^{35}, siɤɯ^{55}

□埠 坐 起 蛮 多 人，□ 书 个□ 书，□ 报 个□ 报，写

tsɿ^{51}kə^{0}siɤɯ^{55}tsɿ^{51}.

字 的写 字。

134 要说他的好话，不要说他的坏话。

i$^{55-44}$kʰua^{35}tɤ^{51}kə^{0}neĩ^{44}xu^{51}, mɤ^{33} i^{0}kʰua^{35}tɤ^{51}kə^{0}tɕʰieĩ^{44}xu^{51}.

要 □ □ 个□ 话，没 要□ □ 个□ 话。

135 上次是谁请的客？是我请的。

tɤɯ$^{21-44}$puo^{51}sɿ^{33}iɤ^{51}ta^{0}tsʰiɤɯ^{55}kə^{0}xu^{35}? sɿ^{33}iu^{33}tsʰiɤɯ^{55}kə^{0}.

头 □ 是□ □请 个 客？是 我 请 个。

136 你是哪年来的？

n^{33}sɿ^{33}iɤ^{51}neĩ^{21}la^{21}kə^{0}?

尔是□ 年 来 个？

137 我是前年到的北京。

iu^{33}sɿ^{33}tsʰeĩ^{21}neĩ^{0}ta^{44}pɤ^{35}kin^{44}kə^{0}.

我 是 前 年 到 北 京 个。

138 你说的是谁？

n^{33}kʰua^{35}kə^{0}sɿ^{33}iɤ^{51}ta^{0}?

尔□ 个 是 □ □？

139 我反正不是说的你。

iaŋ^{51}kə^{0} iu^{33}mɤ^{33}sɿ^{33}kʰua^{35}n^{33}.

样 个 我 没 是□ 尔。

140 他那天是见的老张，不是见的老王。

tɤ^{51}sɿ^{33}pɤ^{44}kie^{51}tɕieĩ^{44}kə^{0}la^{33}tɕiaŋ^{51}, mɤ^{33}sɿ^{33}tɕieĩ^{44}kə^{0}la^{33}ueĩ^{21}.

□是 彼 工 见 个 老 张， 没 是 见 个 老 王。

141 只要他肯来，我就没的说了。

tsɿ^{55}i^{0}tɤ^{51}la^{21}, iu^{33}mɤ^{33}k^{h}ua^{35}lie^{0}.

只 要□ 来，我 没 □ 咧。

142 以前是有的做，没的吃。

i^{35}luo^{44}pɤ^{44}ti^{35}sɿ^{33}xɤɯ^{33}n^{0}tsɤ^{44}, ma^{55}iɤ^{51}kə^{0}.

□□ 彼 □是 有 尔做，没 食 个。

143 现在是有的做，也有的吃。

xa^{33}ti^{35}sɿ^{33}xɤɯ^{33}n^{33}tsɤ^{44}, i^{0}xɤɯ^{33}iɤ^{51}kə^{0}.

□ □是 有 尔 做，也有 食 个。

144 上街买个蒜啊葱的，也方便。

ɕya^{35}ki^{51}mi^{33}teĩ^{55}soŋ^{44}ts^{h}ie^{51}, i^{0}xoŋ^{51}peĩ^{0}.

出 街 买 点 蒜 葱， 也方 便。

145 柴米油盐什么的，都有的是。

ts^{h}iɤɯ^{21}mi^{33}iɤɯ^{21}ŋeĩ^{21}ŋ^{55}ŋə^{0}, xɤɯ^{33}kə^{0}sɿ^{33}.

樵 米 油 盐 □□，有 个是。

146 写字算账什么的，他都能行。

siɤɯ^{55}tsɿ^{51}soŋ^{44}tɕiaŋ^{44}ŋ^{55}ŋə^{0}, tɤ^{51}tsɤ^{55}i^{51}tə^{0}.

写 字 算 账 □□，□ □ 要得。

147 把那个东西递给我。

pie^{51}pɤ^{44}la^{35}uaŋ^{51}ki^{0}tɕya^{44}pie^{51}iu^{33}.

分 彼 粒 □□东西□递 分 我。

148 是他把那个杯子打碎了。

sɿ^{33}tɤ^{51}pie^{51}pɤ^{44}tɕiu^{35}pɤ^{51}lə^{0}ŋɤɯ^{51}leĩ^{51}pa^{0}lie^{0}.

是□ 分 彼 隻 杯 子弄 烂 罢 咧。

149 把人家脑袋都打出血了，你还笑！

pie^{51}n^{21}ku^{0}na^{55}kuo^{55}tsɤ^{55}ŋɤɯ^{51}ɕya^{0}xuei^{35}lie^{01}, n^{33}xa$^{21-44}$siɤɯ^{44}!

分 人家脑 牯 □ 弄 出 血 咧，尔还 笑！

150 快去把书还给他。

k^{h}uei^{44}xuo^{44}pie^{51}ɕyo^{51}pɤ$^{35-44}$pə^{0}tɤ^{51}.

快 去 分 书 □还 拨□。

151 **我真后悔当时没把他留住。**

iu^{33}tɕi^{51}kə^{0}xɤɯ^{35}xuei^{55}pi^{44}sɿ^{21}mɤ^{33}lie^{0}pie$^{51-44}$tɤ^{51}liɤɯ^{21}tɕi^{0}.

我 真 个 后 悔 彼 时 没 咧 分 □ 留 紧。

152 **你怎么能不把人当人呢?**

n^{33}iaŋ^{51}（k＞ŋ）ə^{0}pie^{51}n^{21}m^{0}toŋ$^{51-44}$taŋ^{44}n^{21}?

尔 样 个 分 人 唔 担 当 人?

153 **有的地方管太阳叫日头。**

xɤɯ^{33}luo^{51}tuo$^{51-44}$kuo^{55}pie^{51}nɤ^{51}tɤɯ^{0}uei$^{51-44}$i^{51}tɤɯ^{0}.

有 路 □ 牯 分 日 头 □ 日头。

xɤɯ^{33}luo^{51}tuo$^{51-44}$kuo^{55}ki^{55}nɤ^{51}tɤɯ^{0}uei$^{51-44}$i^{51}tɤɯ^{0}.

有 路 □ 牯 讲 日 头 □ 日 头。

154 **什么？她管你叫爸爸!**

ŋ^{55}ŋɤ^{55}? tɤ^{51}koŋ^{55}n^{33}uei^{51}kie^{51}lə^{0}!

□□? □ 管 尔□ 公 子!

ŋ^{55}ŋɤ^{55}? tɤ^{51}ki^{55}n^{33}uei^{51}kie^{51}lə^{0}!

□□? □ 讲 尔□ 公 子!

155 **你拿什么都当真的，我看没必要。**

n^{33}nɤ^{55}ŋ^{55}ŋɤ^{55}tsɤ^{55}toŋ$^{51-44}$tɕi^{51}kə^{0}, iu^{33}niɤ^{35}mɤ^{33}pi^{35}iau^{0}.

尔□拿□□□都 当 真 个, 我 □ 没 必 要。

156 **真拿他没办法，烦死我了。**

tɕi^{51}kə^{0}nɤ^{55}tɤ^{51}ma$^{33-55}$peĩ^{44}xu^{0}, na^{33}sa^{0}iu^{33}lie^{0}.

真 个 □ □ 没 办 法, 恼 死 我 咧。

157 **看你现在拿什么还人家。**

niɤ^{35}n^{33}xa^{33}ti^{35}nɤ^{55}ŋ^{55}ŋə^{0}pɤ^{35}n^{21}ku^{0}.

□ 尔 □□现在□拿□□拨 人 家。

158 **他被妈妈说哭了。**

tɤ^{51}pie^{51}m$^{33-55}$mɤ$^{33-55}$k^{h}ua^{35}xuo^{35}pa^{0}lie^{0}.

他 分 母 母 □ 哭 罢 咧。

159 **所有的书信都被火烧了，一点儿剩的都没有。**

ŋ^{55}ŋɤ^{55}si^{51}tsɤ^{55}pie^{51}xu^{55}ɕiɤɯ^{51}pa^{0}lie^{0}, i$^{35-44}$teĩ^{55}ɕyei^{51}kə^{0}tsɤ^{55}ma^{33}lie^{0}.

□□什么信□ 分 火 烧 罢 咧, 一点 剩 个 □ 没 咧。

160　**被他缠了一下午，什么都没做成。**

pie^{51}tɤ^{51}tɕiɤɯ$^{51-44}$pa^{0}i$^{35-44}$ta^{0}pu^{51}la^{0}, ŋ^{55}ŋə^{0}tsɤ^{55}tsɤ^{44}mɤ^{33}ɕiɤɯ^{21}.

分 □ 纠 罢 一 □晡 子，□□ □都做 没 成。

161　**让人给打懵了，一下子没明白过来。**

pie^{51}n^{21}ku^{0}ta^{55}xue^{51}pa^{0}lie^{0}, i$^{35-44}$pɤ^{35}kie$^{51-44}$xu^{0}mɤ^{33}lie^{0}ts^{h}iɤɯ^{51}pu^{0}ku^{0}la^{21}.

分 人家 打 昏 罢 咧，一 □ 工 夫 没 咧 清 白 过 来。

n^{21}ku^{0}pie^{51}tɤ^{51}ta^{55}xue^{51}pa^{0}lie^{0}, i$^{35-44}$tɕin^{51}xa^{21}mɤ^{33}lie^{0}ts^{h}iɤɯ^{51}pu^{0}ku^{0}la^{21}.

人家 分 □ 打 昏 罢 咧，一 阵 还 没 咧 清 白 过 来。

162　**给雨淋了个浑身湿透。**

pie^{51}u^{33}tɕ^{h}yei$^{51-44}$lə^{0}i$^{35-44}$ɕi^{51}tuo^{0}ɕi^{33}pa^{0}lie^{0}.

分 雨 吹 得 一 身 □都□湿 罢 咧。

pie^{51}u^{33}tɕ^{h}yei$^{51-44}$lə^{0}i$^{35-44}$ɕi^{51}tuo^{0}t^{h}ɤɯ^{44}pa^{0}lie^{0}.

分 雨 吹 得 一 身 □都透 罢 咧。

163　**给我一本书。给他三本书。**

pie^{51}iu^{33}i$^{35-44}$pie^{55}ɕyo^{51}. pie^{51}tɤ^{51}su^{51}pie^{55}ɕyo^{51}.

分 我 一 本 书。 分 □ 三 本 书。

164　**这里没有书，书在那里。**

kuei^{44}tɤ^{55}ma^{33}tə^{0}ɕyo^{51}, ɕyo^{51}ti^{33}pɤ^{44}tɤ^{55}.

□ □ 没 得书，书 在 彼 □。

165　**叫他快来找我。**

uei$^{51-44}$tɤ^{51}k^{h}uei^{44}la^{21}ti^{51}iu^{33}.

□ □ 快 来 □ 我。

166　**赶快把他请来。**

koŋ^{55}tsɿ^{35}pie^{51}tɤ^{51}ts^{h}iɤɯ^{55}la^{21}.

赶 急 分 □ 请 来。

koŋ^{55}tsɿ^{35}ts^{h}iɤɯ^{55}tɤ^{51}la^{21}.

赶 急 请 他 来。

167　**我写了条子请病假。**

iu^{33}siɤɯ^{55}pa^{0}tiɤɯ^{21}lə^{0}ts^{h}iɤɯ^{55}piɤɯ^{51}kia^{51}.

我 写 罢 条 子 请 病 假。

168 **我上街买了份报纸看。**

iu^{33}çya^{35}ki^{51}mi^{33}pa^{0}tsoŋ^{51}pau^{35}tsɿ^{55}niɤ^{35}.

我 出 街 买 罢张 报 纸 □。

169 **我笑着躲开了他。**

iu^{33}siɤɯ^{44}tɕi^{0}tau^{55}xɤ^{51}pa^{0}tɤ^{51}.

我 笑 紧躲 开 罢□。

170 **我抬起头笑了一下。**

iu^{33}ka$^{21-44}$sɿ^{0}na^{55}kuo^{0}siɤɯ^{44}pa^{0}i$^{35-44}$ti^{0}.

我 □昂 起脑 牯 笑 罢一 □。

171 **我就是坐着不动，看你能把我怎么着。**

iu^{33}tɕiɤɯ$^{51-44}$sɿ^{0}tsʰau^{33}sɿ^{5}mɤ^{33}iɤɯ^{21}, niɤ^{35}n^{33}nɤ^{55}iu^{33}iaŋ^{51}（k＞ŋ）ə^{0}.

我 就 是坐 起没 摇， □ 尔□ 我 样 个。

172 **她照顾病人很细心。**

tɤ^{51}tu^{55}teĩ^{55}piɤɯ^{51}n^{0}meĩ^{21}si^{44}si^{51}.

□ 打 点 病 人蛮 细 心。

173 **他接过苹果就咬了一口。**

tɤ^{51}tsi^{35}ku^{0}pʰin^{51}ku^{55}tɕiɤɯ$^{51-44}$ŋa$^{21-44}$pa^{0}i$^{35-44}$xɤɯ^{55}.

□ 接 过苹 果 就 □ 罢一 口。

174 **他的一番话使在场的所有人都流了眼泪。**

tɤ^{51}kə^{0}i$^{35-44}$xueĩ$^{51-44}$xu^{51}pie^{51}kɤ^{44}tsiaŋ^{55}n^{21}tsɤ^{55}çya^{35}nɤ^{33}lie^{0}.

□ 个一 番 话 分 个 □些 人 □都出 □ 咧。

175 **我们请他唱了一首歌。**

yo^{51}tsʰiɤɯ^{55}tɤ^{51}tɕʰiaŋ^{44}（p＞m）a^{0}i$^{35-44}$tə^{0}ku^{51}.

□ 请 □ 唱 罢 一 □歌。

176 **我有几个亲戚在外地做工。**

iu^{33}xɤɯ^{33}tsɿ^{55}ta^{0}tsʰi^{51}tsʰiɤɯ^{0}ti^{33}mie^{51}xɤɯ^{0}tsɤ^{44}kie^{51}.

我 有 几 □亲 戚 在门 口外面做 工。

177 **他整天都陪着我说话。**

tɤ^{51}ku^{44}kie^{51}suo^{0}tuo^{0}pɤ^{21}tɕi^{0}iu^{33}kʰua^{35}xu^{51}.

□ 过 工 □ 都 陪 紧 我 □ 话。

178 **我骂他是个大笨蛋，他居然不恼火。**

iu^{33}tsʰu$^{51-44}$tɤ^{51}sɿ^{33}ta^{5}tʰai^{44}mie^{51}tɕʰie^{0}, tɤ^{51}xa^{21}mɤ^{33}sɿ^{55}xu^{55}.

我 斥 □ 是 □ 大 □ □， □ 还 没 起 火。

179 **他把钱一扔，二话不说，转身就走。**

tɤ^{51}pie^{51}tsʰeĩ^{21}i$^{35-44}$kiau^{55}, nɤ^{51}xu^{0}mɤ^{33}kʰua^{35}, tɕyeĩ^{55}ɕi^{51}tɕiɤɯ$^{51-44}$tsɿ^{55}.

□ 分 钱 一 □， 二 话 没 □， 转 身 就 走。

180 **我该不该来呢？**

iu^{33}kɤ$^{51-44}$m^{0}kɤ$^{51-44}$la^{21}?

我 该 唔该 来？

181 **你来也行，不来也行。**

n^{33}la^{21}i^{0}i^{51}tə^{0}, mɤ^{33}la^{21}i^{0}i^{51}tə^{0}.

尔来也要得，没 来 也要得。

182 **要我说，你就不应该来。**

i^{51}iu^{33}kʰua^{35}, n^{33}tɕiɤɯ^{33}mɤ^{33}nen$^{51-44}$la^{21}.

要我 □， 尔 就 没 能 来。

183 **你能不能来？**

ṇ^{33}ɕie^{55}m^{0}ɕie^{515}la^{21}?

尔 肯 唔 肯 来？

n^{33}ɕie^{55}la^{21}m^{0}ɕie^{55}la^{21}?

尔 肯 来 唔 肯 来？

184 **看看吧，现在说不准。**

niɤ^{35}ti^{0}i$^{35-44}$tau^{0}, xa^{33}ti^{35}kʰua^{35}m^{0}tɕyei^{55}.

□看□一 □， □□现在□ 唔 准。

185 **能来就来，不能来就不来。**

ɕie^{55}la^{21}tɕiɤɯ^{33}la^{21}, mɤ^{33}ɕie^{55}la^{21}tɕiɤɯ$^{51-44}$mɤ^{33}la^{21}.

肯 来 就 来，没 肯 来 就 没 来。

186 **你打算不打算去？**

n^{33}ta^{55}soŋ^{44}xuo^{44}m^{0}ta^{55}soŋ^{44}xuo^{44}?

尔 打 算 去 唔 打 算 去？

n^{33}ta^{55}m^{0}ta^{55}soŋ^{44}xuo^{44}?

尔 打 唔 打 算 去？

187 **去呀！谁说我不打算去？**

xuo^{44}pa^{0}! iɤ^{51}（t>1）a^{0}kʰua^{35}iu^{33}m^{0}ta^{55}soŋ^{44}xuo^{44}?

去 吧！□ □哪个 □说 我 唔 打 算 去？

188 **他一个人敢去吗？**

tɤ^{51}i$^{35-44}$ta^{0}n^{21}koŋ^{55}xuo^{44}pa^{0}?

□ 一 □人 敢 去 吧?

189 **敢！那有什么不敢的？**

koŋ^{55}! iɤ$^{51-44}$lə^{0}（ti^{55}tə^{0}）xɤɯ^{33}ŋ^{55}ŋə^{0}mɤ^{33}koŋ^{55}xuo^{44}?

敢！ □ □（□ □）有 □□什么没 敢 去?

190 **他到底愿不愿意说？**

tɤ^{51}sɤ^{51}mɤ^{33}sɤ^{51}kʰua^{35}?

□ 思 没 思 □?

191 **谁知道他愿意不愿意说？**

iɤ^{51}ta^{0}na^{51}tə^{0}tɤ^{51}sɤ^{51}kʰua^{35}m^{0}sɤ^{51}kʰua^{35}?

□ □谁□晓得□思 □说 唔思 □?

iɤ^{51}ta^{0}na^{51}tə^{0}tɤ^{51}sɤ^{51}m^{0}sɤ^{51}kʰua^{35}?

□□谁□晓得□ 思 唔思 □?

192 **愿意说得说，不愿意说也得说。**

sɤ^{51}kʰua^{35}tɕiɤɯ^{33}kʰua^{35}, mɤ^{33}sɤ^{51}kʰua^{35}i^{0}tə^{0}kʰua^{35}.

思 □ 就 □， 没 思 □ 也得□。

193 **反正我得让他说，不说不行。**

iaŋ$^{51-44}$kə^{0}iu^{33}tə^{0}tɕʰyei^{44}tɤ^{51}kʰua^{35}, mɤ^{33}kʰua^{35}i^{51}m^{0}tə^{0}.

样 个 我 得 □让 □ □说， 没 □ 要唔得。

194 **还有没有饭吃？**

xa^{21}xɤɯ^{33}xueĩ^{51}ma$^{33-55}$xueĩ^{51}?

还 有 饭 没 饭?

xa^{21}xɤɯ^{33}m^{0}xɤɯ ^{33}xueĩ^{51}iɤ^{51}?

还 有 唔有 饭 食?

195 **有，刚吃呢。**

xɤɯ^{33}, ɕiu^{51}iɤ^{51}.

有， □刚 食。

196 **没有了，谁叫你不早来！**

ma^{33}tə^{0}lie^{0}, iɤ^{51}ta^{0}uei^{51}n^{33}m^{0}tsia^{55}la^{21}!

没 得咧，□ □谁□ 叫尔唔早 来！

197 **你去过北京吗？我没去过。**

n^{33}ta^{51}pɤ^{35}kin^{0}xuo^{44}lie^{0}mɤ^{33}lie^{0}? iu^{33}mɤ^{33}lie^{0}xuo^{44}.

尔到 北 京 去 咧没 咧? 我 没 咧 去。

n^{33}xuo^{44}lə^{0}pɤ^{35}kin^{0}mɤ^{33}lie^{0}? iu^{33}mɤ^{33}lie^{0}xuo^{44}.

尔去 嘞北 京 没 咧? 我 没 咧 去。

n^{33}kə^{0}lə^{0}xuo^{44}ku^{44}pɤ^{35}kin^{0}? iu^{33}mɤ^{33}lie^{0}xuo^{44}.

尔可嘞去 过 北 京? 我 没 咧去。

pɤ^{35}tɕin^{0}xuo^{44}lie^{0}mɤ^{33}lie^{0}? iu^{33}mɤ^{33}lie^{0}xuo^{44}.

北 京 去 咧没 咧? 我 没 咧去。

198 **我十几年前去过，可没怎么玩，都没印象了。**

iu^{33}ɕiɤ^{51}tsɿ^{55}neĩ^{21}tɤɯ^{0}xuo^{44}ku^{0}, tɕiɤɯ^{33}sɿ^{33}mɤ^{33}lie^{0}iaŋ^{51}kə^{0}lu^{55}, ma^{33}teĩ^{55}tsɿ^{44}sin^{44}lie^{0}.

我 十 几 年 头 去 过, 就 是没 咧样 个□, 没 点 记 性 咧。

199 **这件事他知道不知道?**

kɤ^{44}iaŋ^{51}sɿ^{51}tɤ^{51}na$^{51-44}$tə^{0}m^{0}na$^{51-44}$tə^{0}?

个 样 事□ □晓 得唔□ 得?

kɤ^{44}iaŋ^{51}sɿ^{51}tɤ^{51}na$^{51-44}$m^{0}na$^{51-44}$tə^{0}?

个 样 事 □ □晓 唔□ 得?

200 **这件事他肯定知道。**

kɤ^{44}iaŋ$^{51-44}$sɿ^{51}tɤ^{51}k^{h}en^{55}tin^{35}na$^{51-44}$tə^{0}.

个 样 事 □ 肯 定 □晓 得。

201 **据我了解，他好像不知道。**

iu^{33}na$^{51-44}$tə^{0}tɤ^{51}xau^{55}siaŋ^{35}mɤ^{33}na$^{51-44}$tə$^{-44}$.

我 □晓 得□ 好 像 没 □ 得。

iu^{33}na$^{51-44}$tə^{0}tɤ^{51}xau^{55}siaŋ^{35}na$^{51-44}$m^{0}tə^{0}.

我 □晓 得□ 好 像 □ 唔得。

202 **这些字你认得不认得?**

kɤ^{44}sə^{0}tsɿ^{51}n^{33}ɕiɤ^{35}mɤ^{33}ɕiɤ^{35}tɤ$^{-55}$?

个 □字 尔识 没 识 得?

kɤ^{44}sə^{0}tsɿ^{51}n^{33}ɕiɤ^{35}tə^{0}mɤ^{33}ɕiɤ^{35}tɤ$^{-55}$?

个 □字 尔识 得没 识 得?

203 **我一个大字也不认得。**

iu^{33}i$^{35-44}$tsɿ^{51}t^{h}ai^{44}tsɿ^{51}tuo^{0}ɕiɤ^{35}m^{0}tɤ^{35}.

我 一 字 大 字 都 识 唔得。

iu^{33}i$^{35-44}$tsɿ^{51}tʰai^{44}tsɿ^{51}tuo^{0}mɤ^{33}ɕiɤ^{35}.

我 一 字 大 字 都 没 识。

204 **只有这个字我不认得，其他字都认得。**

tɕiɤɯ^{51}sɿ^{33}kɤ^{44}i$^{35-44}$tsɿ^{51}iu^{33}ɕiɤ^{35}m^{0}tə^{0}, kɤ^{44}tsʰiaŋ^{55}tsɿ^{51}tsɤ^{55}ɕiɤ^{35}tɤ$^{-55}$.

就 是个 一 字 我 识 唔得，个 □其他 字 □ 识 得。

205 **你还记得不记得我了？**

n^{33}xa$^{21-44}$tsɿ^{44}m^{0}tsɿ^{44}lə^{0}ta^{440}iu^{33}lie^{0}?

尔 还 记 唔 记 得到 我 咧？

n^{33}xa$^{21-44}$tsɿ^{44}lə^{0}ta^{44}iu^{33}lie^{0}?

尔 还 记 得到 我 咧？

n^{33}xa$^{21-44}$tsɿ^{44}lə^{0}ta^{44}iu^{33}mɤ^{33}tsɿ^{44}lə^{0}ta^{44}iu^{33}?

尔 还 记 得倒 我 没 记 得到 我？

206 **记得，怎么能不记得！**

tsɿ^{44}lə^{0}ta^{51}, iaŋ^{44}kə^{0}tsɿ^{44}m^{0}ta^{44}!

记 得到，样 个 记 唔到！

tsɿ^{44}lə^{0}ta^{51}, iaŋ^{44}kə^{0}mɤ^{33}tsɿ^{44}tɕi^{0}!

记 得到，样 个没 记 紧！

207 **我忘了，一点都不记得了。**

iu^{33}mɤ^{51}xu^{0}pa^{0}lie^{0}, tsɤ^{44}tsɿ^{44}m^{0}ta^{4}lie^{0}.

我 □ □忘记罢咧，□都记 唔到 咧。

208 **你在前边走，我在后边走。**

n^{33}seĩ^{51}tsɿ^{55}, iu^{33}ma^{33}tsɿ^{55}.

尔 先 走，我 尾 走。

n^{33}tsɿ^{55}tɤɯ^{21}lə^{0}, iu^{33}tsɿ^{55}ma^{33}kie^{0}.

尔 走 头 嘞，我 走 尾 工。

n^{33}xuo^{44} seĩ^{51} tɤɯ^{0}, iu^{33}tsɿ^{55}ma^{33}kɛ^{0}.

尔 去 先 头， 我 走 尾 工。

n^{33}（ti^{33}）mi^{51}tsʰa^{0}tsɿ^{55}, iu^{33}（ti^{33}）pɤ^{44}ti^{0}tsɿ^{55}.

尔（在）□ □前面走，我 （在） 背 底走。

209 **我告诉他了，你不用再说了。**

iu^{33} kuaŋ^{44}ɕiaŋ^{0}tɤ^{51}lə^{0}, n^{33}mɤ^{33}i^{51}tsai^{35}kʰua^{35}lie^{0}。

我 □ □ □ 嘞，尔 没 要再 □ 咧。

tɤ^{51}iu^{33}kuaŋ^{44}ɕiaŋ^{55}lə^{0}, n^{33}mə^{0}i^{51}tsai^{35}k^{h}ua^{35}lie^{0}。

□ 我 □ □ 嘞, 尔 没 要 再 □ 咧。

210 **这个大，那个小，你看哪个好？**

kɤ^{44}la^{35}t^{h}ai^{44}, pɤ^{44}la^{35}ɕyo^{44}, n^{33}niɤ^{35}iɤ^{51}la^{35}neĩ^{44}?

个 粒 大， 彼 粒 碎， 尔 □看□ 粒 □？

211 **这个比那个好。**

kɤ^{44}la^{35}pa^{55}pɤ^{44}la^{35}neĩ^{44}.

个 粒 比 彼 粒 □。

212 **那个没有这个好，差多了。**

pɤ^{44}la^{35}ma^{33}kɤ^{44}la^{35}nei^{44}, ts^{h}u^{51}tə^{0}tau^{51}.

彼 粒 没 个 粒 □， 差 得 多。

213 **要我说这两个都好。**

i^{51}iu^{33}k^{h}ua^{35}kɤ^{44}liaŋ$^{33-55}$la^{35}tsɤ^{55}neĩ^{44}.

要 我 □ 个 两 粒 □ □。

214 **其实这个比那个好多了。**

sɿ$^{51-44}$tɕi^{35}kɤ^{44}la^{35}pa^{55}pɤ^{44}la^{35}neĩ^{44}tə^{0}tau^{51}.

实 际 个 粒 比 彼 粒 □ 得 多。

215 **今天的天气没有昨天好。**

tsoŋ$^{51-44}$kie^{0}kə^{0}t^{h}eĩ^{51}sə^{0}ma$^{33-55}$lə^{0}ts^{h}a$^{51-44}$iu^{33}neĩ^{44}.

□ 工 个 天 色 没 得 昨 夜 □。

216 **昨天的天气比今天好多了。**

ts^{h}a$^{51-44}$iu^{33}kə^{0}t^{h}eĩ^{51}sə^{0}pa^{55}tsoŋ$^{51-44}$kə^{0}kie^{0}neĩ^{44}tə^{0}tau^{51}.

昨 夜 个 天 色 比 □ 个 工 □ 得 多。

217 **明天的天气肯定比今天好。**

t^{h}oŋ^{51}koŋ^{35}t^{h}eĩ$^{51-44}$sə^{0}pa^{55}tsoŋ^{51}neĩ^{44}.

□ □ 天 色 比 □今 □。

218 **那个房子没有这个房子好。**

pɤ^{44}ts^{h}au^{33}uo^{35}ma^{33}kɤ^{44}ts^{h}au^{33}uo^{35}neĩ^{44}.

彼 座 屋 没 个 座 屋 □。

219 **这些房子不如那些房子好。**

kɤ^{44}ts^{h}iaŋ^{55}uo^{35}ma^{33}pɤ^{44}ts^{h}iaŋ^{55}uo^{35}neĩ^{44}.

个 □些 屋 没 彼 □ 屋 □。

220 **这个有那个大没有？**

kɤ^{44}la^{35}xɤɯ^{33}mɤ^{33}xɤɯ^{33}pɤ^{44}la^{35}tʰai^{44}?

个 粒 有 没 有 彼 粒 大？

221 **这个跟那个一般大。**

kɤ^{44}la^{35}niu^{51}pɤ^{44}la^{35}i$^{35-44}$iaŋ^{51}tʰai^{44}.

个 粒 □ 彼 粒 一 样 大。

222 **这个比那个小了一点点儿，不怎么看得出来。**

kɤ^{44}la^{35}pa^{55}pɤ^{44}la^{35}ɕyo^{44}pa^{0}i$^{35-44}$teĩ^{55}tə^{0}, iaŋ^{51}kə^{0}niɤ^{35}lə^{0}ɕya^{0}.

个 粒 比 彼 粒 碎 罢 一 点 的，样 个 □ 得 出。

223 **这个大，那个小，两个不一般大。**

kɤ^{44}la^{35}tʰai^{44}, pɤ^{44}la^{35}ɕyo^{44}, liaŋ$^{33-55}$la^{35}mɤ^{33}i$^{35-44}$iaŋ^{51}tʰai^{44}.

个 粒 大，彼 粒 碎，两 粒 没 一 样 大。

224 **这个跟那个大小一样，分不出来。**

kɤ^{44}la^{0}niu$^{51-44}$pɤ^{44}la^{0}tʰai^{44}ɕyo^{44}i$^{35-44}$iaŋ^{51}, pie^{51}m^{0}ɕya^{35}.

个 粒□ 彼 粒 大 碎 一 样，分 唔 出。

225 **这个人比那个人高。**

kɤ^{44}ta^{0}n^{21}pa^{55}pɤ^{44}ta^{0}n^{21}kia^{51}.

个 □人 比 彼 □人 高。

226 **是高一点儿，可是没有那个人胖。**

sɿ^{33}kia^{51}pa^{0}teĩ^{55}nə^{0}, xa^{21}sɿ^{33}ma^{33}pɤ^{44}ta^{0}n^{21}na^{35}.

是 高 罢 点 的，还 是 没 彼 □人 腩。

227 **他们一般高，我看不出谁高谁矮。**

tɤ^{51}lə^{0}i$^{35-44}$iaŋ^{51}kia^{51}, iu^{33}niɤ^{35}m^{0}ɕya^{35}iɤ^{51}（t>l）ə^{0}kia^{51}iɤ^{51}（t>l）^{0}i^{55}.

□ □一 样 高，我 □ 唔 出 □ □ 高 □ □ 矮。

228 **胖的好还是瘦的好？**

na^{35}kə^{0}neĩ^{44}xa^{21}sɿ^{33}xuo^{51}kə^{0}neĩ^{44}?

腩 个 □ 还 是 枯 个 □？

229 **瘦的比胖的好。**

xuo^{51}kə^{0}pa^{55}na^{35}kə^{0}neĩ^{44}.

枯 个 比 腩 个 □。

230 **瘦的胖的都不好，不瘦不胖最好。**

xuo^{51}kə^{0}na^{35}kə^{0}tsɤ^{55}m^{0}neĩ^{44}, mɤ^{33}xuo^{51}mɤ^{33}na^{35}tsuei^{35}neĩ^{44}.

枯 个 腩 个 □ 唔 □，没 枯 没 腩 最 □。

231 **这个东西没有那个东西好用。**

kɤ^{33}la^{35}uaŋ^{51}ki^{0}ma^{33}pɤ^{44}la^{35}uaŋ^{51}ki^{0}xa^{55}i^{51}.

个 粒 □ □没 彼 粒 □ □好 用。

232 **这两种颜色一样吗？**

kɤ^{44}liaŋ^{33}iaŋ^{51}sɤ^{35}ta^{44}i$^{35-44}$iaŋ^{51}（p＞m）a^{0}?

个 两 样 色 □一 样 吧?

233 **不一样，一种色淡，一种色浓。**

mɤ^{33}i$^{35-44}$iaŋ^{51}, i$^{35-44}$iaŋ$^{51-44}$tu^{33}, i$^{35-44}$iaŋ$^{51-44}$ni^{51}.

没 一 样，一 样 淡，一 样 浓。

234 **这种颜色比那种颜色淡多了，你都看不出来？**

kɤ^{44}iaŋ$^{51-44}$sɤ^{35}ta^{44}pa^{55}pɤ^{44}sɤ^{35}（ta^{35}ta^{44}）tu^{33}lə^{0}tau^{51}，n^{33}tsɤ^{55}niɤ^{35}m^{0}ɕya^{35}?

个 样 色 □ 比 彼 □ （色□） 淡 得 多， 尔 □ □ 唔 出?

235 **你看看现在，现在的日子比过去强多了。**

n^{33}niɤ^{35}xa^{33}ti^{35}, xa^{33}ti^{35}kə^{0}n$^{51-44}$tsɿ^{0}pa^{55}i^{35}luo^{55}tɕiaŋ^{21}lə^{0}tau^{51}.

尔□看□□现在，□□ 个 日 子 比 □□以前强 得 多。

236 **以后的日子比现在更好。**

pɤ^{44}ma^{33}kə^{0}n^{21}tsɿ^{0}pa^{55}xa^{33}ti^{35}xa^{21}i^{0}neĩ^{44}.

彼 尾以后个日子 比□□现在还要□。

237 **好好干吧，这日子一天比一天好。**

kia^{44}sɿ^{55}tsɤ^{44}, kɤ^{44}la^{0}n^{51}tsɿ^{0}i$^{35-44}$kie^{51}pa^{55}i$^{35-44}$kie^{51}neĩ^{44}.

□ 起努力做，个 粒日 子一 工 比 一 工 □。

238 **这些年的生活一年比一年好，越来越好。**

kɤ^{44}tsɿ^{0}neĩ^{21}i$^{35-44}$neĩ^{21}pa^{55}i$^{35-44}$neĩ^{21}neĩ^{44}, uei^{51}la^{21}uei^{51}neĩ^{44}.

个 几年 一 年 比 一 年 □，越 来 越 □。

239 **咱兄弟俩比一比谁跑得快。**

yo$^{51-44}$ɕiu^{51}li^{33}pa^{55}ti^{0}iɤ^{51}ta^{0}k^{h}uei^{35}lə^{0}k^{h}uei^{44}.

□我们兄 弟 比 □□□哪个□跑 得快。

240 **我比不上你，你跑得比我快。**

iu^{33}pa^{55}m^{0}ɕiaŋ^{0}n^{33}, n^{33}k^{h}uei^{35}lə^{0}pa^{55}iu^{33}k^{h}uei^{44}.

我 比 唔 上 尔，尔□ 得比 我 快。

241 **他跑得比我还快，一个比一个跑得快。**

tɤ^{51}k^{h}uei^{35}lə^{0}pa^{55}iu^{33}xa^{21}k^{h}uei^{44}, i$^{35-44}$ta^{0}pa^{55}i$^{35-44}$ta^{0}k^{h}uei^{35}lə^{0}k^{h}uei^{44}.

□ □ 得比 我 还 快， 一 □比 一 □□ 得快。

242 **他比我吃得多，干得也多。**

tɤ^{51}pa^{55}iu^{33}iɤ^{51}lə^{0}tau^{51}, tsɤ^{44}i^{0}tsɤ^{44}lə^{0}tau^{51}.

□ 比 我 食 得多， 做 也做 得多。

243 **他干起活来，比谁都快。**

tɤ^{51}tsɤ^{44}sɿ^{0}sɿ^{51}la^{0}, pa^{55}iɤ^{51}（t>l）ə^{0}tuo^{0}kʰuei^{44}.

□ 做 起事 来，比 □ □ 都 快。

244 **说了一遍，又说一遍，不知说了多少遍。**

kʰua^{35}pa^{0}i$^{35-44}$meĩ^{0}, i^{51}sɿ^{0}i$^{35-44}$meĩ^{0}, mɤ^{33}na^{51}n^{33}kʰua^{35}pa^{0}tsɿ^{55}tau^{51}meĩ^{0}.

□ 罢一 □，又是一 □，没 □知尔□ 罢几多 □。

245 **我嘴笨，怎么也说不过他。**

iu^{33}tɕyo^{55}kie^{0}mɤ^{33}uei^{51}, iaŋ^{51}kə^{0}tuo^{0}kʰua^{35}m^{0}ku^{44}tɤ^{51}.

我 嘴 公 没 滑，样 个 都 □ 唔过 □。

246 **他走得越来越快，我都跟不上了。**

tɤ^{51}tsɿ^{55}lə^{0}uei^{51}la^{0}uei^{51}kʰuei^{44}, iu^{33}tsoŋ^{55}kie^{51}m^{0}ɕiaŋ^{0}（tɤ^{51}）.

□ 走 得越 来越 快， 我 总 跟 唔上 （□）。

247 **越走越快，越说越快。**

uei^{51}tsɿ^{55}uei^{51}kʰuei^{44}, uei^{51}kʰua^{35}uei^{51}kʰuei^{44}.

越 走 越 快， 越 □ 越 快。

248 **慢慢说，一句一句地说。**

meĩ^{51}ŋə^{0}tə^{0}kʰua^{35}, i$^{35-44}$tɕyo^{44}i$^{35-44}$tɕyo^{44}kə^{0}kʰua^{35}.

慢 □□ □说，一 句 一 句 个 □。

第三节

其他例句

本节包含226个语法例句，取自《汉语方言语法调查问卷》（刘丹青主编，《方言》2017年第4期），可以帮助理解本书第六章“梅花土话语法”的相关内容。

001 **我们就在街上逛啊逛的，逛到傍晚。**

yo^{51}ti^{33}ki^{51}ɕiaŋ^{0}lu^{55}a^{0}lu^{55}, lu^{55}ta^{0}xɤ^{35}meĩ^{51}tɕi^{0}.

□ 在 街 上 □ 啊□, □ 到 黑 面 紧。

002 **我看着看着睡着了。**

iu^{33}niɤ^{35}tɕi^{0}niɤ^{35}tɕi^{0}xue^{44}tɕiɤɯ^{51}pa^{0}lie^{0}.

我 □ 紧 □ 紧 困 着 罢 咧。

003 **你量量看这么高够不够？**

n^{33}liaŋ^{21}i^{0}liaŋ^{21}niɤ^{35}kiaŋ^{35}kia^{51}kɤɯ^{44}m^{0}kɤɯ^{44}?

尔 量 一量 □ [个样]高 够 唔 够？

004 **个个都来了。**

ta^{55}（t>l）ə^{0}tsɤ^{55}la^{21}pa^{0}lie^{0}.

□ □ □都来 罢 咧。

005 **张张桌子都是坏的。**

meĩ$^{51-44}$meĩ$^{51-44}$ti^{21}lə^{0}tsɤ^{55}sɿ^{33}tɕ^{h}ieĩ^{44}（k>ŋ）ə^{0}.

面 面 台 子□ 是 □ 个。

006 **一件件家具都搬走了。**

iaŋ$^{51-44}$iaŋ$^{51-44}$tɕia^{51}tɕy^{0}tsɤ^{55}poŋ^{51}tsɿ^{55}pa^{0}lie^{0}.

样 样 家 具□ 搬 走 罢 咧。

007 **家具要一件件地搬。**

tɕia^{51}tɕy^{0}i$^{35-44}$iaŋ$^{51-44}$i$^{35-44}$iaŋ$^{51-44}$kə^{0}poŋ^{51}.

家 具 一 样 一 样 个 搬。

008 **她次次都拿很多东西。**

tɤ^{51}puo^{51}puo^{0}tsɤ^{44}nɤ^{55}meĩ^{21}tau^{51}uaŋ^{51}ki^{0}.

□ □ □ □都□拿 蛮 多 □ □。

009 **一个一个朋友都来看他。**

ta^{-55}ta^{-55}pie^{21}iɤɯ^{33}tsɤ^{55}la^{21}niɤ^{35}tɤ^{51}.

□ □ 朋 友 □ 来 □ □。

010 **他们一个一个地进去。**

tɤ^{51}lə^{0}i$^{35-44}$ta^{0}i$^{35-44}$ta^{0}kə^{0}n^{51}xuo^{0}.

□ □一 □一 □个 入 去。

011 **她喜欢这些人。**

tɤ^{51}suo^{55}ɕi^{51}kɤ^{44}tɕ^{h}iaŋ^{51}n^{21}.

□ □ □ 个 □些 人。

012 **个个的父母都很着急。**

ta^{-55}ta^{-55}kə^{0}kie^{51}lə^{0}nau^{33}tsɤ^{44}meĩ^{21}tɕiɤɯ^{51}tsɿ^{35}.

□ □ 个 公 子□妈 □都 蛮 着 急。

013 **天上白云朵朵。**

t^{h}eĩ^{51}ɕiaŋ^{0}pu^{51}yei^{21}tau^{55}soŋ$^{51-44}$tau^{55}.

天 上 白 云 朵 双 朵。

014 A：**老张昨天买了两斤青菜。**

A：la^{33}tɕiaŋ^{51}ts^{h}a^{21}iu^{510}mi^{33}pa^{0}liaŋ^{33}tɕi^{51}ts^{h}iɤɯ^{51}ts^{h}i^{44}.

老 张 昨 夜 买 罢 两 斤 青 菜。

B：**老张昨天没有买到菜。**

B：la^{33}tɕiaŋ^{51}ts^{h}a^{21}iu^{33}mɤ^{33}lie^{0}mi^{33}tɕi^{0}ts^{h}i^{44}.

老 张 昨 夜 没 咧 买 紧 菜。

015 A：**喊小兰一起去看戏！**

A：uei^{51}ɕyo^{44}lan^{51}i$^{35-44}$sɿ^{55}xuo^{44}niɤ^{35}sɿ^{44}!

□ 碎 兰 一 起 去 □ 戏!

B：**这部电影她看过了。**

B：kɤ^{44}pu^{0}teĩ^{51}in^{55}tɤ^{51}niɤ^{35}ku^{44}lie^{0}.

个 部 电 影 □ □ 过 咧。

tɤ^{51}kɤ^{44}pu^{0}teĩ^{51}in^{55}niɤ^{35}ku^{44}lie^{0}.

□个部电影□过咧。

tɤ^{51}niɤ^{35}ku^{44}kɤ^{44}pu^{0}teĩ^{51}in^{55}lie^{0}.

□□过个部电影咧。

016 **老张提了那个箱子，你拿这个箱子罢。**

la^{33}tɕiaŋ^{51}ti^{21}pa^{0}pɤ^{44}tɕiu^{35}siaŋ^{51}lə^{0}，n^{33}nɤ^{55}kɤ^{44}tɕiu^{35}siaŋ^{51}（l>ŋ）ə^{0}.

老张提罢彼隻箱子，尔□个隻箱子。

017 **老张喝完了那瓶酒。**

la^{33}tɕiaŋ^{51}tɕyei^{35}pa^{35}lie^{0}pɤ^{44}p^{h}in^{51}tsiɤɯ^{55}.

老张□罢咧彼瓶酒。

018 **弄坏那扇门的人是老张。**

ŋɤɯ^{51}tɕ^{h}iau^{44}pa^{0}pɤ^{44}ɕieĩ^{44}mie^{21}kə^{0}n^{21}sɿ^{33}la^{33}tɕiaŋ^{51}.

弄□罢彼扇门个人是老张。

019 A：**我们走了，你再坐一会儿。**

A：yo^{51}tsɿ^{55}pa^{0}lie^{0}, n^{33}tsai^{35}ts^{h}au^{33}i$^{35-44}$ti^{35}.

□走罢咧，尔再坐一□。

B：**咱们一起走吧。**

B：yo^{51}i$^{35-44}$sɿ^{55}tsɿ^{55}pa^{0}.

□一起走吧。

020 **爷爷，你先坐一会儿。**

kie$^{51-44}$kie$^{51-55}$, n^{33}seĩ^{51}ts^{h}au^{33}i$^{35-44}$ti^{0}.

公公，尔先坐一□。

021 **儿子喜欢这双鞋，不喜欢那双，也不喜欢那双。**

tsɤ^{55}suo^{44}ɕi^{51}kɤ^{44}tɕyo^{51}ɕi^{21}lə^{0}, mɤ^{33}suo^{44}ɕi^{51}pɤ^{44}tɕyo^{51}, i^{0}mɤ^{33}suo^{44}ɕi^{51}pɤ^{44}tɕyo^{51}。

崽□□个□鞋子，没□□彼□，也没□□彼□。

022 **这毛笔是谁的？我用一下。**

kɤ^{44}k^{h}u^{44}mia^{21}pa^{35}sɿ^{33}iɤ^{51}ta^{0}kə^{0}? iu^{33}i^{51}i$^{35-44}$ti^{35}.

个□毛笔是□□个？我用一□。

023 **这是什么？**

kuei^{55}（ta^{0}）sɿ^{33}ŋ^{55}ŋə^{0}?

□（□）是□□？

024 **这里是道州，那里是永州，那里是长沙。**

kuei^{55}tə^{0}sɿ^{33}ta^{33}tɕiɤɯ^{51}, pi^{55}tə^{0}sɿ^{33}yn^{55}tɕiɤɯ^{51}, pi^{55}tə^{0}sɿ^{33}ts^{h}oŋ^{21}su^{0}.

□ □是 道 州， 彼 □是 永 州， 彼 □是 长 沙。

025 **你要这些，还是那些？**

n^{33}i^{51}kɤ^{44}sə^{0}xa^{21}sɿ^{33}pɤ^{44}sə^{0}?

尔要个 □还 是 彼 □？

026 **我这么做不对，那么做也不对，那我应该怎么做呢？**

iu^{33}kiaŋ^{51}kə^{0}tsɤ^{44}mɤ^{33}tuo^{44}, kiaŋ^{35}kə^{0}tsɤ^{44}i$^{35-44}$mɤ^{33}tuo^{44}, iu^{33}iaŋ^{51}kə^{0}tsɤ^{44}?

我[个样]子做 没 对， [个样]子做 也 没 对， 我 样 个 做？

027 **那个小孩是这么高，还是那么高？**

pɤ^{44}ta^{0}ɕyo^{44}（k > ŋ）ə^{0}tə^{0}sɿ^{33}kiaŋ^{51}kə^{0}kia^{51}, xa^{21}sɿ^{33}kiaŋ^{35}kə^{0}kia^{51}?

彼 □碎 □ □是[个样]子高 还 是[个样]子高？

028 **这也不对，那也不对，你想怎么样？**

kiaŋ^{51}i^{0}mɤ^{33}tuo^{44}, kiaŋ^{35}i^{0}mɤ^{33}tuo^{44}, n^{33}sə^{0}iaŋ^{51}kə^{0}?

[个样]也没对， [个样]也没对， 尔 思 样 个？

029 **这两件衣服你喜欢哪一件？**

kɤ^{44}liaŋ$^{33-55}$liɤɯ^{33}a^{51}n^{33}suo^{44}ɕi^{51}iɤ^{51}i$^{35-44}$liɤɯ^{33}?

个 两 领 衣 尔□ □ □哪一 领？

030 **这架飞机要飞到北京去。/这架飞机要飞去北京。**

kɤ^{44}k^{h}u^{44}xuei^{44}ki^{44}i$^{51-44}$p^{h}a$^{51-44}$ta^{0}pɤ^{35}kin^{0}xuo^{44}.

个 □ 飞 机 要 飞 到 北 京 去。

kɤ^{44}k^{h}u^{44}xuei^{44}ki^{44}i$^{51-44}$p^{h}a$^{51-44}$xuo^{44}pɤ^{55}kin^{0}.

个 □ 飞 机 要 飞 去 北 京。

031 **这些茶叶是他带到香港来的。**

kɤ^{44}sə^{0}ts^{h}u^{21}i^{0}sɿ^{33}tɤ^{51}ti^{44}ta^{0}ɕiaŋ^{44}kaŋ^{55}la^{21}kə^{0}.

个 □茶 叶是□ 带 到 香 港 来 个。

kɤ^{44}sə^{0}ts^{h}u^{21}i^{0}sɿ^{33}tɤ^{51}ti^{44}la^{0}ɕiaŋ^{44}kaŋ^{55}kə^{0}.

个 □茶 叶是□ 带 来 香 港 个。

032 **小慧和小丽在一家小店见到了一件漂亮的衣服，两个人都很喜欢这件衣服。**

ɕyo^{44}xuei^{35}niu^{51}ɕyo^{44}li^{35}ti^{31}i$^{35-44}$ku^{51}ɕyo^{44}teĩ^{35}tɕieĩ^{44}tɕi^{0}i$^{35-44}$lu^{0}p^{h}iɤɯ^{44}liaŋ^{0}a^{51},

碎 慧 □ 碎 丽 在 一 家 碎 店 见 紧 一 领 漂 亮 衣，

liaŋ^{33}ta^{0}n^{21}tsɤ^{44}meĩ^{21}suo^{44}ɕi^{51}kɤ^{44}liɤɯ^{33}a^{51}.

两 □人□ 蛮 □ □个 领 衣。

033 **你要到哪里去?**

n^{33}i^{0}ta^{44}iɤ^{44}lɤ^{35}xuo^{44}?

尔要到□ □ 去?

n^{33}xuo^{44}iɤ^{51}la^{0}?

尔去 □ □?

034 **这个人是谁?**

kɤ^{44}ta^{0}n^{21}sʅ^{33}iɤ^{51}ta^{0}?

个 □人是□ □?

035 **你要找什么人?**

n^{33}i^{0}ti^{0}ŋ^{55}ŋɤ^{55}n^{21}?

尔要□□□人?

n^{33}i^{0}ti^{0}iɤ^{51}ta^{0}?

尔要□□□?

036 **老张他们用什么车从南京往这里运?**

la^{33}tɕiaŋ^{51}tɤ^{51}lə^{0}i^{0}ŋ^{55}ŋɤ^{55}tɕʰiu^{51}tsʅ$^{51-44}$nan^{51}kin^{0}oŋ^{55}kuei^{55}tə^{0}tau^{51}?

老张 □ □用□□ 车 自 南 京 往 □ □拖?

la^{33}tɕiaŋ^{51}tɤ^{51}lə^{0}i^{0}iaŋ^{51}kə^{0}tɕʰiu^{51}tsʅ$^{51-44}$nan^{51}kin^{0}oŋ^{55}kuei^{55}tə^{0}tau^{51}?

老张 □ □用样 个车 自 南 京 往 □ □拖?

037 **他什么时候回来?**

tɤ^{51}iɤ^{51}ti^{35}kua^{51}la^{21}?

□ □ □归 来?

038 **你现在出去干吗?**

n^{33}xa^{33}ti^{35}ɕya^{35}xuo^{44}tsɤ^{44}ŋ^{55}ŋə^{0}?

尔□ □出 去 做 □ □什么?

039 **村里有多少人?**

tɕʰye^{51}lə^{0}pu^{0}xa^{33}ti^{35}xɤɯ^{33}xa^{55}tau^{51}n^{21}?

村 子埠□ □现在有 好 多 人?

040 **今年多大年纪?**

n^{33}tsʅ^{55}neĩ^{21}xa^{55}tʰai^{44}neĩ^{21}tsʅ^{0}?

尔今 年 好 大 年 纪?

n^{33}tsɿ^{55}neĩ^{21}tsɿ^{55}tə^{0}ɕyei^{44}?

你 今 年 几 多岁？

041 **这棵树有多高？**

kɤ^{44}tɤɯ$^{51-44}$ɕyo^{51}lə^{0}xɤɯ^{33}xa^{55}kia^{51}?

个 蔸 树 子有 好 高？

042 **你的字怎么写得这么好？我怎么写也写不好。**

n^{33}（k>ŋ）ə^{0}tsɿ^{51}iaŋ^{51}kə^{0}siɤɯ^{55}lə^{0}kiaŋ^{35}kə^{0}neĩ^{44}? iu^{33}iaŋ^{51}kə^{0}siɤɯ^{55}i^{0}m^{0}neĩ^{44}.

尔 个 字 样 个 写 得[个样]子□？我 样 个 写 也唔□。

043 **谁都说不过这个人。**

iɤ^{51}ta^{0}tuo^{55}kʰua^{35}m^{0}ku^{0}kɤ^{44}ta^{0}n^{21}.

□ □都 □说 唔过 个 □人。

044 **谁把石头搬走我就给谁十块钱。**

iɤ^{51}ta^{0}pie^{51}ɕiu^{51}m^{0}tɕi^{0}poŋ^{51}tsɿ^{55}, iu^{33}tɕiɤɯ$^{51-44}$pie^{51}iɤ^{51}ta^{0}sɿ^{51}kʰuei^{44}tsʰeĩ^{21}.

□ □分 石 □□搬 走，我 就 分 □ □十 块 钱。

045 **他们俩谁也不认识谁。**

tɤ^{51}lə^{0}liaŋ^{33}ta^{0}iɤ^{51}ta^{0}i^{0}m^{0}ɕiɤ^{35}iɤ^{51}ta^{0}.

□ □两 □ □□也唔识□□。

046 **这棵树多高啊！**

kɤ^{44}tɤɯ$^{51-44}$ɕyo^{51}lə^{0}xa^{55}kia^{51}!

个 蔸 树 子好 高！

047 **这一次分房子，两个人分一间。**

kɤ^{44}i$^{35-44}$puo^{51}pie^{51}uo^{35}, liaŋ^{33}ta^{0}n^{21}pie^{51}i$^{35-44}$keĩ^{51}.

个 一 □ 分 屋，两 □人 分 一 间。

048 **一群人等了两个小时了，有三个人先走了。**

xɤɯ^{33}i$^{35-44}$pʰoŋ^{51}n^{21}tie^{55}pa^{0}liaŋ^{33}la^{35}sɿ^{21}xɤɯ^{0}, xɤɯ^{33}su$^{51-44}$ta^{0}n^{21}seĩ^{51}tsɿ^{55}pa^{0}lie^{0}.

有 一 □ 人等 罢 两 粒 时 候，有 三 □人先 走 罢 咧。

049 **一个人已经走了。**

（xɤɯ^{33}）i$^{35-44}$ta-n^{21}seĩ^{51}tsɿ^{55}pa^{0}lie^{0}.

（有） 一 □人先 走 罢 咧。

050 **一个村干部就应该好好工作，为群众做事情。**

i$^{35-44}$ta^{0}tɕʰye^{51}lə^{0}pu^{0}kə^{0}keĩ^{44}pu^{33}tɕiɤɯ^{51}xa^{55}xa^{0}sen$^{51-44}$sen^{0}tsɤ^{44}sɿ^{51}, ua^{51}pu^{35}siɤɯ^{44}tsɤ^{44}sɿ^{51}.

一 □村 子埠 个干 部 就 好 好 生 生 做 事，为 百 姓 做 事。

051 **一个人吃两碗饭，吃完再干活。**

i$^{35-44}$ta^{0}n^{21}iɤ^{51}liaŋ^{33}pie$^{51-44}$xueĩ^{51}, iɤ^{51}pa^{0}tsai^{35}tsɤ^{44}sɿ^{51}.

一 □人 食 两 份 饭， 食 罢 再 做 事。

i$^{35-44}$ta^{0}n^{21}iɤ^{51}liaŋ^{33}oŋ^{55}xueĩ^{51}, iɤ^{51}pa^{0}tsai^{35}tsɤ^{44}sɿ^{51}.

一 □人 食 两 碗 饭， 食 罢 再 做 事。

052 **走了一个人。**

tsɿ^{55}pa^{0}i$^{35-44}$ta^{0}n^{21}.

走 罢 一 □人。

i$^{35-44}$ta^{0}n^{21}tsɿ^{55}pa^{0}lie^{0}.

一 □人 走 罢 咧。

053 **报名才一个人。**

pia^{44}miɤɯ^{21}ɕiu^{51}i$^{35-44}$ta^{0}n^{21}.

报 名 □ 一 □人。

ɕiu^{51}i$^{35-44}$ta^{0}n^{21}pia^{44}miɤɯ^{21}.

□ 一 □人 报 名。

054 **老张只是一个教书的，定不了这个事儿。**

la^{33}tɕiaŋ^{51}tɕiɤɯ^{51}sɿ^{33}i$^{35-44}$ta^{0}kiɤɯ$^{51-44}$ɕyo^{51}kə^{0}, tiɤɯ^{51}mɤ^{33}xu^{33}kɤ^{44}iaŋ$^{51-44}$sɿ^{51}.

老 张 就 是 一 □教 书 个，定 没 下 个 样 事。

055 **你说得过他，他说不过我。**

n^{33}k^{h}ua^{35}lə^{0}ku^{44}tɤ^{51}, tɤ^{51}k^{h}ua^{35}iu^{33}m^{0}ku^{44}.

尔□ 得过 □，□ □ 我 唔过。

n^{33}k^{h}ua^{35}lə^{0}tɤ^{51}ku^{44}, tɤ^{51}k^{h}ua^{35}m^{0}ku^{0}iu^{33}

尔□ 得□ 过，□ □ 唔过 我。

056 **我打不过他。**

iu^{33}ta^{55}tɤ^{51}mɤ^{33}ku^{44}.

我 打 □ 没 过。

iu^{33}ta^{55}m^{0}tɤ^{51}ku^{44}.

我 打 唔□ 过。

iu^{33}ta^{55}m^{0}ku^{0}tɤ^{51}.

我 打 唔 过 □。

057 **他的字写得很好看。**

tɤ^{51}kə^{0}tsɿ^{51}siɤɯ^{55}lə^{0}meĩ^{21}xa^{55}niɤ^{35}.

□ 个 字 写 得 蛮 好 □。

058 **老张气得话也说不出来。**

la^{33}tɕiaŋ^{51}tsʰɿ^{44}tɕi^{0}xu^{51}tuo^{0}kʰua^{35}m^{0}ɕya^{35}（la^{0}）.

老张 气 紧话 都□ 唔出 （来）。

059 **老张的粮食种得很好。**

la^{33}tɕiaŋ^{51}kə^{0}liaŋ^{21}sɿ^{0}tɕiaŋ^{44}lə^{0}meĩ^{21}neĩ^{44}.

老张 个粮 食种 得蛮 □。

060 **老张种地种得好。**

la^{33}tɕiaŋ^{51}tɕiaŋ^{44}ta^{51}tɕiaŋ^{44}lə^{0}neĩ^{44}.

老张 种 地种 得□。

061 **放在桌子上。**

kʰau^{51}lə^{0}ti^{21}lə^{0}kia$^{51-44}$tɤɯ^{0}.

□ 得台子高 头。

kʰye^{51}lə^{0}ti^{21}lə^{0}kia$^{51-44}$tɤɯ^{0}.

□ 得台子高 头。

062 **你是从哪里来的?**

n^{33}tsɿ$^{51-44}$iɤ^{51}lɤ^{35}la^{21}kə^{0}?

尔自 □□来个?

063 **从今天开始干活。**

tsɿ$^{51-44}$tsoŋ^{51}kie^{0}sɿ^{55}tsɤ^{44}sɿ^{51}.

自 □ 工起做事。

064 **去县城要从那儿过。**

xuo^{44}ɕian^{35}pu^{-55}tsɿ^{44}pɤ^{44}ta^{51}ku^{44}.

去 县 埠 自 彼 □过。

065 **送本书给他。**

sie^{44}pie^{55}ɕyo^{51}pie$^{51-44}$tɤ^{51}.

送本书分 □。

ɕyo^{51}sie^{44}pie$^{51-44}$tɤ^{51}.

书送分 □。

066 **我去给他开门。**

iu^{33}xuo^{44}kia^{44}tɤ$^{51-44}$xɤ^{51}mie^{21}.

我去 □□ 开门。

iu^{33}xuo^{44}poŋ^{51}tɤ$^{51-44}$xɤ^{51}mie^{21}.

我去帮□ 开门。

067 **那辆自行车他给我弄坏了。**

pɤ^{44}kʰu^{44}teĩ^{51}tɕʰiu^{51}tɤ^{51}ŋɤɯ^{51}tɕʰiau^{44}pa^{0}iu^{33}kə^{0}lie^{0}.

彼 □ 单车 □ 弄 □ 罢我个咧。

068 **我跟他说，明天要下雨。**

iu^{33}kia^{44}tɤ^{51}kʰua^{35}, tʰoŋ^{51}koŋ^{35}i^{0}lau^{51}u^{33}.

我 □ □ □， □ □ 要落 雨。

069 **我明天跟他一起去钓鱼。**

iu^{33}tʰoŋ^{51}koŋ^{35}kia^{44}tɤ^{51}i$^{35-44}$sɿ^{55}xuo^{44}tiɤɯ^{44}ŋuo^{21}.

我 □ □ □ □ 一 起去 钓 鱼。

070 **我向他借一百块钱。**

iu^{33}tsɿ$^{51-44}$tɤ^{51}pi^{0}tsiɤɯ^{44}pa^{0}i$^{35-44}$pu^{35}kʰuei^{44}tsʰeĩ^{21}.

我 自 □ 彼借 罢一 百 块 钱。

071 **我向他招手。**

iu^{33}ɕiaŋ^{44}tɤ^{51}tɕiau$^{51-44}$ɕiɤɯ^{55}.

我 向 □ 招 手。

072 **家里人对我很好。**

a^{35}pu^{-55}（kə^{0}）n^{21}tuo^{44}iu^{33}meĩ^{21}neĩ^{44}.

□埠 （个）人对 我 蛮 □。

073 **为这事儿和邻居吵架，很不值得。**

ua^{51}kɤ^{44}iaŋ^{51}sɿ^{51}niu$^{51-44}$tɤ^{51}nau^{35}tɕʰya$^{21-44}$lə^{0}, i$^{35-44}$teĩ^{55}mɤ^{33}neĩ^{44}.

为 个 样 事 □ □ 闹 锤 子，一 点 没 □。

ua^{51}kɤ^{44}iaŋ^{51}sɿ^{51}kia^{44}tɤ^{51}nau^{35}tɕʰya$^{21-44}$lə^{0}, i$^{35-44}$teĩ^{55}mɤ^{33}neĩ^{44}.

为 个 样 事 □ □ 闹 锤 子，一 点 没 □好。

074 **我刚才数钱数得不对，让我重新数一遍。**

iu^{33}ɕiu^{51}tə^{0}suo^{55}tsʰeĩ^{21}mɤ^{33}lie^{0}suo^{55}tuo^{44}, tɕʰyei$^{51-44}$iu^{33}i^{51}la^{0}suo^{55}i$^{35-44}$meĩ^{0}.

我 □ □数 钱 没 咧数 对， □ 我 又来数 一 □。

iu^{33}ɕiu^{51}tə^{0}suo^{55}tsʰeĩ^{21}mɤ^{33}lie^{0}suo^{55}tuo^{44}, pie^{51}iu^{33}i^{51}la^{0}suo^{55}i$^{35-44}$meĩ^{0}.

我 □ □数 钱 没 咧数 对， 分 我 又来数 一 □。

075 **我在这里买下了一套房子，老张劝我再买上一套。**

iu^{33}ti^{33}kuei^{55}tə^{0}mi^{33}pa^{0}i$^{35-44}$tsʰau^{33}uo^{35}, la^{33}tɕiaŋ^{51}kʰueĩ^{44}iu^{33}xa^{21}mi^{33}i$^{35-44}$tsʰau^{33}.

我 在□ □买 罢 一 座 屋，老 张 劝 我 还 买 一 座。

076 **我一高兴就唱起歌来了。**

iu^{33}i$^{35-44}$xoŋ^{51}sɿ^{55}tɕiɤɯ$^{51-44}$tɕʰiaŋ^{44}sɿ^{55}ku^{51}la^{21}lie^{0}.

我 一 欢 喜 就 唱 起 歌 来 咧。

077 **老张刚才说了什么？**

la^{33}tɕiaŋ^{51}ɕiu^{51}tə^{0}kʰua^{35}pa^{35}ŋ^{55}ŋə^{0}?

老 张 □ □□ 罢 □□?

078 **刚好十个人。**

tɕiu^{44}xua^{0}sɿ$^{51-44}$ta^{0}n^{21}.

正 □ 十 □人。

079 **这些种子只够种一半地，还得买种子。**

kɤ^{44}sɤ^{35}tɕi^{55}tsɿ^{55}tɕiɤɯ^{35}kɤɯ^{44}tɕiaŋ^{44}i$^{35-44}$poŋ^{44}ta^{51}, xa^{21}i^{0}mi^{33}tɕi^{55}tsɿ^{55}.

个 □ 种 子 就 够 种 一 半 地，还 要买 种 子。

080 **上次只买了一件衣服，今天要多买几件。**

tɤɯ^{21}puo^{51}tɕiɤɯ^{35}mi^{33}lie^{0}i$^{35-44}$liɤɯ^{33}a^{51}, tsoŋ^{51}kie^{5}i^{0}tau^{51}mi^{33}tsɿ^{55}liɤɯ^{33}.

头 □ 就 买 咧一 领 衣，□ 工 要多 买 几 领。

081 **你才吃了一碗米饭，再吃一碗吧。**

n^{33}ɕiu^{51}tə^{0}iɤ^{51}pa^{0}i$^{35-44}$pie^{51}xueĩ^{51}, xa$^{21-44}$i^{0}i$^{35-44}$pie^{51}.

尔□ □食 罢 一 份 饭， 还 要一 份。

082 **你先走，我还要再打扫一遍。**

n^{33}seĩ^{51}tsɿ^{55}, iu^{33}xa$^{21-44}$i^{0}sia^{55}i$^{35-44}$meĩ^{0}.

尔 先 走，我 还 要扫 一 □。

083 A：**咱们走吧！**

A：yo^{51}tsɿ^{55}pa^{0}!

□ 走 吧！

B：**我吃了饭再说。**

B：iu^{33}iɤ^{51}pa^{0}xueĩ^{51}tsai^{35}kʰua^{35}.

我 食 罢 饭 再 □。

084 **女孩子都喜欢买衣服。**

nyo^{33}nyo^{33}ku^{0}ku^{0}tsɤ^{55}suo^{44}ɕi^{51}mi^{33}a^{51}.

女 女 家 家 □ □ □ 买 衣。

085 A：**你可以去取一下吗？** B：**好，我马上去。**

A：n^{33}xuo^{44}nɤ^{55}i$^{35-44}$ti^{0}?

尔 去 □ 一 □?

B：i^{51}tə^{0}, iu^{33}tɕiɤɯ^{51}xuo^{44}.

要得，我 就 去。

neĩ^{44}, iu^{33}tɕiɤɯ^{51}xuo^{44}.

□好，我 就 去。

086 **咱们先走，老张反正不会来了。**

yo^{51}seĩ^{51}tsɿ^{55}, la^{33}tɕiaŋ^{51}iaŋ^{51}（k＞ŋ）ə^{0}tuo^{5}mɤ^{33}tə^{35}la^{21}lie^{0}.

□ 先 走，老 张 样 个 都 没 得 来 咧。

087 **这件衣服太贵了，买不起。**

kɤ^{44}liɤɯ^{33}a^{51}tʰɤ^{35}kua^{44}lie^{0}, mi^{33}m^{0}sɿ^{55}.

个 领 衣 忒 贵 咧，买 唔 起。

088 **这件衣服我不怎么喜欢。**

kɤ^{44}liɤɯ^{33}a^{51}iu^{33}mɤ^{33}iaŋ^{51}suo^{44}ɕi^{51}.

个 领 衣 我 没 样 □ □。

089 **这碗菜很好吃。**

kɤ^{44}oŋ^{55}tsʰi^{44}meĩ^{21}xa^{55}iɤ^{51}.

个 碗 菜 蛮 好 食。

kɤ^{44}oŋ^{55}tsʰi^{44}tʰɤ^{35}xa^{55}iɤ^{51}lə^{0}.

个 碗 菜 忒 好 食 嘞。

090 **老张吃饭总是剩饭。**

la^{33}tɕiaŋ^{51}iɤ^{51}xueĩ^{51}tsoŋ^{55}sɿ^{33}ɕyei^{51}ɕya^{0}.

老 张 食 饭 总 是 剩 出。

091 **老张给了老李一千块钱。**

la^{33}tɕiaŋ^{51}pie^{51}pa^{0}la^{33}la^{33}i$^{35-44}$tsʰeĩ^{51}kʰuei^{44}tsʰeĩ^{21}.

老 张 分 罢 老 李 一 千 块 钱。

la^{33}tɕiaŋ^{51}pie^{51}pa^{0}i$^{35-44}$tsʰeĩ^{51}kʰuei^{44}tsʰeĩ^{21}pie^{51}la^{33}la^{33}.

老 张 分 罢 一 千 块 钱 分 老 李。

092 **他抢了我一千块钱呢。**

tɤ^{51}tsʰiaŋ^{55}pa^{0}iu^{33}i$^{35-44}$tsʰeĩ^{51}kʰuei^{44}tsʰeĩ^{21}.

□ 抢 罢 我 一 千 块 钱。

iu^{33}i$^{35-44}$tsʰeĩ^{51}kʰuei^{44}tsʰeĩ^{21}pie^{51}tɤ^{51}tsʰiaŋ^{55}pa^{0}lie^{0}.

我 一 千 块 钱 分 □ 抢 罢 咧。

093 **小张奖励了自己一辆新车。**

ɕyo^{44}tɕiaŋ^{51}tsiaŋ^{55}pa^{0}tɤ^{51}i$^{35-44}$k^{h}u^{0}si^{51}tɕ^{h}iu^{0}.

碎 张 奖 罢□ 一 □ 新 车。

094 **他送了我这块表。**

tɤ^{51}sie^{44}pa^{0}iu^{33}kɤ^{44}k^{h}uei^{44}piɤɯ^{55}.

□ 送 罢 我 个 块 表。

tɤ^{51}sie^{44}pa^{0}kɤ^{44}k^{h}uei^{44}piɤɯ^{55}pie^{51}iu^{33}.

□ 送 罢 个 块 表 分 我。

kɤ^{44}k^{h}uei^{44}piɤɯ^{55}sɿ^{33}tɤ^{51}sie^{44}kə^{0}.

个 块 表 是 □ 送 个。

095 **老张借了老李一百块钱。**

la^{33}tɕiaŋ^{51}tsɿ^{51}la^{33}la^{33}pi^{0}tsiɤɯ^{44}pa^{0}i$^{35-44}$pu^{0}k^{h}uei^{44}ts^{h}eĩ^{21}.

老 张 自 老 李 彼 借 罢 一 百 块 钱。

la^{33}la^{33}i$^{35-44}$pu^{35}k^{h}uei^{44}ts^{h}eĩ^{21}tsiɤɯ^{44}pa^{0}pie^{51}la^{33}tɕiaŋ^{51}.

老 李 一 百 块 钱 借 罢 分 老 张。

la^{33}tɕiaŋ^{51}tsiɤɯ^{44}pa^{0}la^{33}la^{33}i$^{35-44}$pu^{35}k^{h}uei^{44}ts^{h}eĩ^{21}.

老 张 借 罢 老 李 一 百 块 钱。

096 **汽车刚开过去，溅了我一身泥。**

tɕ^{h}iu^{51}lə^{0}ɕiu$^{51-44}$xɤ^{51}ku^{44}, tsu^{44}pa^{0}iu^{33}i$^{35-44}$ɕi^{51}ni^{21}.

车 子□ 开 过，濽 罢 我 一 身 泥。

097 **我们都叫他老王。**

yo^{51}tsɤ^{55}uei^{51}tɤ^{51}la^{33}ueĩ^{21}.

□ □ □ □ 老 王。

098 **老张不让他儿子吃饭。**

la^{33}tɕiaŋ^{51}mɤ^{33}pie^{51}tɤ^{51}kə^{0}tsɤ^{55}iɤ^{51}xueĩ^{51}.

老 张 没 分 □ 个 崽 食 饭。

099 **这件事让我很不高兴。**

kɤ^{44}iaŋ^{51}sɿ^{51}pie^{51}iu^{33}i$^{35-44}$teĩ^{55}tuo^{44}mɤ^{33}xoŋ^{51}sɿ^{55}.

个 样 事 分 我 一 点 都 没 欢 喜。

100 **他要去，就随他去吧。**

tɤ^{51}i$^{51-44}$xuo^{44}, tɕiɤɯ^{51}pie^{51}tɤ^{51}xuo^{44}.

□要 去，就 分 □ 去。

tɤ^{51}i$^{51-44}$xuo^{44}, tɕiɤɯ^{51}tɕ^{h}yei^{21}tɤ^{51}xuo^{44}.

□ 要 去， 就 随 □ 去。

101 **这只碗借给你用吧。**

kɤ^{44} tɕiu^{35} oŋ^{55} tsiɤɯ^{44} pa^{0} pie^{51} n^{33} （ i^{51} ）.

个 隻 碗 借 罢 分 尔（用）。

102 **大家选了老张当村长（村主任）。**

tu^{51}tɕ^{h}yo^{0}ɕyeĩ^{55}tɕi^{0}la^{33}tɕiaŋ^{51}toŋ$^{51-44}$ts^{h}en^{44}tɕiaŋ^{55}.

大 族 选 紧 老 张 当 村 长。

la^{33}tɕiaŋ^{51}pie^{51}tu$^{51-44}$tɕ^{h}yo^{0}ɕyeĩ^{55}tɕi^{0}toŋ$^{51-44}$ts^{h}en^{44}tɕiaŋ^{55}.

老 张 分 大 族 选 紧 当 村 长。

103 **我就喜欢他勤快。**

iu^{33}tɕiɤɯ^{51}suo^{44}ɕi^{51}tɤ^{51}tsɿ^{35}ɕiɤɯ^{55}.

我 就 □ □ □ 急 手。

104 **她骑着自行车上山了。**

tɤ^{51}ts^{h}au^{33}tɕi^{0}teĩ^{51}tɕ^{h}iu^{0}ɕiaŋ^{51}liɤɯ^{33}lə^{0}.

□ 坐 紧 单 车 上 岭 嘞。

105 **你喝了酒吃了饭再走吧。**

n^{33}ɕyei^{35}pa^{0}tsiɤɯ^{55}iɤ^{51}pa^{0}xueĩ^{51}tsai^{35}tsɿ^{55}.

尔□ 罢 酒 食 罢 饭 再 走。

106 **老张总是开着窗睡觉，容易感冒。**

la^{33}tɕiaŋ^{51}tsoŋ^{55}sɿ^{0}xɤ^{51}tɕi^{0}soŋ^{51}lə^{0}xua^{0}xue^{44}kiɤɯ^{35}, meĩ^{21}ŋə^{0}ŋɤɯ^{51}kie^{44}pa^{0}.

老 张 总 是开 紧 窗 子豁 困 觉， 蛮 □易弄 □冷 罢。

la^{33}tɕiaŋ^{51}tsoŋ^{55}sɿ^{0}xɤ^{51}tɕi^{0}soŋ^{51}lə^{0}xua^{0}xue^{44}kiɤɯ^{35}, meĩ^{21}ŋə^{0}ŋɤɯ^{51}lu^{33}pa^{0}.

老 张 总 是开 紧 窗 子豁 困 觉， 蛮 □ 弄 冷 罢。

107 **老张刷墙刷了整整一天了。**

la^{33}tɕiaŋ^{51}ɕya^{35}ts^{h}iaŋ^{21}ɕya^{35}pa^{0}ken^{55}ken^{55}i$^{35-44}$kie^{51}.

老 张 刷 墙 刷 罢□ □ 一 工。

108 **这个演员唱戏唱得好多人都睡着了。**

kɤ^{44}ta^{0}ian^{55}yuan^{0}tɕ^{h}iaŋ^{44}sɿ^{44}tɕ^{h}iaŋ^{44}lə^{0}meĩ^{21}tau^{51}n^{21}tsɤ^{55}xue^{44}tɕiɤɯ^{51}pa^{0}lie^{0}.

个 □演 员 唱 戏 唱 得 蛮 多 人□ 困 着 罢 咧。

109 **墙上挂着一张年画。**

ts^{h}iaŋ^{21}kia$^{51-44}$tɤɯ^{0}kuei^{44}tɕi^{0}i$^{35-44}$tsoŋ$^{51-44}$xu^{51}.

墙 高 头 挂 紧 一 张 画。

110 **椅子上坐着一个病人。**

i^{33}lə^{0}kia$^{51-44}$tɤɯ^{0}tsʰau^{33}tɕi^{0}i$^{35-44}$ta^{0}piɤɯ^{51}n^{21}.

椅子高 头 坐 紧 一 □病 人。

111 **半空中飞着很多苍蝇。**

poŋ^{44}tʰen^{0}tɕiaŋ$^{51-44}$si^{0}pʰa^{51}tɕi^{0}meĩ^{21}tau^{51}ma^{35}tɤ^{55}.

半 □ 中 心飞 紧蛮 多 □ 子。

112 **前面走来了我们村长，村里来了一个大个子外地人。**

mi$^{51-44}$tsʰa^{0}la^{21}pa^{0}yo^{51}kə^{0}tsʰen^{44}tɕiaŋ^{55}, tɕʰye^{51}lə^{0}pu^{0}la^{21}pa^{0}i$^{35-44}$ta^{0}tʰai^{44}ku^{44}lə^{0}mie^{21}xɤɯ^{0}

□ □ 来 罢□ 个 村 长， 村 子埠 来 罢 一 □大 个 子门 后外地

（ta^{0}）n^{21}.

（□）人。

113 **老张家一下子死了三头牛，丢了两只羊。**

la^{33}tɕiaŋ^{51}a^{35}pu^{-55}i$^{35-44}$ti^{35}sa^{55}pa^{0}su^{51}tɤɯ^{21}ŋɤɯ^{21}, sɿ^{51}pa^{0}liaŋ^{33}tɤɯ^{0}iaŋ^{21}.

老 张 □埠 一 □死 罢 三 头 牛， 失 罢 两 牛 羊。

114 **他包里带了一瓶药。**

tɤ^{51}kə^{0}ti^{51}kuo^{0}pu^{0}ti^{44}pa^{0}i$^{35-44}$ɕi^{51}iɤɯ^{51}.

□ 个 袋 牯 埠 带 罢 一 匣 药。

115 **谁把那瓶酒给喝完了？**

iɤ^{51}ta^{0}pie^{51}pɤ^{44}xuo^{21}tsiɤɯ^{55}ɕyei^{0}pa^{0}lie^{0}?

□ □分 彼 壶 酒 □ 罢 咧？

116 **你把地板拖一下。**

n^{33}pie^{51}ta^{51}kuo^{0}tʰau^{51}i$^{35-44}$ti^{0}.

尔 分 地 牯 拖 一 □。

117 **他把橘子剥了皮。**

tɤ^{51}pie^{51}kua^{35}lɤ$^{-55}$piɤɯ^{35}pa^{0}pa^{21}.

□ 分 橘 子 剥 罢 皮。

118 **他们把每个房间都装上了电话。**

tɤ^{51}lə^{0}pie^{51}i$^{35-44}$keĩ^{51}i$^{35-44}$keĩ^{51}xoŋ^{21}keĩ^{0}tsɤ^{55}tsoŋ^{51}pa^{0}teĩ^{51}xu^{0}.

□□分 一 间 一 间 房 间 □ 装 罢 电 话。

119 **我和弟弟一直把老张当我们自己的长辈。**

iu^{33}niu$^{51-44}$li^{33}kɤɯ^{55}tsoŋ^{55}sɿ^{33}pie^{51}la^{33}tɕiaŋ^{51}toŋ$^{51-44}$yo$^{51-44}$tsuo^{51}ku^{0}kə^{0}tɤɯ^{21}pɤ^{44}.

我 □ 弟 □弟弟 总 是 分 老 张 当 □我们 □ 家 个 头 辈。

120 老张把村长气疯了。

la^{33}tɕiaŋ^{51}pie^{51}tsʰen^{44}tsaŋ^{55}tsʰɿ^{44}teĩ^{51}pa^{0}lie^{0}.

老张 分村 长 气 癫罢咧。

121 小鸡被黄鼠狼给叼走了。

tsɿ^{51}tsɤ^{55}lə^{0}pie^{51}xoŋ^{21}ɕya^{0}luo^{21}tʰau^{51}tsɿ^{55}pa^{0}lie^{0}.

鸡 崽 子分 黄 水狼 拖 走罢咧。

122 我被村长批评了，他被村长表扬了。

iu^{33}pie^{51}tsʰen^{44}tɕiaŋ^{55}tsʰu^{44}tɕi^{0}pa^{0}lie^{0}, tɤ^{51}pie^{51}tsʰen^{44}tɕiaŋ^{55}piau^{55}iaŋ^{51}pa^{0}lie^{0}.

我分村 长 斥 紧罢咧，□分村 长 表 扬罢咧。

123 窗户都被震碎了。

soŋ^{51}lə^{0}xua^{35}tsɤ^{55}pie^{51}teĩ^{51}leĩ^{51}pa^{0}lie^{0}.

窗 子豁 □都分 颠烂罢咧。

124 我们已经被录取了。

yo^{51}pie^{51}ɕyo$^{51-44}$ueĩ^{0}pu^{0}i^{51}ɕiaŋ$^{51-44}$xuo^{44}lie^{0}.

□ 分书 园埠要上 去 咧。

125 老张给自己买了一件衣服。

la^{33}tɕiaŋ^{51}tsuo^{51}ku^{0}mi^{33}pa^{0}i$^{35-44}$liɤɯ^{33}a^{51}.

老张 □ 家买罢一领 衣。

126 老张让小李给自己买一件衣服。

la^{33}tɕiaŋ^{51}tɕʰyei^{51}ɕyo^{44}la^{33}tsuo^{51}ku^{0}mi^{33}i$^{35-44}$liɤɯ^{33}a^{51}.

老张 □ 碎 李□ 家买 一 领 衣。

127 老张告诉小李，自己在村头还有一块菜地。

la^{33}tɕiaŋ^{51}kuaŋ^{44}ɕiaŋ^{44}ɕyo^{44}la^{33}, tsuo^{51}ku^{0}ti^{33}tɕʰye^{51}lə^{0}pu^{0}xa^{21}xɤɯ^{33}i$^{35-44}$tɕʰiɤɯ^{51}tsʰi^{44}ta^{51}.

老张 □ □ 碎 李，□ 家在村 子埠 还 有 一 丘 菜 地。

128 我和老张不熟，你自己跟他说吧。

iu^{33}niu$^{51-44}$la^{33}tɕiaŋ^{51}mɤ^{33}ɕiɤɯ^{51}, n^{33}tsuo^{51}ku^{0}kia^{44}tɤ^{51}kʰua^{35}.

我□ 老张 没 熟， 你□ 家□ 他 □。

129 自己的事情自己做。

tsuo^{51}ku^{0}kə^{0}sɿ^{51}tsuo^{51}ku^{0}tsɤ^{44}.

□ 家个事□ 家做。

130 A：几个人去的？B：就他自己。

A：(xa^{55}) tsɿ^{55}ta^{0}n^{21}xuo^{44}kə^{0}?

（好） 几 □人去 个？

B：$tɕiɤɯ^{51}tɤ^{51}tsuo^{51}ku^{0}$.

就 □□ 家。

131 **我看明天老张不会来。**

$iu^{33}niɤ^{35}t^{h}oŋ^{51}koŋ^{35}la^{33}tɕiaŋ^{51}mɤ^{33}tə^{0}la^{21}$.

我 □看□ □ 老张 没 得来。

$iu^{33}sɤ^{51}t^{h}oŋ^{51}koŋ^{35}la^{33}tɕiaŋ^{51}mɤ^{33}tə^{0}la^{21}$.

我思 □ □ 老张 没 得来。

132 **你不去医院看老张不好。**

$n^{33}mɤ^{33}xuo^{44}i\text{-}yuan^{35}pu^{0}niɤ^{35}la^{33}tɕiaŋ^{51}i^{51}m^{0}tə$.

尔没 去 医院 埠□ 老张 要唔得。

133 **我给老张倒茶的时候，门外响起了汽车的声音。**

$iu^{33}kia^{44}la^{33}tɕiaŋ^{51}ɕie^{51}ts^{h}u^{21}pə^{0}ti^{35}$, $mie^{21}xɤɯ^{0}ɕiaŋ^{55}sɿ^{55}tɕ^{h}iu^{51}lə^{0}ɕiu^{51-44}sɿ^{55}$.

我□ 老张 □茶 彼□，门 口 响 起车 子□ □。

134 **他像个病人似的躺在床上。**

$tɤ^{51}kia^{44}lə^{0}ta^{0}piɤɯ^{51}n^{21}iaŋ^{51}kuo^{35}lə^{0}tuo^{21}ɕiaŋ^{0}$.

□□ 得□病 人样 □ 得□ 上。

135 **这是谁写的字？**

$kuei^{55}tə^{0}sɿ^{33}iɤ^{51}ta^{0}siɤɯ^{55}kə^{0}tsɿ^{51}$?

□ □是□ □写 个字？

136 **假如老张明天去县城，你就让他帮你买5斤白菜。**

$uei^{44}ɕiu^{44}la^{33}tɕiaŋ^{51}t^{h}oŋ^{51}koŋ^{35}xuo^{44}ɕian^{35}pu^{-55}$, $n^{33}tɕiɤɯ^{0}tɕ^{h}yei^{44}tɤ^{51}poŋ^{51}n^{33}mi^{33}n^{33}tɕi^{51-44}$

□□ 老张 □ □ 去 县 埠，尔就 □ □帮 尔买 五斤

$pu^{51}ts^{h}i^{44}$.

白 菜。

137 **他不但没来过北京，而且连省城也没到过。**

$tɤ^{51}mɤ^{33}lie^{0}xuo^{44}ku^{0}pɤ^{35}kin^{0}$, $leĩ^{21}ɕye^{55}pu^{-55}i^{0}mɤ^{33}lie^{0}xuo^{44}ku^{0}$.

□没 咧去 过北 京，连 省 埠 也没 咧去 过。

138 **既然你已经到了县城，那就在馆子里面吃顿好吃的。**

$n^{33}ta^{44}pa^{0}ɕian^{35}pu^{-55}$, $tɕiɤɯ^{51}ti^{33}koŋ^{55}lə^{0}pu^{0}iɤ^{51}tɕye^{44}neĩ^{44}kə^{0}$.

尔到 罢县 埠，就 在馆 子埠食 顿 □ 个。

139 **他当年因为家里穷，所以读不起书。**

$li^{33}sɿ^{0}pɤ\text{-}a^{0}neĩ^{21}tɤ^{51}a^{35}pu^{0}tɕi^{21}$, $ma^{33}kie^{51-44}tuo^{51}mɤ^{33}sɿ^{55}ɕyo^{51}$.

□□□ 年那年□□ 埠 穷，尾 工 读 没 起 书。

140 **老张吃完饭去地里干活了，他儿子被锁在门外面，只能先去地里找他爸爸拿钥匙。**

la^{33}tɕiaŋ^{51}iɤ^{51}pa^{0}xueĩ^{51}xuo^{44}ta^{51}pu^{0}tsɤ^{44}sɿ^{51}lie^{0}, tɤ^{51}kə^{0}ta^{0}tsɤ^{55}pie^{51}sau^{55}lə^{0}mie^{21} mie$^{21-44}$xə^{0},

老张 食罢饭 去 地埠做 事咧，□ 个□崽 分 锁 得门 门 后，

seĩ^{51}xuo^{44}ta^{51}pu^{0}ti^{51}tɤ$^{51-44}$lə^{0}kie^{51}lə^{0}nɤ^{55}sau^{55}tsɿ$^{21-55}$.

先 去 地 埠□ □ □公 子□ 锁 匙。

141 **他又瘦又高。**

tɤ^{51}i$^{51-44}$xuo^{51}i$^{51-44}$kia^{51}.

□又 枯 又 高。

142 **他一边吃饭，一边看电视。**

tɤ^{51}peĩ$^{51-44}$iɤ^{51}xueĩ^{51}, peĩ$^{51-44}$niɤ^{35}teĩ^{51}sɿ^{44}.

□边 食饭， 边 □ 电 视。

143 **要么你去，要么小王去。**

i^{51}tɕiɤɯ$^{51-44}$n^{33}xuo^{44}, i^{51}tɕiɤɯ$^{51-44}$ɕyo^{44}ueĩ^{21}xuo^{44}.

要就 尔去， 要就 碎 王 去。

144 A：**你吃橘子吗？** B：**吃。** C：**不吃。**

A：n^{33}iɤ^{51}kua^{35}lɤ$^{-55}$pa^{0}?

尔食 橘 子 吧？

B：n^{51}.

嗯。

C：mɤ^{33}iɤ^{51}.

没 食。

145 **你想吃葡萄还是橘子？**

n^{33}sɤ$^{51-44}$iɤ^{51}pu^{21}ta^{0}xa^{21}sɿ^{55}kua^{35}lɤ$^{-55}$?

尔思 食 葡 萄还 是 橘 子？

146 **你还是他要去北京？**

n^{33}xuo^{44}xa^{21}sɿ^{33}tɤ^{51}xuo^{44}pɤ^{35}kin^{0}?

尔去 还 是 □ 去 北 京？

n^{33}niu$^{51-44}$tɤ^{51}iɤ^{51}ta^{0}xuo^{44}pɤ^{35}kin^{0}?

尔□ □ □□ 去 北 京？

nɤ$^{51-44}$liaŋ^{33}ta^{0}iɤ^{51}ta^{0}xuo^{44}pɤ^{35}kin^{0}?

□ 两 □□ □去 北 京？

147 **你吃不吃橘子?**

n³³iɤ⁵¹m⁰iɤ⁵¹kua³⁵lɤ⁻⁵⁵?

尔食 唔食 橘 子?

kua³⁵lɤ⁻⁵⁵n³³iɤ⁵¹m⁰iɤ⁵¹?

橘 子 尔食 唔食?

148 **你吃不吃?**

n³³iɤ⁵¹m⁰ iɤ⁵¹?

尔食 唔食?

n³³iɤ⁵¹xa²¹sɿ³³mɤ³³iɤ⁵¹?

尔食 还 是 没 食?

149 **你吃还是不吃橘子?**

n³³sɤ⁵¹m⁰sɤ⁵¹iɤ⁵¹kua³⁵lɤ⁻⁵⁵?

尔思 唔思 食 橘 子?

n³³sɤ⁵¹iɤ⁵¹kua³⁵lɤ⁻⁵⁵xa²¹sɿ³³mɤ⁴⁴sɤ⁵¹iɤ⁵¹（kua³⁵ lɤ⁻⁵⁵）?

尔思 食 橘 子 还 是 没 思 食（橘 子）?

150 **你找谁?**

n³³ti⁵¹⁻⁴⁴iɤ⁵¹ta⁰?

尔□找 □□哪?

151 **她已经回家了，是不是?**

tɤ⁵¹kua⁵¹pa⁰（xuo⁴⁴）a³⁵pu⁻⁵⁵lie⁰, sɿ³³kə⁰pa⁰?

□ 归 罢（去） □埠 咧，是 个 吧?

tɤ⁵¹kua⁵¹pa⁰（xuo⁴⁴）a³⁵pu⁻⁵⁵lie⁰, sɿ³³mɤ³³sɿ³³?

□ 归 罢（去） □埠 咧，是 没 是?

152 **我喜欢红色的，你呢?**

iu³³suo⁴⁴ɕi⁵¹ɕie²¹kə⁰, n³³nɛ⁰?

我 □ □ 红 个，尔 呢?

153 **你去给老张倒杯水喝。**

n³³xuo⁴⁴poŋ⁵¹la³³tɕiaŋ⁵¹ɕie⁵¹pə⁰ɕya⁵⁵ɕyei³⁵.

尔去 帮 老 张 □ 杯水 □。

154 **要下雨了，你们别出去了。**

i⁵¹lau⁵¹u³³lie⁰, nɤ⁵¹mɤ³³i⁰ɕya³⁵xuo⁴⁴lie⁰.

要落 雨 咧，□ 没 要出 去 咧。

155 **这个盘子破了，扔了它吧。**

kɤ^{44}tɕiu^{0}poŋ^{21}lə^{0}leĩ^{51}pa^{0}lie^{0}, kiau^{55}pa^{0}tɤ^{51}lə^{0}.

个 隻 盘 子烂 罢 咧，□ 罢 □ 嘞。

156 **希望明天不要再下雨了。**

sɤ$^{51-44}$t^{h}oŋ^{51}koŋ^{35}mɤ^{33}i^{0}tsai^{35}lau^{51}u^{33}lie^{0}.

思 □ □ 没 要再 落 雨 咧。

t^{h}oŋ^{51}koŋ^{35}i^{51}tɕiɤɯ$^{51-44}$mɤ^{33}tsai^{35}lau^{51}u^{33}lie^{0}.

□ □ 要就 没 再 落 雨 咧。

157 **这棵树叶子真大！**

kɤ^{44}tɤɯ^{51}ɕyo^{51}lə^{0}i^{51}lə^{0}kɤɯ^{44}t^{h}ai^{44}!

个 蔸 树 子叶子 够 大！

kɤ^{44}tɤɯ^{51}ɕyo^{51}lə^{0}i^{51}lə^{0}tɕi^{51}kə^{0}t^{h}ai^{44}!

个 蔸 树 子叶子 真 个 大！

kɤ^{44}tɤɯ^{51}ɕyo^{51}lə^{0}i^{51}lə^{0}meĩ^{21}t^{h}ai^{44}!

个 蔸 树 子叶子 蛮 大！

158 **好漂亮的一个姑娘！**

xa^{55}kuei^{51}i$^{35-44}$ta^{0}nyo^{33}nyo^{33}ku^{0}ku^{0}!

好 乖 一 □女 女 家 家！

159 **都二十年了！**

tsɤ^{44}n^{51}sɿ^{0}neĩ^{21}lie^{0}!

□ 二 十年 咧！

160 **我们家没有电视。**

yo^{51}a^{35}pu^{0}ma^{33}tə^{0}teĩ^{51}sɿ^{44}.

□ □ 埠 没 得电 视。

161 **老张平时不看电视。**

la^{33}tɕiaŋ^{51}yei^{35}tɕi^{55}mɤ^{33}niɤ^{35}teĩ^{51}sɿ^{44}.

老 张 □ □ 没 □ 电 视。

162 **老张昨天没有买到白菜。**

la^{33}tɕiaŋ^{51}ts^{h}a$^{51-44}$iu^{0}mɤ^{33}lie^{0}mi^{33}tɕi^{0}pu^{51}ts^{h}i^{44}.

老 张 昨 夜 没 咧 买 紧 白 菜。

163 **A：你平时抽烟吗？ B：不，我不抽烟。**

A：n^{33}yei^{35}tɕi^{55}iɤ$^{51-44}$ŋeĩ^{51}（p>m）a^{0}?

尔□ □ 食 烟 吧？

B：iu^{33}mɤ^{33}iɤ^{51}ŋeĩ^{51}.

我 没 食 烟。

164 A：**他刚才喝酒了吧？ B：没有，他没喝酒。**

A：tɤ^{51}ɕiu^{51}tə^{0}ɕyei^{35}pa^{0}tsiɤɯ^{55}lə^{0}ma^{0}?

□ □ □□ 罢 酒 嘞[没啊]？

B：mɤ^{33}lie^{0}, tɤ^{51}mɤ^{33}lie^{0}ɕyei^{35}.

没 咧，□ 没 咧 □。

165 **我买好菜了，今天不去菜市场了。**

ts^{h}i^{44}iu^{33}mi^{33}pa^{35}lie^{0}, tsoŋ^{51}mɤ^{33}xuo^{44}ts^{h}i^{44}tɕ^{h}iaŋ^{55}lie^{0}.

菜 我 买 罢 咧，□ 没 去 菜 场 咧。

ts^{h}i^{44}iu^{33}mi^{33}neĩ^{44}（p>m）a^{0}lie^{0}, tsoŋ^{51}mɤ^{33}xuo^{44}ts^{h}i^{44}tɕ^{h}iaŋ^{55}lie^{0}.

菜 我 买 □ 罢 咧，□ 没 去 菜 场 咧。

166 **你不要喝酒。**

n^{33}mɤ^{33}（i^{0}）ɕyei^{35}tsiɤɯ^{55}.

尔 没 （要）□ 酒。

167 **你们吃不？**

nɤ$^{51-44}$iɤ^{51}m^{0}iɤ^{51}?

□ 食 唔食？

nɤ$^{51-44}$iɤ^{51}pa^{0}?

□ 食 吧？

168 **你们吃橘子不？**

nɤ$^{51-44}$iɤ^{51}m^{0}iɤ^{51}kua^{35}lɤ$^{-55}$?

□ 食 唔食 橘 子？

nɤ$^{51-44}$iɤ^{51}kua^{35}lɤ$^{-55}$pa^{0}?

□ 食 橘 子 吧？

169 **你们吃没有？**

nɤ$^{51-44}$iɤ^{51}m^{0}iɤ^{51}?

□ 食 唔食？

nɤ$^{51-44}$iɤ^{51}lie^{0}?

□ 食 咧？

170 **你们吃橘子没有？**

nɤ$^{51-44}$iɤ^{51}kua^{35}lɤ$^{-55}$mɤ^{33}lie^{0}?

□ 食 橘 子 没 咧？

171 饭还没熟。

xueĩ^{51}xa^{21}mɤ^{33}lie^{0}ɕiɤɯ^{51}.

饭 还 没 咧熟。

172 白菜她不喜欢吃。

pu^{51}ts^{h}i^{44}tɤ^{51}mɤ^{33}suo^{44}ɕi^{51}iɤ^{51}.

白 菜 □没 □ □ 食。

tɤ^{51}mɤ^{33}suo^{44}ɕi^{51}iɤ^{51}pu^{51}ts^{h}i^{44}.

□ 没 □ □ 食 白 菜。

173 老张我听说他明天要来。

la^{33}tɕiaŋ^{51}iu^{33}tiɤɯ$^{51-44}$t^{h}oŋ^{51}koŋ^{35}la^{21}.

老 张 我 听 □ □ 来。

iu^{33}tiɤɯ$^{51-44}$k^{h}ua^{35}t^{h}oŋ^{51}koŋ^{35}la^{33}tɕiaŋ^{51}i^{51}la^{21}.

我 听 □ □ □ 老 张 要来。

174 这个人我见过（他）好几次。

kɤ^{44}ta^{0}n^{21}iu^{33}tɕieĩ^{44}pa^{0}tɤ^{51}xa^{55}tsɿ^{55}k^{h}en^{51}.

个 □人 我 见 罢□ 好 儿 □。

kɤ^{44}ta^{0}n^{21}iu^{33}tɕieĩ^{44}ku^{44}xa^{55}tsɿ^{55}k^{h}en^{51}.

个 □人 我 见 过 好 儿 □。

175 水果里我最爱吃橘子。

suei^{55}kuo^{55}iu^{33}tsuei^{35}suo^{44}ɕi^{51}iɤ^{51}kua^{35}lɤ$^{-55}$.

水 果 我 最 □ □ 食 橘 子。

176 衣服她买了三件。

tɤ^{51}mi^{33}pa^{0}su^{51}liɤɯ^{33}a^{51}.

□ 买 罢 三 领 衣。

177 这个村长凶得要命。

kɤ^{44}ta^{0}ts^{h}en^{44}tɕiaŋ^{55}u^{35}lə^{0}i^{51}miɤɯ^{51}.

个 □村 长 恶 得 要 命。

178 A：老张是不是很凶？ B：凶是挺凶的，人其实特别好。

A：la^{33}tɕiaŋ^{51}sɿ^{33}mɤ^{33}sɿ^{33}meĩ^{21}u^{35}?

老 张 是 没 是 蛮 恶?

B：u^{35}sɿ^{33}meĩ^{21}u^{35}, n^{21}xa$^{21-44}$sɿ^{33}meĩ^{21}neĩ^{44}.

恶 是 蛮 恶，人 还 是 蛮 □。

179 **A：扣子你缝好了吗？ B：缝是缝好了，就是缝得不好看。**

A：n^{33}kiɤɯ^{55}neĩ^{44}pa^{0}k^{h}ua^{44}lə^{0}?

尔绞 □ 罢褃 子？

k^{h}ua^{44}lə^{0}n^{33}kiɤɯ^{55}neĩ^{44}pa^{0}lie^{0}?

褃 子尔绞 □ 罢咧？

B：kiɤɯ^{55}sɿ^{33}kiɤɯ^{55}pa^{0}lie^{0}, tɕiɤɯ$^{51-44}$sɿ^{33}kiɤɯ^{55}lə^{0}mɤ^{33}xa^{55}niɤ^{35}.

绞 是绞 罢咧，就 是绞 得没 好 □。

180 **A：你舅舅批评你了没？ B：批评是没批评，不过还是吓得够呛。**

A：nɤ^{51}tɕiɤɯ^{33}tɕiɤɯ^{33}ts^{h}u^{51}pa^{0}n^{33}ma^{0}?

□舅 舅 斥 罢尔（没啊）？

nɤ^{51}tɕiɤɯ^{33}tɕiɤɯ^{33}ts^{h}u^{51}pa^{0}n^{33}mɤ^{33}lie^{0}?

□舅 舅 斥 罢尔没 咧？

B：ts^{h}u^{51}sɿ^{33}mɤ^{33}lie^{0}ts^{h}u^{51}, tɕiɤɯ$^{51-44}$sɿ^{0}xu^{44}pa^{0}ti^{0}.

斥 是没 咧斥，就 是吓 罢□。

181 **他房间里乱糟糟的，被子不叠，桌子不擦。**

tɤ^{51}lə^{0}xoŋ^{21}pu^{-55}loŋ^{51}mɤ^{33}tə^{0}loŋ^{51}, pa^{33}mɤ^{33}tsɿ^{35}, ti^{21}lə^{0}mɤ^{33}mu^{51}.

□□房 埠 乱 没 得乱，被 没 折，台子没 抹。

182 **梦里面，我跑又跑不动，喊又喊不出声。**

mie^{51}poŋ^{44}tɕi^{0}, iu^{33}k^{h}uei^{35}i^{0}k^{h}uei^{35}m^{0}iɤɯ^{21}, uei^{51}i^{0}uei^{51}m^{0}ɕya^{35}ɕiu$^{51-44}$sɿ^{55}.

梦 □ □，我□ 又□ 唔摇，□ 又□ 唔出 □ □声音。

183 **一个人可搬不动这块石头。**

i$^{35-44}$ta^{0}n^{21}poŋ^{51}mɤ^{33}iɤɯ^{21}kɤ^{44}la^{35}ɕiu^{51}kuaŋ^{0}tɕi^{0}.

一 □人搬 没 摇 个 粒 石 □ □。

184 **我看完这本书了。**

iu^{33}niɤ^{35}pa^{35}kɤ^{44}pie^{55}ɕyo^{51}lie^{0}.

我□ 罢 个 本 书 咧。

kɤ^{44}pie^{55}ɕyo^{51}iu^{33}niɤ^{35}pa^{35}lie^{0}.

个 本 书 我□ 罢 咧。

iu^{33}kɤ^{44}pie^{55}ɕyo^{51}niɤ^{35}pa^{0}lie^{0}.

我 个 本 书 □ 罢咧。

185 **A：是谁昨天来的？ B：是老张（昨天来的）。**

A：(sɿ^{33}) iɤ^{51}ta^{0}ts^{h}a$^{51-44}$iu^{0}la^{21}pa^{0}?

（是）□□昨 夜来 罢？

B:（sɿ^{33}）la^{33}tɕiaŋ^{51}（tsʰa$^{51-44}$iu^{0}la^{21}pa^{0}）.

（是）老 张 （昨 夜来 罢）。

186 A：**昨天家里来的是谁？** B：**(昨天家里来的）是老张。**

A：tsʰa$^{51-44}$iu^{0}a^{35}pu^{-55}la^{21}pa^{0}sɿ^{33}iɤ^{51}ta^{0}?

昨 夜□ 埠 来 罢 是 □ □?

B：sɿ^{33}la^{33}tɕiaŋ^{51}.

是 老 张。

187 A：**是谁昨天来的？** B：**是老张（昨天来的）。**

A：sɿ^{33}iɤ^{51}ta^{0}tsʰa$^{51-44}$iu^{0}la^{21}pa^{0}?

是 □ □昨夜 来 罢?

B：sɿ^{33}la^{33}tɕiaŋ^{51}.

是 老 张。

188 A：**是不是老张昨天来了？** B：**不是，是老李（昨天来了）。**

A：sɿ^{33}m^{0}sɿ^{33}la^{33}tɕiaŋ^{51}tsʰa$^{51-44}$iu^{0}la^{21}pa^{0}?

是 唔 是 老 张 昨 夜 来 罢?

B：mɤ^{33}sɿ^{33}, sɿ^{33}la^{33}la^{33}.

没 是，是 老 李。

189 A：**你哪天去的北京？** B：**我昨天去的北京／我昨天去北京的。**

A：n^{33}iɤ^{51}kie^{51}xuo^{44}kə^{0}pɤ^{35}kin^{0}?

尔 □ 工 去 个 北 京?

B：iu^{33}tsʰa$^{51-44}$iu^{0}xuo^{44}kə^{0}pɤ^{35}kin^{0}.

我 昨 夜去 个 北 京。

iu^{33}tsʰa$^{51-44}$iu^{0}xuo^{44}pɤ^{35}kin^{0}kə^{0}.

我 昨 夜去 北 京 个。

190 **你什么时候吃的晚饭？**

n^{33}iɤ^{51}ti^{35}iɤ^{51}kə^{0}iu^{51}?

尔□ □食 个夜?

n^{33}iɤ^{51}loŋ^{44}sɿ^{0}iɤ^{51}kə^{0}iu^{51}?

尔□ □ 时食 个 夜?

n^{33}iɤ^{51}ti^{35}iɤ^{51}iu^{51}kə^{0}?

尔 □ □ 食 夜 个?

n^{33}iɤ^{51}loŋ^{44}sɿ^{0}iɤ^{51}iu^{51}kə^{0}?

尔 □ □ 时 食 夜 个?

191 **家长会就他爸爸没去。**

xɤ^{51}kia^{44}tɕiaŋ^{55}xuo^{51}tɕiɤɯ$^{51-44}$sɿ^{33}tɤ^{51}lə^{0}kie^{51}lə^{0}mə^{0}lie^{0}xuo^{44}.

开 家 长 会 就 是 □ □公 子没 咧 去。

192 **连他姐姐都不相信他了。**

leĩ^{21}tə^{0}tsa^{55}tsa^{55}tuo^{51}mɤ^{33}si^{44}tɤ^{51}lie^{0}.

连 □姊 姊 都 没 信 □ 咧。

193 A：**你喜欢吃橘子吗？** B：**喜欢。**

A：n^{33}suo^{44}ɕi^{51}iɤ^{51}kua^{35}lɤ$^{-55}$（p>m）a^{0}?

尔□ □ 食 橘 子 吧？

B：suo^{44}ɕi^{51}（kə^{0}）.

□ □ （个）。

194 A：**上午谁去医院看了老张？** B：**老李去的／老李去了。**

A：tsia^{55}sɿ$^{21-44}$sɿ^{33}iɤ^{51}ta^{0}xuo^{44}i-yan^{35}niɤ^{35}pa^{0}la^{33}tɕiaŋ^{51}?

早 时 是 □ □去 医院 □ 罢 老 张？

B：la^{33}la^{33}xuo^{44}kə^{0}.

老 李 去 个。

la^{33}la^{33}xuo^{44}pa^{0}.

老 李 去 罢。

195 A：**她有什么比别人好的地方？** B：**她很聪明的。**

A：tɤ^{51}xɤɯ^{33}ŋ^{55}ŋə^{0}pa^{55}n^{21}ku^{0}neĩ^{44}kə^{0}tuo^{51}kuo^{0}?

□ 有 □ □ 比 人 家 □ 个 □ 牯？

B：tɤ^{51}meĩ^{21}liɤɯ^{21}la^{0}（kə^{0}）.

□ 蛮 伶 俐（个）。

196 A：**老王打米粉吗？** B：**打。** C：**不打。**

A：la^{33}ueĩ^{21}ta^{55}mi^{33}xue^{55}pa^{0}?

老 王 打 米 粉 吧？

la^{33}ueĩ^{21}ta^{55}m^{0}ta^{55}mi^{33}xue^{55}?

老 王 打 唔打 米 粉？

B：ta^{55}kə^{0}.

打 个。

C：mɤ^{33} ta^{55}kə^{0}.

没 打 个。

197 A：你有你爸爸高吗？ B：有的。C：没有的。

A：n^{33}xɤɯ^{33}（mɤ^{33}xɤɯ^{33}）nɤ$^{51-44}$kie^{51}lə^{0}kiaŋ^{35}kia^{51}?

尔 有 （没 有） □ 公 子[个样]高？

B：xɤɯ^{33}kə^{0}.

有 个。

C：xa^{21}ma^{33}tə^{0}.

还 没 得。

198 A：老张走了吗？ B：没有。

A：la^{33}tɕiaŋ^{51}tsɿ^{55}pa^{0}mɤ^{33}lie^{0}?

老 张 走 罢 没 咧。

B：mɤ^{33}lie^{0}tsɿ^{55}.

没 咧 走。

199 要是昨天不下雨就好了。

uei^{44}ɕiu^{55}tsʰa$^{51-44}$iu^{0}mɤ^{33}lau^{51}u^{33}tɕiɤɯ$^{51-44}$neĩ^{44}（p>m）a^{0}lie^{0}.

□ □ 昨 夜 没 落 雨 就 □ 罢 咧。

200 别说下雨，就是下刀子我也得出去。

mɤ^{33}kʰua^{35}lau^{51}u^{33}, tɕiɤɯ$^{51-44}$sɿ^{33}lau^{51}tsʰiaŋ^{51} lau^{51}ta^{51}iu^{33}i^{0}ɕya^{35}xuo^{0}.

没 □ 落 雨，就 是 落 枪 落 刀 我 也 出 去。

201 老张一顿饭能吃三碗饭。

la^{33}tɕiaŋ^{51}i$^{35-44}$tɕye^{44}iɤ^{51}lə^{0}pa^{35}su$^{51-44}$pie^{0}xueĩ^{51}.

老 张 一 顿 食 得 罢 三 份 饭。

202 老张一顿饭吃不完三碗饭。

la^{33}tɕiaŋ^{51}i$^{35-44}$tɕye^{44}iɤ^{51}m^{0}pa^{35}su$^{51-44}$pie^{0}xueĩ^{51}.

老 张 一 顿 食 唔 罢 三 份 饭。

203 她会说广东话。

tɤ^{51}uo^{51}kʰua^{35}koŋ^{55}tɕiɤɯ^{51}xu^{51}.

□ 会 □ 广 州 话。

204 我能跳一米高。

iu^{33}tʰiɤɯ^{44}lə^{0}pa^{35}su$^{51-44}$tɕʰiu^{0}kia^{51}.

我 跳 得 罢 三 尺 高。

205 五点了，我该走了。

n^{33}teĩ^{55}lie^{0}, iu^{33}tsɿ^{55}lie^{0}.

五 点 咧，我 走 咧。

206 **天黑了，不要出去了。**

tʰeĩ^{51}xɤ^{35}pa^{0}lie^{0}, mɤ^{33}i^{51}ɕya^{35}xuo^{44}lie^{0}.

天 黑 罢 咧，不 要出 去 咧。

207 **每个人都要交三百块钱。**

i$^{35-44}$ta^{0}n^{21}tsɤ^{55}i^{0}kiɤɯ$^{51-44}$su^{51}pu^{0}kʰuei^{44}tsʰeĩ^{21}.

一 □人 □ 要交 三 百 块 钱。

208 **她不在家，应该是出去接孩子了。**

tɤ^{51}mɤ^{33}ti^{33}a^{35}pu^{-55}, sɿ^{33}ɕya^{35}pa^{0}xuo^{44}tsi^{35}ɕyo^{44}（k > ŋ）ə^{0}tə^{0}xuo^{44}lie^{0}.

□ 没 在□ 埠， 是 出 罢 去 接 碎 □ □去 咧。

209 **黑云这么厚，可能要下雨了。**

xɤ^{35}yei^{21}lə^{0}kiaŋ^{51}kə^{0}tɕi^{55}, i^{51}lau^{51}u^{33}lie^{0}.

黑 云 子[个样]个□，要 落 雨 咧。

210 **老张昨天买了一个西瓜。**

la^{33}tɕiaŋ^{51}tsʰa$^{51-44}$iu^{0}mi^{33}pa^{0}i$^{35-44}$la^{0}si$^{51-44}$ku^{0}.

老 张 昨 夜买 罢 一 粒西 瓜。

211 A：**我吃过橘子，你吃过没有？** B：**没吃过。**

A：iu^{33}iɤ^{51}ku^{44}kua^{35}lɤ$^{-55}$, n^{33}iɤ^{51}ku^{0}mɤ^{33}lie^{0}?

我 食 过 橘 子，尔 食 过 没 咧？

B：mɤ^{33}（lie^{0}）iɤ^{51}ku^{0}.

没 （咧） 食 过。

212 **这本书我看了两个月了，终于把它看完了。**

kɤ^{44}pie^{55}ɕyo^{51}iu^{33}niɤ^{35}pa^{0}liaŋ$^{33-55}$kə^{0}uei$^{51-44}$lie^{0}, tsoŋ^{55}pie$^{51-44}$tɤ^{51}niɤ^{35}pa^{35}lie^{0}.

个 本 书 我 □ 罢 两 个 月 咧，总 分 □ □ 罢 咧。

kɤ^{44}pie^{55}ɕyo^{51}iu^{33}niɤ^{35}pa^{0}liaŋ$^{33-55}$kə^{0}uei$^{51-44}$lie^{0}, xa^{21}sɿ^{33}pie$^{51-44}$tɤ^{51}niɤ^{35}pa^{35}lie^{0}.

个 本 书 我 □ 罢 两 个 月 咧，还 是 分 □ □ 罢 咧。

213 **她正做饭呢，你一个人去玩儿吧。**

tɤ^{51}tɕiu^{44}xua^{0}ti^{33}kə^{0}tɕyo^{55}xueĩ^{51}, n^{33}i$^{35-44}$ta^{0}n^{21}xuo^{44}lu^{55}（p > m）a^{0}.

□ 正 □ 在 个 煮 饭， 尔 一 □人 去 □ 吧。

214 **我一说她，她笑着跑了。**

iu^{33}i$^{35-44}$kʰua^{35}tɤ^{51}, tɤ^{51}tɕiɤɯ^{51}siɤɯ^{44}tɕi^{0}kʰuei^{35}pa^{0}lie^{0}.

我 一 □ □，□ 就 笑 紧 □ 罢 咧。

215 **你比我高。**

n^{33}pa^{55}iu^{33}kia^{51}.

尔比 我 高。

216 **他比你还要高。**

tɤ^{51}pa^{55}n^{33}xa^{21}i^{0}kia^{51}.

□ 比 尔 还 要高。

217 **他不比你高。**

tɤ^{51}ma^{33}n^{33}kiaŋ^{0}kia^{51}.

□ 没 尔[个样]高。

218 **我没有他聪明。我不如他聪明。**

iu^{33}ma^{33}tɤ^{51}kiaŋ^{35}liɤɯ^{21}la^{0}.

我 没 □[个样]伶 俐。

iu^{33}mɤ^{33}y^{0}tɤ^{51}kiaŋ^{35}liɤɯ^{21}la^{0}.

我 没 如□[个样]伶 俐。

219 **老王跟老张一样高。**

la^{33}ueĩ^{21}niu$^{51-44}$la^{33}tɕiaŋ^{51}i$^{35-44}$iaŋ$^{51-44}$kia^{51}.

老 王 □ 老 张 一 样 高。

la^{33}ueĩ^{21}kia^{44}la^{33}tɕiaŋ^{51}i$^{35-44}$iaŋ$^{51-44}$kia^{51}.

老 王 □ 老 张 一 样 高。

220 **老王从前跟老张一样有钱。**

la^{33}ueĩ^{21}i^{35}luo^{0}niu$^{51-44}$la^{33}tɕiaŋ^{51}i$^{35-44}$iaŋ^{51}xɤɯ^{33}ts^{h}eĩ^{21}.

老 王 □□ □ 老 张 一 样 有 钱。

la^{33}ueĩ^{21}i^{35}luo^{0}kia^{44}la^{33}tɕiaŋ^{51}i$^{35-44}$iaŋ^{51}xɤɯ^{33}ts^{h}eĩ^{21}.

老 王 □□ □ 老 张 一 样 有 钱。

221 **我的头发跟你的一样长。**

iu^{33}kia^{51}n^{33}（k > ŋ）ə^{0}tɤɯ^{21}xuei^{0}i$^{35-44}$iaŋ^{51}tɕ^{h}iaŋ^{21}.

我 □ 尔 个 头 发 一 样 长。

222 **她走路跟她爸爸一样快。**

tɤ^{51}tsɿ^{55}luo^{51}niu^{51}tɤ^{51}lə^{0}kie$^{51-44}$lə^{0}i$^{35-44}$iaŋ^{0}k^{h}uei^{44}.

□ 走 路 □ □ □公子 一 样 快。

tɤ^{51}tsɿ^{55}luo^{51}kia$^{51-44}$tɤ^{51}lə^{0}kie$^{51-44}$lə^{0}i$^{35-44}$iaŋ^{0}k^{h}uei^{44}.

□ 走 路 □ □ □公 子一 样 快。

223 **我的头发没你（的）长。**

iu^{33}kə^{0}tɤɯ^{21}xuei^{0}ma^{33}n^{33}kə^{0}tɕ^{h}iaŋ^{21}.

我 个 头 发 没 尔 个 长。

iu^{33}kə^{0}tɤɯ^{21}xuei^{0}ma^{33}n^{33}kiaŋ^{35}tɕ^{h}iaŋ^{21}.

我 个 头 发 没 尔[个样]长。

224 **她走路没有她爸爸快。**

tɤ^{51}tsɿ^{55}luo^{51}ma^{33}tɤ^{51}lə^{0}kie$^{51-44}$lə^{0}k^{h}uei^{44}.

□ 走 路 没 □ □公 子快。

225 **我不如她。**

iu^{33}mɤ^{33}y^{0}tɤ^{51}.

我 没 如□。

226 **走路不如坐车。**

tsɿ^{55}luo^{51}mɤ^{33}y^{0}ts^{h}au^{33}tɕ^{h}iu^{51}.

走 路 没 如坐 车。

第八章 话语材料

第一节

俗语、谚语

（1）ku^{44}pa^{0}n^{51}uei^{0}ɕiu^{33}, i$^{35-44}$iu$^{51-44}$noŋ^{33}i$^{35-44}$iu^{0}.

过罢二月社，一夜暖一夜过了二月的春社，就一天比一天暖和。

（2）ku^{44}pa^{0}pi^{35}uei^{0}ɕiu^{33}, i$^{35-44}$iu$^{51-44}$kie^{44}i$^{35-44}$iu^{0}.

过罢八月社，一夜□冷一夜过了八月的秋社，就一天比一天冷。

（3）n^{51}uei^{0}ts^{h}iɤɯ$^{51-44}$mi^{55}mɤ^{33}ti^{33}tɤɯ^{21}, su^{51}uei^{0}ts^{h}iɤɯ$^{51-44}$mi^{55}mɤ^{33}ti^{33}ma^{33}.

二月清□清明没在头，三月清□清明没在尾清明一般在农历的二月末或者三月初。

（4）liɤɯ^{51}uei^{0}lau^{51}u^{33}ku^{35}tuo^{55}ts^{h}iaŋ^{21}.

六月落雨隔堵墙农历六月下雨，一般是这片下那片不下，也就是下过云雨。

（5）tɕ^{h}yei^{51}xoŋ^{0}u^{33}, tie^{51}xoŋ^{0}ts^{h}iɤɯ^{21}.

春寒雨，冬寒晴春天冷就雨水多，冬天冷就晴天多。

（6）uei^{51}liaŋ^{0}sen^{51}mia^{21}, tu^{51}ɕya^{55}la^{21}pia^{44}.

月亮生毛，大水来□月亮周围有月晕，就会下大雨。

（7）tie^{51}koŋ^{44}nɤ^{51}tɤɯ^{0}, si^{51}koŋ^{44}u^{33}.

东虹日头，西虹雨东边出现彩虹就会晴天，西边出现彩虹就会有雨。

（8）tsia^{55}sɿ^{55}su$^{51-44}$kie^{51}y^{0}i$^{35-44}$kie^{51}.

早起三工如一工早起三天多干的就相当于一天干的。

（9）si^{44}pɤ^{44}pə^{0}tsɤ^{44}, tɕiu^{35}tuo^{33}lə^{0}iɤ^{51}.

晒背背做，炙肚子食平时好好干活儿，冬天的时候就可以在屋里安逸地烤着火吃饭了。

（10）ta^{33}tɕiɤɯ^{0}li^{33}tə^{0}i$^{35-44}$uo^{44}xoŋ^{44}.

道州弟子一窝蜂道州人买东西喜欢一窝蜂地围着一个摊贩买。

（11）ta^{33}tɕiɤɯ^{0}li^{33}tə^{0}sai$^{51-44}$xɤɯ^{35}na$^{35-44}$tian^{0}ts^{h}ai^{35}tsuei^{35}nan^{51}tɕ^{h}i^{44}.

道州 弟子□ 后 那 点 菜 最 难 吃道州人吃菜互相谦让，最后的菜最难吃完。

（12）ta^{33}tɕiɤɯ^{0}li^{33}tə^{0}su$^{51-44}$tɕi^{0}poŋ^{44}, piɤɯ^{35}pa^{0}pa$^{21-44}$lə^{0}ma^{33}teĩ^{55}k^{h}u^{44}.

道州 弟子三 斤半， 剥 罢皮 子没 点 货道州人比较瘦弱，像皮包骨头。

（13）tsɤ^{55}sɿ^{0}tsɤ^{55}, nyo^{33}sɿ^{0}nyo^{33}; u^{55}sɿ^{0}u^{55}, ŋau^{21}sɿ^{0}ŋau^{21}.

崽 是崽， 女 是女； 鸭是鸭， 鹅 是鹅儿子和女儿是不一样的，就像鸭和鹅是不同的一样。

（14）ɕya^{55}mɤ^{33}tɕi^{55}, ŋuo$^{21-44}$m^{0}t^{h}iɤɯ^{44}.

水 没 紧， 鱼 唔跳水少了鱼就开始跳了。比喻不到要紧的时候不着急。

（15）k^{h}ua^{35}ts^{h}eĩ^{51}meĩ^{0}ueĩ^{51}meĩ^{0}mɤ^{33}y^{0}i^{51}tsuo^{51}ku^{0}tsɤ^{44}i$^{35-44}$meĩ^{0}.

□说 千 □ 万 □ 没 如要□家自己做一 □说千遍万遍，不如自己做一遍。比喻行动比言语重要。

（16）mi^{33}niau^{55}u$^{51-44}$sɿ^{55}mi^{33}niau^{55}piɤɯ^{55}.

□ □猫 下 屎 □ □猫 屏猫拉屎后自己埋起来。比喻自己的事情自己做。

（17）tsuo^{51}ku^{0}ts^{h}au^{33}i$^{35-44}$p^{h}iɤɯ^{44}sɿ^{55}, mɤ^{33}na$^{51-44}$tɕ^{h}iɤɯ^{44}, k^{h}ua$^{35-44}$n^{21}ku^{0}.

□ 家自己坐 一 泡 屎，没 □知道 臭， □说 人 家自己家的丑事不觉得是丑事，总是说别人家的丑事。

（18）tsɿ^{35}ɕya^{35}pu^{0}ta^{55}n^{21}— ɕiaŋ^{51}pa^{21}mɤ^{33}ɕiaŋ^{44}kua^{35}.

竹 刷 把 打 人——伤 皮 没 伤 骨竹扫把打人只是伤表皮不伤骨头。比喻治标不治本。

（19）tɕɿ$^{51-44}$kie$^{51-55}$u$^{51-44}$sɿ^{55}—tsi^{35}ŋen^{51}tsi$^{35-44}$ŋen^{51}.

鸡 公 下 屎——节硬 节 硬公鸡拉屎，一节硬一节软。比喻软硬兼施。

（20）poŋ^{51}lə^{0}pu^{0}tɕ^{h}ieĩ^{51}（p>m）a^{0}ɕiɤɯ^{55}ɕya^{35}—tuo^{44}i^{51}ts^{h}eĩ^{21}.

枋 子埠 □伸 罢 手 出 ——都要钱棺材里伸出手来。比喻人死了还要钱。

（21）mi^{51}lə^{0}kie^{51}ɕieĩ^{21}ma^{21}xueĩ^{0}.

□ 子公 嫌 糜 饭乞丐嫌弃稀饭。比喻不知足，贪心。

（22）tuo^{21}tie^{55}pu^{35}tɤɯ^{55}—m-a^{35}xa^{55}tɕ^{h}ieĩ^{51}ɕiɤɯ^{55}.

□ 底 斧 头——[没好] 伸 手在床底下用斧头。比喻用的地方不对，不能正常施展。

（23）ɕyo^{51}lə^{0}pu^{0}tsia^{35}u^{44}kuei^{51}—sɿ$^{51-44}$na^{51}kiɤɯ^{55}uen^{55}.

□ 子埠 □ 乌龟 ——十 拿 九 稳从坛子里捉乌龟，很容易抓住。比喻做事十拿九稳。

（24）ta^{33}tɕiɤɯ^{0}li^{33}tɤ$^{-55}$—i$^{35-44}$poŋ^{44}ku^{44}.

道州 弟 子——一 半 价道州人买东西还价还一半就行。

（25）tsiaŋ^{55}m^{0}ts^{h}uo^{51}li^{33}tə^{0}ɕiɤɯ^{51}kə^{0}uo^{35}—ti^{51}nə^{0}k^{h}en^{51}.

蒋 莫处 弟子烧 个 屋 ——第二□蒋莫村的人房子被烧了，烧到第二天才知道。比喻人蠢。

（26）tie^{44}en^{0}koŋ^{44}li^{33}tə^{0}tiɤɯ^{44}kə^{0}kuei^{55}lɤ$^{-55}$mɤ^{33}iɤ^{51}—sa^{55}pa^{0}lɛ^{0}m^{0}xoŋ^{51}.

东 阳灌 弟子钓 个蚜 子 没 食——死罢得唔慌东阳灌村的人钓到青蛙却不吃，饿死了也是自找的。

（27）tɕ^{h}iu^{35}ueĩ^{0}li^{33}tə^{0}sie^{44}kə^{0}ts^{h}i^{51}—kɤ^{35}tɕye^{44}mɤ^{33}piɤɯ^{55}tsai^{35}sɿ^{0}mɤ^{33}piɤɯ^{55}lə^{0}.

赤 源 弟子送 个亲——个 顿 没 饱 再 是没 饱 嘞赤源村的人送亲，这顿如果吃不饱就是没吃饱。

（28）liɤɯ^{51}sɿ^{0}ɕyei^{44}ɕiɤɯ^{51}kuo^{55}ɕiɤɯ^{55}—tsɿ$^{21-44}$pa^{0}lie^{0}.

六 十岁 学 鼓 手 ——迟 罢 咧六十岁才学当鼓手，太迟了。比喻做事太晚了。

（29）liɤɯ^{51}sɿ^{0}ɕyei^{44}iaŋ^{33}tsɤ^{55}—mɤ$^{33-55}$tɤ^{35}lie^{51}.

六 十岁 养 崽——没 得 力六十岁才养孩子太晚了。比喻做事使不上劲，帮不上忙。

（30）tɤɯ^{21}ɕiu^{33}ma$^{33-55}$u^{33}mɤ^{33}tɕiaŋ^{51}teĩ^{21}, nɤ^{51}ɕiu^{33}ma$^{33-55}$u^{33}mɤ^{33}tɕiaŋ^{44}ueĩ^{21}.

头 社 没 雨没 种 田，二 社 没 雨没 种 园春社没下雨就别种田，夏社没下雨就别种菜。

第二节

儿歌

（1）xoŋ^{51}tɕi^{51}koŋ^{44}, pei^{35}tʰuo^{51}tʰuo^{0}, san^{44}suei^{35}ku^{44}niaŋ^{0}fei^{35}tɕiaŋ^{35}kuo^{0}.

红鸡公，背驼驼，三岁姑娘会唱歌。

pu^{51}sɿ^{35}ie^{51}niaŋ^{21}tɕiau^{44}fei^{35}uo^{55}, tsɿ^{35}tɕi^{0}tsʰoŋ^{44}miŋ^{0}tsʰaŋ^{35}sua^{55}kuo^{0}.

不是爷娘教会我，自己聪明唱耍歌。（官话）

（2）ye^{35}liaŋ^{0}kuaŋ^{44}kuaŋ^{0}, ye^{51}liaŋ^{0}tɕʰiɤɯ^{51}tɕʰiɤɯ^{51}.

月亮光光，月亮球球。

na^{35}pian^{0}lai^{44}tsai^{55}faŋ^{35}suei^{55}niu^{51}, suei^{55}niu^{51}kuo^{35}tɕiaŋ^{44},

那边倈崽男孩儿放水牛，水牛过江，

tsʰai^{55}tau^{0}ni^{51}tɕʰiɤɯ^{51}, ni^{51}tɕʰiɤɯ^{51}kau^{35}tsuaŋ^{35},

踩到泥鳅，泥鳅告状，

kau^{35}tau^{0}xuo^{51}saŋ^{35}, xuo^{51}saŋ^{0}nian^{35}tɕin^{44}, nian^{35}tau^{0}kuan^{44}in^{44},

告到和尚，和尚念经，念到观音，

kuan^{44}in^{0}tian^{55}suei^{55}, tian^{55}tau^{0}xai^{55}kuei^{44},

观音点水，点到海龟，

xai^{55}kuei^{44}uo^{44}kuo^{0}puo^{44}puo^{0}tan^{35}, ki^{55}ni^{33}soŋ^{35}tsau^{55}ua^{0}.

海龟窝下个饽饽蛋圆蛋，给你送早□饭。（官话）

第三节

故事

牛郎和织女

meĩ$^{21-44}$na^{51}meĩ$^{21-44}$na^{0}pɤ^{44}ti^{35}, xɤɯ^{33}i^{0}ta^{44}ɕyo^{44}kə^{0}tə^{0}, tɤ^{51}a^{35}pu^{-55}kie^{51}lə^{0}nau^{33}sa^{55}pa^{0}lie^{0}, tɤ^{51}

蛮　□久蛮　□久彼□时，有　一□个碎小□□伙子，□□埠家公　子□妈 死罢咧，□

sɿ^{33}i$^{35-44}$ta^{44}ku^{44}ŋə^{0}. a^{35}pu^{-55}tɕiɤɯ^{51}sɿ^{0}i$^{35-44}$tɤɯ^{0}la^{33}ŋɤɯ^{21}, tu^{51}tɕ^{h}yo^{0}kɤ^{44}tɕ^{h}iaŋ^{0}tsɤ^{55}uei^{51}tə^{0}ŋɤɯ^{21}laŋ^{0}.

是一□个 孤 儿。□□家就　是一 头 老 牛， 大 族大家个　□些□都□叫□牛　郎。

ŋɤɯ^{21}laŋ^{0}tə^{0}kia^{44}kə^{0}tɤɯ^{0}ŋɤɯ^{21}uei^{51}sen^{44}, uei^{51}min^{35}, kɤ^{44}tɤɯ^{0}ŋɤɯ^{21}tɕ^{h}i^{51}sɿ^{0}sɿ^{33}t^{h}eĩ^{51}ɕiaŋ^{0}kə^{0}

牛　郎 □靠 个头 牛　为 生， 为 命。 个 头 牛　其 实是 天　上 个

tɕi^{51}ŋɤɯ^{21}, tɤ^{51}suo^{55}ɕi^{51}tɤ^{51}kɤ^{44}la^{0}ŋɤɯ^{21}laŋ^{0}tsɤ^{44}sɿ^{0}k^{h}in^{51}k^{h}uai^{0}, tɤ^{51}siaŋ^{55}poŋ^{51}tə^{0}, tɤ^{51}sɤ^{35}poŋ^{51}

金 牛。 □ □□喜欢 □ 个 粒牛　郎 做 事勤　快， □ 想　帮　□,□ 思 帮

tə^{0}ɕiu^{21}ta^{0}ku^{51}.

□成　□个家。

xɤɯ^{33}i^{0}kie^{51}, kɤ^{44}tɤɯ^{0}tɕi^{51}ŋɤɯ^{21}na^{51}tə^{0}t^{h}eĩ^{51}ɕiaŋ^{0}kə^{0}la^{0}sian^{44}ny^{51}ta^{44}liɤɯ^{33}meĩ$^{51-44}$tɕi^{0}ɕi$^{51-44}$meĩ$^{51-44}$

有　一工，个 头 金 牛　□ 得 天上 个粒仙　女 到岭　□　紧□河 □

xuo^{0}si^{55}yo^{51}, tɤ^{51}tɕiɤɯ^{51}sie^{44}mie^{51}pie^{51}ŋɤɯ^{21}laŋ^{0}, tɤ^{51}i$^{51-44}$tɤ^{51}ti^{35}nɤ^{51}kie^{0} tsia^{55}sɿ$^{21-55}$, ta^{44}ɕi$^{51-44}$meĩ^{0}

去 洗浴，□ 就　送 梦　分给牛　郎，□ 要　□ 第二 工 早　时， 到 □河 面

xuo^{44}, tie^{55}kɤ^{44}la^{0}ɕi$^{21-44}$nyo^{33}si^{55}yo^{51}kə^{0}sɿ^{21}xɤɯ^{0}, tɤ^{51}tɕiɤɯ^{51}tɕ^{h}yei^{55}pa^{0}tɤ^{51}kə^{0}a^{51}, kuei^{44}lə^{0}ɕyo^{51}lə^{0}

去， 等 个 粒神　女　洗 浴 个时 候， □ 就　取　罢□ 个衣，挂　得树　子

kia$^{51-44}$tɤɯ^{0}, tɤ^{51}tɕiɤɯ^{51}mɤ^{33}tɕyeĩ^{51}tɤɯ^{0}k^{h}uei^{44}lə^{0}a^{35}pu^{-55}, suo^{55}i^{0}tɤ^{51}tɕiɤɯ^{0}tɤ^{35}tɕi^{0}tə^{0}kɤ^{44}la^{0}ɕian^{44}ny^{0}

高　头，□ 就　没 转　头 □跑　得□埠家，所 以□ 就　得紧的个 粒仙　女

tsɤ^{51}nyŋ^{33}.
做□老婆。

pɤ^{44}kie^{51}tsia^{55}sɿ$^{21-55}$, kɤ^{44}la^{0}ŋɤɯ^{21}laŋ^{0}poŋ^{44}si^{44}poŋ^{44}mə^{0}si^{44}kə^{0}ta^{44}liɤɯ^{33}meĩ^{51}tɕi^{0}xuo^{44}, tɤ^{51}
彼 工那天早 时， 个 粒牛 郎 半 信 半 没 信 个 到 岭 □ 紧 去， □
niɤ^{35}tɕi^{0}kɤ^{44}tsʰa^{35}la^{0}ɕian^{44}ny^{55}ti^{33}ɕi^{51}pu^{0}si^{55}yo^{51}, tɤ^{51}tɕiɤɯ^{51}nɤ^{55}tɕi^{0}tɤ^{51}kə^{0}i$^{35-44}$liɤɯ^{33}ɕi^{21}a^{51}, tɕiɤɯ^{51}
□看 紧 个 七 粒仙 女 在 □河埠洗 浴， □ 就 □拿紧 □ 个 一 领 神 衣，就
kʰuei^{35}pa^{0}kua^{51} xuo^{0}. pɤ^{44}kie^{51}, kɤ^{44}ta^{0}pie^{51}tsʰiaŋ^{55}pa^{0}kɤ^{44}liɤɯ^{33}a^{51}tɕiɤɯ^{51}sɿ^{0}tɕiɤ^{35}nyo^{0}.
□跑 罢 归 去。彼工那天，个 □个分被抢 罢 个 领 衣 就 是 织 女。

pɤ^{44}kie^{0}xɤ^{35}iu$^{51-55}$, tɕiɤ^{35}nyo^{0}tsʰiɤɯ^{51}tsʰiɤɯ^{0}ta^{44}, kʰia^{51}tə^{0}mie^{51}, liaŋ$^{33-55}$ta^{0}tɕiɤɯ^{51}ɕiu^{21}pa^{0}liaŋ^{33}
彼 工 黑 夜， 织 女 悄 悄 到，敲 □他门，两 □个就 成 罢 两
kie$^{51-44}$pu^{0}. i$^{35-44}$tɕyeĩ^{44}nɤ^{33}tɕiɤɯ^{51}sɿ^{0}su$^{51-44}$neĩ^{51}ku^{44}pa^{0}xuo^{44}lie^{0}, tɤ^{51}lə^{0}liaŋ$^{33-55}$ta^{0}tɕiɤɯ^{51}iaŋ^{33}pa^{0}
公 婆。一 转 □ 就 是三 年 过 罢 去 咧，□□他们两 □个就 养 罢
i$^{35-44}$ta^{0}tsɤ^{55}, i$^{35-44}$ta^{0}nyo^{33}, i$^{35-44}$ku^{51}a^{35}pu^{5}ku^{44}lə^{0}meĩ^{21}neĩ^{44}.
一 □个崽， 一 □个女， 一 家□埠家 过 得蛮 □好。

tɕiɤ^{35}nyo^{0}tsuo^{51}ku^{0}xu^{33}xueĩ^{51}tɕiɤɯ^{51}pie^{51}y^{35}xuaŋ^{0}na^{51}tə^{0}lə^{0}. xɤɯ^{33}i$^{35-44}$kie^{51}tʰeĩ^{51}ɕiaŋ^{0}tɕiɤɯ^{51}
织 女 □ 家自己下凡 就 分被玉 皇 □得晓得嘞。有 一 工 天 上 就
xɤɯ^{35}luo^{21}kie^{0}, tɕʰya^{51}tʰai^{44}xue^{51}, lau^{51}tʰai^{44}u^{33}. kɤ^{44}tɤɯ^{0}la^{33}ŋɤɯ^{21}tɕiɤɯ^{51}xɤ^{51}xɤɯ^{55}lie^{0}, uei^{51}
□响 雷 公，吹 大 风， 落 大 雨。个 头 老 牛 就 开 口 咧，□叫
tɤ^{51}mɤ^{33}neĩ^{21}ku^{0}, tɤ^{51}pie^{51}tə^{0}kiɤɯ^{35}kie$^{51-55}$nɤ^{55}xu^{33}la^{0}, peĩ^{44}pa^{0}liaŋ^{33}tɕiu^{0}lie^{21}, tsoŋ^{51}yo$^{51-44}$liaŋ$^{33-55}$
□ 没 难 过，□ 分把 □角 公 □拿下 来，变 罢两 隻 箩，装 □我们 两
ta^{0}ɕyo^{44}kə^{0}tə^{0}, kʰuo^{55}i^{0}ta^{44}teĩ^{51}koŋ^{0}ɕiaŋ^{33}xuo^{0}ti^{51}kɤ^{44}la^{0}tɕiɤ^{35}nyo^{0}. ŋɤɯ^{21}laŋ^{0}tɤ^{51}tɕiu^{0}kiaŋ^{35}kə^{0}
□个碎小□□孩子，可以到 天 宫 上 去 □找个 粒织 女。牛 郎 □ 正 [个样] 那样
kʰi^{35}kʰuo^{0}, tɤ^{51}tɕiɤɯ^{51}nɤ^{55}tɕi^{0}tɤ^{51}kə^{0}ŋɤɯ^{21}kiɤɯ^{35}kie^{0}tɕiɤɯ^{51}lau^{51}lə^{0}ta^{51}kuo^{0}, tɕiɤɯ^{51}peĩ^{44}pa^{0}liaŋ^{33}
□ □， □ 就 □拿紧 □ 个 牛 角 公 就 落 得地 牯， 就 变 罢 两
tɕiu^{0}lie^{21}, pie^{51}liaŋ$^{33-55}$ta^{0}ɕyo^{44}kə^{0}tə^{0}tsoŋ^{51}tɕi^{0}, i^{51}peĩ^{55}lə^{0}toŋ^{44}pa^{0}uo$^{35-44}$tɕi^{0}, i$^{35-44}$ti^{35}tɕiɤɯ$^{51-44}$peĩ^{44}pa^{0}
隻 箩，分把两 □个碎小□□孩子装紧，用扁 子担 皮 □担 紧，一 □下就 变 罢
tɕʰiɤ^{35}kʰuen^{55}tɕiɤɯ$^{51-44}$pʰa^{51}ɕiaŋ^{0}tʰeĩ^{51}ɕiaŋ^{0}xuo^{44}.
□ □翅膀 就 飞 上 天 上 去。

niɤ^{33}tɕiɤɯ^{0}i$^{35-44}$niɤ^{35}tɕiɤɯ$^{51-44}$i^{51}tɕya^{51}ɕiaŋ^{0}kə^{0}ta^{0}tɕiɤ^{35}nyo^{0}lie^{0}, pie^{51}kɤ^{44}ta^{0}uaŋ^{51}mu^{55}niaŋ^{51}
眼 睛 一 □看 就 要 追 上 个 □个织 女 咧，分被个 □个王 母 娘
niaŋ^{0}tɕiɤɯ$^{51-44}$xua$^{51-44}$ɕian^{0}tɤ^{51}lə^{0}. xua$^{51-44}$ɕian^{0}tɤ^{51}tɕiɤɯ$^{51-44}$tɕʰyei^{55}tə^{0}na^{55}kuo^{0}kia$^{51-44}$tɤɯ^{0}kɤ^{44}mə^{0}
娘 就 发 现 □ 嘞。发 现 □ 就 取 □脑 牯 高 头 个 □

tɕin^{44}tsʰa^{51}, tsia^{35}tɕi^{0}, tɤ^{51}liaŋ^{33}la^{0}tɕiaŋ$^{51-44}$si^{51}tɕiɤɯ$^{51-44}$xu^{51}i$^{35-44}$tiɤɯ^{0}tʰai^{44}ɕi^{51}, i^{51}tɤ^{51}niɤ^{35}m^{0}ta^{44}.
金 钗，□抓紧，□ 两 粒中 心就 划 一 条 大 □河，要□ □看 唔到。

mɤ^{55}i^{0}neĩ^{21}tsʰa^{35}uei^{0}tsʰa^{35}, meĩ$^{21-44}$tau^{51}ɕi^{55}tɕʰyo^{0}tɕiɤɯ$^{51-44}$ku^{44}sʅ^{0}i$^{35-44}$koŋ$^{21-44}$tsʰoŋ^{21}tɕiɤɯ^{21},
每 一年 七 月 七，蛮 多 喜 鹊 就 架 起一 □ 长 桥，
tɕʰyei^{55}tɤ^{51}liaŋ^{33}la^{0}xuo$^{51-44}$pa^{0}i$^{35-44}$kʰen^{51}.
□让 □ 两 粒会 罢一 □次。

第四节

讲述

一 传统节日

ku^{44}neĩ^{21}ts^{h}iɤɯ^{51}tsia^{55}sɿ$^{21-55}$la^{33}t^{h}en^{0}ku^{0}ti^{33}a^{35}pu^{-55}, tɕiɤɯ$^{51-44}$sɿ^{33}k^{h}au^{44}a^{35}pu^{-55}ɕyo^{44}ŋɤ^{55}tə^{0}ɕiaŋ^{33}
过年清早时老□人家在□埠家里，就是叫□埠家里碎□□孩子上

liɤɯ^{33}ɕiaŋ^{0}nɤ^{55}tsɿ^{55}a^{0}, nɤɯ^{51}teĩ^{0}ts^{h}eĩ^{21}a^{0}, nɤ^{55}tsiɤɯ^{55}a^{0}, ɕiaŋ^{51}a^{0}, p^{h}iɤɯ^{44}soŋ^{33}a^{0}, tɕiɤɯ$^{51-44}$tsɿ^{55}lə^{0}
岭上□拿纸啊，弄点钱啊，□拿酒啊，香啊，炮仗啊，就走得

tsuo^{55}ta^{51}kuei^{44}teĩ^{0}sia^{55}a^{0}. kuei^{44}teĩ^{0}sia^{55}kua^{51}la^{0}tɕiɤɯ$^{51-44}$nɤɯ^{51}kə^{0}tɕ^{h}iaŋ^{55}su^{51}sɿ^{0}xɤ^{35}kə^{0}sɿ$^{51-44}$tsɤ^{44}.
祖地挂点扫啊。挂点扫归来就弄个□些三十黑个事做。

si^{35}tsɿ^{51}a^{0}, nɤɯ^{51}u^{55}a^{0}, niaŋ^{35}tɤɯ^{51}xu^{0}a^{0}, mau^{51}tɤɯ^{51}xu^{55}a^{0}, ta^{55}ts^{h}a^{21}xue^{55}lə^{0}, nɤɯ^{51}pa^{0}lie^{0}iɤ$^{51-44}$iu^{51}.
杀鸡啊，弄肉啊，酿豆腐啊，磨豆腐啊，打餈粉子，弄罢咧食夜晚饭。

iɤ$^{51-44}$iu^{51}lə^{0}sɿ^{33}ti^{33}kiaŋ^{35}kə^{0}su^{51}sa^{44}teĩ^{0}kə^{0}iɤ$^{51-44}$iu^{51}lie^{0}. iɤ$^{51-44}$iu^{51}i^{0}poŋ^{44}p^{h}iɤɯ^{44}soŋ^{33}a^{0}, ɕiɤɯ^{51}
食夜嘞是在[个样]子三四点个食夜咧。食夜要放炮仗啊，烧

tsɿ^{55}a^{0}, pi^{44}i^{0}pi^{44} tsia^{44}kie^{51}tsia^{44}pu^{21}a^{0}, pi^{44}i^{0}pi^{44}kɤ^{44}ta^{0}a^{35}pu^{-55}kə^{0}ts^{h}eĩ^{51}pei^{35}a^{0}, iɤ$^{51-44}$iu^{51}ts^{h}a^{21}a^{0},
纸啊，拜一拜灶公灶婆啊，拜一拜个□个□埠家个前辈啊，食夜餈啊，

niɤ^{51}tian^{35}sɿ^{0}a^{0}, niɤ^{35}tian^{35}sɿ^{0}kɤ^{44}ta^{0}poŋ^{44}la^{33}, iu^{51}iu^{51}lə^{0}. iɤ$^{51-44}$iu^{51}tɕiɤɯ$^{51-44}$sɿ^{33}ɕyo^{44}ŋə^{0}tə^{0}tɕi^{55}
□看电视啊，□看电视个□个半里，食夜嘞。食夜就是碎□□孩子紧

teĩ^{0}tɕ^{h}iu^{51}a^{0}, t^{h}ai^{44}n^{0}ku^{0}ti^{0}ɕyo^{44}ŋə^{0}tə^{0}u^{35}ɕyei^{44}ts^{h}eĩ^{21}. ta^{44}lə^{0}sɿ^{51}teĩ^{55}ɕiɤ$^{51-44}$i$^{35-44}$teĩ^{55}tɕi^{51}a^{0}, tɕiɤɯ$^{51-44}$
点车啊，大人家□给碎□□孩子压岁钱。到了十点十一点钟啊，就

ɕiau^{44}ie^{35}a^{0}. ɕiau^{44}ie^{35}tɕiɤɯ$^{51-44}$poŋ^{44}iu^{0}. tɕiɤɯ$^{51-44}$sɿ^{33}tɕi^{44}ye^{0}tsia^{55}pu^{51}la^{0}poŋ^{44}iu^{0}la^{33}ku^{44}tɕyeĩ^{55}
消夜啊。消夜就半夜。就是正月早晡子半夜里过转

m^{0}tɕi^{51}a^{0}, i$^{51-44}$poŋ^{44}p^{h}iɤɯ^{44}soŋ^{33}a^{0}. tɕiɤɯ$^{51-44}$sɿ^{33}ti^{35}nɤ^{51}t^{h}eĩ^{51}i$^{35-44}$tsia^{55}, a^{35}pu^{-55}tɕi^{0}ɕi^{44}ueĩ^{21}tɕia^{44},
十二整啊，要放炮仗啊。就是第二天一早，□埠家紧□圆灶，

ta^{35}ts^{h}uo^{51}sɿ^{51}i$^{35-44}$tɕia^{51}ɕyo^{44}ŋə^{0}tə^{0}pi^{44}neĩ^{21}a. t^{h}ai^{44}n^{0}ku^{0}ti^{33}a^{35} pu^{-55}nɤɯ^{51}ts^{h}a^{21}a, nɤɯ$^{51-44}$tsau^{51}a^{0},
到处□一家碎小□□孩子拜年啊。大人家在□埠家弄斋啊，弄朝啊，

tsia^{55}sɿ$^{21-55}$iɤ^{51}ts^{h}a^{21}a^{0}. iɤ^{51}lə^{0}ts^{h}a^{21}pa^{0}tɕiɤɯ$^{51-44}$sɿ^{33}ta^{44}pu$^{51-44}$la^{35}tsia^{55}a^{35} pu^{-55}niɤ^{35}tian^{35} sɿ^{44}, piɤɯ^{35}ku^{51}
早时食斋啊。食了斋罢就是到晡子早□埠家□看电视，剥瓜

kua^{0}iɤ$^{51-44}$tɕyo^{55}lə^{0}ɕiə^{0}, iɤ$^{51-44}$ku^{51}kua^{51}. iɤ^{51}pa^{0}tsau^{51}ta^{44}pu^{51}lə^{0}tɕiɤɯ$^{51-44}$nɤɯ^{51}tsɿ^{55}iaŋ^{0}tɕ^{h}i^{44}a^{0},
骨食嘴子食零食，食瓜骨。食罢朝到晡子就弄几样菜啊，

tɕyo^{55}la^{0}ma^{33}xu^{35}a^{0}, tɕyo^{44}ɕyo^{44}ŋə^{0}tə^{0}pi^{44}neĩ^{21}niɤ^{35}tian^{35}sɿ^{0}. ta^{44}pa^{0}xɤ^{35}iu^{0}tɕiɤɯ$^{51-44}$sɿ^{0}iɤ$^{51-44}$iu^{51}.
□里没客啊，□碎□□孩子拜年□看电视。到罢黑夜就是食夜。

ta^{44}lə^{0}ts^{h}uo$^{51-44}$nɤ^{51}lə^{0}tɕiɤɯ$^{51-44}$k^{h}uo^{55}i^{55}tsɿ^{55}ts^{h}i^{51}. ts^{h}uo$^{51-44}$nɤ^{51}tɕiɤɯ$^{51-44}$sɿ^{0}ts^{h}i^{51}lə^{0}pu^{0}tsɿ^{55}la^{0} tsɿ^{55}
到了初二嘞就可以走亲。初二就是亲子埠亲戚走来走

xuo^{0}, tɤ^{51}ta^{44}tɤ^{51}pi^{55}, tɤ^{51}ta^{44}tɤ^{51}pi^{55}, nɤ^{55}uaŋ^{51}ki^{0} pi^{44}neĩ^{21}a^{0}, pi^{44}neĩ^{21}. ta^{44}maŋ^{55}uei^{0}i^{55}xɤɯ^{35}
去，□他到□他彼那，□他到□他彼，□拿□□东西拜年啊，拜年。到满月以后

tɕiɤɯ$^{51-44}$sɿ^{33} ku^{44}neĩ^{21}xɤ$^{51-44}$xu^{35}a^{0}, ku^{44}teĩ^{0}ma^{33}p^{h}u^{0}. tɕiɤɯ$^{51-44}$sɿ^{0}nɤɯ^{51}kə^{0}tsuo^{51}tsɿ^{55}a^{0}, ts^{h}au^{33}lə^{0}
就是过年开客啊，过点尾□。就是弄个桌子啊，坐得

a^{35}pu^{55}iɤ^{51}. xɤɯ^{33}nau^{35}tsɿ^{55}koŋ^{55}teĩ^{55}nau^{35}tsɿ^{55}a^{0}, ta^{44}ma$^{33-55}$i^{55}xɤɯ^{35}lə^{0}tɕiɤɯ$^{51-44}$sɿ^{0}xɤ^{51}tɕ^{h}yei^{51}lie^{0},
□埠家食。有闹子赶点闹子啊，到尾以后嘞就是开春咧，

ku^{44}pa^{0} uei^{21}sɿ^{0}tsi^{0}lie^{0}.
过罢元时节元宵节咧。

uei^{21}sɿ^{0}tsi^{0}yo^{51}sɤ^{35}tau^{0}kə^{0}ts^{h}uaŋ^{51}t^{h}oŋ^{0}a^{0}, tɕiɤɯ$^{51-44}$sɿ^{0}yan^{51}ɕiau^{44}yan^{51}ɕiau^{0}tɕiɤɯ^{0}i^{0}xa^{35}ɕiau^{44},
元时节□我们□多个传统啊，就是元宵元宵就一下消，

tɕiɤɯ$^{51-44}$sɿ^{0}i$^{35-44}$ti^{35}iɤ^{51}, i$^{35-44}$ti^{35}ɕiɤɯ^{51}pa^{0}lie^{0}. tie^{55}kə^{0}la^{51}kuo^{0}tɕiɤɯ$^{51-44}$sɿ^{0}ku^{44}pa^{0}ueĩ^{21}sɿ^{0}tsi^{0}lə^{0}
就是一□下食，一□下消罢咧。等个立□就是过罢元时节嘞

tɕiɤɯ$^{51-44}$xɤ^{51}sɿ^{55}tsɤ^{44}sɿ^{51}lie^{0}. ɕyo^{44}ŋə^{0}tə^{0}ie^{0}k^{h}ai^{44}ɕyo^{0}tuo$^{51-44}$ɕyo^{51}lie^{0}, t^{h}ai^{44}n^{0}ku^{0}tɕiɤɯ$^{51-44}$xɤ$^{51-44}$
就开始做事咧。碎□□孩子也开学读书咧，大人家就开

tɕ^{h}yei^{51}lie^{0}, nɤɯ^{51}teĩ^{21}nɤɯ$^{51-44}$ta^{51}lie^{0}. t^{h}ai^{44}n^{0}ku^{0}tɕiɤɯ$^{51-44}$k^{h}ai^{44}sɿ^{0}tɕiaŋ^{44}uaŋ^{51}ki^{0}nɤɯ$^{51-44}$ta^{51}.
春咧，弄田弄地咧。大人家就开始种□□东西弄地。

tɕiɤɯ$^{51-44}$pɤ^{35}ken^{44}a^{0}, la^{21}teĩ^{21}la^{21}iaŋ^{51}a^{0}. li^{21}ueĩ^{0}iaŋ^{51}nɛ^{0}tɕiɤɯ$^{51-44}$li^{21}kə^{0}ta^{51}teĩ^{21}, tɕiɤɯ$^{51-44}$ɕiɤ^{51}
就备耕啊，犁田犁秧啊。犁完秧呢就犁个地田，就莳

teĩ^{21}lie^{0}. ɕiɤ^{51}ueĩ^{21}teĩ^{21}i^{55}xɤɯ^{35}nɛ^{0}tɕiɤɯ$^{51-44}$toŋ^{51}n^{0}tsi^{0}lə^{0}.
田咧。莳完田以后呢就端午节嘞。

tsʰiɤɯ51mi0tsi0tɕiɤɯ51−44sɿ0kuei44teĩ0sia55. tsʰiɤɯ51mi0tɕiɤɯ51−44sɿ0ɕyo44ŋə0tə0xuo44ta51ti0
清 明节就 是挂 点扫。清 明就 是碎□□孩子去 地□坟地
ɕiɤɯ51teĩ0tsɿ55. toŋ51n0tsi0tsia55sɿ0iɤ51ɕyo51tsʰa21. ɕyo51tsʰa21nɛ0tɕiɤɯ51−44sɿ0niu51kɤ44ta0 nau51−44
烧 点纸。端 午节早 时食 酥 餈。酥 餈 呢就 是□让个 □个 糯
mi33poŋ51−44si44mu0a0poŋ51ni0poŋ51ni0poŋ51toŋ21a0, i51−44tie21lə0i51−44pa21piɤɯ51tɕi0. toŋ51n0tsi0
米 拌 细 麦 啊拌 呢拌 呢拌 糖 啊,用 桐 子叶 皮 包 紧。端 午节
i35−44paŋ44tɕʰi51u55a0, xa21sɿ0iɤ51li51tə0ueĩ21lə0, xuo51tsə0sɿ33tɕi51mi0saŋ0u35a0. ta44lə0ma33kie0pa55
一 般 吃 肉啊,还是食 辣子丸 子,或 者是 机米□肉米粉肉啊。到了尾 工 罢
lə0i55xɤɯ35lɛ0, tɕiɤɯ51−44sɿ0tsɤ44sɿ51tɕiɤɯ51−44sɿ0la21lə0saŋ44u55lie0. teĩ21tɕiɤɯ51−44sɿ0ɕia51li21ia0,
了以后 呢,就 是做 事 就 是来 了□肉米粉肉咧。田就 是杀 □虫 呀,
tɕiaŋ44xueĩ51−44ɕyo55, tɕiaŋ44tɤɯ51lə0, tsʰuo21tsʰia55ia0, xu33xua21ia0. uo35−44ta44liɤɯ33kə0sɿ0kie0,
种 番 薯, 种 豆 子,锄 草 呀,下 肥 呀。□担 到 岭 个时工,
ta44men0sin0tɕiɤɯ51−44sɿ0kɤ35tɤɯ51lə0kɤ35u21. kɤ35u21lə0tɕiɤɯ51−44si44kuo35lɤ−55. si44kuo35lɤ−55kuei44
到□ □然后就 是割 豆 子割 禾。割 禾嘞就 晒 谷 子。晒 谷 子 □
ta0nɤ35tɕi0tau35. nɤ35tɕi0tau35tɕiɤɯ51−44ɕia35ɕiɤ51xuei51ɕia51li21. ɕia51li21ma33 kie0ta44lɛ0nɤ35tɕi0
□个二 季稻。二 季稻 就 下 石 灰 杀□虫。杀□虫 尾 工 到了二 季
tau35kau55kuaŋ55li55, tɕiɤɯ51−44sɿ0uaŋ51i0tsʰuo21tsʰia55. ta44tsʰia55pu−55lɛ0n33kɤ35uo51kɤ35tɕiɤɯ51−44
稻 搞 管 理,就 是往 要 锄 草。 到 草 埠 呢尔割 □ 割 就
sɿ0kɤ35pa0nɤ35tɕi0tau35tsʰia55lɛ0. tsʰa35pu−55lɛ0tɕiɤɯ51−44sɿ0kuo35tsʰa35uei0poŋ44. tɕiɤɯ51−44sɿ0a35
是割 罢二 季稻 草 呢。七 埠 呢就 是过 七 月 半。 就 是□
pu−55xɤɯ33ku44ɕi44kə0la33n0ku55tsʰi51n0ku0, tɕiɤɯ51−44sɿ0ɕie55piɤɯ51a0, nɤ55tsʰa21a0, nɤ55tsɿ55a0nɤ55
埠家有 过 世 个老 人家 亲 人家,就 是写 表 啊,□拿餈 啊,□拿纸 啊□拿
liɤɯ33nɛ33 ɕyo51a0, xɤɯ33ɕie55piɤɯ51, ɕie44piɤɯ51 tɕiɤɯ51−44sɿ0 nɤ55tsʰa21xuo44a0. tsʰa35uei0poŋ44
柳 呢 书 啊,有 写 表, 写 表 就 是 □拿餈 去 啊。七 月 半
kua55sɿ21tsi0. ku44 tsʰa35uei0poŋ44tɕiɤɯ51−44ta0pi35uei0 poŋ44.
鬼 时 节。过 七 月 半 就 到八 月 半。

pi35uei0poŋ44kɤ44ta0tʰuaŋ51yan0sɿ21tsi0. pi35uei0poŋ44tsɿ55nau51pu0tsʰa21. yo51sə0tau0xɤɯ33 nau51
八 月 半 个 □个团 圆 时 节。八 月 半 走 糯 把 餈。□我们□这儿有 糯
kau35pie35kə0piɤɯ51. piɤɯ51kiɤɯ35kie0tsʰa21, piɤɯ51pu55lə0tsʰa21, ta35pu35fen0n21sɿ33piɤɯ51nau51
□ □ 个包。 包 角 公 餈, 包 把 子餈, 大 部 分 人是 包 糯
mi0tsʰa21, ta55xue55lɤ−55. i35luo51pə0ti33sɿ0tau55, ta55xue55lɤ55. ta55xue55lɤ55lɛ0pau51in21−44xen21i51−44
米 餈, 打 粉 子。□□彼□以前是捣, 打 粉 子。打 粉 子 呢包 银 □ 用

mu^{21}lə^{0}piɤɯ^{51}xoŋ^{21}toŋ^{21}. tau^{55}in$^{21-44}$xen^{21}. in$^{21-44}$xen^{21}lɛ^{0}iɤ^{51}lə^{0}xɤ$^{51-44}$lə^{0}ɕyo^{51}tɕiɤɯ$^{51-44}$kia^{55}tsan^{35}
模 子包 红 糖。捣 银 □。银 □ 呢□□谁开 了酥 就 搞 蘸
iɤ^{51}. t^{h}ai^{44}n^{0}nɛ^{0}nɤ^{55}teĩ^{0} xoŋ^{21}toŋ^{21}iaŋ^{51}kə^{0}kiau^{35}sɿ^{55}la^{0}iɤ^{51}. ta^{44}pi^{0}ɕiɤɯ^{55}uei^{0}poŋ^{44}tɕiɤɯ$^{51-44}$i$^{35-44}$
食。大 人呢 □拿点 红 糖 烊 个 □蘸 起 来食。到 彼那九 月 半 就 一
mɤ^{51}i$^{35-44}$mɤ^{51}nɛ^{0}tɕiɤɯ$^{51-44}$ ɕiɤɯ$^{51-44}$ xueĩ^{51}ɕyo^{51}, niaŋ$^{51-44}$tsiɤɯ^{55}a^{0}. tɕiɤɯ$^{51-44}$ɕiɤɯ^{51}nɤ^{35}tɕi^{0}tau^{35}
□样一 □样 呢 就 收 番 薯, 酿 酒 啊。就 收 二 季 稻
a^{0}, i^{35}luo^{0}pɤ^{44}ti^{0}tɕiu^{55}xua^{44}sen^{44}a^{0}. kuei^{35}xua^{44}sen^{44}tɕiɤɯ$^{51-44}$sɿ^{0}tsuo^{35}ts^{h}u^{21}tsɿ^{55}. i$^{51-44}$xue^{55}iɤɯ^{51}
啊, □□彼□以前整 花 生 啊。□ 花 生 就 是做 茶 籽。用 粉 药
niaŋ$^{51-44}$tsiɤɯ^{55}. niaŋ^{35}tsiɤɯ^{55} tɕiɤɯ$^{51-44}$la^{33} tie^{51}sɿ^{0}ta^{51}nɤɯ$^{51-44}$ts^{h}iɤɯ^{21}a^{0}. nɤɯ^{51}ts^{h}iɤɯ^{55}tɕyeĩ^{51}
酿 酒。 酿 酒 就 立 冬 时到 弄 樵柴 啊。弄 樵柴 专
mie^{21}ku^{55}tie^{51}kə^{0}uaŋ^{51}ki^{0}a^{0}. kɤ^{44}ta^{0}lɛ^{0}i$^{35-44}$mɤ^{51}i$^{35-44}$mɤ^{51} kie^{44}lə^{0}siɤɯ^{35}ts^{h}i^{44}a^{0}, kuaŋ^{55}li^{55} tɕiaŋ^{44}
门 过 冬 个□□东西啊。个□个呢一 □样 一 □样 工 个 □小 菜 啊, 管 理 种
siɤɯ^{35}ts^{h}i^{44}. i$^{35-44}$neĩ^{21}ta^{44}mə^{0}sɿ^{21}ɕiaŋ^{33}lə^{0}la^{33}tie^{51}kie^{44}pa^{0}lɛ^{0}. tɕiɤɯ$^{51-44}$sɿ^{0}tsɤ^{44}sɿ^{51}sɿ^{0}kɤ^{44}la^{0}
□小 菜。 一 年 到 尾 时 上 得立 冬 □冷 罢 咧。就 是做 事 时个 粒
uaŋ^{51}ki^{0} ɕiɤɯ^{51}pa^{0}lie^{0} tɕiɤɯ$^{51-44}$kua$^{51-44}$la^{0}sɿ^{35}pa^{0}lie^{0}. tɕiɤɯ$^{51-44}$sɿ^{0}ts^{h}au^{33}lə^{0} a^{35}pu^{-55}kia^{51}ts^{h}i^{51}
□□东西 收 罢 咧 就 归 来息 罢 咧。就 是坐 得 □ 埠家□和 亲
ts^{h}iɤɯ^{0}tsɤ^{44}tsiɤɯ^{55}iɤ$^{51-44}$tsiɤɯ^{55}a^{0}, ti^{33}a^{35}pu^{-55}kɤ$^{51-44}$lu^{55}ti^{0} tɕiɤɯ$^{51-44}$lu^{55}ti^{0}lɛ^{0}.
戚 做 酒 食 酒 啊, 在□家埠 该 □玩□下就 □玩□下呢。

ma^{33}lə^{0}tɕiɤɯ$^{51-44}$sɿ^{0}ku^{44}ɕyo^{44}neĩ^{21}, tɕiɤɯ$^{51-44}$ta^{44}t^{h}ai^{44}neĩ^{21}. i$^{35-44}$neĩ^{21}nɛ^{0}ka^{44}sɿ^{51}nɛ^{0} tɕiɤɯ$^{51-44}$
尾 子就 是过 碎 年, 就 到 大 年。 一 年 呢□ 起努力呢就
sɿ^{0}tsɤ^{44}kɤ^{44}ki^{35}tsɤ^{44}pɤ^{44}ki^{35}, tɕiɤɯ$^{51-44}$sɿ^{0}kiaŋ$^{51-44}$kə^{0}sɿ^{35}.
是做 个 □ 做 彼 □, 就 是[个样] 个事。

二 种田

ki^{55}i$^{35-44}$ti^{0}i$^{35-44}$neĩ$^{21-55}$tɕiaŋ^{44}teĩ^{21}kə^{0}tɕ^{h}in^{51}k^{h}uaŋ^{44}. tɕ^{h}yei^{51}ɕiaŋ^{0}la$^{51-44}$tɕ^{h}yei^{51}tɕiɤɯ$^{51-44}$sɿ^{33}xɤ^{51}
讲 一□下一 年 种 田 个情 况。 春 上 立 春 就 是开
tɕ^{h}yei^{51}lie^{0}, xɤ^{51}tɕ^{h}yei^{51}tɕiɤɯ$^{51-44}$sɿ^{55}ku^{0}tɕiaŋ^{44}teĩ^{21}, la^{21}teĩ^{21}. ta^{44}pi^{44}nɤ^{51}uei^{51}nɛ^{0}tɕiɤɯ$^{51-44}$sɿ^{55}ku^{0}
春 咧, 开 春 就 始□开始种 田, 犁 田。到 彼 二 月 呢 就 始□开始
la^{21}iaŋ^{51}teĩ^{21}, ts^{h}iɤɯ$^{51-44}$mi$^{21-55}$tsi^{0}i^{55}ts^{h}eĩ^{21}tɕiɤɯ^{51}li^{21}iaŋ^{51}teĩ^{21}, li^{21}nɛ^{0}li^{21}nɛ^{0}, nɤɯ$^{51-44}$pa^{0}nɤɯ$^{51-44}$
犁 秧 田, 清 □ 节以前 就 犁 秧 田, 犁 呢犁 呢, 弄 罢 弄
pa^{0}ɕiaŋ^{51}suo^{35}, kɤɯ^{51}pa^{0}kɤɯ^{51}pa^{0}. tɕ^{h}yei^{35}ɕiaŋ^{0}iaŋ^{51}teĩ^{21}nɛ^{0}su$^{35-44}$iaŋ^{51}kuo^{35}tɕiɤɯ$^{51-44}$sɿ^{0}niɤ^{35}t^{h}eĩ^{51}
罢上 索锄草, 钩 罢 钩 罢。春 上 秧 田 呢 撒 秧 谷 就 是□看 天

sə^{0}. i$^{35-44}$paŋ^{44}nɛ^{0}tɕiaŋ^{44}teĩ^{21}n^{0}tɕiɤɯ$^{51-44}$sɿ^{0}niɤ^{35} tʰeĩ^{51}tɕʰi^{0}y^{35} pau^{35}. tʰeĩ^{51}sə^{0}neĩ^{44} tɕiɤɯ$^{51-44}$ti^{33}
色。一般呢种田人就是□看天气预报。天色□好就在
tsʰiɤɯ$^{51-44}$mi$^{21-55}$tsi^{0}tsia^{55}li^{0}xɤ^{44}sɿ^{0}. tɕiaŋ^{44}teĩ^{21}su^{35}iaŋ^{51}tɕiɤɯ^{51}sɿ^{33}tsʰiɤɯ$^{51-44}$mi$^{21-55}$tsi^{0}tsʰian^{51}xɤɯ^{35},
清□节早里开始。种田撒秧就是清□节前后，
mi^{51}tsʰa^{0}pɤ^{44}ti^{0}, tɕiɤɯ$^{51-44}$sɿ^{33}kɤ^{44}tsɿ^{55}ti^{33}xu^{33}iaŋ^{51}. ti^{33}nɤ^{51}uei^{0} pu^{0}tsʰiɤɯ$^{51-44}$mi$^{21-55}$nɛ^{0}tɕiɤɯ$^{51-44}$
□□前面背底，就是个儿□时下秧。在二月埠里清□呢就
ma^{33}ɕiaŋ^{0}tɕiɤɯ^{51}tsɿ^{35}a^{51}, su^{51}uei^{0}pu^{0}tsʰiɤɯ$^{51-44}$mi$^{21-55}$nɛ^{0}tɕiɤɯ$^{51-44}$sɿ^{33}ma^{33}kie^{0}tɤɯ^{21}liaŋ^{33}kie^{51}
马上着急啊，三月埠里清□呢就是尾工头两工
tɕiɤɯ$^{51-44}$su^{35}.
就撒。

su$^{35-33}$pa^{0}xuo^{44}a^{03}ti^{33}a^{35}pu^{-55}kuo^{35}lɤ$^{-55}$ tʰuo$^{51-44}$ia^{51}, tsɿ^{55}xɤ^{35}iu^{33}tsʰa^{51}kuo^{35}lɤ$^{-55}$, iɤ^{51}pa^{0}iu^{51}
撒罢去啊在□埠家谷子催芽，几黑夜□泡谷子，食罢夜
tsʰa^{51}ta^{44}ti$^{35-44}$nɤ^{51}kie^{51}tsia^{55}sɿ^{55}pa^{0}ɕya^{51}. sɿ^{55}pa^{0}ɕya^{35}iɤɯ^{51}kiaŋ^{35}tsɿ^{55}ta^{0}tɕi^{51}, i$^{35-44}$liaŋ^{33} ta^{0}tɕi^{51}, xeĩ^{33}
□泡到第二工早起罢水。起罢水□浸[个样]几□个钟，一两□个钟，旱
pa^{0} teĩ^{55}pa^{0}uen^{51}lə^{0}ɕya^{51}, ma^{35}tei^{0}, san^{44}tɕʰi^{55}san^{44}luo^{51}, tɕiɤɯ$^{51-44}$sɿ^{33}i^{0}tsʰa^{51}. tsʰa^{51}pa^{0}lɛ^{0}nɤ^{55}
罢点罢温子水，没着，三起三落，就是要□泡。□泡罢嘞□拿
tɕiɤɯ^{51}liɤɯ^{55}lɤ$^{-55}$xa^{21}sɿ^{33}tʰie^{55}ti^{55}u^{0}kau^{55}teĩ^{55}tɕin^{44}u^{21}tsʰia^{55}, kau^{55}teĩ^{55}tɕin^{44}u^{21}tsʰia^{55}lɛ^{0}tɕi^{55}kuo^{0}
着篓子还是桶底下□放点金禾草，□放点金禾草呢种谷
poŋ^{44}niɤ^{44}tɕiɤɯ$^{51-44}$tiɤɯ$^{51-44}$kɤ^{44}ta^{0}tsɿ^{35}ueĩ^{21}ki^{55}lɛ^{0}tɕiɤɯ$^{51-44}$nɤ^{55}tɕiɤɯ^{51}kə^{0}kʰuaŋ^{35}tɕʰyeĩ^{0}
拌□就听个□个技员讲呢就□拿着个矿泉
ɕya^{55}xuo$^{21-44}$lɤ$^{-55}$, tsen^{55}lə^{0}uen^{51}lə^{0}ɕya^{55}, pie^{51}uen^{51}lə^{0}ɕyo^{55}sau^{44}uei^{0}pa^{35}teĩ^{55}tə^{0}, tɕʰya^{51}lə^{0}tɕi^{55}lə^{0}
水壶瓶子，整得温子水，分让温子水稍微□热点的，吹得种子
poŋ^{44}. xɤ^{35}iu^{0}kʰau^{51}lə^{0}poŋ^{44}tɕi^{0}ti^{35}nɤ$^{51-44}$kie^{0}pau^{51}kɤ^{55}la^{0}uen^{44}. kɤ^{55}la^{0}tɕi^{55}kuo^{0}uen^{44}tɕiɤɯ$^{51-44}$
拌。黑夜□搁得□□里面第二工保个粒温。个粒种谷温就
xuei^{35}lə^{0}neĩ^{44}neĩ^{44}kə^{0}.
发得□好□好个。

i$^{35-44}$kie^{51}lɛ^{0}tsia^{55}sɿ$^{21-55}$niɤ^{35}i$^{35-44}$kʰen^{51}, xu^{33}iaŋ^{51}kɤ^{44}la^{0}tɕi^{55}kuo^{35}, tɕiu^{44}pu^{51}lə^{0}niɤ^{35}i$^{35-44}$
一工呢早时□看一□回，下秧个粒种谷，正晡子□看一
kʰen^{51}. sɿ^{55}pa^{0}ɕya^{55}tie^{55}i$^{35-44}$kie^{51}i^{0}i^{0}ta^{44}tɕi^{44}kuo^{35}lɛ^{0}i$^{51-44}$liaŋ^{33}kie^{51}liaŋ^{33}iu^{0}tɕi^{55}kuo^{35}tɤ^{35}sɿ$^{51-44}$
□回。起罢水等一工也要到种谷呢要两工两夜种谷得莳
u^{0}. tɤ$^{35-44}$pa^{0}lie^{0} i$^{51-44}$xeĩ^{33}mɤ^{33}lie^{0} i$^{51-44}$i$^{35-44}$kie^{51}i$^{51-44}$ɕya^{55}, i$^{35-44}$paŋ^{44}sɿ^{33}i$^{35-44}$pi^{55}liaŋ$^{33-55}$kʰen$^{51-44}$
禾。得罢咧□又旱没咧□又一工用水，一般是一比两□回

ta^{44}su$^{51-44}$k^{h}en$^{51-44}$, ɕiaŋ^{33}ta^{44}xue$^{51-44}$lə^{0}pi$^{35-44}$k^{h}en^{51}, tɕiu^{44}pu^{51}lə^{0}pi$^{35-44}$k^{h}en^{51}. kuo^{35}lɤ$^{-55}$su^{35}

到三□回，上到粉子八□回，正晡子八□回。谷子撒

kɤ^{55}, neĩ^{44}pa^{0}lie^{0} i$^{51-44}$tau^{51}su$^{35-44}$tɕi^{44}kuo^{35}. yo^{51}sə^{0}tau^{44}tɕiɤɯ$^{51-44}$ sɿ^{33}tsia^{55}sɿ$^{21-55}$ su^{35}. tsia^{55}sɿ$^{21-55}$

个，□好罢咧要多撒种谷。□我们□□地方就是早时撒。早时

niɤ^{35}t^{h}eĩ^{51}sə^{0}neĩ^{44}pa^{0}lie^{0}tɕiɤɯ$^{51-44}$tsia^{55}sɿ$^{21-55}$su^{35}. su$^{35-44}$pa^{0}lie^{0}tɕiɤɯ$^{51-44}$ ti$^{35-44}$nɤ^{51}kie^{51} tsia^{55}

□看天色□好罢咧就早时撒。撒罢咧就第二工早

sɿ$^{21-55}$tɕiɤɯ$^{51-44}$xu^{33}pa^{0}ti^{55}xua^{21}, i^{0}peĩ^{44}lə^{0}sia^{55}piɤɯ^{21}, nɤɯ^{51}lə^{0}piɤɯ$^{21-44}$ta^{51}, mɤ^{33}lie^{0} ts^{h}a^{51}. i$^{35-44}$

时就下罢底肥，用板子扫平，弄得平地，没咧□泡。一

ta^{51}kia^{51}i$^{35-44}$ta^{51}ti$^{51-44}$nɛ^{0}tɕiɤɯ$^{51-44}$sɿ^{33}len^{55}a^{0}, t^{h}eĩ^{51}sə^{0}neĩ^{44}xa^{0}k^{h}uo^{55}i^{0}, t^{h}eĩ^{51}sə^{0}mɤ^{33}neĩ^{44}nɛ^{0}iaŋ^{51}

地高一地低呢就是冷啊，天色□好还可以，天色没□好呢秧

teĩ^{21}i$^{35-44}$tuo^{51}i$^{35-44}$tuo^{51}kə^{0}. nɤɯ^{51}piɤɯ^{21}pa^{0}nɛ^{0}mɤ^{33}lie^{0}ts^{h}a^{51}tɕi^{0}. lau^{51}u^{33}, tɕ^{h}yei^{51}ɕiaŋ^{0}u^{33}t^{h}ai^{44}ia^{0}.

田一堆一堆个。弄平罢呢没咧□泡紧。落雨，春上雨大呀。

su^{35}pa^{0}xu^{33}xuo^{44}, pa$^{51-44}$lə^{0}kuo^{35}lɤ^{55}xɤɯ^{33}ta^{0}la^{0}tsɿ^{35}tsɿ^{55}. i$^{35-44}$poŋ^{44}tɕ^{h}yei^{51}ɕiaŋ^{0}i$^{35-44}$ta^{0}

撒罢下去，罢嘞谷子有得粒种籽。一般春上一到

ɕya^{35}pa^{0}ɕya^{55}lɤ^{55}tsɿ^{35}niɤ^{35}tsɿ^{55}ta^{0}ts^{h}iɤɯ^{21}lie^{0}, koŋ^{55}teĩ^{0}p^{h}au^{55}ma^{0}ɕya^{55}. koŋ^{55}teĩ^{0}tə^{0}i$^{35-44}$poŋ^{44}a^{55},

出罢水子急□看几□个樵咧，赶点跑马水。赶点到一半啊，

mɤ^{33}tə^{0}lie^{0}lau^{51}t^{h}ai^{44}u^{33}nɛ^{0}ɕie^{55}ɕyei^{51}lə^{0}nɛ^{0}tɤ$^{35-44}$kie^{44}, mɤ^{33}yŋ^{51}i^{35}tɕiaŋ^{44}. xɤɯ^{33}lə^{0}ta^{51}i$^{35-44}$

没得咧落大雨呢□□水大嘞呢得□冷，没容易种。有得□掉一

la^{35}tɕ^{h}ya^{21}lə^{0}kia^{51}tɕiɤɯ$^{51-44}$tau^{51}i^{0}sau^{44}teĩ^{21}. sau^{44}teĩ^{21}ts^{h}ia^{55}pa^{0}nɤɯ^{51}nɛ^{0}nɤɯ^{51}nɛ^{0}, kɤɯ^{51}pa^{0}

粒槌子高就多要烧田。烧田草罢弄呢弄呢，钩巴

kɤɯ^{51}pa^{0}, piɤɯ^{21}pa^{0}piɤɯ^{21}pa^{0}, pu^{21}pa^{0}pu^{21}pa^{0}pu^{21}neĩ^{44}, pu^{21}pa^{0} ɕiɤ^{51}neĩ^{44}ti^{55}xua^{21}, t^{h}au^{51}pa^{0}t^{h}i^{51},

钩巴，平巴平巴，耙巴耙巴耙□好，耙罢莳□好底肥，拖罢梯，

t^{h}au^{51}pa^{0}t^{h}i^{51}nɛ^{0}i^{0}xue^{35}ɕiau^{0}, mɤ^{33}lə^{0}xuei^{51}liau^{35}tɕiɤɯ$^{51-44}$mɤ^{33}lie^{0}tsɿ^{55}uo^{51}.

拖罢梯呢一分□薄，没得肥料就没咧几□。

tɕ^{h}yei^{51}ɕiaŋ^{0}lau^{51}u^{33}ɕya^{55}ta^{51}, k^{h}ei$^{35-44}$mə^{0}uei$^{21-44}$p^{h}a^{51}ɕya^{55}. uei$^{21-44}$p^{h}a^{51}ɕya^{55}nɛ^{0}, ɕiɤ^{51}kə^{0}i^{55}ts^{h}eĩ^{21}

春上落雨水大，□没围罢水。围罢水呢，莳个以前

kɤ^{44}ta^{0}iaŋ^{51}nɛ^{0}i$^{51-44}$ɕia^{0}xuo^{0}li^{21}, tɤ$^{35-44}$kə^{0}la^{35}mian^{35}tɕi^{0}ɕiɤɯ^{55}ta^{55}pa^{0}li^{21}tɕiɤɯ$^{51-44}$ma$^{33-55}$xɤɯ^{33}li^{21}.

个□个秧呢要杀去□虫，得个这粒面积小打罢□虫就没有□虫。

i$^{35-44}$tie^{55}ɕiɤ^{21}xuo^{44} ɕia^{51}li^{21}nɛ^{0}kɤ^{44}la^{0}li^{21}nɛ^{0}li^{21}teĩ^{21}t^{h}a^{44}tɕiɤɯ$^{51-44}$tɕ^{h}yŋ^{51}lie^{0}meĩ^{51}tɕi^{44}iɤɯ^{51}ɕya^{35},

一等□倒去杀□虫呢个粒□虫呢犁田□就冲咧□□里面药水，

kiaŋ^{35}kə^{0}nɛ^{0}tɕiɤɯ$^{51-44}$sɿ^{33}ɕia^{51}pa^{0}xuo^{44}li^{21}nɛ^{0}k^{h}ei^{35}mə^{0}uei^{51}lə^{0}ɕya^{55}, teĩ^{21}ta^{51}suo^{55}i^{55}piɤɯ^{21}teĩ^{21},

个样呢就是杀罢去□虫呢□没温子水，田地所以平田，

u^{33}ɕya^{55}ta^{51}lie^{0}, xɤɯ^{33}luo^{55}tsʰa^{44}tɕi^{0}xɤɯ^{33}luo^{55}xeĩ^{33}tɕi^{0}. xeĩ^{33}lə^{0}ta^{0}tau^{51}ti^{0}sen^{44}tsʰia^{55}, ma^{33}kie^{0}

雨水大咧，有□些□涝紧有□些旱紧。旱得到多点生草，尾工

tau^{51}u^{21}tsʰia^{35}. i$^{35-44}$nɤɯ^{51} piɤɯ^{21}lɛ^{0}, ɕiɤ^{51}pa^{0}xuo^{44}tɕiɤɯ$^{51-44}$ki^{55}iaŋ^{51}. ti^{0}kɤ^{44}lə^{0}teĩ^{55}pa^{0}kuo^{35}iaŋ^{51}

多禾草。一弄平呢，莳罢去就□秧。在个粒点罢谷秧

sɿ^{21}pa^{0}xuo^{44}kuaŋ^{44}tsʰa^{0}ti^{44}, kuaŋ^{44}tsʰa^{21}niɤ^{35}i^{55}xɤɯ^{35}nɛ^{0}tɕiɤɯ$^{51-44}$kʰei^{35}mɤ^{33}uen^{51}lə^{0}ɕya^{55}, tɕiɤɯ$^{51-44}$

时罢去观察点，观察□看以后呢就□没温子水，就

sɿ^{55}li^{21}ia^{0}, sɿ^{5}li^{21}tɕiɤɯ$^{51-44}$pʰiɤɯ^{35}tɤ^{51}kə^{0}ta^{51}uen^{0}lə^{0}nɛ^{0}tɕiɤɯ$^{51-44}$kʰuo^{55}i^{55}lie^{0}. i$^{35-44}$xeĩ^{33}i$^{35-44}$ɕi^{33},

起□虫呀，起□虫就泡□个□个温子呢就可以咧。一旱一□湿，

ma^{35}tə^{0}kɤ^{44}la^{0}u^{33}tɤ^{51}tɕiɤɯ$^{51-44}$neĩ^{44}meĩ^{0}ta^{44}. ta^{44}pa^{0}ti^{33}ti^{55}kɤ^{55} ɕya^{35}kə^{0}sɿ^{21}nɛ^{0}kʰuei^{44}koŋ$^{55-44}$pu^{51}

没得个粒雨□就□好□点。到罢在□□这时出个时呢快赶晡

lie^{0}tɕiɤɯ$^{51-44}$ta^{55}pʰuo^{35}kʰɤɯ^{55}li^{21}, ta^{55}pa^{0}pʰuo^{35}kʰɤɯ^{55}li^{21}nɛ^{0}ɕya^{35}tsʰi^{21}pa^{0}m$^{33-55}$lə^{0}kɤ^{44}la^{0}u^{33}lie^{0}.

咧就打破口□虫，打罢破口□虫呢出齐罢没得个粒雨咧。

kɤ^{44}la^{0} tɕya^{55}kie$^{51-55}$tɕiɤɯ$^{51-44}$li^{21}pa^{0}la^{0}i^{51}, i^{51}pa^{0}lie^{0}kɤ^{35}la^{0}xɤɯ^{33}mi^{35}kuo^{35}. ta^{55}pa^{0}li^{21}nɛ^{0}tɤ^{35}ɕya^{35}.

个粒爪公就离罢啦用，要罢咧个粒有□瘪谷。打罢□虫呢得出。

tie^{55}pa^{0}ɕya^{35}tsʰi^{21}pa^{0}sɿ^{55}kɤ^{44}kɤɯ^{44}iɤɯ^{51}lɛ^{0}. ti^{33}kɤ^{35}u^{21}poŋ^{44}kə^{0}uei^{0} i^{55}tsʰeĩ^{21}nɛ^{0}ta^{55} i$^{35-44}$meĩ^{55}

等罢出齐罢起个够药呢。在割禾半个月以前呢打一□

tɕia^{51}li^{21}, ta^{55}ti$^{51-44}$ti$^{51-44}$uei^{35}ia^{0}, kia$^{51-44}$tɤɯ^{51}li^{0}ɕia^{51}, tɤɯ^{21}tɕʰie^{51}a^{0}. ɕia^{51}xuo^{44}kɤ^{35}pa^{55}kia$^{51-44}$teĩ^{21}nɛ^{0}

甲□虫，打敌敌畏呀，□从蔸子杀，头沉呀。杀去割罢□从田呢

kɤ^{35}lie^{0}nɛ^{0}pie^{51}teĩ^{21}pɤ^{35}xeĩ^{33}mɤ^{33}tɤ^{51}, ta$^{51-44}$mɤ^{33} lɤ^{55}ta^{35}poŋ^{44}teĩ^{21}, xeĩ^{33}mɤ$^{33-55}$lɤ^{55}tɕiɤɯ$^{51-44}$kɤ^{35}.

割咧呢分把田拨旱没得，到没得打半田，旱没得就割。

i^{55}luo^{35}pɤ^{44}ti^{35}kɤ^{35}pa^{0}i^{51}kuo^{35}lə^{0}tʰie^{55}ta^{55}kə^{0}, xa^{33}ti^{35}tɕiɤɯ$^{51-44}$sɿ^{33}i^{51}ɕiɤɯ^{51}kɤ$^{51-44}$ki^{44}ɕiɤɯ^{51}.

以□彼□以前割罢用谷子桶打个，□□现在就是用收割机收。

ɕiɤɯ^{51}kɤ$^{51-44}$ki^{44}ɕiɤɯ^{51}tɕiɤɯ$^{51-33}$sɿ^{33}i$^{51-44}$teĩ^{21}xeĩ^{33}. xɤɯ^{33}lə^{0}ĩ^{0}sɿ^{0}tɕiu^{35}tsʰia^{55}, kɤ^{35}pa^{0}kua^{51}la^{0}

收割机收就是要田旱。后来也是灸烧草，割罢归来

tɕiɤɯ$^{51-44}$pie^{51}tsʰia^{55}nɛ^{0}su$^{21-44}$pa^{0}su$^{21-44}$pa^{0}tɕiɤɯ$^{51-44}$ɕiɤɯ^{51}pa^{0}lie^{0}, mɤ^{33}lə^{0}iaŋ^{33}ŋɤɯ^{21}. xa^{33}ti^{35}

就分把草呢锄巴锄巴就烧罢咧，没得养牛。□□现在

tɕiɤɯ$^{51-44}$si^{44}i$^{35-44}$ta^{44}liaŋ^{33}kie^{51}, tie^{55}xeĩ^{33}pa^{0}lie^{0}tɕiu^{51}pu^{51}la^{0}poŋ^{44}xu^{55}. ɕiɤɯ^{51}pa^{0}lie^{0}tɕiɤɯ$^{51-44}$

就晒一到两工，等旱罢咧正晡子放火。烧罢咧就

kau^{55}teĩ^{0}uen^{51}ɕya^{55}. uen^{51}ɕya^{55}yo$^{51-44}$sɤ$^{51-44}$ta^{0}xɤɯ^{33}lau$^{51-44}$iɤɯ^{33}i^{51}tie^{44}. ta^{55}pa^{0}li^{21}tsɤ^{44}sɿ^{0}, kɤ^{35}pa^{0}

搞点温水。温水我们□□这儿有落药要□。打罢□虫做事，割罢

lie^{0}tɕiɤɯ$^{51-44}$tʰa^{44}tɕi^{0}uen^{51}lə^{0}ɕya^{55}tɕiɤɯ^{0}ɕiɤ^{51}, i$^{51-44}$mə^{0}li^{21} i$^{51-44}$mə^{0}kɤɯ^{51}a^{0}, ta^{55}pa^{0}tsʰi^{0}noŋ^{51}

咧就套紧温子水就莳，要么犁要么钩啊，打罢齐农

ta^{51}, ta^{55}teĩ^{0}ts^{h}u^{51}ts^{h}au^{55}tsi^{35}tɕiɤɯ$^{51-44}$i$^{35-44}$ti^{35}ts^{h}ia^{55} tɕiɤɯ$^{51-44}$kiau^{55}kə^{0}pa^{0}. xɤɯ^{33}lau^{51}mɤ^{33}ta^{55}

地，打点锄 草 剂就 一 □下草 就 □扔 个罢。有 落没 打

ɕiɤɯ^{51}kɤ^{44}la^{0}ts^{h}en^{51}, iau^{51}kɤ^{35}tie^{51}. nɤɯ^{51}pa^{51}nɛ^{0}tɕiɤɯ$^{51-44}$kɤ^{35}lə^{0}kuo^{35}lɤ$^{-55}$tɕiɤɯ$^{51-44}$ si^{44}. tsia^{55}

烧 个这粒塍， 要 割一下。弄 罢呢就 割得谷 子就 晒。早

sɿ^{0}ta^{55}pa^{0}tɕiɤɯ$^{51-44}$xɤ^{35}lɤ$^{-55}$mɤ^{33}i$^{51-44}$si^{44}, tie^{55}lə^{0}pa^{35}lə^{0}i^{51}si^{44}.

时打罢就 黑了没要 晒，等得□热点又晒。

yo$^{51-44}$sɤ$^{51-44}$tau^{0}ti^{33}lu$^{51-44}$ye^{0}ɤ^{35}sɿ^{0}u^{55}lu$^{51-44}$ xau^{35}i$^{35-44}$paŋ^{44} tɕiɤɯ$^{51-44}$xu^{33}ɤ^{35}tɕi^{35}tau^{35}iaŋ^{51}.

□我们□ □地方在六 月二十五六 号 一般 就 下二季稻 秧。

ɤ^{35}tɕi^{0}tau^{35}iaŋ^{51}nɛ^{0}ti^{33}ni^{35}sɿ^{0}kie^{51}tɕiɤɯ$^{51-44}$k^{h}uo^{55}i^{0}ɕiɤ^{51}. ɕiɤ^{51}kə^{0}lie^{0}n^{33} t^{h}a^{44}ti^{33}kɤ^{44}la^{0}u^{51}. tie^{55}

二季稻 秧 呢在二 十工 就 可 以莳。莳 个咧五 套 在个 □压。等

la^{33}ts^{h}iɤɯ^{51}tsoŋ^{55}sɿ^{0}ti^{33}ta^{35}tɕ^{h}yo^{55}tɕ^{h}ia^{51}u^{21}nɛ^{0}tɕiɤɯ$^{51-44}$sɿ^{0}ts^{h}u^{35}tɕ^{h}yo^{55} ts^{h}ian^{51}xɤɯ^{35}, kɤ^{44}iaŋ^{51}nɛ^{0}

立秋 总 是在大暑 插 禾呢就 是处 暑 前 后， 个秧 呢

sie$^{51-44}$neĩ^{44}. ta^{55}pa^{0}i$^{51-44}$kɤ^{35}ɤ^{35}tɕi^{0}tau^{35}iaŋ^{51}tɕiɤɯ$^{51-44}$tɕ^{h}iau^{44}ku^{0}sɿ^{21}keĩ^{0}lie^{0}, iaŋ^{51}la^{33}pa^{0}lie^{0},

□最 □好。到罢要 割 二季稻 秧 就 超 过时间 嘞，秧 老罢咧，

tɤ$^{51-44}$tɕiɤɯ$^{51-44}$tɕiu^{55}p^{h}uo^{0}sen^{51}suei^{51}ɕya^{35}pa^{-55}lie^{0}. ɤ^{35}tɕi^{0}tau^{35}iaŋ^{51}tɕ^{h}ye^{51}pa^{0}lə^{0}kia^{51}, pa^{55} i$^{35-44}$

□它 就 整 □棵生 穗 出 罢 咧。二季稻 秧 寸 把子高，比 一

tɕi^{0}tau^{35}i^{0}mɤ^{33}ts^{h}i^{21}i$^{51-44}$ɕia^{51}li^{21}. mɤ^{33}ɕia^{51}li^{21}xɤɯ^{33}xɤ^{35}k^{h}uo^{0}li^{21}ia^{0}, tɕia^{51}li^{21}ia^{0}, iɤ^{51}pa^{0}iaŋ^{51}

季稻 也没 齐不同要 杀□虫。没 杀□虫 有 黑 壳 □虫呀，甲 □虫啊，食 罢秧

tɕiɤɯ$^{51-44}$xu^{51}pa^{0}lie^{0}. ɤ^{35}tɕi^{0}tau^{35}iaŋ^{51}nɛ^{0}su^{35}pa^{0}xuo^{44}nɛ^{0}i^{0}ta^{55}xɤɯ$^{51-44}$tɕiɤɯ$^{51-44}$su^{35}, niu^{51}i$^{35-44}$

就 花 罢 咧。二季稻 秧 呢撒 罢去 呢一打口 就 撒，□与 一

tau^{35}iaŋ^{51}mɤ^{33}ts^{h}i^{21}. t^{h}eĩ^{51}sə^{0}mɤ^{33}neĩ^{44}, kie^{44}i$^{35-44}$ta^{51}, tɕ^{h}i^{35}uen^{44}ti^{51}, i^{0}u^{51}lə^{0}ts^{h}oŋ^{51}. tie^{55}kɤ^{35}pa^{0}

稻 秧 没 齐同。天 色没 □好，□冷一 地，气 温 低，要压得仓。 等割 罢

t^{h}eĩ^{51}sə^{0}mɤ^{33}neĩ^{44}, kuo^{35}lɤ$^{-55}$si^{44}i$^{35-44}$kie^{51}tɕiɤɯ$^{51-44}$i^{0}si^{44}liaŋ^{33}kie^{51}, si^{44}su$^{51-44}$kie^{51}sen^{35}tsɿ^{44}.

天 色没 □好，谷 子 晒一 工 就 要晒两 工，晒三 工 甚 至。

ɤ^{35}tɕi^{0}tau^{35}nɛ^{0}i$^{35-44}$paŋ^{0}ti^{44}soŋ$^{51-44}$m^{0}tsi^{0}i^{55}ts^{h}ian^{51}i^{55}xɤɯ^{35}i$^{51-44}$kɤ^{35}. tsia^{55}li^{21}tɤ$^{35-44}$lə^{0}tsɿ^{21}lə^{0}

二季稻 呢一 般 在霜 □节霜降以前 以后 要 割。早 犁得 过迟犁，

kɤ^{44}la^{0}u^{21}xɤɯ^{33}lə^{0}ɕiɤ^{51}lə^{0}tsɿ^{21}, xa^{33}ti^{35}xa^{21}mɤ^{33} lie^{0}kɤ^{35}. la$^{51-44}$pa^{0}tie^{51} i$^{51-44}$kie^{51}, i$^{51-44}$lau^{51}u^{33}.

个 粒禾有 的莳 得迟，□□现在还没 咧割。 立 罢冬 要 □冷，要 落 雨。

suo^{55}i^{0}kɤ^{44}la^{0}tɕiaŋ^{44}teĩ^{51}i$^{51-44}$niɤ^{35}t^{h}eĩ^{51}sə^{0}. xu^{33}xua^{21}i^{0}xa^{55}, su^{35}u^{21}i^{0}xa^{55}, tsɤ^{55}niɤ^{35}pa^{0}t^{h}eĩ^{51}sə^{0}

所 以个 粒种 田要 □看天 色。下 肥 也好，撒 禾也好，□都□看 罢天 色

ma^{33}lau^{51}u^{33}. ɤ^{35}tɕi^{0}tau^{35}nɛ^{0}t^{h}eĩ^{51}sə^{0}mɤ^{33}lau^{51}u^{33}noŋ^{51}su$^{35-44}$toŋ^{35}, i$^{35-44}$paŋ^{44}nɛ^{0}su$^{35-44}$xu$^{51-44}$

没 落 雨。二季稻 呢天 色没 落 雨弄 撒 动， 一 般 呢撒 复

xɤ51-44xuei51-44lɛ0, tɕhiaŋ51-44teĩ0lu51-44xua35tɕia51a0, su35-44teĩ0kɤ44la0miau51a0tɕiaŋ55lə0neĩ44. ɤ35tɕi0
合肥呢，掺点氯化钾呀，撒点个粒苗啊长得□好。二季
tau35ɕiɤɯ51pa0lie0, kɤ44i35-44neĩ21kə0teĩ21tɕiɤɯ51-44tɕiaŋ44pa0lie0.
稻收罢咧，个一年个田就种罢咧。

三 个人经历

i35-44kiɤɯ55sɿ44n33neĩ21tɕiɤɯ55uei0poŋ44iaŋ33kə0. tuo51-44ɕiau55ɕyo51i35-44luo0pɤ44ti0tɕiɤɯ51sɿ51
一九四五年九月半养个。读小学□□彼□以前就是
niɤ35ŋɤɯ21a0, kɤ35teĩ55tshiɤɯ21a0, nɤɯ51teĩ55ŋɤɯ21tshia55. ta44ɕi51pu55si55yo51kə0sɿ21xɤɯ0lɛ0tu55
□看牛啊，割点樵啊，弄点牛草。到□河埠洗浴个时候呢打
ma35ua51, tsia35phaŋ51-44xai33-55a0. phin51sɿ0nɛ0tɕiɤɯ51-44ta55pɤ51-44pan55, nɤ55kuo55tsɿ55ta55kue55, ta55
没□潜水，□抓螃蟹啊。平时呢就打白板，□拿馃子打滚，打
tshu51. kɤ35tshiɤɯ21tɕiɤɯ51-44ta55tshu51, nɤ55tsheĩ21 tɕiɤɯ51-44ta55tshu51. ma33kie0 tɕiɤɯ51-44tɕiaŋ55
拆。割樵就打拆，□拿钱就打拆。尾工后来就长
thai44pa0lie0, a35pu-55tɕiɤɯ51-44sie44xuo0tuo51ɕyo51. tuo51pa0ɕyo51tɕiɤɯ51-44niɤ35ŋɤɯ21nɤɯ51
大罢咧，□埠家里就送去读书。读罢书就□看牛弄
tshiɤɯ21, poŋ51a35pu-55tsɤ44sɿ51-44a0. tuo51-44ɕyo51 tɕiɤɯ51-44sɿ0tsɿ55luo51 xuo44, ma33tɕhiu51tshau33.
樵，帮□埠家里做事啊。读书就是走路去，没车坐。
ɕiau55 ɕyo51tɕiɤɯ51-44sɿ0kau44ɕiau55tɕiɤɯ51-44 sɿ33liɤɯ51neĩ21, tshu44tsoŋ44xuo44pa0ki51ɕiaŋ0, su51-44
小学就是高小就是六年，初中去罢街上镇里，三
neĩ21; kau44tsoŋ44tuo51-44pa0i35-44neĩ21tɕiɤɯ51-44 seĩ44pa0xu55lie0.
年；高中读罢一年就散罢伙咧。

seĩ44pa0xu55nɛ0kua51-44pa0tɕiaŋ44teĩ21. i35luo55ɕiau55ɕyo51kə0kɤ44ta0ɕiau35tsaŋ55ɕyo51ti33iu33
散罢伙呢归罢种田。以□以前小学个个□位校长书□找我
tai35khuo35, ma33kie51-55tɕiɤɯ51-44mɤ33tə0tai35lie0. tɕiɤɯ51-44 kau55xu35nie35. kau55xu35nie35tɕiɤɯ51-44
代课，尾工后来就没得代咧。就搞副业。搞副业就
sɿ33meĩ21xuo55kə0, uo35-44ɕiu51m0ta44liɤɯ33kia51-44tɤɯ21-55, uo35-44ɕya55ni21, uo35-44su51lə0. ma33
是蛮苦个，□挑石□石头到岭高头，□挑水泥，□挑树子。尾
kie51-55tɕiɤɯ51-44tsheĩ21teĩ55tsheĩ21, a35pu-55tɕiɤɯ51-44sɿ55uo35, tha55nyŋ33, tɕhi51-44lin51neĩ21peĩ44sɿ51.
工就存点钱，□埠家里就起屋，讨□媳妇，七零年办事。

peĩ^{44}pa^{0}sɿ^{51}tɕiɤɯ$^{51-44}$tɕiaŋ^{44}teĩ^{21}, si^{35}tɕyo^{51}mi^{51}, toŋ$^{51-44}$pa^{0}tsɿ^{55}neĩ^{21}tuei^{35}tɕiaŋ^{55}. ma^{33}kie$^{51-55}$
办 罢 事 就　种　田，杀 猪　卖，当　罢 几 年 队 长。 尾 工后来
iaŋ^{33}ɕyo^{44}ŋə^{0}tɤ^{55}lə^{0}, i^{55}sɿ^{0}ɕiaŋ^{44}taŋ^{44}kə^{0}xuo^{55}, tsɤ^{44}sɿ^{51}, tɕiaŋ^{44}teĩ^{21}, sɿ^{44}neĩ^{21}tuei^{35}tɕiaŋ^{55}. ɕyo^{44}ŋə^{0}
养 碎小□□孩子嘞，也是相 当 个 苦，做 事，种 田，四 年 队 长。碎小□
tɤ^{55}tʰai^{44}pa^{0}lie^{0}sɿ^{55}xuo^{0}tʰa^{55}nyŋ^{21}, sie^{44}pa^{0}tuo$^{51-44}$ɕyo^{51}. ɕyo^{44}ŋə^{0}tɤ^{55}tuo$^{51-44}$ɕyo^{51}, ti^{33}ki^{51}ɕiaŋ^{0}
□孩子大 罢 咧 起 去 讨 □媳妇，送 罢 读 书。碎小□□孩子读 书，在 街 上
tuo^{51}. i$^{35-44}$kie^{51}tɕiɤɯ$^{51-44}$sɿ^{33}sie^{44}tsʰeĩ^{21}sie^{44}mi^{33}, sie^{44}lə^{0}ɕyo$^{51-44}$ueĩ^{21}pu^{0}.
镇上读。一工每天就　是 送 钱　送 米，送 得书　园 埠学校。

ma^{33}lie^{0} kɤ^{44}ta^{0}lie^{0}sɿ^{33}tɕiaŋ^{44}teĩ^{21}, ta^{44}pa^{0}ɕyo^{44}ŋə^{0}tɤ^{55}tʰai^{44}pa^{0}lie^{0}iu^{51}neĩ^{21}neĩ^{0}xa^{21}sɿ^{33}tɕiaŋ^{44}
尾 咧 个 □嘞 是 种　田，到 罢 碎小□□孩子大　罢 咧 我 年　年 还 是 种
teĩ^{21}, ɕyo^{44}ŋə^{0}tɤ^{55}tuo$^{51-44}$ɕyo^{51}. yo^{51}ti^{33}a^{35}pu^{-55}iaŋ^{51}nyŋ^{21}ku$^{51-55}$. toŋ$^{51-44}$tʰeĩ^{51}tɕiu^{55}teĩ^{21}, tɕʰyei$^{51-44}$
田，碎小□□孩子读　书。□我们在□埠家养　女　家女儿。冬　天　整　田，春
tʰeĩ^{51}tsiɤɯ$^{51-44}$ɕiɤ^{51}teĩ^{21}, xu^{33}iaŋ^{51}, li^{21}teĩ^{21}, ɕiɤ^{51}teĩ^{21}, kɤ^{35}u^{21}. i^{35}luo^{0}pɤ^{44}ti^{0}sɿ^{33}tsi$^{51-44}$tʰi^{55}kɤ^{35}
天　就　莳　田，下　秧，犁　田，莳　田，割　禾。□□彼□那时是　集　体　割
u^{21}, ki^{55}xue^{51}lə^{0}, kɤ^{35}i$^{35-44}$ma^{33}xa^{55}lə^{0}xue^{51}lə^{0}. ma^{33}kie$^{51-55}$tie^{55}pa^{0}ta^{44}pa^{0}xu^{35}lie^{0}, tɕiɤɯ$^{51-44}$sɿ^{33}
禾，讲 分子工分，割　一　亩　好　多多少分子。尾　工后来　等　罢 到　罢 户　咧，就　是
koŋ^{35}tɕiaŋ^{55}koŋ^{35}lie^{0}, suo^{51}ku^{0}tsʰa^{51}, xɤɯ^{33}toŋ^{35}li^{51}, i$^{35-44}$kie^{51}i^{55}sɿ^{33}i^{55}xuo^{35}pɤ^{35}uaŋ^{51}ki^{0}.
□各 将　□各　咧，□　家 □，有　动　力，一　工　也是 也 □　拨　□□东西。

xa^{33}ti^{35}tɕiɤɯ$^{51-44}$sɿ^{33}iaŋ^{33} tɕi^{0}ɕyo^{44}ŋɤ^{55}tə^{0}, iaŋ^{33}liaŋ$^{33-55}$ta^{0}tɕyo$^{51-44}$pu$^{21-55}$, i$^{35-44}$iaŋ^{0}ŋɤɯ^{21}, i$^{35-44}$
□□现在就　是 养　紧着碎小□□孩子，养　两□个　猪　婆，一　样　牛，一
poŋ$^{51-44}$ŋau^{21}. xa^{33}ti^{25}kɤ^{44}liaŋ^{33}neĩ^{21}tɕiɤɯ$^{51-44}$mɤ^{33}lie^{0}iaŋ^{33}ŋɤɯ^{21}lie^{0}, mɤ^{33}lie^{0}iaŋ^{33}tɕyo^{51}lie^{0}.
帮　鹅。□□现在个　两　年　就　没　咧 养　牛　咧，没　咧 养　猪　咧。
iaŋ^{33}teĩ^{55}tɕʰɿ^{51}kə^{0}uaŋ^{51}ki^{0}, u^{35}a^{0}, i$^{35-44}$poŋ$^{51-44}$ŋau^{21}a^{0}, tɕiaŋ^{44}teĩ^{55}kə^{0}siɤɯ^{55}tsʰi^{44}. iɤɯ^{35}a^{0}mi^{33}a^{0}
养　点　吃　个□□东西，鸭呀，一　帮　鹅　啊，种　点　个 小　菜。肉　啊 米　啊
ɕya^{35}ki^{51}ɕiaŋ^{0}mi^{33}. kɤ^{44}sɤ^{35}tsuo^{51}pa^{0}i$^{35-44}$kie^{0}liɤɯ^{51}la^{0}tsʰeĩ^{21}. ma^{33}kie$^{51-55}$kɤ^{44}ta^{0}tsɤ^{55}tʰai^{44}pa^{0}
出　街　上　买。个　□些□　罢 一　工　六　粒 钱。尾　工　个□这个崽　大　罢
tʰa^{55}nyŋ^{33}. ti^{33}tɕiɤɯ^{55}ki^{55}neĩ^{21}tʰai^{44}tsɤ^{55}tɕiɤɯ$^{51-44}$toŋ^{51}piɤɯ^{51}xuo^{44}lie^{0}; ɕyo^{44} kə^{0}tuo$^{51-44}$ɕyo^{51}mɤ^{33}
讨□媳妇。在 九　几　年　大　崽　就　当　兵　去　咧；碎小 个 读　书　没
xen^{21}xuo^{44}koŋ^{55}tie^{51}ta^{55}kie^{51}. tɤ^{51}lə^{0}tsʰeĩ^{21}mai^{55}ŋə^{0}tə^{0}si$^{35-44}$tɕyo^{51}mi^{33}, toŋ^{51}xa^{35}pu^{51}, tsʰiɤɯ^{51}pa^{0}
行　去　广　东 打 工。□□他们钱　买　了 点 杀　猪　卖，当　□　□，清　罢
lie^{0}tɤ^{51}lə^{0}tsʰeĩ^{21}pa^{55}tsʰeĩ^{21}. ti^{33}xa^{33}ti^{35}la$^{51-44}$kə^{0}lɛ^{0}tɕiɤɯ$^{51-44}$sɿ^{33} ti^{33}a$^{35-44}$pu^{-55}tɤ^{51}lə^{0}tsʰie^{44}tsʰeĩ^{44}
咧□□他们存　罢 钱。在□□现在呢　个 呢 就　是　在□　埠家 □□他们 □挣钱

tɕiɤɯ$^{51-44}$kɤ^{35}iau^{44}i^{51}ia^{0}, yo$^{51-44}$liaŋ^{33}ta^{-55}tɕiɤɯ$^{51-44}$kiaŋ$^{51-44}$kə^{0}meĩ^{21}ɕin^{35} xu^{0}.

就 割 □ □呀，□我们两 □个 就 [个样] 子 蛮 幸 福。

四 游戏

mau^{51}xen$^{51-44}$sen^{51}: ɕyo^{44}ŋɤ^{55}tə^{0}ti^{33}ɕi^{51}pu^{0}si^{55}yo^{51}, moŋ$^{51-44}$p^{h}aŋ^{51}xai$^{51-55}$a^{0}, tsia$^{35-44}$ŋau^{21}a^{0}.

莫 衡 生：碎小□□孩子在□河埠洗浴，摸 螃 蟹 啊，□抓 鱼 啊。

mau^{51}pin^{44}: yo$^{51-44}$ɕyo^{44}sɿ^{21}niu$^{51-44}$n^{33}kuo^{0}mɤ^{33}ts^{h}i^{21}. yo^{51}sɿ^{33}ti^{33}a^{35}pu^{-55}a^{0}ta^{55}t^{h}iau^{35}tɕ^{h}i^{21}a^{0}, ti^{33}ta^{51}

莫 冰：□我们 碎小时 □与 尔 牯们没 齐同。□ 是 在□ 埠家 打 跳 棋 啊，在 地

pu^{0}t^{h}uo^{55}p^{h}iɤɯ^{44}tuo^{44}xa^{21}sɿ^{33}xuo^{44}lə^{0}kuo^{35}lə^{0}xa^{21}sɿ^{33}niɤ^{35}t^{h}iau^{35}tɕ^{h}i^{51}xa^{21}sɿ^{0}tɕiaŋ^{44}si^{51}k^{h}an^{55}

埠 吐 泡 堆 还 是 去 了谷 子还 是 □看 跳 棋 还 是江 心看

xua^{35}kuo^{55}. i$^{35-44}$ta^{0} tɕyei^{51} i$^{35-44}$ta^{0}tuo^{35}ta^{55}ie^{44}li^{0}sen^{44}m^{0}pa^{35}. sɿ^{33}ta^{55}sa^{44}pau^{44}a^{0}, i$^{35-44}$

划 牯划船。一 道 追 一 道逐 到 夜 里寻 唔罢。是 打 沙 包 啊，一

p^{h}oŋ^{51}n^{21}i$^{35-44}$tɕian^{35}tsɿ^{55}ta^{44}. xa^{21}xɤɯ^{33}tɕiɤɯ$^{51-44}$ sɿ^{33}t^{h}iau^{35}sen^{51}.

□帮 人一 件 子弹。还 有 就 是 跳 绳。

xu^{21}siɤɯ^{35}tɕi^{51}: t^{h}iau^{35}sen^{51}tsɿ^{55}ma^{33}tɕiɤɯ$^{51-44}$sɿ^{0}tɕian^{35}tsɿ^{55}. tɕiaŋ^{44}si^{51}k^{h}au^{51}ɕyo^{44}ɕiu^{51}m^{0}kua^{35}

何 秀 金：跳 绳 走 马 就 是 毽 子。江 心 □扔 碎小 石□□骨石子儿

xa^{21}sɿ^{0}k^{h}ua^{51}tai^{44}, piɤɯ^{35}sɿ^{55}la^{0}kia^{44}ta^{55}sa^{44}pau^{44}i$^{35-44}$iaŋ^{51}kə^{0}. xa^{21}tɕiɤɯ$^{51-44}$sɿ^{0}ta^{55}p^{h}ia^{44}

还 是□ □，剥 起 来□跟 打 沙 包 一 样 个。还 就 是打 □

kuo^{55}lɛ^{0}, ŋɤɯ^{51}teĩ^{0}ɕi^{33}ni^{21}pa^{44}pa^{0}.

牯 呢，弄 点 湿 泥 巴 巴。

mau^{51}pin^{44}: tɤɯ^{51}iaŋ^{51}kɤɯ^{44}. xa^{21}tɕiɤɯ$^{51-44}$sɿ^{0}ta^{55}niɤɯ^{55}tsɿ^{55}, ti^{33}ɕi^{51}pu^{0}si^{55}yo^{51}, ɕi^{35}tə^{0}ɕi^{55}xue^{35}pa^{0},

莫 冰：斗 秧 歌。 还 就 是打 扭 子，在□河埠洗 浴，戏 得戏 份 罢，

ta^{55}sɿ^{35}ɕia^{0}tɕiaŋ^{35}, i$^{35-44}$ta^{0}lu$^{51-44}$lə^{0}tau^{51}, xa^{21}sɿ^{0}tau^{55}mi^{33}niau^{-55}.

打 四 下 仗， 一 道□玩 得多，还 是 躲 咪 猫。

xu^{21}siɤɯ^{35}tɕi^{51}: t^{h}iau^{35}p^{h}aŋ^{51}tsɿ^{0}. i$^{35-44}$ta^{33}ɕi$^{51-44}$pu^{55}si^{55}yo^{51}kə^{0}lɛ^{0}, tɕiɤɯ$^{51-33}$sɿ^{0}i$^{35-55}$sɿ^{55}lu^{55}lie^{0}.

何 秀 金：跳 房 子。一 道 □河 埠 洗 浴 着 呢，就 是一 起 □玩呢。

mau^{51}pin^{44}: si^{55}yo^{51}pu^{0}i$^{35-44}$poŋ^{44}moŋ$^{51-44}$p^{h}aŋ$^{51-44}$xai^{55}. i$^{35-44}$kie^{51}ɕi^{51}meĩ^{0}na^{44}k^{h}en^{44}yo^{51}lie^{0},

莫 冰：洗 浴 埠一 般 摸 螃 蟹。一 工 □河□ 那 □回 浴 咧，

i$^{35-44}$kie^{51}fan^{55}tsen^{0}lu^{55}lu^{55}pa^{35}pa^{0}lie^{0}t^{h}iɤɯ^{44}ɕi$^{51-44}$pu^{55}ts^{h}a^{51}. i$^{35-44}$p^{h}oŋ^{51}n^{21}tu^{44}ma^{35}kuai^{55}

一 工 反 正 □玩□玩罢 罢 咧 跳 □河 埠 □泡。一 □帮 人 □像□ □青蛙

tsa^{51}n^{51}.

扎入。

mau^{51}xen$^{51-44}$sen^{51}: ta^{55}pɤ^{51}pan^{55}. tɤ^{35}tie^{33}kuo^{55}ŋɤɯ^{21}ts^{h}ia^{55}. i$^{35-44}$ta^{0}ɕyo^{44}ŋɤ^{55}yo^{44}lɛ^{0}nɤɯ^{51}

莫衡生： 打白板。得凼牯牛草。一□个碎小□□孩子呢弄

ts^{h}ia^{55}, uei$^{21-44}$la^{0}tie^{33}kuo^{55}i^{51}lie^{0}tie^{35}xuo^{55}tɕiɤɯ$^{51-44}$niu^{21}pa^{0}lie^{0}, mɤ^{33}lie^{0}tɤ^{35}xuo^{44}nɛ^{0}tɕiɤɯ$^{51-44}$

草，围粒凼牯，用力跌去就赢罢咧，没咧跌去呢就

ɕyo^{51}pa^{0}lie^{0}. ŋɤɯ^{21}ts^{h}ia^{55}i$^{35-44}$tuo^{51} i$^{35-44}$tuo^{51}poŋ^{44}tɕi^{0}, niu$^{21-44}$pa^{0}lie^{0}tɕiɤɯ$^{51-44}$tɕ^{h}yan^{51}mian^{35}

输罢咧。牛草一堆一堆放紧，赢罢咧就全面

k^{h}au^{51}lə^{0}iu^{33}. tɤ^{35}pa^{0}lie^{0}tɕiɤɯ$^{51-44}$ta^{55}tɕyeĩ^{44}kuo^{0}. t^{h}iau^{35}p^{h}aŋ^{51}tsɿ^{0}nɛ^{0}xu^{51}xue^{51}tsɿ^{0}ku^{51}.

归得□我。得罢咧就打转牯滚铁环。跳房子呢画分子格。

mau^{51}pin^{44}: xu^{51}ɕi^{51}liɤɯ^{51}. i$^{35-44}$sɿ^{51}, ɤ^{35}sɿ^{51}, san^{44}sɿ^{51}. sɿ^{51}xue$^{51-44}$kə^{0}, n^{21}sɿ^{51}xue^{51}kə^{0}, ta^{44}i$^{35-44}$

莫冰： 画十六。一十，二十，三十。十分个，五十分个，到一

pu^{35}xue^{51}kə^{0}.

百分个。

mau^{51}xen$^{51-44}$ sen^{51}: i$^{35-44}$luo^{0}pɤ^{44}ti^{35}ɕyo^{44}ŋɤ^{55}tə^{0}ie^{51}ɕiu^{51}. tsɿ^{55}la$^{51-44}$ɕiu^{51}, ue^{51}sɿ^{55}la^{21}tsi^{35}, tsɿ^{55}

莫衡生： 以□彼□以前碎□□孩子□扔石。走立石，□扔起来接，走

tɕyo^{55}pu^{0}su^{51}a^{0}tɤ^{51}ɕyo^{51}pa^{0}. ɕyo^{44}ŋɤ^{55}tə^{0}nie^{51}lə^{0}ɕyo^{44}kua^{35}nie^{51}lə^{0}tɕi^{55}. xa^{33}ti^{35}nie^{51}uaŋ^{51}tɕy^{44}

□掉步输啊得输罢。碎□□孩子捏得碎骨捏得紧。□□现在捏玩具

lə^{0}pa^{0}. ts^{h}iaŋ^{51}ts^{h}iaŋ^{51}a^{0}, n$^{21-44}$a^{0}, ua$^{51-44}$t^{h}u^{55}ki^{51}a^{0}, ɕiaŋ^{44}puo^{44}luo^{51} k^{h}uai^{44}ia^{0}.

嘞吧。像枪啊，人啊，挖土机呀，香菠箩块呀。

mau^{51}pin^{44}: tuo$^{51-44}$ɕiau^{55}ɕyo^{51}tuo$^{51-44}$ts^{h}u^{44}tsoŋ^{44}yo^{51}ɕiaŋ$^{51-44}$uaŋ^{51}lu^{51}sɤɯ^{55}ki^{44}, lu^{55}kə^{0}ts^{h}iaŋ^{51}.

莫冰： 读小学读初中□我们上网□玩手机，□玩个枪。

sɤɯ^{55}ki^{44}lu$^{51-44}$lə^{0}tau^{51}, saŋ^{35}uaŋ^{51}, niɤ^{35}ɕiau^{55} suo^{44}.

手机□玩得多，上网，□看小说。

mau^{51}xen$^{51-44}$sen^{51}: kɤ^{44}la^{0}sɤɯ^{55}ki^{44}iɤɯ^{33}sɿ^{0}xɤɯ^{35}i^{55}sɿ^{0}luo^{35}tɕ^{h}ieĩ^{44}. i$^{35-44}$kie^{51}i$^{35-44}$kie^{51}niɤ^{35}a^{0}

莫衡生： 个粒手机有时候也是□□坏。一工一工□看啊

niɤ^{35}, ɕyo^{44}ŋɤ^{55}tə^{0}tuo$^{51-44}$ɕyo^{51}mɤ^{44}xen^{21}.

□看，碎□□孩子读书没行。

mau^{51}pin^{44}: i$^{35-44}$luo^{0}pɤ^{44}ti^{35}ɕyo^{44}ŋɤ^{55}tə^{0}niau^{35}t^{h}ie^{55}, kue^{55}t^{h}ie$^{51-44}$xuan^{0}. ta^{55}tɤ$^{21-44}$luo^{0}, syo$^{51-44}$sɿ^{55}

莫冰： 以□彼□以前碎□□孩子扭桶，滚铁环。打陀螺，削起

yan^{51}tsuei^{44}, i^{51}tɕie^{55}ma^{33}ta^{55}.

圆锥，用□尾鞭子打。

mau^{51}xen$^{51-44}$sen^{51}: tau^{44}liɤɯ^{33}xuo^{44}lɛ^{0}nɤɯ$^{51-44}$kua^{51}lə^{0}tɕiɤɯ$^{51-44}$sio$^{51-44}$ɕie^{0}. liɤɯ^{33}lə^{0}kia$^{51-44}$
莫衡生：到岭去呢弄□子就削[一下]。岭子高
tɤɯ^{0}kiaŋ^{35}iaŋ^{0}tʰai^{44}, ue^{51}neĩ^{44}tie^{0}kue^{55}lə^{0}, tɕie$^{51-44}$pa^{0}ua^{35}lə^{0}pa^{0}, kɤ^{55}sa^{44}, kɤ^{44}min^{35}, ua^{35}pa^{0}ua^{35}
头个样大，窝□好跌滚子，切巴挖嘞罢，割杀革命，挖巴挖
pa^{0}, la^{51}lie^{0}la^{51}lie^{0}, pʰia^{35}sə^{0} tsʰu^{51}.
巴，拉嘞拉嘞，□□合适粗。

xu^{21}siɤɯ^{35}tɕi^{51}: i$^{35-44}$luo^{0}yo^{51}ɕyo^{44}sɿ^{21}xɤɯ^{0}tau^{35}tsʰu^{44}ti^{21}uaŋ^{51}ki^{44}. nɤ^{55}xɤ^{35}xɤ^{35}kə^{0}i$^{35-44}$la^{35}i$^{35-44}$la^{35}…
何秀金：□□以前□我们碎时候到处□找□□东西。□拿黑黑个一粒一粒……

mau^{51}xen$^{51-44}$sen^{51}: tsɿ$^{51-44}$pu^{0}liɤɯ^{33}kə^{0}la$^{35-44}$la^{35}, pau$^{51-44}$lə^{0}tsɿ^{35}pu^{0}liɤɯ^{33}kua^{35}la^{55}, tsɿ^{35}i$^{35-44}$
莫衡生：鸡婆柳个粒粒，包得鸡婆柳骨子，折一
kʰen^{44}i$^{35-44}$kʰen^{44}xɤɯ^{33} la^{0}na^{35}mə^{0}tʰai^{44}. niɤɯ^{55}pu^{0}la$^{35-44}$la^{0}ɕyo^{44}ŋɤ^{55}tə^{0}kiau^{55}pa^{0}kiau^{35}pa^{0}
□回一□回有了那么大。扭埠粒粒碎□□孩子绞巴绞巴
la^{44}pen^{51}, nye^{33}kə^{0}toŋ^{33}lie^{0}nɛ^{0}i^{0} ɕyo^{51} xuo^{44} sɿ^{0}, toŋ^{33}pa^{0}tɕiɤɯ$^{51-44}$ɕyo^{51}pa^{0}lie^{0}.
拉□拉，嫩软个断嘞呢要输去起，断罢就输罢咧。

xu^{21}siɤɯ^{35}tɕi^{51}: nɤ^{35}lə^{0}fi^{44}fi^{44}ɕyo^{51}lə^{0}.
何秀金：□拿得飞飞树子。

mau^{51}pin^{44}: i$^{35-44}$tɕieĩ^{35}i^{35}tɕieĩ^{35}kɤ^{51}toŋ^{33}tɕʰiu^{55}sua^{44}la^{0}, lie^{51}kə^{0}…
莫冰：一□节一□节割断，扯出来，裂个……

mau^{51}xen$^{51-44}$sen^{51}: xuei^{44}yo^{0}tie^{21}kuo^{55}. tɕʰya^{51}lə^{0}xu^{44}xu^{44}kə^{0}kia^{51}kuo^{55}ɕie^{55}iaŋ^{51}. xɤ^{51}tɕʰyei^{51}
莫衡生：飞□桐牯。吹得呼呼个□跟鼓空喇叭样。开春
ɕiaŋ^{33}m^{0}ɕya^{55}, tsiɤɯ$^{51-44}$pa^{0}tsiɤɯ$^{51-44}$pa^{0}tsɿ^{35}lə^{0}ta^{51}, kɤ^{35}pa^{0}kɤ^{35}pa^{0}pen^{51}ɕya$^{35-44}$la^{0}. ɕyo^{44}ŋɤ^{55}
上□水，揪巴揪巴竹子□，割巴割巴□拉出来。碎□
tə^{0}i$^{35-44}$luo^{0}pɤ^{44}ti^{35}tsɤ^{44} ɕyo^{55}tɕʰiu^{51}lə^{0}. kue^{55}lə^{0}kə^{0}tɕʰyan$^{51-44}$tɕʰyan^{51}, tau^{44}teĩ^{55}ɕya^{55}, ku^{44}ta^{0}
□孩子□□彼□以前做水车呢。滚得个圈圈，倒点水，架□个
ni^{21}pa^{0}ta^{51}ia^{0}, ɕyo^{55}tʰie^{55}lə^{0}nɛ^{0} tsɿ^{35}tɕyeĩ^{44}tsɿ^{35}tɕyeĩ^{44}, tsɿ^{55}ɕya^{55}tɕʰiu^{51}kə^{0}.
泥巴地呀，水桶子呢自转自转，走水车个。

参考文献

鲍厚星 1998《东安土话研究》，长沙：湖南教育出版社。

鲍厚星 2004 湖南土话系属问题，《方言》第4期。

鲍厚星 2010 湘南江永、道县等地土话中的“床”，《桂林师范高等专科学校学报》第2期。

鲍厚星 2016《湖南江永桃川土话研究》，长沙：湖南师范大学出版社。

陈　晖 2004 湖南临武（麦市）土话语音分析，《方言》第2期。

邓海峰 2002 湖南新田沙田土话的语音特点，《语言研究》第1期。

邓胜芳 2006 湖南宁远县南路平话的语音研究，湖南师范大学硕士学位论文。

邓永红 2005 湘南土话的被动标记和处置标记，《汉语学报》第4期。

邓永红 2006 湘南桂阳六合土话的否定词，《语言研究》第2期。

邓永红 2016《湖南桂阳六合土话研究》，长沙：湖南师范大学出版社。

范峻军 2000a 湖南桂阳县敖泉土话同音字汇，《方言》第1期。

范俊军 2000b 从词汇看粤北土话与湘南土话的异同及系属，《华南师范大学学报（社会科学版）》第3期。

范峻军 2004 湖南桂阳敖泉土话方言词汇，《方言》第4期。

郭艳辉 2017 湖南道县仙子脚土话词汇研究，湖南师范大学硕士学位论文。

贺凯林 2003 湖南道县寿雁平话音系，《方言》第1期。

侯精一 2002《现代汉语方言概论》，上海：上海教育出版社。

胡乘玲 2017 从语言接触看东安新圩江土话的否定范畴，《语言研究集刊》第2期。

胡乘玲 2018 湖南东安官话方言的副词重叠式反复问句，《方言》第1期。

胡斯可 2009 湖南郴州地区的汉语方言接触研究，湖南师范大学博士学位论文。

湖南师范学院中文系汉语方言普查组 1960《湖南汉语方言普查总结报告》，未刊。

黄雪贞 1988 湖南江永方言音系，《方言》第3期。

黄雪贞 1991 湖南江永方言词汇，《方言》第1、2、3期。

黄雪贞 1993《江永方言研究》，北京：社会科学文献出版社第1版。

蒋军凤 2002 湘南东安土话的语气词，《株洲师范高等专科学校学报》第3期。

李冬香 2013 粤北土话、湘南土话和桂北平话古全浊声母的演变，《桂林师范高等专科学校学报》第2期。

李如龙 2012 论混合型方言——兼谈湘粤桂土语群的性质，《云南师范大学学报（哲学社会科学版）》第5期。

李星辉 2003 湖南永州岚角山土话音系，《方言》第1期。

李星辉 2004 湘南土话与湘南瑶语的接触和影响——江华县个案调查研究，湖南师范大学博士学位论文。

李星辉 2016a《湖南永州岚角山土话研究》，长沙：湖南师范大学出版社。

李星辉 2016b 湘南岚角山土话声调演变中的例外现象，《汉语学报》第3期。

李永明 1988 双方言区宁远官话与平话的音韵，《湘潭大学学报（哲学社会科学版）》第3期。

李永新 2004 湖南宁远县中和平话的语音研究，湖南师范大学硕士学位论文。

李永新 2010 方言接触中的调值问题——以湘南双方言为例，《武陵学刊》第4期。

李志藩 1996《资兴方言》，海口：海南出版社第1版。

凌云国 2003 江华粟米塘七都话音韵研究，湖南师范大学硕士学位论文。

刘祥友 2008 湘南土话语音的历史层次，上海师范大学博士论文。

刘祥友 2009a 湘南土话古全浊声母音变现象探微，《湘南学院学报》第4期。

刘祥友 2009b 湘南土话鱼、虞韵的语音层次，《湖南城市学院学报》第3期。

龙国贻 2006 湘南、桂北土话部分语素考察，广西大学硕士论文。

卢小群、鲍厚星 2003 湖南东安花桥土话的代词，《湖南师范大学社会科学学报》第4期。

卢小群 2003a 湘南地区土话的分布及其研究概述，《求索》第3期。

卢小群 2003b 湘南土话代词研究，湖南师范大学博士论文。

卢小群 2010 江永桃川土话的体系统初探，《中南林业科技大学学报（社会科学版）》第4期。

卢小群 2011 论湘南土话中的文白异读，《贺州学院学报》第2期。

罗昕如 2003a 湘南土话词汇研究，湖南师范大学博士论文。

罗昕如 2003b 湘南土话特色词例析，《湖南师范大学社会科学学报》第2期。

罗昕如 2003c 湘南土话中的通用型量词，《语言研究》第4期。

罗昕如 2004a《湘南土话词汇研究》，北京：中国社会科学出版社。

罗昕如 2004b 湘南土话的个底层语言现象，《民族语文》第3期。

彭泽润、崔安慧 2017 湖南江永土话声调的地理语言学研究，《武陵学刊》第5期。

彭泽润 2002 湖南宜章大地岭土话的语音特点，《方言》第3期。

沈　明、周建芳 2017 湖南道县（梅花）土话音系，《方言》第2期。

沈若云 1999 宜章土话研究，长沙：湖南教育出版社第1版。

宋艳旭 2008 湖南冷水滩杉木桥土话语音研究，湖南师范大学硕士学位论文。

覃远雄 2007 平话和土话，《方言》第2期。

唐　伶 2005 永州南部土话语音研究，北京语言大学博士论文。

唐湘辉 2000 湖南桂阳县燕塘土话语音特点，《方言》第1期。

唐亚琴 2007 湖南省临武县土地乡土话语音研究，湖南师范大学硕士学位论文。

唐玉萍 2008 从语言接触看岚角山土话的衰变，湖南师范大学硕士学位论文。

王福堂 2001 平话、湘南土话和粤北土话的归属，《方言》第2期。

王淑一 2007 湖南道县仙子脚土话语音研究，湖南师范大学硕士学位论文。

文智芳 2014 湖南永州方言语气词研究，湖南师范大学硕士学位论文。

谢奇勇 2003 湘南永州土话音韵比较研究，湖南师范大学博士学位论文。

谢奇勇 2004 湖南新田南乡土话同音字汇，《方言》第2期。

谢奇勇 2005 湘南土话研究概述，《湖南科技大学学报（社会科学版）》第6期。

谢奇勇 2006 湘南新田南乡土话本字考，《湖南科技大学学报（社会科学版）》第3期。

谢奇勇 2016《湖南道县祥霖铺土话研究》，长沙：湖南师范大学出版社。

谢元春 2003 双牌江村镇土话音韵研究，湖南师范大学硕士论文。

杨时逢 1974《湖南方言调查报告》，台北：历史语言研究所。

尹 凯 2014 湖南临武楚江土话同音字汇，《方言》第3期。

乐 虹 2007 新田北乡青龙土话语音研究，湖南师范大学硕士学位论文。

曾 芳 2007 湖南东安高峰土话语音研究，湖南师范大学硕士学位论文。

曾春蓉 2016《湖南双牌理家坪土话研究》，长沙：湖南师范大学出版社。

曾献飞 2005 湘南、粤北土话古全浊声母送气/不送气成因初探，《语言研究》第3期。

张进军 2008 中古入声字在湖南方言中的演变研究，湖南师范大学博士学位论文。

张双庆、万 波 1998 乐昌（长来）方言古全浊声母今读的考察，《方言》第3期。

张晓勤 1996 永州市各县、区"双方言"分布状况概述，《零陵师专学报》第3期。

中国社会科学院、澳大利亚人文学院 1987《中国语言地图集》，香港：香港朗文出版（远东）有限公司第1版。

中国社会科学院语言研究所、中国社会科学院民族学与人类学研究所、香港城市大学语言资讯科学研究中心 2012《中国语言地图集》（第2版），北京：商务印书馆第1版。

周建芳 2016 湖南道县（梅花）土话语音研究，中国社会科学院研究生院硕士学位论文。

周先义 1994 湖南道县（小甲）土话同音字汇，《方言》第3期。

庄初升 2004《粤北土话音韵研究》，北京：中国社会科学出版社第1版。

庄初升 2010 湘南桂北三种土话平话中古全浊声母今读送气与否的性质，《方言》第4期。

调查手记

十年前就有调查湘南土话的想法。那个时候中国社会科学院实行课题制，谢留文、刘祥柏、陈丽和我同事多年，趣味相投，便组成了一个课题组，打算用十年时间做几种单点方言调查，依次是徽语、宣州吴语和湘南土话。前两项如期结项，2012年出齐了徽语四种（安徽歙县向杲、歙县大谷运、黄山汤口、江西浮梁旧城），2014年开始出版宣州吴语四种（安徽宣城雁翅、泾县查济、芜湖六郎、江苏高淳古柏）。这个时候，院里已经开始实施创新工程，项目内容和合作方式都变了，好在湘粤桂土话还在其中。我负责道县梅花土话，同事徐睿渊负责嘉禾珠泉土话。一年后，中国语言资源保护工程开始实施，这两种土话便进入濒危汉语方言系列。

调查去了三次，加起来差不多六十天。第一次是2014年10月到11月，当作硕士生周建芳的方言调查课，记录了《方言调查字表》和《汉语方言词语调查条目表》的全部内容。第二次是2015年10月到11月，按照语保要求须完成摄录和模板表的内容，并核对第一次调查的语料。人手不够，紧急求援赵日新，他派了博士生孙宇炜来。宇炜摄录经验丰富，做事要求极高。我负责内容和模板表，建芳录音并提示发音人，宇炜摄像，当晚核对，配合默契。第三次是2017年5月，调查记录《汉语方言语法调查例句》和《汉语方言语法调查问卷》中的语法例句，加起来有五百多条。这个时候，周建芳已经工作快一年了，自然是无暇他顾。博士生王婧和山西师范大学的进修教师关黑拽，对方言调查兴致极高，便一同前往。

方言调查遇到的困难，事后往往记得住并且愿意说，但是说多了难免矫情。我们的困难，一是方言本身的难度，二是工作和生活条件。我和建芳都是北方人，第一次接触湘南土话，不论是语感还是生活内容都不熟悉，做起来真是战战兢兢，如履薄冰。几乎每天都在反复比字，要么是“九 tɕiɤɯ^{55}：舅 tɕiɤɯ^{33}：救 tɕiɤɯ^{44}”，特别是阳上33和去声44，遇到写不出的字形，不放在一起比还真是不敢一下子确定是什么调；要么就是“兵 piɤɯ^{51}：惊

tɕiu^{51}”，两个字都来源于梗摄开口三等庚韵，但单字音不同，而且语流中的iɤɯ乍一听就像iu……好在建芳的聪明和理性是文科生里少有的，半个月后基本上算是掌握了。遗憾的是她毕业以后从事别的工作了，自己说听辨能力还是不够好，可能不适合做专业。这么看，梅花土话还是吓着她了。

真正让人着急上火的，是摄录进展缓慢。道县县城最好的宾馆，房间勉强达到降噪标准，但又没法挂背景布，几经折腾，只好把背景布挂在塑料绳上抻展。绳子呢，一端用不粘钩挂在墙壁的木质装饰上，另一端是壁纸，根本粘不住，便系在公告牌的铁杆儿上。于是买绳子、买不粘钩，把大堂的公告牌抬到屋里，背景布每天早上挂上，晚上摘了，这活儿干得是又蠢笨又无奈。加上汽车的鸣笛声、午后的叫卖声，音量要求等，摄录工作进行得疙里疙瘩。后来听说湖南的语保项目配有专业的摄录团队，背景布、熨斗和摄录器材一应俱全，还负责切音，好生羡慕！

此番调查，记住了三件事。一是南方傍晚的田野景色。水面残阳，吃草的水牛，地里的菜，还有那说不清道不明的混合气味。每天工作结束后，一起散步、聊天。这个时候建芳是老师，她认得很多的菜和草。二是从来没见过“狗蚤跳蚤”，但不止一次被狗蚤咬得起了包。三是狂奔着上高铁。从道县回京得先乘汽车到永州，中途遇到山体塌方，到了永州站的时候离开车只有两分钟，幸好是跟着别人才没放弃。

发音人莫衡生先生非常理想。他的理解力和身体都极好，阅历丰富，高度自觉，每天提前十五分钟到，风雨无阻。第二次调查的时候（2015年10月—11月），遇上连续十几天的阴雨，莫先生从未迟到过。他总是先把湿漉漉的雨衣装进塑料袋，进屋后放在门后。吃饭也从来不挑不拣，吃完午饭就在大堂的沙发上打个盹儿，坚决不让开房间。他也从来不在房间里抽烟、上厕所。摄录时一遍一遍地重复，他只是偶尔抱怨一句：“一下声高了一下声低了，样个怎样才好？”随后笑笑，一脸的不好意思，继续高一声低一声的，直到达标。找其他发音人的任务也是莫先生完成的。待在村里的青年男子本来就没几个，还都在工作，是他通过父辈几番动员才来的。最后一次调查快结束的时候，他请我们去家里吃饭。约好了在梅花镇碰面，先赶集，他再用电动三轮车拉着我们三人回家。五月的田野，和风吹过。一路过去，才知道这程路真不近。村民真朴实，他老伴儿真贤惠，菜真好吃。

最后是感谢。谢谢湖南师范大学的陈晖老师，调查之前所有的事情都是她安排好的。谢谢她的学生王淑一，三次从永州到道县都是她接送的，事后才知道她并不喜欢开车。谢谢道县绍基学校的周明安老师，帮我们找到了莫先生，并于近日补拍了梅花镇江南村的图片。也谢谢编辑白冰女士，她的细致和讲究令人感动。

2019年3月